제2판

예비사회교사를 위한

법학

정치학

경제학 기본원리

일반사회교육론

일반사회교육론

이율 편저

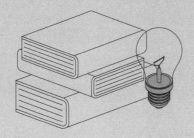

QMG 박문각

이 책의 머리말

❶ 이 책의 핵심적 특징

1. 합격을 위한 단권화 교재

(1) 단권화의 기준은 무엇인가?

① 임용시험 대비 및 학문적 중요성

학문의 기본 목적, 학문이 중시하는 개념 · 일반화 · 원리 · 법칙 등을 기출문제 분석을 통하여 선정하고, 출제자의 눈높이에서 주요 내용을 맥락에 맞게 재구성하였다.

② 출제 가능성의 변동 가능성 반영

출제 가능성의 맥락을 고려하였다. 학문과 이론적 해석은 시간이 흘러가면서 변화하고 발전한다. 그에 따라 지식의 재구성과 변동성을 반영하여 내용을 추가 · 변경 · 삭제하였다.

③ 기출 문제 그리고 출제될 내용

본 교재의 초판에는 기출 내용뿐만 아니라 출제될 내용을 포함하고 있었다. 제2판의 교재 역시 기출 내용뿐만 아니라 출제가 예상되는 내용을 모두 포함하고자 하였다.

(2) 단권화의 내용은 무엇인가?

주요 개론서 및 교과서, 논문, 연구보고서, 이해를 위한 인문학적 지식 및 사회과학적 지식 등이다.

2. 개론서의 장점과 요약서의 장점을 결합한 교재이다.

(1) 개론서의 장점을 반영하고 단점을 극복하였다.

여러 가지 장단점이 있겠지만 개론서의 가장 핵심적인 장점은 맥락 속에서 내용을 상세하게 서술하고 있다는 점이다. 여러 번의 반복을 통해 내용을 구조화할 경우 반복하면 할수록 학습시간이 줄어든다. 가장 핵심적인 단점은 분량이 너무 많고, 학습자의 읽기 능력이 부족할 경우 내용의 핵심을 파악하기 어렵다는 것이다. 그래서 핵심을 정리하고 내용을 구조화하는 데 많은 시간이 걸린다. 그리고 시험에 출제되지 않는 내용, 교과내용학적 지식 차원에서 불필요한 내용도 포함하고 있다는 점이다. 이런 장단점을 반영하여 본 교재는 불필요한 내용을 없애고, 길게 설명되어 있는 부분을 읽기 쉽도록 간결하게 핵심으로 정리하여 독자의 가독성을 높임과 동시에 수험생들이 답안을 작성하는 데 어려움이 없도록 하였다. 또한 반복하여 읽어나갈수록 학습 시간이 줄어들 수 있도록 노력하였다.

(2) 단편적으로 서술된 요약서의 장점을 반영하고 단점을 극복하였다.

요약서의 장점은 쉽게 내용을 파악할 수 있다는 점이다. 하지만 맥락이 없고, 새로운 경향을 반영하기 어렵다. 또한 무조건 암기하고 밑 빠진 독에 물 붓는 공부를 할 수 밖에 없는 교재적 특성이 있다. 그 결과 학습시간이 줄어들 수 없는 근본적인 한계를 가지고 있다. 본 교재는 이런 문제점을 제목 구성과 본문 구성을 통해 극복하고자 노력하였다.

3. 논리적이며 체계적으로 조직한 책이다.

(1) 단원 제목, 개요, 전체 내용을 보여주는 선행조직자로 구성하였다.

단원제목을 보고 개요 및 선행조직자로 제시된 표를 확인하면 핵심 용어 및 내용의 흐름을 파악할 수 있도록 하였다.

(2) 본문은 대략적으로 주제 제목 – 주제의 내용 제목 – 본문으로 구성하였다.

본문의 경우에는 제목은 주로 개념, 주체, 복합어구로 제시하였고, 주제의 내용에 해당하는 제목들은 가급적이면 개조식 또는 문장으로 자세한 내용을 요약한 형태로 제시하고, 내용 서술은 제목들이 의미하는 바를 이해할 수 있도록 하였다.

(3) 스토리텔링 및 내러티브를 반영한 논리적인 서술은 제목만으로도 내용의 흐름을 알고 그 내용을 추리할 수 있도록 하였다.

단원 제목, 본문 제목 등을 읽어도 내용의 연결 흐름이 어색하지 않도록 하였다.

4. 사회과 예비교사 및 현직교사에게 필요한 PCK의 성장에 기여하고자 하였다.

(1) 사회과 예비교사의 수업 전문성을 함양하는 것을 고려한 책이다.

개념, 일반화, 이론 등을 충분히 이해할 수 있도록 핵심내용, 맥락, 사례, 논쟁, 해설 등 관련 내용을 제시하고 있다.

(2) 중고등학교 교과서의 해설서로서의 역할도 고려하였다.

수능기출문제 스터디를 본 교재로 하였다는 현직 교사의 말이 떠오른다. 합격을 위해서도 당연히 필요한 책이지만, 합격한 이후에도 참고도서로서의 역할, 교과서 해설서로의 역할, 내용학적 지식을 보완하는 역할 등을 할 수 있는 교재가 될 수 있을 것이다.

❷ **이 책의 100% 활용법: 7단계 읽기와 백지 쓰기**

일반사회교육론을 처음 접하는 경우에는 1단계부터, 처음이 아닌 경우에는 2단계부터, 상급자의 실력을 가진 경우에는 3단계부터의 방법을 권한다.

(1) **1단계: 빠르게 제목과 개요만 힘 빼고 여러 번 읽기**

우선 단원제목 – 개요 – 선행조직자표 – 본문 제목들이 입에 익숙해질 때까지 3~5번 이상 빠르게 읽어라.

처음 공부를 시작하는 사람들은 '무조건 읽고 암기해야지' 하는 마음으로 힘을 줘서 읽지 말라. 엄청난 시간과 노력이 투입되면서 공부에 대한 미움과 두려움이 생기기 때문이다. 만화책이나 소설책을 본다는 느낌으로 힘들이지 않고 빠르게 읽어라.

(2) 2단계: 빠르게 책 전체를 읽어 나가되 힘 빼고 여러 번 읽기

　1단계를 실천했다면 똑같이 힘을 빼고 책을 읽되 본문의 내용이 익숙해질 때까지 3~5번 이상 여러 번 반복해서 읽어라.

(3) 3단계: 기출문제 확인하면서 기출 내용을 여러 번 빠르게 읽기

　기출문제를 통해 기출 내용을 확인하고, 기출 내용을 여러 번 빠르게 읽는다.

(4) 4단계: 강약 조절해서 반복 읽기(기출은 정독으로, 기출되지 않은 내용들은 빠르게)

　기출은 천천히 그 뜻을 생각하면서 정독으로 읽고, 기출되지 않은 내용들은 빠르게 읽어나간다.

(5) 5단계: 강약 조절해서 반복 읽기(중요한 내용은 정독으로, 중요하지 않은 내용들은 빠르게)

　기출뿐만 아니라 예상되는 내용들은 정독으로, 중요하지 않은 내용들은 빠르게 읽어 나간다.

(6) 6단계: 아는 것과 모르는 것 구분해서 읽기

　백지 쓰기를 하고 난 후 중요한 것 중 내가 아는 것과 모르는 것을 구분하여 책을 읽고 정리한다.

(7) 7단계: '백지 쓰기'하고 내용 확인하기

　이 책을 쓴 저자가 백지 쓰기를 공부방법으로 제시한 원조이다. 백지 쓰기는 여러 단계와 방법으로 활용될 수 있는 방법이다. 백지 쓰기는 개념 및 용어만 쓰기 → 일반화 쓰기 → 서술하기(설명과 이유 또는 근거) → 마인드 맵 등으로 요약하기라는 기본적인 단계를 가진다. 자신에게 맞는 수준을 선택해서 그 단계부터 연습했으면 한다.

❸ 감사의 인사

1. 제자로 만나 동료가 된 교사 및 다양한 분야에서 일하는 여러분들에게 감사합니다.

　하제스트 교육연구소를 만들고, 강의에 필요한 아이디어 등을 함께 나눴던 이진수 선생, 최재환 선생, 강선우 선생, 홍정윤 선생, 장예원 선생 여러분들에게 감사드립니다. 강의에 대한 피드백과 함께 격려를 아끼지 않았던 분들께도 감사드립니다. 그리고 모두 열거할 수는 없지만 안부 및 소식 동향을 알려주는 제자님들에게도 감사를 드립니다. 꼭 자신의 이름을 넣어줬으면 하는 제자님들은 소식을 나눌 때 말씀해 주시면 제3판에 꼭 넣도록 하겠습니다. 강의를 통해 만난 모든 분들이 강의를 위한 영감과 초심을 유지할 수 있는 다양한 이유가 되었답니다. 감사합니다.

2. 급박한 일정에도 좋은 책을 만들기 위해 애써 주신 박문각 출판사분들에게 감사합니다.

　미리 준비하지 못해 한꺼번에 부담을 안겨 드림에도 최선을 다해 주신 윤 국장님과 허 선생님께 진심으로 감사드립니다. 두 분께서는 책이 나올 수 있도록 많은 도움을 주셨습니다. 다시 한번 감사의 마음을 전합니다.

❹ 쪽팔리게 살지 않기

누군가에게 영향을 주는 사람은 자신의 말이 미칠 수 있는 책임감이 필요하다고 생각합니다. 교육불평등을 해소하는 일선에 서고자 하는, 서 있는 분들이 교사들입니다. 그래서 교사들이 이 전쟁에서 승리하는 날을 보고 싶기도 합니다. 예비교사 및 교사들에게 적지 않은 도움이 되었으면 하는 바람을 가지고 지금도 강의를 하고 책을 써 봅니다. 그런데 만족스럽지 않을 때가 더 많습니다. 자신에게 쪽팔리지 않는 것이 중요하겠죠. 쪽팔리지 않기 위해 많은 고민과 실천들을 책에 100% 녹여 내고자 하지만, 여전히 그리 못해 아쉬움이 남습니다. 다음에 진전된 내용들로 찾아뵙기를 약속하면서 아쉬움을 원동력으로 삼겠습니다.

백산 발현재에서

이원 드림

이 책의 차례

Part 01 사회과의 구조 및 역사

Chapter 01 사회과 교육의 개념적 특성
Ⅰ. 사회과 교육의 의미 ··· 18
  01. 사회과 교육의 성격 ··· 18
  02. 사회과에 대한 정의 ··· 19
Ⅱ. 사회과 교육의 특성 ··· 19
Ⅲ. 사회과 교육의 구조 ··· 21
  01. 목표 ··· 21
  02. 내용 ··· 21
  03. 방법 ··· 21
  04. 평가 ··· 22

Chapter 02 미국 사회과 교육의 역사
Ⅰ. 1880년대~1919년 ··· 23
  01. 역사적 배경 ··· 23
  02. 교육변화 요구 ··· 24
  03. 전통교육과정 극복을 위한 노력 ··· 24
  04. 고전교육과정의 변화 ··· 25
  05. 진보주의 교육학회의 창설 ··· 26
Ⅱ. 1920~1930년대 ··· 26
  01. 역사적 배경 ··· 26
  02. 주요 내용 ··· 28
Ⅲ. 1950년대 ··· 29
  01. 역사적 배경 ··· 29
  02. 주요 내용 ··· 30
Ⅳ. 1960~1970년대 ··· 30
  01. 역사적 전개 및 배경 ··· 30
  02. 신사회과 ··· 31
  03. 학문중심교육과정에 대한 비판과 한계극복을
    위한 경향 ··· 34
Ⅴ. 1980년대 ··· 35
  01. 역사적 배경 ··· 35
  02. 사회적 재건주의의 활동 ··· 35
Ⅵ. 1990~2010년대 ··· 36
  01. 역사적 배경 ··· 36
  02. 주요 내용 ··· 36

Chapter 03 한국 사회과 교육의 역사
Ⅰ. 교수요목기 ··· 38
  01. 배경 및 도입 목적 ··· 38
  02. 초등학교 사회생활과의 특징 ··· 38
  03. 중·고등학교 사회생활과의 특징 ··· 39
Ⅱ. 제1차 교육과정 ··· 40
  01. 배경 및 주요 내용 ··· 40
  02. 초등학교 사회생활과의 특징 ··· 41
  03. 중학교 사회생활과의 특징 ··· 41
  04. 고등학교 사회과의 특징 ··· 42
Ⅲ. 제2차 교육과정 ··· 42
  01. 배경 및 주요 내용 ··· 42
  02. 초등학교 사회과의 특징 ··· 43
  03. 중학교 사회과의 특징 ··· 44
  04. 고등학교 사회과의 특징 ··· 44
Ⅳ. 제3차 교육과정 ··· 45
  01. 배경 및 주요 내용 ··· 45
  02. 초등학교 사회과의 특징 ··· 46
  03. 중학교 사회과의 특징 ··· 47
  04. 고등학교 사회과의 특징 ··· 47
Ⅴ. 제4차 교육과정 ··· 48
  01. 배경 및 주요 내용 ··· 48
  02. 초등학교 사회과의 특징 ··· 49
  03. 중학교 사회과의 특징 ··· 50
  04. 고등학교 사회과의 특징 ··· 51
Ⅵ. 제5차 교육과정 ··· 51
  01. 배경 및 주요 내용 ··· 51
  02. 초등학교 사회과의 특징 ··· 53
  03. 중학교 사회과의 특징 ··· 53
  04. 고등학교 사회과의 특징 ··· 54
Ⅶ. 제6차 교육과정 ··· 54
  01. 배경 및 주요 내용 ··· 54
  02. 초등학교 사회과의 특징 ··· 59
  03. 중학교 사회과의 특징 ··· 60
  04. 고등학교 사회과의 특징 ··· 60
Ⅷ. 제7차 교육과정 ··· 62

01. 배경 및 주요 내용 … 62
02. 초등학교 사회과의 특징 … 65
03. 중학교 사회과의 특징 … 66
04. 고등학교 사회과의 특징 … 66

IX. 2007 개정 교육과정 … 67
01. 배경 및 주요 내용 … 67
02. 초등학교 사회과의 구성 및 편제 … 70
03. 중학교 사회과의 특징 … 70
04. 고등학교 사회과의 특징 … 70

X. 2009 개정 교육과정 … 72
01. 배경 및 주요 내용 … 72
02. 공통교육과정 … 76
03. 선택교육과정 … 77

XI. 2015 개정 교육과정 … 78
01. 2015 개정 교육과정 총론의 주요 내용 … 78
02. 2015 개정 사회과 교육과정의 변화 … 81
03. 2015 개정 교육과정 사회과의 주요 내용 … 82
04. 공통교육과정 … 83
05. 선택중심 교육과정 … 84
06. 통합사회와 관련된 쟁점 … 85

XII. 2022 개정 교육과정 … 88
01. 2022 개정 교육과정 총론 추진 배경 및 방향 … 88
02. 사회과 교육과정 설계의 개요 주요 사항 … 90
03. 사회과 교육과정 편제 … 91
04. 공통교육과정 내용체계 … 92

Chapter 04 사회과 교육의 본질
I. 사회과 교육의 본질에 대한 논의 … 96
01. 사회과 교육의 본질을 둘러싼 논의의 전개 … 96
02. 엥글의 유형 … 97
03. 올리버의 분류 … 98
04. 울에버와 스콧의 유형 … 99
05. 바아, 바스, 셔미스의 분류 … 100
06. 마토렐라의 분류 … 101
II. 사회과의 5가지 모형 … 101
01. 시민성 전달모형 … 101

02. 사회과학모형 … 104
03. 반성적 탐구로서의 사회과 … 108
04. 사회비판모형 … 111
05. 개인발달모형 … 113
III. 사회과 모형에 대한 정리 … 114
01. 시민성 전달모형과 사회과학모형 비교 … 114
02. 반성적 탐구모형, 사회비판모형, 개인발달모형의 관련성 … 115
03. 바아 등의 3가지 모형의 교수–학습 내용 및 방법 비교 … 115
04. 어떤 사회과 전통이 가장 바람직한지에 대한 논의 … 115
05. 사회과 교육의 구조 … 116

Part 02 사회과 교육의 목표

Chapter 01 사회과 목표의 의미 및 역사
I. 사회과 목표의 정의 … 122
01. 사회과 목표의 의의 … 122
02. 사회과 목표의 제시 방식에 따른 분류 … 123
II. 사회과 교육목표의 발달 … 124
01. 시민성 … 124
02. 사회과 목표의 역사적 발달 … 126

Chapter 02 우리나라 사회과 교육의 목표
I. 2022 개정 교육과정 사회과 목표 … 133
01. 총괄 목표 … 133
02. 학교급별 목표 … 133
03. 사회과의 세부 목표 … 133
II. 우리나라 사회과 교육의 목표에 대한 이해 … 134
01. 사회과의 궁극적 목표 … 134
02. 사회과 목표 분류 … 135

이 책의 차례

Part 03 사회과 교육과정

Chapter 01 사회과 교육과정의 구성 및 조직 형태
 Ⅰ. 사회과 교육과정의 의미와 구성　… 140
　01. 사회과 교육과정의 의미　… 140
　02. 사회과 교육과정 내용 조직 방안　… 141
 Ⅱ. 교육과정 조직형태　… 145
　01. 교과중심 교육과정　… 145
　02. 학문중심 교육과정　… 146
　03. 경험중심 교육과정　… 147
　04. 역량중심 교육과정　… 149

Chapter 02 우리나라 사회과 교육과정의 구
　　　　　 성원리 및 교육과정
 Ⅰ. 우리나라 사회과 교육과정 구성원리　… 153
　01. 환경확대법의 원리　… 153
　02. 나선형 교육과정의 원리　… 156
　03. 통합의 원리　… 158
　04. 지역화 원리　… 162
 Ⅱ. 2022 개정 사회과 교육과정 주요 내용　… 163
　01. 2022 개정 사회과 교육과정 문서 구조　… 163
　02. 통합사회　… 167

Part 04 교수-학습방법

Chapter 01 수업지도안
 Ⅰ. 수업지도안의 의의　… 180
　01. 정의　… 180
　02. 수업지도안 작성 이유　… 180
 Ⅱ. 수업지도안 단계별 주요 활동　… 181
　01. 도입　… 181
　02. 전개　… 184
　03. 정리　… 185

Chapter 02 수업기법
 Ⅰ. 강의　… 187
　01. 의미　… 187
　02. 장점과 단점　… 187
　03. 선행조직자 활용　… 188
 Ⅱ. 발문　… 189
　01. 의미　… 189
　02. 발문에 대한 평가　… 189
　03. 고차사고력 함양과 발문법　… 190
 Ⅲ. 토의(론)학습　… 192
　01. 의미　… 192
　02. 토론학습의 목표　… 192
　03. 토론학습의 유용성　… 192
　04. 종류　… 193
 Ⅳ. 역할놀이　… 195
　01. 의의　… 195
　02. 특징　… 195
　03. 교육적 효과　… 196
　04. 역할놀이 수업절차　… 196
　05. 주의할 점　… 196
　06. 모의재판　… 197
　07. 역할놀이 사례　… 200
 Ⅴ. 시뮬레이션 학습　… 207
　01. 의미　… 207
　02. 평가　… 208
　03. 시뮬레이션 학습 사례　… 209
 Ⅵ. NIE(신문활용학습)　… 209
 Ⅶ. 온라인 학습　… 211

Chapter 03 지식의 구조 및 기능 학습
 Ⅰ. 지식의 구조 학습 개관　… 214
　01. 사실, 개념, 일반화　… 214
　02. 개념의 의미와 유형　… 217
　03. 개념의 종류　… 219
 Ⅱ. 개념학습모형　… 220
　01. 개념학습의 의의　… 220
　02. 속성모형(고전모형)　… 221
　03. 원형모형　… 225
　04. 상황모형　… 229

05. 개념도를 활용한 수업 ··· 233
06. 개념학습모형들과의 관계 ··· 235
Ⅲ. 일반화 학습 ··· 236
01. 의미와 특성 ··· 236
02. 수업의 논리 ··· 236
03. 일반화의 학습 ··· 237
04. 일반화 교수–학습절차 ··· 237
Ⅳ. 탐구수업모형 ··· 240
01. 탐구수업모형의 의미적 특성 ··· 240
02. 교수–학습단계 ··· 241
03. 탐구수업모형 학습사례 ··· 242

Chapter 04 기능학습
Ⅰ. 기능의 개념과 종류 ··· 245
01. 기능의 의미와 가치 ··· 245
02. 기능의 종류 ··· 245
Ⅱ. 사회참여학습 ··· 246
01. 의미 및 특징 ··· 246
02. 주요 내용 ··· 247
03. 주요 학습방법 ··· 247
04. 사회참여학습 사례 ··· 248
Ⅲ. 고차사고력 학습 ··· 248
01. 고차사고력의 의미 ··· 248
02. 고차사고력의 특징 ··· 248
03. 고차사고력의 유형 및 교수방법 ··· 249
04. 고차사고력과 질문법 ··· 252

Chapter 05 가치수업모형
Ⅰ. 가치교육 개관 ··· 256
01. 가치관의 의미와 가치교육의 필요성 ··· 256
02. 가치교육의 구조 ··· 258
03. 가치교육모형의 전개 ··· 258
Ⅱ. 인지적 측면의 가치교육 방법 ··· 261
01. 언어적 교훈주의 ··· 261
02. 가치명료화 접근법 ··· 262
03. 가치분석 접근법 ··· 267
04. 발달단계 접근법 ··· 273
Ⅲ. 대안적인 가치교육 접근법 ··· 275
01. 대안적 가치교육 접근법의 등장 배경 ··· 275

02. 정의적 측면을 강조하는 배려와 감사의 윤리교육
··· 276
03. 행동과 참여를 강조하는 친사회적 행동 교육 ··· 276

Chapter 06 논쟁문제 수업모형
Ⅰ. 논쟁문제수업의 의의 ··· 277
01. 논쟁문제의 개념적 특성 ··· 277
02. 논쟁문제수업의 의미 및 필요성 ··· 278
03. 논쟁문제 수업의 교육적 효과 ··· 279
Ⅱ. 논쟁문제 수업의 유형 ··· 280
01. 법리모형(하버드 모형) ··· 280
02. 스위니 & 파슨 모형 ··· 285
03. 찬반모형 ··· 285
Ⅲ. 논쟁문제에 대한 교사의 역할 ··· 286
01. 켈리의 유형 ··· 286
02. 하우드의 모형 ··· 288
03. 헤스의 모형 ··· 289
Ⅳ. 논쟁문제 수업의 실천 ··· 290
01. 목표 ··· 290
02. 교육과정 구성 ··· 290
03. 수업절차 ··· 291

Chapter 07 의사결정 학습모형
Ⅰ 의사결정 학습모형의 의의 ··· 296
01. 의사결정의 의의 및 요소 ··· 296
02. 의사결정능력의 의의 및 필요성 ··· 297
03. 의사결정 학습모형의 의의 및 특징 ··· 298
Ⅱ. 의사결정 학습모형의 유형 ··· 300
01. 뱅크스 모형 ··· 300
02. 엥글과 오초아 모형 ··· 303
03. 의사결정 학습모형 지도안 ··· 305

Chapter 08 협동학습모형
Ⅰ. 협동학습의 의미 ··· 308
01. 의의 ··· 308
02. 의미 및 특징 ··· 309
Ⅱ. 협동학습의 기본원리 ··· 309
01. 상호유기적 관계 ··· 309
02. 4가지 기본원리 ··· 309

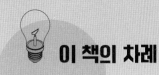

이 책의 차례

Ⅲ. 협동학습의 구조 ··· 311
01. 일제학습 구조 ··· 311
02. 개별학습 구조 ··· 312
03. 경쟁학습 구조 ··· 312
04. 협동학습 구조 ··· 312
05. 실제 수업에서 바람직한 구조 ··· 312
Ⅳ. 협동학습의 특징 ··· 313
Ⅴ. 협동학습에 대한 평가 ··· 314
01. 교육적 효과 ··· 314
02. 협동학습의 장점 및 교육적 시사점 ··· 315
03. 협동학습의 문제점 ··· 315
04. 협동학습의 교육적 효과를 높이기 위한 방안 ··· 315
Ⅵ. 협동학습의 유형 ··· 316
01. 과제중심 협동학습 ··· 316
02. 보상중심 협동학습 ··· 316
03. 교과중심 협동학습 ··· 316
04. 슬래빈의 분류 ··· 317
05. 정문성의 분류 ··· 317
Ⅶ. 사회과 교육에서 중시하는 협동학습모형 ··· 318
01. 보상중심과 과제중심형 ··· 318
02. 사회과 주요 협동학습모형 ··· 318

Chapter 09 협동학습 유형
Ⅰ. STAD 모형 ··· 320
01. 의의 및 특징 ··· 320
02. 수업절차 ··· 321
03. STAD 모형의 유용성 ··· 322
04. 사례 ··· 322
Ⅱ. 직소 모형 ··· 323
01. 직소 모형의 전개 ··· 323
02. 직소 모형의 특징 ··· 324
03. 직소 Ⅰ 모형 ··· 325
04. 직소 Ⅱ 모형 ··· 327
Ⅲ. Pro-con 모형 ··· 331
01. 의미 ··· 331
02. 수업단계 ··· 331

03. 수업사례 ··· 332
04. 수업지도안 ··· 333
Ⅳ. 마시알라스와 허스트의 집단의사 결정모형 ··· 335
01. 의미 ··· 335
02. 의의 ··· 335
03. 교수-학습과정 ··· 335
04. 한계 ··· 336
05. 교수-학습과정에서 한계 극복을 위한 권장사항 ··· 336
Ⅴ. 스탈의 의사결정 학습모형 ··· 336
01. 의의 ··· 336
02. 스탈 모형 ··· 337
Ⅵ. 시뮬레이션 게임 협동학습모형 ··· 343
01. 시뮬레이션의 의미 ··· 343
02. 협동학습과의 관련성 ··· 343
03. 수업절차 ··· 343
04. 수업 사례 ··· 345
05. 수업지도안 ··· 346

Part 05 사회과 평가

Chapter 01. 사회과 평가 이해
Ⅰ. 사회과 평가의 의의 및 원리 ··· 352
01. 교육평가의 의미 ··· 352
02. 사회과 평가의 의의 ··· 352
03. 사회과 평가의 원리 ··· 353
Ⅱ. 사회과 평가의 주요 변화 ··· 354
01. 평가관과 학습관의 변화 ··· 354
02. 평가방식의 주요 내용 ··· 355
Ⅲ. 사회과 평가 기준 및 형태 ··· 358
01. 사회과 평가도구의 조건 ··· 358
02. 사회과 평가형태 ··· 359

Chapter 02. 사회과 평가 방안
Ⅰ. 수행평가에 대한 이해 ··· 361
　01. 수행평가의 개념적 특성 ··· 361
　02. 수행평가에 대한 평가 ··· 363
　03. 수행평가와 평가도구 기준과의 관계 ··· 364
　04. 수행평가의 시행 ··· 365
　05. 수행평가 기록 방법 ··· 365
Ⅱ. 교육과정과 수행평가 ··· 367
　01. 창의 인성 교육을 위한 평가방법으로서의
　　　수행평가 ··· 367
　02. 과정중심평가로서의 수행평가 ··· 367
　03. 성취기준에 근거한 수행평가 ··· 369
Ⅲ. 수행평가의 유형 ··· 371
　01. 실기시험 ··· 371
　02. 실험 실습법 ··· 372
　03. 연구보고서 ··· 372
　04. 역할놀이 ··· 373
　05. 자기평가와 동료평가 ··· 373
　06. 서술형 평가와 논술형 평가 ··· 374
　07. 토론법 ··· 376
　08. 구술시험 ··· 377
　09. 관찰법 ··· 377
　10. 프로젝트법 ··· 378
　11. 포트폴리오법 ··· 379
　12. 면접법 ··· 380
　13. 개념도 작성 ··· 381

Part 06　사회과 교육의 새로운 쟁점

Chapter 01 사회과 교사의 전문성
Ⅰ. 사회과 교사의 교육과정에 대한 이해와 실천 ··· 386
　01. 교육과정과 교사의 역할에 대한 문제 제기 ··· 386
　02. 교육과정 실행에 있어서 교사의 유형 및 시사점
　　　··· 387
Ⅱ. 사회과 교사의 수업 전문성에 대한 이해 ··· 390
　01. 교사의 수업 전문성에 대한 연구 전개 ··· 390
　02. 사회과 교사의 수업 전문성 ··· 393

Chapter 02 범교과 주제
Ⅰ. 다문화교육 ··· 395
　01. 다문화교육의 이론적 기초 ··· 395
　02. 다문화교육의 실천 ··· 397
　03. 다문화교육과 사회과 교사 ··· 399
Ⅱ. 세계시민교육 ··· 400
　01. 세계시민교육의 등장 배경 ··· 400
　02. 세계시민교육의 목적 및 목표 ··· 400
　03. 세계시민교육의 교수-학습방법의 방향 ··· 401
Ⅲ. 양성평등교육 ··· 402
　01. 양성평등교육의 필요성 ··· 402
　02. 양성평등교육의 의미 ··· 402
　03. 양성평등교육의 목표 ··· 402
　04. 양성평등교육의 실천 방안 ··· 403
Ⅳ. STS 교육 ··· 404
　01. STS 교육의 의미 및 배경 ··· 404
　02. STS 교육의 목적 및 목표 ··· 404
　03. STS 교육의 교수-학습방법 ··· 404

예비 사회교사를 위한

일반사회교육론

Chapter 01   사회과 교육의 개념적 특성

Chapter 02   미국 사회과 교육의 역사

Chapter 03   한국 사회과 교육의 역사

Chapter 04   사회과 교육의 본질

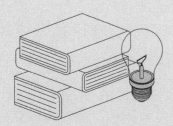

Part

01

사회과의 구조
및 역사

1. 시민성 함양을 목표로 하는 사회과

사회과 교육은 미래의 시민인 학생들이 사회적 문제를 해결할 수 있는 시민적 능력을 가질 수 있도록 하는 학교 교과 교육이다. 시민적 능력이란 국가나 사회가 처한 시대적 상황에 따라 지식, 기능, 가치, 태도 측면에서 다른 내용으로 제기되었다. 이 과정에서 다양한 형태의 사회과 교육이 등장하면서 지금까지 발전해 왔다.

2. 미국 사회과 교육의 전개 : 진보주의와 보수주의의 경쟁

미국 사회과 교육의 이념적 입장은 복잡하지만 이를 단순화시켜 '진보주의'와 '보수주의' 흐름으로 나누어볼 수 있다. 다만 여기서 말하는 진보와 보수는 특정 교육사조나 철학적 입장이 아니라 분류상 기준임을 먼저 밝혀둔다. 미국 사회과 교육의 역사적 전개는 '교사 중심'의 교육을 강조하는 보수주의와 '학생 중심'을 강조하는 진보주의의 경쟁과 부침의 과정이라고 할 수 있다.

19세기 말 진보주의가 등장하기 전까지 '지적 전통주의'에 따른 고전적 교육과정이 주를 이루고 있었다. 하지만 이런 교육과정의 흐름은 근대화의 과업을 완수하는 데 적합하지 않았고, 이에 대한 비판적 흐름으로서 진보주의가 선봉에 서게 된다. '지적 전통주의'에 토대를 둔 10인 위원회 보고서(1894년) 등의 한계를 극복하기 위해 전미교육협회는 교과별로 위원회를 구성하고 새로운 교육과정 연구에 착수하였다. 그 결과 1914년에 사회과 위원회가 만들어지고 이 위원회는 1916년 보고서에 사회과 개념 및 교육과정을 제시하였다. 마침 1916년은 존 듀이가 『민주주의와 교육』이라는 명저를 발표한 때였다. 하지만 1919년 '진보주의 교육협회'가 결성되면서 진보주의는 미국 전역에 널리 확산되었다.

진보주의는 19세기 말부터 등장하여 1920년대 널리 확산되었다. 그 결과 1920년대에는 고전적 교육과정을 강조하는 이념, 진보주의, 사회적 행동주의가 존재하였다. 하지만 당시 가장 큰 흐름은 진보주의였다. 지적 전통주의자 등과 같은 보수주의 흐름은 '훌륭한 시민'을 강조하면서 전통적인 지식과 문화적 유산 등을 학생들이 습득하는 교사 중심의 수업을 강조하였다. 사회적 행동주의 그룹도 '사회생활을 하는 이상적인 어른'을 상상하며 목표를 정해 교육과정을 만들었다. 진보주의는 학생 중심의 수업을 강조하면서 '경험을 통한 반성적 사고를 할 수 있는 시민'을 강조하였다. 1930년대 후반부터 진보주의는 약화되면서 본질주의가 등장하였다.

1940년 이후에는 진보주의의 주체들을 찾아보기 어렵게 되었다. 제2차 세계대전을 거치면서 1940년대와 1950년대의 미국 사회는 냉전 이데올로기가 강조되었고 그 과정에서 애국심이 중요한 시민의 덕목으로 강조되었다. 그런데 소련과의 경쟁 과정에서 '스푸트니크 사건' 발생 이후 1960년대 이후 미국은 '사회과학적 지식을 지닌 시민'을 강조하게 되었다. 하지만 사회과학적 지식만으로는 1960년대 및 1970년대 미국 사회에서 발생하는 여러 가지 문제를 해결하는 데 한계가 있었다. 그 결과 1970년대부터는 다시 가치에 대한 관심이 높아졌다. 그 결과 '사회과학적 지식과 바람직한 가치에 바탕을 둔 의사결정능력을 지닌 시민'을 강조하는 흐름이 강조되었다. 1980년대가 되면서 다시 고전적 교육과정 이념인 보수주의가 부활하는 양상이 나타났다. 1990년대에는 교육과정의 표준화 운동이 전개되었다. 이 운동의 과정에서 '무엇을 가르칠 것인가'에 대한 논의가 있었고, 사회과에서는 '스트랜드'라는 준거를 제시하였다.

이상에서 살펴본 바와 같이 진보주의와 보수주의는 부침을 거듭하면서 미국 사회과의 DNA를 함께 구성하고 있다고 보아야 할 것이다. 시대별로 어느 쪽의 힘이 좀 더 강하였는지의 문제일 뿐 특정 이념과 경향이 소멸과 부활을 반복하는 것처럼 이해하는 것은 적절하지 않은 것 같다. 이런 흐름 속에서 재미있는 일반화가 발견된다. 국가 위기적 상황이 강조될 때마다 보수주의가 부상하였으며, 문제가 어느 정도 해결되는 시점에서는 진보주의가 부상하였다. 이와 같은 미국의 사회과 역사는 우리나라에도 많은 영향을 미쳤다. 또한 미국의 진보주의와 보수주의의 갈등과 부침의 전개 양상 흐름을 세분화하여 비교·정리한 것이 사회과 유형이라고 할 수 있다.

3. 미국 사회과 교육의 전개과정에서 나타난 사회과 교육 유형

다양한 형태의 사회과 교육은 목표, 내용, 방법, 평가 등에서 다른 특징을 보인다. 하지만 미국의 여러 학자들은 이런 다양한 유형의 사회과 교육들을 몇 가지 기준으로 나누어 분석하고 정리하였다. 대표적인 학자는 바아, 바스, 셔미스(Barr et al., 1977), 넬슨과 마이클리스(Nelson & Michaelis, 1980), 마토렐라(Martorella, 1996) 등이다. 이런 일련의 학자들이 제시한 유형들이 모두 시민교육을 위해 완벽한 것은 아니다. 각 유형마다 문제점을 지니고 있다. 이런 문제점을 통해 현재 사회과 교육이 어떤 방향으로 진행되는 것이 바람직한지에 대해 논의해 볼 수 있다. 이렇게 분류된 사회과 유형들은 미국 사회과 교육의 발달과정을 통해서 그 배경을 이해할 수 있다. 근대화 과정에서 여러 가지 문제가 발생하면서 국가적·사회적·개인적 필요로 인해 사회과가 강조되기 시작하였다. 그 이후 문제를 해결하기 위해서 학생들을 어떤 내용과 방법으로 교육할 것인지가 지속적인 교육개혁의 주 내용이 되었다.

4. 미국 사회과 교육이 한국 사회과 교육에 미친 영향

진보주의와 경험중심 교육과정, 지적전통주의와 본질주의, 사회적 행동주의, 교과중심 교육과정, 타일러의 교육과정 모형, 목표의 행동적 표현, 브루너의 인지주의에 따른 지식의 구조, 핵심개념, 열린교육, 핵심개념, 성취기준, 스트랜드 등 헤아리기 어려울 만큼 미국 사회과 교육이 한국에 미친 영향은 크다. 현재까지도 많은 영향을 미치고 있다. 하지만 여전히 한국의 주된 흐름은 타일러의 후예들과 그들의 이론에 바탕을 둔 교육과정 이념으로 보이며, 비판적 관점의 문제 제기를 찾아보기 어렵다. 왜 그런지에 대해서는 다음 기회가 있을 때 논문으로 심층적으로 분석해 보겠다. 이제는 이런 학문적 종속을 극복해야 하는 시점이 되지 않았나 싶다.

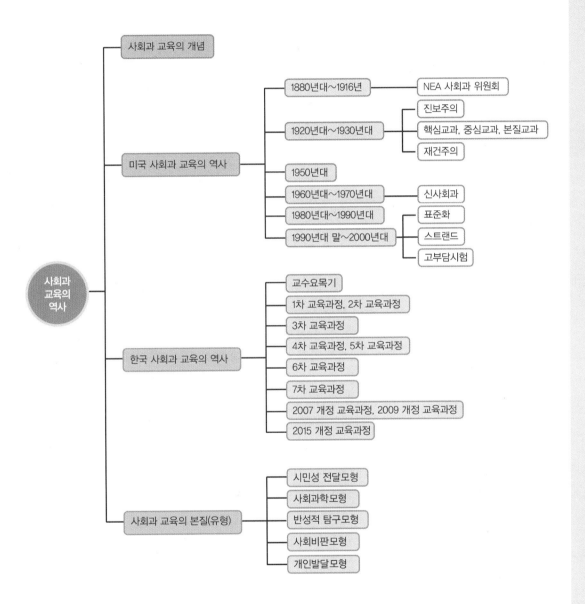

01 사회과 교육의 개념적 특성

I 사회과 교육의 의미

01 사회과 교육의 성격[1]

1. 사회과의 의미

사회과는 학생들이 사회생활에 필요한 지식과 기능을 익혀 이를 토대로 시·공간 속의 인간과 사회현상을 인식하고, 민주 사회의 구성원에게 요구되는 가치와 태도를 지님으로써 시민으로서의 자질을 갖추도록 하는 교과이다.

2. 사회과의 시민성 및 역량

사회과에서 기르고자 하는 시민은 인간과 사회현상을 탐구하고 지역사회, 국가, 세계에서의 생활에 참여하는 데 필요한 지식과 기능의 습득을 바탕으로 자율적으로 판단하고 행동한다. 또한 공동체 의식을 가지고 타자를 존중하고 배려하면서 개인적, 사회적 문제를 합리적으로 해결하는 능력을 갖추어 개인의 성장을 도모하고, 지역사회·국가·세계의 발전에 기여한다. 사회과는 시민으로서 갖추어야 할 자질을 함양하는 데 필요한 창의적 사고력, 비판적 사고력, 문제 해결력 및 의사 결정력, 의사소통 및 협업 능력, 정보 활용 능력 등을 기르는 데 중점을 둔다. 창의적 사고력은 새롭고 가치 있는 아이디어를 생성하는 능력을 의미하며, 비판적 사고력은 사태를 분석적으로 평가하는 능력을 의미한다. 문제 해결력 및 의사 결정력은 다양한 사회적 문제를 해결하기 위해 합리적으로 결정하는 능력을 의미하며, 의사소통 및 협업 능력은 자신의 견해를 분명하게 표현하고 타인과 효과적으로 상호 작용하는 능력을 의미한다. 또한 정보 활용 능력은 다양한 자료와 테크놀로지를 활용하여 정보를 수집, 해석, 활용, 창조할 수 있는 능력을 의미한다.

3. 사회과의 영역 및 내용 구성

사회과는 지리, 역사, 제 사회과학의 개념과 원리, 문제와 쟁점, 탐구 방법과 절차 등에 관한 요소를 통합적으로 선정·조직하여 사회현상과 사회문제, 공간구조와 변화, 시간의 변화와 지속을 종합적으로 이해하고 탐구할 수 있도록 구성되어 있다. 또 사회과는 우리 삶의 터전인 지역의 이해를 바탕으로, 우리나라의 역사, 국토와 환경, 한국 사회 제도의 현실과 변화, 지구촌의 특징과 변화 등에 대한 탐구를 통해 한국인으로서의 정체성과 세계시민으로서의 자질을 갖추도록 구성되어 있다.

---

[1] 교육부(2022), 개정 2022 교육과정, p.6

02 **사회과에 대한 정의**[2] : 다양한 학습 요소 및 방법 활용 ⇨ 시민적 자질 함양 추구 교과

사회과에 대한 사회과 연구자들의 다양한 정의가 있었다. 이런 정의는 시대를 배경으로 사회과의 성격이 시민교육인지, 사회과학교육인지, 어떤 목적과 목표를 추구하는지, 어떤 방법을 강조하는지 등을 반영하여 등장한 것이라고 할 수 있다. 이 중 논쟁적이거나 역사적인 것을 빼고 나면 정의의 형식만 남는다. 여기에서는 이런 노력을 시민성 함양, 내용은 사회과학을 포함한 다양한 학문적 내용, 교수-학습방법은 다양한 자료를 활용한 다양한 교수-학습방법을 기본적 속성으로 정의를 시도해 본다. 즉, 교육과정과 여러 학자들의 견해를 토대로 사회과의 의미를 정리하면 '사회과는 사회과학, 인문학 등의 내용을 통합적으로 선정하고, 다양한 자료 및 다양한 교수-학습방법을 통해 사회생활에 필요한 지식과 기능을 익혀 이를 토대로 사회현상을 정확하게 인식하고, 민주 사회 구성원에게 요구되는 가치와 태도를 지님으로써 민주 시민으로서의 자질을 갖추도록 하는 교과'라고 할 수 있다.

Ⅱ **사회과 교육의 특성 : 목적 및 본질, 내용, 방법, 국가적 · 사회적 요구**[3]

1. 인간과 사회에 대한 올바른 인식을 통해 민주 시민성 함양 추구(시민성 원리 추구)

사회과는 인간과 사회에 대한 올바른 인식을 통해 민주 시민성 자질을 함양하는 것이다. 즉 민주 시민에게 필요한 지식, 기능, 가치 및 태도 등을 함양하는 것을 목표로 한다. 이런 민주 시민성을 함양하는 데 필요한 창의적 사고력, 비판적 사고력, 문제해결력 및 의사결정력, 의사소통 및 협업 능력, 정보 활용 능력 등의 교과 역량을 강조하고 있다.

2. 종합적이고 통합적인 교과 : 통합성 원리 추구

사회과의 목표와 교과 역량을 감안할 때 사회과는 통합성 원리를 추구해야 한다. 예컨대 학습내용을 통합적으로 조직하고, 내용과 방법의 통합뿐만 아니라 궁극적으로 목표 · 내용 · 방법 · 평가의 통합을 지향하고 있다.

3. 다양한 시사자료 활용 및 교수-학습방법 활용

인간과 사회현상에 대한 올바른 이해를 추구한다. 이를 위해 사회과는 인간과 사회가 당면하고 있는 문제 및 현상을 다루게 된다. 따라서 사회과 교육은 다양한 시사자료 등을 활용한다. 또한 사회과가 지향하는 시민적 자질의 내용에는 사회과학적 지식뿐만 아니라 다양한 기능 및 가치 태도 등이 있다. 이런 자질 등을 함양하기 위해서는 지식의 전수와 같은 방법으로는 부족하다.

---

2) 차경수 · 모경환, 2008:17 참조
3) 차경수 · 모경환, 2008:18; 박상준, 2006:19; 박은종, 2009 등을 참고

4. 국가적·사회적 요구에 민감하게 반응

사회를 통합하기 위한 방안으로 등장한 것이 사회과 교육이다. 따라서 국가적·사회적 요구에 민감하게 반응한다. 사회과 교육은 국가적·사회적 요구를 반영하는 교과이다. 사회과 교육에서 강조하는 시민은 개인의 발전은 물론 사회적·국가적 발전에 기여할 수 있는 시민이다. 예컨대 1957년 소련이 인공위성 스푸트니크호를 쏘아 올리자 미국 내에 교과교육의 개혁을 요구하는 목소리가 커졌다. 그 결과 사회과학을 중시하는 신사회과가 등장하였다. 우리나라의 교육과정도 세계화 시대, 정보화 시대에 적절한 시민적 자질을 강조하고 있다. 또한 4차 산업혁명 과정에 요구되는 역량을 강조하고 있다.

5. 사회과 교육은 사회과학과 다르다?

과거 선배 연구자들의 논의에서 사회과 교육과 사회과학은 다르다는 것은 사회과 교육의 정체성을 결정하는 중요한 논쟁이었다. 이 논쟁의 핵심을 정리해 보면 '사회과에서 가르치고자 하는 지식은 사회과학적 지식이 아니라 교육을 위해 변형된 사회과학적 지식이다. 사회과 교육이 사회과학을 가르치는 이유가 인간과 사회현상을 올바르게 이해하기 위함일 뿐 사회과학을 하는 것 그 자체를 위한 것이 아니기 때문이다. 즉, 사회과 교육은 인간과 사회현상을 올바르게 이해하는 시민을 양성하기 위해 교육적 방법을 통해 내용을 재구성하여 학생들에게 전달한다. 하지만 사회과학은 시민양성을 목적으로 하지 않는다. 사회현상을 분석하여 지식을 만들어 내는 연구자 양성을 목적으로 한다.'라고 할 수 있다. 그런데 이런 논의가 왜곡되는 경우가 있다. 그래서 사회과 교육 연구자가 사회과학적 내용을 많이 아는 것이 무슨 의미가 있느냐 하는 것이다. 이 반응은 현장 교사들에게서도 발견되었다. 이런 반응들에 사회과 교육 연구자로서 동의하기 어려우며 우려스러운 상황이다. 사회과 교육 연구자들은 교과서도 많이 쓴다. 교과서는 교육적인 가치와 방법을 고려하여 사회과학적 지식을 재구성하고 조직하여 서술해야 한다. 이 서술에는 당연히 사회과학자가 내리는 형식적 정의 그 이상이 있어야 하기 때문이다. 단편적인 내용들로 채워 놓고 학생들 수준에 맞도록 쉽게 썼다고 하는 말은 동의하기 어렵다.

이상의 특징을 지닌 사회과 교육은 교육과정에서 확인할 수 있다시피 테일러의 교육과정 모형의 구조를 가지고 있다. 즉 '목표 - 내용 - 방법 - 평가'의 구조이다. 그런데 이 구조는 형식일 뿐 각 내용에 대한 부분에 대해서는 중립적이라고 할 수 있다. 그래서 우리나라의 교육과정과 테일러 모형을 종합하여 사회과 교육의 구조를 살펴보겠다.

Ⅲ 사회과 교육의 구조

이와 같은 특성을 지닌 사회과 교육은 목표, 내용, 방법, 평가라는 4가지 요소를 포함한다.

01 목표 : 목적·목표

1. 시민적 자질

사회과 교육은 무엇을 목표로 하는지에 관한 것이다(사회과 목표). 이런 목표는 국가적·사회적 상황에 따라 달라진다.

2. 시대적 상황에 따라 다양하게 제시

예컨대 어떤 시민이 국가적·사회적으로 요구되느냐에 따라 그 목표도 달라진다. 충성스러운 시민, 꼬마 사회과학자, 반성적 탐구능력을 지닌 시민, 합리적 의사결정능력을 지닌 시민 등이다. 이런 시민적 자질을 함양하기 위해 사회과 교육은 지식, 기능, 가치 및 태도, 시민 행동 등으로 목표 영역을 나누어 목표를 제시하게 된다.

02 내용 : 조직원리에 따라 교육과정 조직

사회과 교육은 목표를 달성하기 위해 어떤 내용을 가르칠 것인지에 관한 것이다(사회과 내용, 교육과정). 사회과 교육에서 어떤 내용을 가르칠 것인지를 결정하기 위해서는 우선 내용을 선정하고 조직해야 한다. 사회과 교육내용을 선정하고 조직하는 원리로 환경확대법,[4] 나선형 교육과정 원리,[5] 통합성의 원리[6] 등이 있다.

03 방법 : 수업모형, 학습기법

교육과정에서 선정된 내용을 어떤 방법으로 가르칠 것인지에 관한 것이다(사회과 교수-학습방법). 사회과 교수-학습방법으로는 수업모형(체계적으로 제시된 수업절차)과 수업기법(수업절차에서 활용되는 기법)이 있다. 가르칠 내용을 중심으로 수업모형을 살펴보았을 때 개념학습모형, 일반화 수업모형, 탐구수업모형, 가치 수업모형, 의사결정 학습모형, 논쟁문제 수업모형, 협동학습모형 등이 있다. 수업기법으로는 강의, 발문, 토의(론), 역할놀이, 시뮬레이션(게임) 등이 있다.

---

4) 학습자가 경험한 혹은 경험하게 될 공간적 차원들을 고려하여 조직하는 원리
5) 동일한 개념이나 원리 등을 동일하게 유지하면서, 학생들의 발달단계가 높아짐에 따라 표현양식만 다르게 반복적으로 구성하는 교육과정 조직원리
6) 학습자에게 통합된 경험을 제공하기 위한 교육과정 조직원리

04 평가 : 양적 평가 ⇨ 다양한 평가(양적 평가, 질적 평가, 수행평가, 과정평가)

학생들의 성취 수준을 적절하게 진단하고 그 결과를 교수-학습과정에 반영함으로써 사회과 교육의 개선을 도모하고자 하는 것이 평가이다(사회과 평가). 전통적인 평가는 지식 위주의 평가, 결과중심의 평가, 양적 평가가 강조되어왔다. 현재는 지식 위주의 평가에서 탈피한 평가 방안이 강조되고 있다. 사회과의 목표를 이루는 탐구 기능, 고등 사고력, 가치ㆍ태도에 대한 평가가 요구되기 때문이다. 그 결과 현재는 과정중심의 평가, 질적 평가 등이 강조되고 있다. 이런 성격을 지닌 평가가 수행평가이다. 또한 자기주도적 학습에 따른 수행평가의 실행을 강조하였다. 평가를 통해 자신의 성취 수준을 확인하고 학습방법의 문제점을 찾아 낼 수 있는 자기 주도적 평가를 지향하며, 이에 적합한 평가 방안으로서 수행평가가 강조되었다.

⌣ **사회과 교육구조**

민주 시민적 자질			
⇧			
사회과 교육목표	사회과 교육내용	사회과 교육방법	사회과 교육평가
• 지식 • 기능 • 가치 및 태도 • 시민행동	• 교육과정 • 제반 사회과학 • 인문학, 예술 등 • 다양한 시각자료	• 교수기법 : 강의, 발문, 토론, 역할놀이, 시뮬레이션 • 수업모형 : 개념 및 일반화 모형, 가치수업모형, 협동학습모형, 종합모형	• 전통적 평가 : 지식중심 평가, 결과중심평가, • 양적 평가 • 새로운 평가 : 지식 이외의 평가, 과정중심평가, 수행평가

이상에서 살펴본 사회과 교육 의미, 특성, 구조, 내용들은 사회과 교육의 발전과정을 통해 나타난 결과이다. 따라서 사회과 교육의 발달 과정을 통해 사회과가 무엇인지를 분명하게 살펴볼 필요가 있다.

02 미국 사회과 교육의 역사 [7]

I 1880년대~1919년 : 전통주의와 사회과의 탄생, 진보주의의 등장

01 역사적 배경 : 전통교육과정 극복을 위한 필요성 대두

1. 사회문제 해결을 통한 사회통합 필요성 증가

(1) 남북전쟁으로 인한 후유증

미국의 남북 전쟁은 노예제를 지지하던 남부 연합이 미합중국 분리를 선언하면서 1861년부터 1865년까지 4년간 벌어진 전쟁이었다. 당시 산업화를 진전시키기 위해 값싼 노동력을 필요로 하는 북부와 노예제를 기반으로 농업이 중심이었던 남부 사이의 갈등이 전쟁으로까지 비화된 것이라고 할 수 있다. 1865년 전쟁이 끝난 후에도 남부의 흑인에 대한 차별과 지배는 지속되었다.

(2) 이주민의 유입

유럽을 중심으로 다른 대륙에서 1865년부터 1918년까지 약 2800만 명의 이민자가 몰려들면서 저렴한 공장 노동력이 제공되었다. 이런 이민자의 확대는 사회 규범을 해체시키면서 문화적 갈등을 일으켰다.

(3) 근대화 과정에서 많은 사회문제 발생

기업 집중이나 독점기업 출현으로 노사 간 대립, 정경유착으로 인한 부패, 농민과 상공업자 간의 갈등이 사회문제가 되었다. 산업화와 개척의 과정에서 대부분의 인디언 부족은 작은 거류지로 이주당하였고, 그들의 땅은 백인 농장주들과 목장주들의 소유가 되었다. 공장 노동자는 폭력과 착취에 시달렸고, 그것에 수반하여 많은 노동조합과 노동운동이 생겨났다. 산업계의 관행적인 착취와 학대는 극단적인 갈등을 낳았고, 그 결과 노동운동은 폭력적으로 전개되었다.

---

7) Herzberg H. W. (1981), Social studies reform : 1880-1980, A project SPAN report, Socia Science Education Consortium; 차경수·모경환, 2008:21-29; 권오정·김영석, 2006:34-61; 박상준(2006)·박은종(2009)·박승배(2007), 교육과정학의 이해, 학지사 등을 참조

2. 교육의 역할에 대한 인식 및 요구의 증가

남북전쟁 후 급속한 근대화와 이민자들의 증가 등으로 미국 내에서는 교육에 대한 사회적 요구가 증가하였다. 미국은 1865년 남북전쟁 이후에 미국 재건에 착수하여 다양한 정책을 시도하였지만 큰 성과를 거두지 못하였다. 이 가운데 미국 재건을 위해서는 재규범화를 통한 사회화, 근대화를 위해 필요한 기술 및 기능의 습득, 미국 시민으로서의 정체성을 확보하는 데 기여할 수 있는 교육의 역할을 인식하게 되었다. 이런 흐름 속에 1890년 후반 경에 진보주의가 등장하였고, 전통 교육과정에 대한 개혁이 요구되었다.

02 교육변화 요구

이런 사회적인 배경은 교육의 변화를 요구하였다. 강력하고 통일된 미국을 위해 다수의 일반 국민을 대상으로 민주 시민자질 함양의 필요성 및 미국화된 시민 양성의 필요성이 부각되었다. 그 결과 '미국시민의 형성'이라는 목표가 설정되면서 역사와 지리를 통합하여 가르치기 시작하였다. 이런 상황에서 전미교육협회(NEA)와 미국역사협회(AHA)는 교육개혁을 위한 보고서를 제출하였다.

03 전통교육과정 극복을 위한 노력

1880년 이전의 사회 교과서는 대부분 역사적 사건, 도덕적 우화, 종교적 훈련을 통한 도덕적·애국적 가치를 가르치는 것이었다(Herzberg H. W.(1981), Social studies reform: 1880~1980, A project SPAN report, Social Science Education Consortium의 요약).

1. 전미교육협회(NEA)와 미국역사협회(AHA)의 노력

⑴ 전미교육협회(NEA) 10인 위원회 조직(1892) 활동과 보고서(1894)

전미교육협회(NEA)의 '10인 위원회'는 고문(古文), 이과(理科), 현대어, 영어의 기본 교육과정으로 정신적 훈련을 도모하고자 하였으며, 사회 인식 교과로서 역사교육을 중시하였다. 또한 라틴어, 그리스어, 고대사 등과 함께 직업 생활이나 시민교육을 포괄하는 교육과정을 제시하였다. 10인 위원회의 위원장은 당시 하버드 대학교 총장이었던 찰스 엘리엇이었다. 그는 '전통교육과정'의 대표적인 옹호자였으며, 헤르바르트의 능력심리학의 신봉자였다. 이들은 학생들의 흥미, 능력, 사회적 필요보다는 학생의 정신적 근육을 단련시키는 것에 초점을 두고 보고서를 제출하였다.

2. 미국역사협회(AHA)의 7인 위원회(1896) 활동 및 보고서: 새로운 역사교육 단계 제시

미국역사협회(AHA)는 7인 위원회를 구성하였다(1896). 이 위원회는 1898년에 보고서를 제출하였다. 이 보고서는 고대사, 중세 및 근대사, 영국사, 미국사와 민주 정부(civil government)로 구성된 4단계 역사 교육을 주장하였다.

3. 두 협회의 활동에 대한 평가

⑴ 시민적 자질 함양을 요구하는 사회적 요구에 적절하게 부응하지 못함

이들 보고서는 학생들의 흥미, 능력, 사회적 필요를 제대로 반영하지 못하고, 학생들의 정신적 근육을 강화시키는 과목으로 교육과정 보고서를 제출하였다. 언어·역사 교육을 중심으로 지식 전달 위주의 전통적인 교육과정의 틀을 크게 벗어나지 못하였다. 그 결과 사회문제 해결에 기여할 수 있는 시민교육으로서의 사회적 요구에 부응하지 못하였다.

⑵ 교과 등의 암기와 교사 중심의 엄격한 훈육을 강화하는 데 기여

04 고전교육과정의 변화 : 사회과 성립

1. NEA 사회과 위원회 활동 개시

NEA 내 중등교육개혁위원회(CRSE) 설치 → NEA 사회과 위원회 활동(1914)

2. NEA 사회과 위원회 최종 보고서(1916)의 주요 내용 : 최초의 사회과 교육과정 모형

⑴ 사회과의 창설[8]

전미교육협회(NEA) 사회과 위원회에서는 훌륭한 시민[9] 양성을 목적으로 하는 '사회과(social studies)'의 창설을 주장하였다. 즉 사회과의 목적을 사회적 효율성의 증진이라는 학교 역할 속에서 좋은 시민을 양성하는 데 있는 것으로 규정하였다(Stanley, 2001 : 52)[10].

⑵ 교육과정 주요내용 : 공민, 민주주의 제문제

① 1학년 '가족', 2학년 '이웃', 3학년 '지역사회', 4·5·6학년 '지리와 역사', 7·8학년 '지리·역사·공민', 9학년 '공민', 10학년 '세계사', 11학년 '미국사', 12학년에서 '민주주의의 제문제'를 가르치도록 제안하는 '전미교육협회(NEA) 보고서'가 등장하였다.

② 사회과를 사회 조직과 발전, 사회 구성원으로서의 인간과 관련된 교과로 정의하고, 교육과정에서 '민주주의의 제문제'를 교수하게 함에 따라 사회과의 통합교과적 성격이 드러났다. 민주주의의 제문제(Problems of Democracy : POD)는 여러 사회과학 학계의 요구를 수용하여 만들어졌다. 교과서 구성을 살펴보면, 정치학·경제학·사회학의 세 분과 학문을 중심으로 역사 및 기타 학문 내용을 융합하여 사회적 이슈와 문제 중심의 교육과정을 구성하였다. 또한, 실생활에서 발생하는 문제를 다루는 과정에서 여러 학문적 지식을 활용하고, 반성적 사고 기능을 강조하였다(Evans, 2004). 이러한 POD 과목은 교육과정 융합을 시도한 초기 움직임이며, 사회문제를 중심으로 한 최초의 통합적 이슈중심 과목이라는 점에서 당시로서는 획기적이었고, 사회과의 발전에 있어서 중요한 의미를 가진다.[11]

---

8) 차조일(2017) 등의 연구에 따르면 사회과의 정의는 그 전부터 있었던 것으로 주장되고 있다.
9) 당시 국민들의 요구는 충성심, 민주주의 발달, 미국인으로의 동화 등이었다(박은종, 2009:30).
10) William B. Stanley(2001), 사회과 교육 연구 모임 역(2005), 21세기 사회과 교육의 핵심 쟁점들, 교육과학사.

3. 평가

이 교육과정의 가장 핵심적인 특징은 전통교육과정에 진보주의 경향이 반영되었다는 점이다. 그 결과 지적 전통주의자들이 강조하는 개인의 정신적 능력의 발전은 물론 사회적 효율성의 증가, 아동의 흥미와 관심에 토대를 둔 학습경험 등을 반영하려는 노력이 나타났다.

05 진보주의 교육학회의 창설(1919)

존 듀이의 사상을 널리 알리기 위해 진보주의 교육학회가 1919년에 창설되었다. 전통교육과정의 대표적 옹호자였던 찰스 엘리엇이 학회의 초대 명예회장을 지냈다는 점이 의아하게 느껴지지만, 이는 당시 진보주의의 영향력을 잘 보여주는 사례라고 할 수 있다.

Ⅱ 1920~1930년대 : 진보주의 교육사상과 통합교육과정 등장

01 역사적 배경

1. 전미사회과협회(NCSS) 창설(1921)

전미사회과협회(NCSS)는 사회과 교육의 학문적 정체성을 강화하는 한편 시민성 교육을 위한 효과적 프로그램을 제공하였다.

2. 진보주의의 확산

심리학의 발달과 진보주의 교육사상이 이 시기의 사회과 발전을 뒷받침하였다.

⑴ 진보주의 교육사상의 대두

사회과 교육과정 구성에서 진보주의 교육사상이 주류를 이루었고, 대공황 등의 사회문제 해결을 위한 교육운동과 통합교육과정을 지향하는 움직임이 나타났다. 미국 사회에서 자본주의적인 성장이 지속되면서 그에 따른 여러 사회문제가 나타났고 이 문제들을 해결하기 위해 사회과의 필요성이 확산되었다.

---

11) 차경수·모경환, 2008:23 하단 각주 참조

⑵ 진보주의

진보주의는 한마디로 정의하기는 어렵다. 하지만 대체로 3가지 경향이 있었다. 첫째, 학교의 교수-학습과정에서 교사가 중심이 아니라 학생이 중심이 되어야 한다는 점을 강조하는 경향, 둘째, 학교를 생산성이높은 조직으로 바꾸려고 노력하였던 경향, 셋째, 학교를 사회나 국가 재건의 수단으로 활용하려고 하였던사회주의 경향 등으로 나타났다. 주로 사회과에서 진보주의를 의미하는 것은 첫 번째 경향을 의미한다.

3. 사회적 행동주의(박승배)[12]

1920년대에 들어서면서 보비트의 과학적인 절차에 따라 교육과정을 편성해야 한다는 주장을 계승한 사회적 행동주의자들이 등장한다. 이들은 행동주의 심리학을 바탕으로 한다. 이들은 이상적인 어른을 분석하여 그들이 가지고 있는 지식과 기능을 도출하고, 이 지식과 기능을 학생에게 가르쳐야 한다는 것을주장한다. 이들이 강조한 지식과 기능은 우리가 흔히 기초과목이라고 부르는 과목들과 사회생활에 유용하게 활용되는 기능을 말한다.

4. 교육이념 간의 경쟁과 갈등 그리고 러그의 중재

1920년대 중반에 전통주의, 진보주의, 사회적 행동주의가 교육과정 구성과 관련해서 서로 경쟁하며 갈등하였다. 전통주의는 '교과'에 관심을 기울였다. 진보주의는 학습자에 초점을 맞춘 교수-학습에 관심을기울였다. 반면 사회적 행동주의자들은 사회에 주로 관심을 기울였다. 이들 사이에 갈등이 심화되자 헤럴드 러그는 각 진형을 대표하는 학자들로 구성된 위원회를 만들어 갈등을 중재하고자 하였다.[13]

5. 사회적 재건주의의 부상

1930대 초반에 조지 카운츠가 존 듀이의 진보주의 경향을 사회 재건주의 입장에서 공격하면서 사회적재건주의가 관심을 받기 시작하였다. 하지만 이 사건으로 인해 같은 진보주의 흐름 내에서 존 듀이의진보주의 경향과 사회 재건주의 사이에 간극은 메워지기 힘든 정도가 되었다.

6. 본질주의의 등장

1930년대 말 인류의 문화유산을 교사가 중심이 되어 체계적으로 전달하는 것이 필요하다는 본질주의가등장하였다. 본질주의는 전통주의의 배경이 되는 항존주의와 상당 부분 유사점을 가지지만 존 듀이의진보주의, 사회적 행동주의를 적절히 절충하는 입장을 취하였다. 하지만 상당 부분 많은 내용들은 전통주의와 일치하고, 사회에서 필요로 하는 지식과 기능이라는 측면에서는 사회적 행동주의와 일치하는 경향을 보였다.

---

12) 박승배, 교육과정학의 이해, 학지사, 2007:58-59.
13) 교육과정학적으로 본다면 1910년대 말부터 1920년대 전반까지는 사회적 행동주의의 전성기였고, 1920년대 후반부터
   1930년대 전반기까지는 '진보주의'의 전성기였다(박승배, 2007:64).

7. 진보주의의 쇠퇴

진보주의 운동은 1930년대 말부터 수그러들기 시작하여 1940년대에는 진보주의 운동을 주도하였던 주체들이 사라졌다. 사라지게 된 이유는 진보주의 내부의 방향, 즉 대표적으로 본다면 아동을 중시하는 입장과 사회 재건을 강조하는 입장 사이의 갈등 때문이었다. 하지만 진보주의는 유럽으로 전파되면서 그 꽃을 피웠고, 1960년대 후반 열린교육이라는 이름으로 화려한 복귀를 하게 된다.

02 주요 내용

1. 개관

미국에서는 대공황으로 다양한 사회문제가 발생하자, 교육을 통한 사회문제 해결을 지향하는 사회 재건주의 운동이 전개되었다. 대표적 사회 재건주의자인 러그(H. Rugg)는 미국 사회의 문제를 중심으로 하는 통합교육과정을 구성하자고 주장하였다. 사회과에서 통합 교육과정에 대한 관심이 크게 증대되었고, 이러한 흐름 속에서 사회과를 학교 교육과정의 중심에 두고 그 외의 교과를 주변에 두는 교육과정 개발안이 제시되었다. 1930~1940년대에 유행한 이러한 형태의 교육과정을 '중핵교육과정'이라고 한다.

2. 교육을 통한 사회 재건 강조

⑴ 사회과를 사회 재건에 기여하는 교과로 인식

미국의 개인주의, 자유주의의 문제점을 극복하여 정치공동체의 구성원으로서 사회적 존재로 아동을 성장시켜야 한다는 사회적 요구에 부응하는 차원에서 사회과의 중요성이 커졌다. 이로 인해 사회과는 사회개혁을 통한 사회 재건에 기여하는 교과로 부상되었다.

⑵ 해롤드 러그의 주장과 사회과 교과서

① 새로운 통합교과로서의 사회과 강조
존 듀이의 제자인 해롤드 러그(H. Rugg)는 여러 사회과학을 사회과로 통합한 최초의 교육자로서 전통적인 교과 중심이 현대 생활의 긴급한 요구에 부응할 수 없다고 보고, 전통적인 역사, 지리, 공민과는 새로운 통합교과로서 여러 교과 영역의 내용을 포함하는 것이어야 한다고 주장하였다.

② 사회문제중심의 사회과 교과서 시리즈 제작과 목적
㉠ 교과서 시리즈를 제작
그는 사회문제중심의 사회과 교과서 시리즈를 제작하여 교육을 통한 사회 재건을 강조하였다.
㉡ 제작 목적: 사회 부조리를 개혁하기 위한 참여적 태도 함양
사회 재건을 지향하였던 러그는 사회과를 중심으로 학생들이 사회문제를 직접 다룸으로써, 사회 부조리를 개혁하기 위한 참여적 태도를 기르고자 하였다.

3. 통합교육과정

(1) 시민성 교육을 위한 핵심 교과(본질 교과)로서 인식

이 시기의 사회과는 미국 사회의 사회·정치·경제 문제들에 효율적으로 대처하고 모든 시민들에게 시민성 교육을 위한 핵심 교과로서 인식되었다.

(2) 생활문제와 관련된 문제 및 주제들이 강조

보통교육이 실시되면서 어려운 지식 전달 위주의 내용을 교수하는 것보다도 보편적이면서도 생활문제와 관련된 문제 및 주제들이 강조되었다.

(3) 핵심교과, 중심교과, 본질교과로서 사회과[14]

① 통합적 접근 강조

교육과정에서 통합적 접근이 강조되는 가운데 사회과는 핵심교과, 중심교과가 되었다.

② 중핵교육과정(core curriculum)의 등장

초등학교에서는 사회과를 핵심으로 언어·수학·자연 등을 주변에 두는 것처럼, 융합 혹은 통합된 광역 교과를 핵심에 위치시키고 타 교과를 주변에 위치시키는 중핵교육과정을 실현하고자 하는 활동이 활발하였다. 중핵교육과정은 교과중심 교육과정과 경험중심 교육과정 간의 이론 및 실천적 대립과 논쟁을 통해 나타난 교육과정이었다.

III 1950년대 : 진보주의 위축, 애국주의적 단체와 보수주의 강화

01 역사적 배경

1. 보수주의적 흐름의 부활

(1) 애국적인 시민양성과 역사교육의 강조

(2) 교과중심 교육과정의 강조

---

14) 사회과학이 발달해 가는 시기였으나 그 교육적 유용성은 사회적 문제나 상황을 인식하기 위한 도구에 불과한 것으로 사회과의 주 내용은 사회적 문제나 상황이었다(박은종, 2009:33).

2. 제2차 세계대전 이후 진보주의에 대한 비판 증가

⑴ 진보주의 교육에 대한 비판 증가 : 반공주의 강조

제2차 세계대전이 끝난 후 미국과 소련의 대립으로 냉전체제가 성립하였다. 이로 인해 반공주의가 강조되면서 진보주의 교육에 대한 비판이 더욱 가열되었고 학교 교육에 대한 국가적 개입과 관심이 증가하였다.

⑵ 보수주의와 진보주의 논쟁

① 미국은 '보수주의'와 '진보주의'의 교육 논쟁과 혼란이 지속되었다.

② 보수주의
사회의 기본적 가치를 중요한 시민적 자질로 여기는 보수주의적 경향이 다시 대두되었다. 이 입장은 사회의 기본가치가 잘 전수되어야 사회가 유지·발전될 수 있다는 점을 강조한다.

02 주요 내용

1. 평가

교수-학습과정에서 논쟁의 여지가 있는 내용을 다루지 않거나 왜곡한다는 비판을 받았다.

2. 소수적 흐름

1955년 헌트와 메트칼프(Hunt & Metcalf)는 지금까지 학교에서 잘 다루지 않던 성, 도덕, 인종, 민족 등의 다양한 사회적 논쟁문제를 다루고, 편견과 무지를 제거하는 합리적·반성적 사고를 사회과 교육에서 담당해야 한다고 주장하면서 사회적 비판으로서의 사회과 교육의 목표에 관심을 가지기 시작하였다.

Ⅳ 1960～1970년대 : 전기 신사회과와 후기 신사회과

01 역사적 전개 및 배경

1. 주요 내용 개관

1960년대 후반부터 학문의 구조에 토대를 둔 학문 주도적인 사회과 교육과정 개발이 중단되고 사회의 현실적 문제에 보다 큰 관심이 쏟아졌다. 인종문제, 빈곤, 시민권, 환경오염, 사회진화론, 윤리의식 등 다양한 문제들이 다루어졌다. 1970년대를 거치면서 인종 교육, 가치 교육, 법 관련 교육, 여성 교육, 직업 교육 등이 사회과에서 새로이 관심을 끌었으며, 특정 주제에 대한 단기 과정이 중등학교 사회과 프로그램의 일반적 형태가 되었다. 한편 신사회과 초기에도 연구되었던 문제인 의사결정도 사회과의 주요 주제로 관심을 끌었다. 의사결정을 강조하는 사회과 교육이 신사회과 초기의 프로그램과 비교해볼 때 그 범위나 계열성에 근본적으로 다른 것은 아니다. 다만 사회적 문제를 중시하고 인문학도 자료로 이용한다는 점이 차이라고 하겠다.

2. 스푸트니크호 사건(1957) ⇨ **교육개혁 시작**(과학적 교육 강조)

소련이 미국보다 먼저 인공위성을 발사한 사건(스푸트니크호 사건, 1957)은 미국 사회에 큰 충격을 주었다. 미국은 경쟁 국가에 비해 과학기술이 뒤쳐졌다는 사실에 충격을 받은 후 그 원인으로 교육을 지목하였다. 그 결과 미국 사회에서는 대규모의 교육개혁이 시작되었다.

3. 사실 중심에서 사실과 가치를 중시하는 사회과학적 흐름 등장

정치 및 사회적으로 미국의 케네디, 킹 목사 암살사건과 월남전, 워터게이트 등의 다양한 사회적 문제 속에서 이를 해결하려는 미국의 상황과 맞물려 사회문제에 대한 시민으로서의 적극적인 개입과 개선에 대한 노력을 강조하였던 시기였다. 1950~1960년대까지만 하더라도 가치를 배제한 사회과학이 유행하였다. 하지만 1960년대 후반이 되면서 사회과학에 가치를 포함시켜서 다루어야 한다는 주장이 강하게 제기되었다. 이런 경향은 행정학, 정치학 등 주요 사회과학 등에서 등장했으며 정치학 학자였던 이스턴이 주장한 후기행태주의가 대표적이다. 이런 현상은 사회과에도 영향을 미치게 되었다.

02 신사회과

1. **교육개혁에 대한 논의**: 우즈홀 회의(1959)와 신사회과

1950년 후반 냉전 상황 속에서, 미국은 경쟁 국가에 비해 과학기술이 뒤쳐졌다는 사실에 충격을 받은 후 그 원인으로 교육을 지목하였다. 1959년에 각계 전문가들이 토론을 통해 기존의 교육에 문제가 있다고 진단하고 새로운 방향을 모색하였다. 그 결과 수업 내용으로 단편 지식이나 사회문제보다는 개념과 일반화 등을 다루어야 한다는 주장이 지지를 얻어 학문중심 교육과정이 본격적으로 도입되었다. 이와 같은 흐름 속에서 사회과 교육과정 개혁운동의 결과로 성립된 사회과를 신사회과라고 한다. 이 영향으로 사회과에서는 교육방법으로 탐구학습, 발견학습 등이 강조되었으며, 사회과학 중심 교육과정인 '인간에 관한 연구(MACOS)'가 개발되었다.

2. **브루너(J. Bruner)의 주장** → **과학적 지식교육, 지식의 구조**

브루너는 초·중등교육개혁을 다룬 우즈홀 회의(1959)에서 나타난 결과를 토대로 작성한 「교육의 과정(The Process of Education, 1960)」이라는 연구 보고서를 통해 모든 교과는 사실을 중심으로 하는 지식보다는 그 교과에서 가장 중요한 개념과 일반화 등 '지식의 구조'를 중심으로 교육해야 한다고 주장하였다. 체계적인 과학적 지식교육을 강조하면서 '지식의 구조'를 주장하였다. 이러한 흐름이 사회과에서도 받아들여져 지식의 구조에 대한 이해와 적용이 사회과의 목표가 되어야 한다는 주장이 대두되었다.

3. 수월성 추구

사회과 교육에서도 수월성의 함양은 중요한 목표이다. 이를 위한 여러 프로젝트 중의 하나로 '인간에 관한 연구(MACOS)'를 개발하여 인류학의 학문 구조를 배울 수 있도록 하였다. 하지만 브루너는 수월성 추구가 과열된 경쟁과 학생 소외로 연결될 수 있는지에 대해 경계할 것을 촉구하기도 하였다.

4. 신사회과 등장[15]

브루너의 영향으로 등장한 사회과의 새로운 흐름이 신사회과 운동(New Social Studies Movement)이다. 신사회과운동은 사회과가 역사, 지리, 공민 이상의 것이 되어야 한다고 주장하면서 사회과학에 기초한 교육과정 개혁운동이었다. 또한 역사학 중심 사회과 교육의 전통적 영향력이 약화되었다. 이와 같은 흐름 속에서 사회과의 내용은 인류학, 사회학, 정치학, 경제학, 심리학 등 사회과학의 내용과 연구 방법을 강조하게 되었다. 이런 사회과 교육과정 개혁운동의 결과로 성립된 새로운 사회과를 이전의 사회과와 구분하여 신사회과(new social studies)라고 한다.

5. 신사회과가 강조된 이유 : 사회문제를 사회과학으로 해결할 수 있으리라는 낙관 때문

1960년대 미국은 흑백갈등문제, 마약과 성 문제 등 다양한 사회문제에 직면하고 있었다. 사회과학이 이런 사회적 문제를 해결할 수 있는 주요 수단으로 부각되었다. 그 결과 사회과학적 지식을 습득함으로써 합리적 문제해결능력을 향상시킬 수 있을 것이라는 믿음을 가지게 된 것이다.

6. 신사회과에서 강조한 내용 : 지식구조, 사회과학적 탐구방법, 과학적 문제해결능력

이와 같은 믿음에 근거를 둔 신사회과는 사회과를 구성하는 학문의 지식 구조와 탐구방법을 학습함으로써 과학적이고 합리적인 사고를 할 수 있고, 그것이 바람직한 시민적 자질 향상의 기초가 될 수 있다고 강조한다.

7. 신사회과 특징

(1) **목적과 목표** : 사회과학적 지식과 탐구방법을 지닌 시민

사회과를 구성하는 학문의 지식 구조와 탐구방법을 학습함으로써 과학적이고 합리적인 사고를 할 수 있고, 그것이 바람직한 시민적 자질 향상의 기초가 될 수 있다고 강조한다. 즉 사회과학적 지식과 탐구 방법이 훌륭한 시민 양성의 요건임을 강조하여 사회과학의 관점과 사고 방법에 대한 학습이 요구되었다. 사회과학적 지식과 탐구 방법이 훌륭한 시민 양성의 요건임을 강조하여 사회과학의 관점과 사고 방법에 대한 학습이 요구되었다.

---

15) 이진석(2001)은 1967년 이전의 시기를 신사회과 제1기, 그 이후를 제2기(1968년 이후)로 분석하고 있다. 제1기는 지식의 구조와 탐구방법이나 주로 내용요소를 강조하였다. 제2기의 경우에는 사회문제와 이슈를 중요시하였다(이진석, 2001:231).

⑵ **교육내용 측면**

① 학제적 접근법 ⇨ 교과의 구조화

② 사회문제와 이슈

③ 학문중심 교육과정

⑶ **교수-학습방법** : 탐구학습, 발견학습, 귀납적 접근, 학제적 접근

신사회과에서 강조하는 시민적 자질의 영향으로 교육방법으로 탐구학습, 발견학습, 학제적 접근법 등이 강조되었다. 탐구학습이나 발견학습은 자료의 분석을 통해 학생이 스스로 결론을 발견하는 것이다. 이 방안은 뱅크스가 제시한 의사결정 학습모형 단계 중 사회탐구과정에 영향을 주었다. 새로운 학습기법으로 모의학습, 역할놀이 등이 강조되었다.

8. 학문중심 교육과정(사회과학중심 교육과정)

⑴ **지식의 구조 ⇨ 교과의 구조**

사회과학의 개념과 일반화를 중심으로 하는 사회과의 구조화 작업이 활발하게 전개되었다.

⑵ **학문중심교과정 사례 ⇨ '인간에 관한 연구(MACOS)' 개발**

수업 내용으로 단편적인 지식이나 사회문제 보다는 개념과 일반화 등을 다루어야 한다는 주장이 지지를 얻어 학문중심 교육과정이 본격으로 도입되었다. 예컨대 사회과학중심 교육과정인 '인간에 관한 연구 (MACOS)'가 개발되었다. 이 교육과정은 인류학의 학문 구조를 배울 수 있도록 구성되었다. '인간'을 학습 주제로 설정한 이 교육과정은 1962년 매사추세츠 공과대학에서 열린 한 사회과 학회에서 논의되면서 본격적인 개발이 이루어졌다. 교육과정 개발팀은 교육학자, 인류학자, 경제학자, 심리학자, 그 밖의 교육과정 전문가들로 구성되었다. 그리고 소수의 문화적 소재에 대해 여러 시간에 걸쳐 깊이 있는 학습이 이루어지도록 교육과정을 구성하였다. 전통적인 교과서 대신 다양한 학습자료가 활용되었으며, 사례연구 등의 방법을 통해 '언어, 긴꼬리원숭이, 갈매기, 부시면족, 에스키모' 등의 학습주제에 대해 학습하도록 하였다. 또 매 단원 주어진 학습자료를 바탕으로 학생 스스로 결론에 도달할 수 있도록 여러 가지 질문을 던지게 하였다.

03 학문중심교육과정에 대한 비판과 한계극복을 위한 경향

1. 올리버와 셰이버의 비판(1966)

신사회과 시기에 사회적 쟁점으로부터 발생하는 질문은 단일 학문에서 도출되는 물음보다 더 의미 있고 중요할 수 있다는 가정과 사회과 교육과정 구성의 간학문적 성격과 통합적 성격의 정당화 논리를 견지하며 학문중심 교육과정에 비판적 입장을 취하였던 올리버(Oliver)와 셰이버(Shaver)의 대표적인 사회과 수업모형이 법리모형이다.

2. 가치교육 경향

가치교육은 사회과학적 지식의 구조에 대한 교육에 비해 덜 부각되었지만, 1960년대에 미국 내 가치갈등이 심각해지면서 가치명료화나 도덕발달이론 등과 같은 가치추론모형 등이 제시되었다. 이와 같이 신사회과에서 가치와 태도, 문제해결에 대한 관심이 제기되었으나, 신사회과의 성격 규정에 주류가 되지 못하였다(이진석, 2001:234).[16]

3. 열린교육(1967~1973년)으로 진보주의의 복귀

1960년대 후반부터 1970년 초반까지 존 듀이의 진보주의적 경향은 '열린교육'이라는 이름으로 다시 복귀하였다. 이들은 교육의 수월성보다 기회평등, 인권 등을 강조하며 학생중심의 교육을 주장하였다.

4. 사회재건주의의 부활

사회재건주의는 70년대와 80년대에 '계급·문화 재생산' 이론으로 부활하였다.

5. 의사결정력의 강조

⑴ 엥글의 주장

1960년대에 엥글(Engle)은 『Decision Making』이라는 책에서 사회과학과 사회과 교육의 차이를 "사회과학은 검증된 지식의 축적과 관련된 것이고, 사회과 교육은 사회과학이 끝나는 것에서 시작된다. 사회과 교육은 시민성의 교육이고 이를 통해 선한 시민을 형성하게 되는데, 선한 시민이란 공·사적으로 결정해야 할 사회적 문제에 대한 사회적 관심이다"라고 설명하면서 사회적 문제에 대한 개인의 관심과 의사결정을 사회과 교육과정에서 다루어야 함을 강조하였다.

---

16) 이진석(2001), 신사회과가 우리나라 사회과 교육과정에 끼친 영향에 대한 연구, 『시민교육연구』 제32집, pp.227~247.

(2) 뱅크스

① 의사결정력 논의

미국에서는 1960년대에 일어난 다양한 사회문제에 직면하면서 민주적으로 갈등을 해결할 수 있는 방안으로 개인의 선택에 기반을 둔 의사결정력이 강조되기 시작하였다. 이에 따라 엥글과 뱅크스가 의사결정력을 강조한 이후에도, 1988년 울에버와 스콧도 합리적 '의사결정'과 사회적 행위를 사회과 목표로 정의하였다. 이후 1994년 전미사회과협회(NCSS)도 사회과의 정의에 민주적인 시민으로서 공공선을 위해 지적이고 합리적인 의사결정을 내릴 수 있는 능력을 개발하고 도와주는 교과라는 점을 명시하였다.

② 뱅크스의 의사결정력

1973년 뱅크스(Banks)는 사회과 교육의 목적은 합리적 의사결정으로서 이를 통해 지적인 사회적 행위를 표출하는 것이라고 보아서 의사결정의 중요성을 강조하였다. 뱅크스는 사회 탐구와 가치 탐구에 의해 합리적으로 의사결정을 내리는 것을 강조하며 이러한 의사결정능력을 사회과의 목표로 삼아야 한다고 하였다.

V 1980년대 : 보수주의적 경향[17]

01 역사적 배경

1. 1982년 파이데이아 제안

(1) 전통주의가 다시 등장하였고, 교과중심 교육과정 경향이 다시 강조되었다.

(2) 교사의 전문직화 흐름이 논의되었다.

2. 가치교육의 강조

참다운 인간에 대한 참다운 사랑과 타인에 대한 봉사를 강조하는 친사회적 행동 및 배려와 감사의 윤리 교육이 강조되었다.

02 사회적 재건주의의 활동

1970년대 '계급·문화 재생산 이론'으로 부활한 사회재건주의는 1980년대에도 그 활동을 이어갔다.

---

17) 보수주의적 경향과 교과중심 교육과정은 1890년대, 1950년대, 1980년대에 등장하였다.

VI 1990~2010년대

01 역사적 배경

학교 교육의 책무성 강화에 대한 요구를 반영하는 '교육과정 표준화' 운동의 결과, '전미사회과협회 (NCSS)'에서 핵심적인 10가지 스트랜드(strand)를 중심으로 한 새로운 교육과정 표준안을 발표하였다. 즉, 스트랜드 중심의 내용 구성, 표준에 따른 학업 성취 평가 등 사회과 교육과정에서 '표준화'가 지배적인 추세가 되었다.

02 주요 내용 : 정부 주도의 표준교육과정 보급과 전미사회과협회(NCSS)의 노력

1. 정부의 표준교육과정 보급 ⇨ 사회과 해체 위기

(1) 정부주도의 표준교육과정 보급 운동

1990년대 이후 정부 주도로 표준교육과정을 만들어 보급하려는 운동이 전개되었다. 이 노력은 각 급 학교에서 가르쳐야 할 필수 내용요소를 지정하여 교과별로 표준을 만들어 보급하려는 노력이었다.

(2) 사회과 교육과정 표준화의 영향

① 미국 각 주의 교육과정 구성에 영향

② 고부담시험의 지침이 됨

③ 시험의 결과가 학생이나 학교에 중요한 영향을 미치는 시험으로 수업 환경 악화 및 교사의 전문성 개념에 부정적인 영향을 줄 것으로 예측된다. 실제 미국에서 있었던 문제는 교사의 답안지 조작 등과 같은 부정사례였다.

2. NCSS의 스트랜드 개발 발표 ⇨ 사회과 해체 위기 극복

(1) 정부 주도의 표준에 대항

이런 정부의 노력이 사회과를 해체하려는 상황으로 전개되자 전미사회과협회(NCSS)는 통합교과로서의 사회과의 성격을 명확히 하고 그러한 성격을 구체화하기 위해 정부 주도의 표준에 대항하여 자신들만의 표준을 만들기로 결정하였다.

(2) 10가지 주제 스트랜드

정부로부터 어떤 지원도 받지 못한 NCSS는 1994년 10가지(주제) 스트랜드를 중심으로 한 '수월성의 기대 (Expectations of Excellence)'라는 제목의 표준을 공표하였다. '스트랜드'란 사회과 교육의 영역에 있는 개념, 주제, 문제, 이슈, 일반화, 법칙, 가치 등을 종합하여 사회과에서 가르쳐야 한다고 생각하는 것들을 정리한 핵심요소(준거)를 말한다.

1995년 미국의 NCSS가 발표한 10개의 사회과에서의 주제 스트랜드

1. 문화
2. 시간, 계속성(영속성), 변화
3. 인간, 장소, 환경
4. 개인적 발달과 정체성
5. 개인, 집단, 제도
6. 권력, 권위, 통치(정부)
7. 생산, 분배, 소비
8. 과학, 기술, 사회
9. 세계적인 연결(국제 관계)
10. 시민적 이상과 실천(시민 정신과 참여)

(3) NCSS 주제 스트랜드 발표 영향

NCSS 스트랜드의 영향력은 정부가 제시한 국가표준을 훨씬 능가하였다. 미국의 약 31개주에서 NCSS 모형에 따른 사회과 스트랜드를 사용하고 있었다. 뿐만 아니라 거의 대부분의 주에서 사회과의 목표로 시민성 함양을 내세워 아직도 사회과의 전통적 이념이 확고히 유지되고 있음을 확인해 주고 있다.

3. NCSS의 C3(College, Career, and Civic Life) framework의 개발(2013)[18]

(1) 개발 배경

미국의 NCSS는 1994년 10개의 주제 스트랜드를 제시하고 난 후 16년이 지난 2010년에 학습과정 및 결과 측면을 구체화한 사회과 교육과정을 개정 고시하였다. 이후 2013년에 21세기에 적합한 문제해결능력을 지닌 적극적이고 참여적인 시민적 자질을 함양하기 위한 궁극적인 목표를 제시하면서 C3 framework를 제시하였다. 구체적으로는 장래 직업과 학업에 필요한 능력, 평생 자기주도적 학습 능력 등을 함양하고 자 하였다. 사회과교육을 발전시키고자 하는 15개의 교육학회 등이 협력을 통해 공민, 역사 그리고 지리 등의 내용을 2010년의 교육과정을 더욱 엄밀하게 진행할 수 있는 가이드를 제시한 것이 C3 framework 이다.

(2) 주요 특징 : 학습과정을 중심으로 하는 교육과정 구성

NCSS 사회과 교육과정이 사회과의 일반적인 틀(내용, 교수학습, 평가)을 제시하는 것에 초점을 두고 있는 것과 달리 C3 framework는 사회과 학습과정을 중심으로 교육과정을 구성하였다(최정순, 2015, 65). 이 과 정은 특히 4단계의 탐구과정[19]으로 제시되었다.

---

18) "C3 FRAMEWORK FOR SOCIAL STUDIES STATE STANDARDS"(NCSS, 2013, pp1~114), "시민교육을 위한 미국 사회과의 탐색/C3 framework의 탐색"(최정순, 2015) 참조
19) 탐구 질문(questions for exploration)', '지식(knowledge: what learners need to understand)', '학습과정(process: what learners will be capable of doing)', '학습 산출물(products: how learners demonstrate understanding)'

03 한국 사회과 교육의 역사[20)

I 교수요목기(1946.9. / 1946~1954) : '공민'의 신설과 '역사', '지리' 내용 재편

01 배경 및 도입 목적

한국 사회과는 이혁규(2009)에 따르면 미군정에서 일제강점기의 수신(修身)과를 폐지하고 공민과를 만들어 초등학교(당시 국민학교)에서 가르친 것에서 기인한다고 볼 수 있다. 1945년 광복이 된 후 미군정은 한반도를 신탁통치하게 되었다. 당시 미군정은 민주주의의 이념 및 제도를 도입하여 일본의 제국주의 교육이 만들어 낸 전체주의를 청산할 수 있는 민주주의 이념 및 제도를 전수하고자 하였다. 그래서 미군정은 미국식 민주주의 이념 및 제도를 통한 민주 시민적 자질을 함양하기 위한 목적으로 우리나라에 사회과 도입을 권유하였다. 그 결과 공민·역사·지리를 요소로 하는 '사회생활과'가 등장하게 되었다.

02 초등학교 사회생활과의 특징

1. 사회생활과의 특징 : 통합적

초등학교 교수요목은 미국 콜로라도주의 'Social Studies'를 참고하여 조직된 것이다. 'Social Studies'를 '사회생활과'로 번역하여 사용하였으며, 이는 공민, 역사, 지리, 실업을 총합한 교과로서 사회생활을 영위하는 데 필요한 기본적인 교양을 내용으로 하였다. 이런 미국의 교육과정을 참고한 '사회생활과'는 통합적 성격을 가졌다.

---

20) 차경수·모경환, 2008:30-37; 정문성 외, 2008:28-38; 박은종, 2009:29-47; 권오정·김영석, 2006:166-200, 교수요목기~2015 사회과 교육과정(교육부), 교육과정 해설서(2008), 교육과정 부록(2009), 사회과 교육과정의 변천, 교육부; 김용만(1987), 사회과 교육의 변천과 전망, 사회과 교육 20, 61-93; 강대현(2015), 한국 사회과 교육과정의 변천과 전망, 사회과 교육, 63-89; 옥일남(2017), 한국 사회과 교육과정의 시기별 특징 고찰; 초·중·고 교수요목기에서 2015 개정 교육과정기까지.

2. 조직원리 및 편제상 특징

⑴ 환경확대법 적용

'가정 → 고장 → 지역 → 우리나라 → 다른 나라' 순으로, 학년이 올라감에 따라 공간의 영역이 점차 확대되어 구성되고 있다.

⑵ 편제

저학년에서는 주로 지역 생활에 대한 적응을 위한 내용을 제시하고, 4학년 이상에서는 국가 생활을 파악 하는 것을 주 내용으로 하고 있다. 저학년에서는 일상생활의 내용을 주로 다루고 있는 반면 상급 학년에 서는 공민, 역사, 지리 등을 종합하여 제시하고 있다.

학년	사회생활과
1	가정과 학교
2	고장 생활
3	여러 곳의 사회생활
4	우리나라의 생활
5	다른 나라의 생활
6	우리나라의 발달

03 중·고등학교 사회생활과의 특징

1. 분과적 형태, 川자형 조직

중학교 교수요목은 1, 2, 3학년에 걸쳐 공민, 역사, 지리 영역으로 나뉘어 조직되었으며, 목표도 공민, 역 사, 지리로 나누어 진술되어, 이른바 '川'자 형의 배열을 이루었다. 특히, 역사와 지리에서는 한국에 앞서 세계를 먼저 학습하는 것이 특징이었다.

2. 편제

학년	공민 부분	지리 부분	역사 부분
중등 1학년	공민생활(공동생활)	이웃나라생활	이웃나라생활(동양사)
중등 2학년	공민생활Ⅱ(정치생활)	먼나라생활	먼나라생활(서양사)
중등 3학년	공민생활Ⅲ(경제생활)	우리나라생활	우리나라생활(국사)
중등 4학년	정치론	지리통론	인류문화사
중등 5학년	경제론	인문지리	우리문화사
중등 6학년	윤리철학	경제지리	인생과 문화

Ⅱ 제1차 교육과정(1955.8. / 1955~1963) : 사회과의 시작

01 배경 및 주요 내용

1. 주요 배경(강대현, 2015:68)

전후 혼란 수습을 통한 국민통합의 필요성과 미국의 영향으로 인한 경험중심 교육과정의 이론을 반영하려는 노력이 주요 배경이 되었다.

2. 제1차 교육과정의 특징

한국적인 사회과 교육과정의 필요성이 제기되면서 한국의 특수성이 반영된 반공 이데올로기 교육 및 민족의식 교육을 강조하였다. 이런 특성을 가지고 있는 제1차 교육과정은 미국의 경험중심 교육과정과 교과중심 교육과정의 영향을 받은 것이었다. 그 결과 제1차 교육과정은 미국의 경험중심 교육과정과 전통적인 교과중심 교육과정의 종합을 추구하였다.[21] 제1차 교육과정은 국가 및 반공 이데올로기와 민족의식 교육을 강화하여 '한국적인' 사회과를 추구하면서, 교과중심 교육과정과 미국의 경험중심 교육과정의 성격이 종합된 형태를 띠게 되었다.

3. 목적

'유능하고 충성된 대한민국 국민을 길러내는 것'이라는 국민적 자질을 강조하였다.

4. 초·중·고 사회과 편제

초등학교(1~6년)	중학교(1~3년)	고등학교(1~3년)
사회생활과	사회생활과 (공민, 역사, 지리를 천(川)자형으로 배열)	사회과 (일반사회, 국사, 세계사, 지리)
통합형	분리적 경향	분과형

5. 사회과 주요 변화

1차 교육과정에서 사회과의 변화는 고등학교급에서 나타났다. 교과목 명칭은 초등학교와 중학교는 사회생활과를 유지하였지만, 고등학교의 경우 사회생활과는 사회과로, 공민은 일반사회로 변하였다.

---

21) 최용규 외, 2014:75.

02 초등학교 사회생활과의 특징

1. 주요 조직원리

사회기능법 및 환경확대법으로 초등학교는 완전히 통합형으로 만들었다.

2. 편제

국민학교 사회생활과는 아동 및 사회적 욕구를 근거로 한 기초적 문제를 다루고, 심리적 발달단계에 따라 지리·역사·공민을 다루고자 하였다.

학년	사회생활과
1	우리 집 우리 학교
2	이웃 생활
3	고장 생활
4	우리 생활의 내역
5	산업의 발달
6	우리나라의 발전과 세계

03 중학교 사회생활과의 특징

1. 川자형 배열의 병합체제

중학교 사회생활과는 지리, 역사, 공민으로 분리해서 수업하였다.

2. 편제

학년	사회생활과		
1	공민(공동 생활)	지리	역사
2	공민(국가 생활)	지리	역사
3	공민(국제 관계)	지리	역사

04 고등학교 사회과의 특징

1. 분과 경향

사회과의 분과 경향이 심화되었다. 고등학교 사회과는 필수인 일반사회, 도덕, 국사와 선택인 세계사, 지리로 구성되었다. 공민은 일반사회와 도덕으로 분리되었으며, 역사는 국사와 세계사로 분리되었다.

2. 사회과 편제

사회과	
일반사회(정치, 경제, 문화)	
도덕	필수
국사	
세계사	선택
지리	

Ⅲ 제2차 교육과정(1963.2. / 1963~1973 : 경제개발 및 냉전)

01 배경 및 주요 내용

1. 군사정부의 이념으로 인한 한국적 사회과의 특수성 요구

(1) 국가 · 사회적 요구

4 · 19 혁명, 5 · 16 군사정변 이후 1960년대 우리 사회는 근대화, 산업화를 시작한 시기이다. 이 시기 동안 사회과의 목표는 민주국가 건설, 국토개발 의지, 반공과 민족주의, 경제재건 등과 같이 국가 · 사회적 요구를 강하게 반영하고 있다. 제1차 교육과정과 마찬가지로 제2차 교육과정에서도 사회과는 시대적 흐름과 당시 상황을 고려하여 다소 '한국적으로' 구성되고 유지되었다(최용규, 2005:237).

(2) 경험중심 교육과정의 강조와 함께 지식의 체계화에 대한 요구

경험중심 교육과정이 강조되었지만 동시에 이에 대한 회의와 사회과 지식의 체계화에 대한 요구도 있었다(최용규 외, 2005:237).

2. 제2차 교육과정의 특징

(1) 경험 또는 생활 중심 교육과정

학생들의 경험을 보다 강조한 경험중심 또는 생활중심 교육과정이었으며, 교육 과정 이론에 따라 이론상의 체제가 일관성을 갖춘 교육 과정의 틀 속에서 사회과 교육이 이루어지기 시작하였다.

⑵ **내용 · 조직 · 운영면**

교육과정의 내용 면에서는 자주성, 생산성, 유용성을 강조하고, 조직 면에서는 합리성을, 운영 면에서는 지역성을 강조하고 있었다.

⑶ **목표**

사회인식을 바탕으로 사회 개선 및 국가 발전을 위한 자질 육성을 강조하였다. 이런 목표에는 민주국가 건설, 국토개발 의지, 반공과 민주주의, 경제재건 등과 같은 국가 · 사회적 요구가 많이 반영되었다. 특히 민주주의에 대한 확고한 신념을 강조하였다. 또한 반공과 통일교육이 교과의 목표로 제시되었다.

3. 명칭 변경

'반공 · 도덕생활' 과목의 도입으로 초 · 중학교의 '사회생활과'가 '사회과'로 변경되었다. 또한 도덕 내용은 '반공 · 도덕[22]'생활로 분리되었다.

4. 편제

초등학교(1~6년)	중학교(1~3년)	고등학교(1~3년)
• 사회과 • 반공 · 도덕생활 신설	• 사회과 : 1학년 지리, 2학년 역사, 3학년 일반사회로 배열됨 • 반공 · 도덕생활 신설	• 사회과 : 일반사회, 국민윤리, 국사, 정치 · 경제, 세계사, 지리 I / II
통합형	분과적 색채	분과형

02 초등학교 사회과의 특징

1. 사회생활과에서 사회과로 명칭 변경, '반공 · 도덕생활' 신설

2. 조직원리 : 환경확대법, 사회기능법

초등학교 사회과는 완전통합형으로 환경확대법 및 사회기능법을 유지하였다. 또한 학문적 계통성이 3~4학년(지역, 시간), 5학년(경제), 6학년(국사, 정치)에 조금 등장하였다.

3. 편제 : 완전통합형

사회과	사회	1학년부터 6학년까지 제시
	반공 · 도덕	

---

22) 강대현(2007:69)은 반공 · 도덕을 과목군이나 과목이 아닌 그 중간 정도의 성격을 가지는 것으로 보았다.

03 중학교 사회과의 특징

1. 사회생활과에서 사회과로 명칭 변경, '반공·도덕생활' 신설

2. 三자형 배열

중학교 사회과는 공민, 역사, 지리 부분의 구분을 하지 않고 역사 단원에서도 세계 역사와 한국의 역사를 같은 단원에 제시하여 동일 시대의 역사를 파악하도록 하였다. 공민은 일반사회로 바뀌었다.

3. 편제

학년	사회과	
	사회	반공·도덕
1	사회(지리)	
2	사회(역사)	
3	사회(일반사회)	

04 고등학교 사회과의 특징

1. 분과 경향

고등학교 사회과는 일반사회, 국민윤리, 정치·경제, 국사, 세계사, 지리Ⅰ, 지리Ⅱ 과목을 포함한다. '국사', '국민윤리', '정치·경제'가 새롭게 추가되었다. 고등학교에서는 도덕이 국민윤리로 명칭이 변경되었다. 단 교과 분리를 의미하는 것은 아니며, 일반사회, 역사, 지리 영역의 분화가 나타났다. 예컨대 일반사회(필수) 과목 외에 정치·경제(선택) 과목이 별도 편성되었다.

2. 편제

사회과	
일반사회	
윤리	
국사	필수
세계사	
지리 Ⅰ	
정치·경제	선택
지리 Ⅱ	

Ⅳ 제3차 교육과정(1973.2. / 1973~1981년) : 학문중심 교육과정

01 배경 및 주요 내용

1. 배경

⑴ 유신헌법·국민교육헌장 등 국가주의적 요구

제3차 교육과정은 민주주의를 포함한 사회적 요구를 누르고 외형적인 사회 안정을 이루고자 하였던 유신체제 시기에 도입되었다. 애국 애족과 반공 민주 국가 건설의 신념을 갖고 있는 국민적 자질을 함양하여 국가와 국제 사회 발전에 이바지하려는 능력을 요구하였다.

⑵ 학문중심 교육과정과 신사회과 운동 등의 영향 및 학문적 요구 증가

급변하는 세계 추세에 대응하기 위하여 사회과학을 강조하였다.

2. 제3차 교육과정의 특징

⑴ 목표

제2차 교육과정과 비슷하게 사회 개선 및 국민적 자질을 함양하는 것이었다. 추가된 내용은 사회적·국가적 지식과 방법을 습득하는 것이다. 핵심만 정리해 보면 애국 애족과 반공 민주 국가 건설의 신념을 갖고 있는 국민적 자질 함양 및 사회과학적 지식 습득을 강조하고 있다.

⑵ 사회과학으로서의 사회과 성격을 강조

기본 개념의 이해, 지식의 구조적 학습, 탐구 방법과 능력을 강조하는 사회과학으로서 사회과의 성격을 중시하여, 사회과의 성격을 보다 분명하게 그리고 교육내용 전체를 사회과학적 지식을 바탕으로 체계화하려고 하였다.

⑶ 성격 : 국가적 요구와 과학적인 접근 방법을 중시하는 학문적 요구를 반영

① 국가적 요구와 학문적 요구의 부조화스러운 교육과정
제3차 교육과정은 국적 있는 교육(교육방향)과 학문적 접근(교육방법)이 결합된 것이다. 교육의 기본 방향 면에서 국적 있는 교육의 강화, 교육의 방법적 원리 면에서 학문적 접근 방식을 배경으로 하여 개정되었다. 그래서 '국민교육헌장'의 이념을 구현하려는 국가적 요구와 과학적인 접근 방법을 중시하는 학문적 요구를 반영하려고 하였다. 하지만 국가이데올로기를 강조하면서 가치지향적인 국가적 요구와 학문적 체계에 바탕을 두고 가치중립을 전제로 하는 학문적 요구는 조화를 이룰 수 없다.

② 한국화된 교육과정
이에 따라, 국가적 요구와 학문적 요구의 조화라는 사회과 교육의 과제가 처음으로 제기된 교육 과정이 되었으며, 여러 면에서 한국화된 우리의 교육 과정으로서의 성격을 지니게 되었다.

③ 유신체제 정당화 : 지식 조작 능력과 사고력 및 판단력을 강조

　이처럼 제3차 교육과정은 유신 체제 정당화라는 정치·사회적 의도가 반영되어 있으면서, 지식 조작 능력과 사고력 및 판단력을 강조하였다.

④ 교육과정 일부 예시

> **가. 목표**
> (1)~(3) : 생략
> (4) 현대 사회의 구조와 기능을 이해시키고, 우리 국민이 해결하여야 할 여러 가지 문제점을 인식시켜, 국가 사회의 발전과 인류의 번영을 위하여 적극 참여하려는 태도를 기른다.
> (5) 여러 가지 자료를 종합·분석·평가하여 지식을 정리하고, 공간과 시간을 관련지어 사회의 여러 가지 측면을 고찰함으로써 보다 넓은 시야에 서서 사회적 현상을 인식하는 능력을 기른다.
>
> **나. 내용**
>
> | 제1학년 | 제2학년 | 제3학년 |
> |---|---|---|
> | (1) 향토 사회생활 | (1) 인류와 문화 | (1) 민주주의와 정치 |
> | (2) 우리나라 각 지역의 생활 | (2) 고대 세계의 생활 | (2) 국민생활과 법률 |
> | ⋮ | ⋮ | ⋮ |
> | (6) 우리의 당면 과제 | (6) 세계의 시련과 오늘의 우리 | (7) 우리의 사명 |
>
> **다. 지도상의 유의점**
> (1) 지리 부분, 역사 부분, 정치·경제·사회 부분 등으로 세분하지 않고 넓게 사회를 고찰하는 과정의 정신을 올바르게 파악하여, 어느 일부분에 편파 되지 않은 학습 지도가 이루어져야 한다.
> (2) 모든 부분에서 국사과와의 관련을 긴밀히 하는 동시에, 사회과 전 과정을 통하여 민족 주체 의식이 강조되어야 한다.
> (3)~(9) : 생략

⑷ **교과체제**

　초·중등학교에 반공·도덕 영역이 '도덕과'로 독립되었다. 또한 중·고등학교에서 국사 영역이 '국사과'로 독립되었다.

02 **초등학교 사회과의 특징** : 환경확대법, 사회적 기능법

　국가 발전과 국민적 과제 해결에 참여하는 국민으로서의 자질 함양을 목표로 제시하고 1학년부터 6학년까지 내용을 제시하고 있다. 계통성이 드러나는 것은 5학년부터 6학년까지이다.

학년	사회(과)
1	생활, 사회기능 유지
2	
3	지역과 시간, 3학년부터 세계 학습 시작
4	
5	국사, 지리, 일반사회(경제)
6	국사, 일반사회(정치)

03 중학교 사회과의 특징

1. 三자형의 구조 : 2차와 유사하게 분과형 유지

제2차 교육과정과 마찬가지로 사회과라는 종합 교과로서의 틀 아래에서 1학년에 지리, 2학년에 역사(세계사), 3학년에 일반사회를 편성하여 제2차 교육과정의 이른바 三자형의 구조를 유지하였다.

2. 내용

민주국가의 국민으로서의 자각을 높여 국가와 인류 공영에 기여하는 자질 함양을 목표로 제시하고 내용면에서는 지식 그 자체보다도 지식을 획득하고 활용하는 능력의 신장에 특별히 역점을 두었다고는 하지만, 내용의 선정이나 배열에서 사회과학의 개념이나 법칙, 원리를 통해 구조화하기보다는 제반 사회과학의 학문적 성과를 직접 도입하고자 하였다.

3. 편제상 특징

국사가 사회과에서 독립되어 제시되었다. 반공·도덕으로 독립되었다.

학년	사회과
1	사회(지리)
2	사회(세계사)
3	사회(일반사회)

04 고등학교 사회과의 특징

1. 분과적 경향

사회과는 정치·경제, 사회·문화, 세계사, 국토지리, 인문지리 과목 등을 포함한다. 세계사는 사회과에 포함되었다. 도덕과가 신설되었고, 국사 영역이 국사 교과로 독립되었다. 일반사회는 정치·경제, 사회·문화로 이분화되었다.

사회과	정치·경제 국토 지리	사회·문화 인문 지리	세계사

2. 편제

교과목		필수·선택
사회과	정치·경제	필수
	사회·문화, 세계사	공통으로 네 과목 중 택 1
	국토지리, 인문지리	인문계는 추가로 택 3
국민윤리		필수
국사		필수

Ⅴ 제4차 교육과정(1981.12. / 1981~1987)
: 통합적 접근 시도, 개인적 적합성과 전인교육을 강조

01 배경 및 주요 내용

1. 배경

⑴ 유신체제 붕괴로 등장한 제5공화국 군사정권의 요구

국민정신 교육 및 반공 교육 강화, 과열 과외의 잠재 요인 제거

⑵ 제3차 교육과정의 한계를 극복하기 위한 인간중심 교육과정의 요구

기초 교육 및 일반 교육의 강화, 전인 교육과 인간 교육의 강화

2. 방향

⑴ 국민정신교육의 체계화, 가치 · 태도 교육 강화

⑵ 사회성을 고려한 전인교육의 충실

⑶ 과학 · 기술교육의 강화

3. 성격

개인적 적합성을 중시하는 인간 중심 교육과정

4. 목표

⑴ **주체적이면서 협력적인 인간, 문제해결능력을 지닌 인간 제시**

주체적인 인간, 협동적 국민, 합리적으로 판단할 수 있는 사람, 그리고 사회현상에 대한 종합적인 사고능력과 문제해결능력을 강조하였다.

⑵ **민주 시민과 국민에 필요한 태도 목표를 신설**

⑶ **지식탐구의 절차를 중시하는 탐구학습 지향을 사회과 목표로서 강조**

5. 사회과 편제상 특징

초등학교(1~6년)	중학교(1~3년)	고등학교(1~3년)
제3차와 비슷하게 편성	• 국사과, 도덕(과) • 사회과 　－1학년: 일반사회 + 국토지리 　－2학년: 세계지리 + 세계사 　－3학년: 세계사 + 일반사회	• 국사과, 국민윤리과 • 사회과 　－ 사회 I/II, 지리 I/II, 　　역사(세계사)
통합형	통합적 노력 (실질적 통합 ×)	분과형

6. 조직원리 측면

⑴ **통합을 위한 시도가 증가**

초등학교는 융합형, 중학교는 상관 통합형, 고등학교는 과목분리형 경향이 나타났다.

⑵ **나선형 교육과정 조직원리가 교육과정에 반영**

02 초등학교 사회과의 특징

1. 목표 · 내용 · 방법 면

⑴ **목표**

초등학교 사회과 목표는 3차와 동일하다.

⑵ **내용**

시대적인 가치와 문제를 우선적으로 선정하고 사회현상 탐구에 필요한 지식을 선정하여 사회 기능적 요소와 사회문제를 관련시켜 제시하였다.

(3) 방법

지역사회 자료 활용, 견학, 조사, 관찰, 자원인사 초빙, 토의 등의 다양한 학습활동, 개념·원리 이해, 시사자료 활용, 집단적인 사고와 활동을 강조하였다.

2. 편제

초등학교에서는 사회 기능 및 기초·공통 개념, 사회문제 등을 축으로 하여 시간적(역사), 공간적(지리) 내용을 통합하는 융합형이 나타났다.

학년	사회(과)
1	내용은 종전과 유사, 국어·도덕과 통합 운영, 융합형
2	
3	제3차 교육과정과 유사
4	
5	
6	

03 중학교 사회과의 특징

1. 통합적 접근 강화 : 상관형 통합 지향

三자형으로 배열하는 1개의 학년 1개 영역의 원칙을 포기하고 1개 학년 2개 영역을 배치하여 통합적인 접근을 시도하였다. 교육내용의 배열에 있어서 공민, 역사, 지리 분야를 川자 형으로 1~3학년에 걸쳐 편성한 제1차나 三자형으로 각 학년에 한 분야씩 학습하도록 하던 제2, 3차의 것과는 다르게, 1학년에 공민과 한국지리를, 2학년에 세계지리와 세계사를, 3학년에 세계사와 공민을, 즉 1개 학년에 2개 영역을 편성하였다. 이는 영역 간의 관련 학습내용을 같은 학년에 배치함으로써 학습의 효율성을 높이는 방향으로 상관형 통합을 지향하는 것이었다.

2. 편제 : 각 학년별로 2개 영역의 내용을 배치하는 통합형

학년	사회(과)
1	사회(일반사회, 지리)
2	사회(지리, 세계사)
3	사회(세계사, 일반사회)

04 고등학교 사회과의 특징

1. 목표

고등학교는 지적능력과 반성적 사고력을 함양함으로써 합리적인 생활 자세와 협동적인 인간관계를 통하여 사회와 국가에 이바지할 수 있는 국민적 자질 함양을 목표로 하였다. 이와 같이 지식의 탐구 절차를 중시하여 학습방법을 목표의 일부분으로 한 것은 구교육과정과 다른 점이다.

2. 사회과의 구성 : 분과적

고등학교의 사회 과목은 사회 Ⅰ, 사회 Ⅱ, 지리 Ⅰ, 지리 Ⅱ, 세계사로 구성되었다.

3. 편제

교과목		필수·선택
사회과	사회 Ⅰ	사회 Ⅰ, 지리 Ⅰ은 공통 필수 나머지는 인문계 필수
	사회 Ⅱ	
	세계사	
	지리 Ⅰ	
	지리 Ⅱ	
국민윤리		공통 필수
국사		공통 필수

Ⅵ 제5차 교육과정(1987.6. / 1987~1992)
: 제4차를 보완하는 큰 변화 없는 교육과정

01 배경 및 주요 내용

1. 배경

⑴ **제4차 교육과정의 문제점 극복**

부적절한 수준과 불필요하게 많은 학습내용, 지나친 분과적 경향, 학교급 간의 연계 부족, 지식의 활용 부족 등과 같은 문제점을 극복하는 것이었다.

⑵ **교육의 본질 추구**

2. 제5차 교육과정의 특징 : 인간중심 교육과정

⑴ 인간중심 교육과정

제5공화국에서 제6공화국으로 넘어가는 시기에 준비를 한 터라 4차 교육과정의 기본정신과 구조를 그대로 유지하였다.

⑵ 큰 변화가 없는 교육과정

제5차는 제4차를 보완하였으며, 국가·사회·개인적 적합성을 함께 고려하여 지역화, 개방화에 대비하는 것을 기본방향으로 삼았다.

⑶ 다양한 교육관점들의 조화

다양한 변화와 미래 사회에 대처하는 인간상을 반영하였고, 특정 사조나 이념을 표방하지 않고 사회 기능·학문·인간 중심, 사회 재건 및 미래 중심의 접근이 보다 조화를 이루도록 하였다.

⑷ 사고능력 향상을 위한 사회과 정착 노력

그동안 사회과 교육에서 많이 논의되었거나 부분적으로 시도되어 온 탐구활동의 중시, 의사결정능력의 신장과 같은 구체적인 문제들을 중심으로 하는 사회과 교육과정을 정착시키려고 노력하였다.

⑸ 제4차 교육과정에서 나타난 통합적 경향 강화

3. 목표 : 학교급별 목표 제시

초등학교, 중학교 학교급별 목표를 제시하였다. 초등학교는 기초적인 지식과 민주국가의 국민으로서 기본적 자질 등을 목표로 제시하였다. 중학교는 국민적 자질과 사회문제 해결능력을 강조하였다.

⑴ 통합으로 단원 축소 시도

⑵ 제4차 교육과정에서부터 나타난 학교급별 사회과의 특성이 보다 분명해지고, 초·중·고등학교에 걸친 통합의 틀이 굳어지면서 사회과는 보다 성숙되었다.

4. 사회과 편제상 특징

초등학교(3~6년)	중학교(1~3년)	고등학교(1~3년)
• 1~2학년 : 바른생활과 • 3~6학년 : 사회	• 국사과, 도덕(과) • 사회과 　– 1학년 : 역사 + 일반사회 + 지리 　– 2학년 : 일반사회 + 역사 　– 3학년 : 일반사회 + 지리	• 국사과, 국민윤리과 • 사회과 : 정치·경제, 사회·문화, 한국지리, 세계지리, 세계사
통합형	통합적 노력	분과형

02 초등학교 사회과의 특징

1. 초등학교에서의 융합적 통합

2. 저학년 사회과 폐지 : 바른생활 탄생

초등사회의 경우 교과 통합으로 인해 저학년 사회과를 폐지하고, 사회와 도덕이 결합한 바른생활과가 탄생하였다. '바른생활'에서 탐구를 통한 기본생활습관형성, 사회과에서의 지식 활용, 판단능력, 국제 협력, 참여 능력 목표가 추가되었다. 초등학교 3학년부터 사회과가 제시되었다.

학년	사회(과)
1	도덕과 함께 '바른생활' 과목으로 통합되어 편성
2	
3	내용은 종전과 유사
4	
5	
6	

03 중학교 사회과의 특징

1. 제4차 교육과정과 거의 동일

학년별 내용구성에서 학생들의 발달 수준, 학습 영역의 관련성을 고려하여 일부 조정하였다.

2. 중학교에서의 융합과 분리의 중간적 통합

중학교 사회과는 저학년에서 고학년으로 갈수록 공간의식, 시간의식 그리고 사회인식과 사회경험을 심화 확대하였다.

3. 편제

학년	사회과
1	사회(세계사 + 지리)
2	사회(세계사 + 일반사회)
3	사회(일반사회 + 지리)

04 고등학교 사회과의 특징

1. 학문적 분류 바탕

고등학교에서는 교육과정 구성상 교과목 명칭이 학문적 분류를 바탕으로 환원되었다.

2. 구성

중·고등학교의 교과는 사회과와 국사과로, 고등학교의 사회 과목은 정치·경제, 사회·문화, 한국지리, 세계지리, 세계사 등으로 조직되고 국사가 독립 교과로 존재하였다.

3. 편제

교과목		필수·선택
사회과	정치·경제	정치·경제, 한국지리는 공통 필수 나머지 인문계 필수 세계사 자연계 필수
	사회·문화	
	한국지리	
	세계사	
	세계지리	
국민윤리		공통 필수
국사		공통 필수

Ⅶ 제6차 교육과정(1992.9. / 1992~1997) : 사회과 본질 추구, 통합 사회과 표방

01 배경 및 주요 내용

1. 배경 : 대내외적 변화

(1) 민주주의 이행

세계적으로는 사회주의 체제가 붕괴되었고, 우리나라에서는 문민정부의 수립으로 민주주의 이행을 완료되어야 하는 상황이었다. 이런 배경에서 제6차 교육과정은 노태우 정부에서 고시되어 민주주의 이행을 완료한 김영삼 정부 때 시행되도록 하였다.

⑵ **정보화, 세계화, 민주화, 지방화**

사회주의 체제의 붕괴로 민주화의 제3물결이 급속도로 진행되었다. 세계질서는 정치를 중심으로 한 이념적 대립 질서에서 경제를 중심으로 한 경쟁적 질서로 변하였다. 이를 뒷받침한 것은 1970년대부터 눈부시게 발전한 정보화가 한 몫을 하였다. 이런 이유로 세계화의 핵심에는 경제적 세계화가 있었다. 이런 민주화와 세계화의 흐름은 각국의 중앙과 지방의 관계도 바꿔 놓았다. 세계화의 효율적 대처와 민주화의 요구는 지방화에 기여하게 되었다.

⑶ **개정 방향**

대내외적 변화에 대응하기 위한 자질과 능력을 함양하는 데 초점을 두고 진행되었다.

2. 제6차 교육과정의 특징

⑴ **사회과 교육의 본질 추구 교육과정**

이런 가운데 제6차 교육과정은 사회과 교육의 본질을 찾고자 하는 움직임이 있었다.

⑵ **사회과 교육의 성격 : 본질교과, 통합적 교과, 방법 중시 교과**

그 결과 제6차 교육과정에서는 본질교과, 통합적 교과, 방법 중시 교과라는 사회과 교육의 성격을 정립하고자 하였다.

⑶ **사회인식 교과로서의 성격을 부각**

① 기능목표 강조
이런 사회인식 교과 측면과 시민적 자질 함양 교과 측면의 목표를 뒷받침하기 위하여 기능 목표(자료처리능력, 문제해결을 위한 합리적 사고능력, 사회생활에 능동적으로 참여하는 능력)가 강조되었다.

② 통합적 인식과 사회문제 해결능력 강조
사회현상의 통합적 인식과 사회문제의 합리적 해결력을 강조하였다. 영역별 목표는 보다 구체화, 상세화하였으며, 초·중·고등학교의 학교급별 성격 차이를 보다 뚜렷이 나타내었다. 그리고 전 과정에 걸쳐 동시에 사고력과 학습방법, 학습과정이 강조되도록 하고 있다.

⑷ **특징**

첫째, 내용은 지식·이론보다는 주제·문제 중심으로 조직하고 문제해결능력을 신장토록 하였다.
둘째, 사회과 교육목표 설정에서 기존에 강조하던 국민의 자질을 시민의 자질로 수정하였다. 또한 사회인식의 형성을 바탕으로 시민적 자질을 육성하려고 하였다.
셋째, 지식 및 탐구 방법의 이해가 곧 사회 인식이라는 인식관에 토대를 두고 있었다.
넷째, 시민적 자질의 부각으로 이전 교육과정보다 시민으로서의 학습자 개개인의 발달을 더 중시하였다.
다섯째, 사회문제해결능력을 강조하였다.
여섯째, 다양한 생활과 지역화 교육을 강조하였다.

⑸ **교육과정에 성격, 목표, 내용 체계표 제시**

항목	제6차 교육과정
체제	초·중·고등학교 학교급별 및 과목별로 구성 1. 성격 2. 목표 3. 내용 　가. 내용 체계 　나. 학년별 내용 4. 방법 5. 평가
성격	민주 시민의 자질 함양
목표	지식·이해, 기능, 가치·태도 목표로 나누고 지식 목표를 영역별로 제시
내용 (사회)	〈내용 체계〉 학교급별, 학년별로 제시 〈내용〉 형식: • 내용을 개조식으로 제시 〈예시〉 | 적용대상	내용
중학교 3학년	⑵ 민주 정치와 시민의 참여 　1. (가) 민주 정치의 주체−민주시민의식, 민주주의 제도와 선거, 민주주의 　　1) 의의: 절차와 참여 | • 학교급별로 나누어 제시 　○초등학교: 통합 　○중학교: 지리, 역사(세계사, 국사), 일반사회 영역 중심 　　− 지리 영역: 지역 지리 중심 　　− 세계사 영역: 문화권별 구성 　　− 국사 영역: 시대별, 영역별 종합 구성 　　− 일반사회 영역: 우리나라 정치, 경제, 사회, 문화 현상과 문제와의 연결

3. 사회과의 성격

⑴ 사회과의 성격 규정도 이루어져 교과 목적의 차원에서 본질 교과, 교과 구조의 측면에서 종합적·통합적 교과

⑵ 교수론적 차원에서 방법 중심 교과의 성격 제시

⑶ 제6차 교육과정에서는 본질 교과, 통합 교과, 방법 중시 교과라는 사회과 교육의 성격을 정립

4. 사회과의 목표

(1) 사회과의 총괄 목표

① 국민적 자질 육성에서 시민적 자질 육성으로 전환
사회과의 총괄 목표는 국민적 자질 육성에서 시민적 자질 육성으로 전환하였다.

② 학습자 개개인을 중시함으로써 사회과의 본질적 성격을 구현
집단주의, 국가주의 중심의 사회과에서 시민으로서 학습자 개개인을 중시함으로써 사회과의 본질적 성격을 구현하고자 하였다.

(2) 사회과 총괄 목표의 변화

① 사회과 총괄 목표는 권위주의 시대의 '국민 양성'에서 민주주의 시대의 '시민 양성'으로 변화하였다.

② 국민과 공민 그리고 시민
국민은 국가의 구성원, 국가의 통치권 아래에 있는 인민, 국가를 구성하는 인간 등의 의미로 주로 국가와의 관계를 염두에 두고 사용되었다. 물론 유사한 말로는 인민, 민중과 같은 표현이 있다. 한편 시민은 민주사회의 구성원으로서 공공의 정책 결정에 주체적으로 참여하는 사람을 의미한다고 할 수 있다. 이 개념은 국가보다 더 보편적인 사회라는 의미를 전제로 하고 있다. 공민은 자발적으로 정치 참여를 하는 공적 시민의 의미이지만 일본의 맥락에서 적극적 복종을 유도하기 위한 의미로 사용되기도 하였다. 일본이 사용하였던 맥락을 본다면 공민은 시민과 신민의 이중적 성격을 지니고 있는 것으로 볼 수 있다. 그래서 사회과의 총괄 목표가 무엇인지를 짚어보는 것은 대단히 의미 있는 작업이라고 할 수 있다. 사회과의 총괄 목표가 어떻게 변화되어 왔는지에 대한 여러 연구가 있었다. 그 중 중요한 내용들만 살펴보자. 교육과정 변천 과정에서 사회과의 목표에 나타난 교과의 성격을 살펴본 남호엽, 류현종(2009)의 연구가 있다. 이 연구에 따르면 교수요목기에는 사회생활에 유능한 공민을 양성하는 것이며, 제1차 교육과정기에는 어린이의 욕구에 의한 문제를 다루며 지리, 역사, 공민을 종합적으로 다루어 공민적 자질을 함양하는 것으로, 제2차와 제3차에서는 기능의 영역을 강조하며 공민의 자질을 강조하고 있다고 하였다. 그런데 제4차와 제5차에서는 국민적 자질이 등장하고, 제6차에서는 다시 시민의 자질을 강조하여 시민 형성으로 전환되었으며, 이러한 관점은 제7차에도 이어지게 된다고 분석하고 있다. 한편 옥일남(2015)의 연구에는 제3차부터 '국민적 자질'을 제시하고 있다고 분석하고 있다. 모경환·차경수(2021)의 경우에는 대체적으로 국민에서 시민으로의 변화만을 소개하고 있다. 그리고 국민으로 기재된 경우의 정치적 상황을 유신시대의 권위주의적 시대로 잡고 있다. 교육과정기로는 제3차 교육과정이다.

③ 관련 지문   《2020 기출

우리나라 사회과 도입 초기인 미군정 시기에는 민주주의를 실천할 수 있는 시민의 양성이 사회과의 기본 목표가 되었다. 그러나 미국·소련 간의 냉전이 시작되고 한국전쟁이 발발하면서 우리 사회에서 요구되는 핵심적인 자질은 애국심과 반공정신으로 변화하였다. 물론 제3차 교육과정 시기에서 사회과학 탐구 능력의 함양과 같은 자질이 추가되기는 하였지만, 국가 발전 및 체제 유지와 경제성장을 위해 여전히 사회과의 목표는 한국식 민주주의에서 요구하는 국민 양성이었다. 그러나 1980년대 후반 민주화가 진행되면서 사회과의 목표는 한국적 특수성보다 보편성을 강조하는 것으로 변화하였다. 이에 제6차 교육과정 시기부터는 일반적이고 보편적인 시민의 자질을 함양하는 것이 사회과 목표로 다시 강조되었다. 그리고 최근 들어서는 세계화 및 개방화와 더불어 다문화사회에서 공존할 수 있는 구성원의 자질을 강조하고 있다.

(3) 초·중·고교에서 민주 시민자질 함양을 목표로 제시하였다.

5. 내용과 방법 측면

(1) 내용조직 측면

기존의 학문적 계통성을 중시하는 체계에서 생활경험 및 사회문제 중심의 통합적 성격을 강조하였다.

(2) 통합 강조

① 통합적 성격 강력하게 추구
제6차 교육 과정에서는 사회과가 통합적 성격을 보다 강력하게 추구하였다. 예컨대 고1에 제시된 '공통사회'가 대표적이다.

② 국사 영역을 사회과로 복귀시켰다.

(3) 다양한 사회문제 → 사회과 내용으로 도입 → 의사결정학습, 문제해결학습 강조

내용적인 면에서 다양한 사회문제가 사회과 내용으로 도입되었다. 그 결과 문제 또는 주제 중심의 통합적 구성이 강조되었다. 이와 더불어 의사결정학습이 강조되었다. 사회생활에서 적용성, 유용성이 높은 것을 사례 중심으로 통합하여 지식 내용을 축소하는 대신에 사회적 기능·가치 등을 보강하였다. 또한 지구적 관점에서 사회문제를 인식하고 이해함으로써 해결해 나가는 과정을 중시하였다.

(4) 탐구능력 강조 → 탐구학습 강조

방법적인 면에서 탐구능력을 강조하면서 탐구학습으로 이끄는 다양한 방법과 기법을 강조하였다.

(5) 사고력 신장을 위한 활동 제시

사회과의 사고력 신장을 위한 지침으로 창의적·비판적 사고력의 유형과 구체적 사고 활동을 제시하였다.

(6) 구성주의 학습 원리

구성주의 학습 원리에 의한 교수-학습방향을 강조하였다.

⑺ **개별화 학습과 협동학습이 강조**

열린 교육의 이념과 방법 및 교실 환경의 수용을 통한 개별화 학습과 협동학습이 강조되었다.

6. 편제

초등학교(3~6년)	중학교(1~3년)	고등학교(1~3년)

• 1~2학년 : 슬기로운 생활
• 3~6학년 : 생활경험 강조
	• 도덕(과)
	• 사회과
	 − 인간생활과 자연(A, 지리영역),
	 − 인간생활과 변천
	  (역사영역-세계사 B1, 국사 B2),
	 − 인간생활과 사회생활
	  (일반사회영역, C)
		• 사회(과)
		공통사회(10학년), 국사, 정치, 경제,
		사회 · 문화, 세계사, 지리

	1학년 $A + B1$ 2학년 $A + B1 \cdot B2 + C$ 3학년 $A + B2 + C$	
통합형	통합 강화	분과형

02 초등학교 사회과의 특징

1. 구성

1, 2학년은 자연과(과학과)와 통합되어 '슬기로운 생활' 과목으로 독립 편성하였다. 하지만 내용은 종전과 유사하였다. 3~6학년 내용도 종전과 유사하였으며 주제들을 환경확대법에 따라 배치하였다. 고학년의 경우에도 각 단원명에 생활이라는 단어를 많이 사용함으로써 생활경험을 강조하였으며, 또한 각 생활에서 필요한 사회적 기능을 제시하였다.

2. 편제

학년	사회(과)	
1	자연과와 통합되어 '슬기로운 생활'이라는 과목으로 독립 편성	
2		
3	종전과 유사, 주제는 환경확대법에 따라 배치	사회과
4		
5		
6		

03 중학교 사회과의 특징

1. 지역화 및 통합형 단원 등장

지역화 원리가 반영되었으며 탐구방법이 강조되었다. 그리고 통합형 단원이 등장하였다.

2. 국사 과목의 복귀

국사의 경우 사회과로 복귀하였다.

3. 학년별 구성

1학년은 지리, 세계사, 2학년은 지리, 세계사, 일반사회, 국사, 3학년은 지리, 일반사회, 국사로 배열되었다.

04 고등학교 사회과의 특징

1. 주요 변화

(1) 학문체계 강화

공통사회를 제외하고 학문 체계를 강화하였다. 예컨대 정치·경제 → 정치, 경제로 분리하였다.

(2) 국사의 사회과 복귀[23]

(3) 공통사회 과목의 신설

① 공통사회의 신설

고등학교에서 최초로 통합형의 과목인 '공통사회'를 등장시켜 통합 사회과로서의 틀을 갖추었다. 제6차 시기에는 통합을 지향한 국면이 나타난다. 중·고등학교에서는 국사 과목이 사회과에 포함되었으며, 고등학교에서 '정치'와 '경제'가 분리되고 '공통사회' 과목이 등장하였다 '공통사회'는 통합 사회과를 지향하고 있으나, 일반사회와 한국지리의 결합으로 이루어져 부분적이나마 통합을 지향하는 것으로 구성되었다.[24] 이런 통합의 경향이 나타나는데 공통사회가 도입되는 과정은 다음과 같다. "초창기 '현대사회와 시민'의 통합 과목을 구상한 뒤, 민주 시민 교육을 위해 통합하려는 움직임이 나타났으나 난항을 겪으며 부분적 통합 과목인 '공통사회'를 통해 의사결정력을 함양하고 사회문제를 해결하는 종합적 판단력을 키우고자 하였다."[25]

---

23) 국민윤리는 '윤리'로 변경되었으며, 교과독립을 유지하였다.
24) 교육부, 1997b:72-73.
25) 김영석, 2013:18.

② 공통사회 특징

㉠ 공통사회는 공통필수과목으로 일반사회 및 한국지리를 내용으로 한다.

㉡ 실생활 경험과 사회문제 중심으로 선정, 조직

내용 배열도 통합을 보다 강화하면서 계통적 학문 체계에서 탈피시켜 실생활 경험과 사회문제 중심으로 선정, 조직하였다.

③ 공통사회 과목 내용 체계

영역		내용
사회 (일반사회영역)	시민 사회의 형성과 발전	(생략)
	사회적 쟁점과 문제의 해결 방안	
	사회·문화 생활의 문제와 해결	
	정치·법·경제 생활의 문제와 해결	
	민주 시민의 사회 참여	
지리	(생략)	

2. 구성 및 편제

고등학교의 사회과는 공통사회, 정치, 경제, 사회·문화, 국사, 세계사, 세계지리 등 7개의 과목으로 구성되었고, 공통사회를 제외하고는 학문 체계를 보다 중시하였다. 한편 공통사회는 과학적 탐구 능력과 합리 의사결정능력을 길러 우리 사회의 여러 문제를 해결할 수 있도록 다음과 같은 내용 체계로 구성되었다.

교과목		필수·선택
사회과	공통사회	공통 필수
	국사	
	정치	인문과정 필수
	경제	
	사회·문화	
	세계사	
	세계지리	
윤리		공통 필수

Ⅷ 제7차 교육과정(1997.12. / 1997∼2007)
: 학생중심의 교육과정, 통합사회과 지향의 강화

01 배경 및 주요 내용

1. 배경 및 개정 방향

(1) 민주주의의 공고화 필요성

제7차 교육과정은 민주화 이행을 완수한 김영삼 정부에서 마련되어 김대중, 노무현 정부까지 운영되었다.

(2) 21세기에 대비할 시민적 자질 함양의 필요성

세계화와 정보화의 심화로 사회는 급변하게 되었고, 이런 변화에 대한 적응과 문제해결은 중요한 사안이 되었다.

(3) 구성주의, 학습자 중심 교육관, 자기주도적 학습관의 요구

21세기에 대비하기 위한 시민적 자질이 강조되면서 이런 시민적 자질은 어떤 교육철학과 학습관에 토대를 두고 교육과정을 만들 것인지가 논의가 되었다. 이런 논의의 과정에서 구성주의와 학습자중심 교육관, 자기주도적 학습관 등을 지향하기로 하였다.

(4) 사회과 교육의 내재적 모순 해결

이런 변화 속에서 사회과의 본질과 성격에 대한 합의 부재, 통합적 관점을 함양하기에 적합하지 않은 내용구조, 사회과의 정체성, 내용의 과다, 교과구조의 논리적인 문제, 가치교육의 소홀, 평가의 적절성 등과 같은 사회과 교육 자체의 문제점을 해결하려고 노력하였다.

2. 제7차 교육과정의 특징

⑴ 중점 사항

시민성 함양 교과서로서 통합성을 추구하고, 내용적인 측면에서는 학문 간 계통성의 조화를 추구하였다. 또한 교육과정 지역화를 강조하였다.

⑵ 통합교과적 성격 추구

역사, 지리, 일반사회 명칭 대신에 인간과 시간, 인간과 공간, 인간과 사회로 영역 명칭을 변경하였다. 하지만 영역 간 대립으로 인해 실질적 통합은 미진하였다.

⑶ 수준별 교육과정 도입

수준별 교육과정은 학습자의 흥미, 관심, 적성, 능력, 요구 등을 고려한 학습자 중심 교육과정이라고 할 수 있다. 다음은 예시이다.

적용대상	내용
9학년	⑴ 민주 정치와 시민 참여 　(가) 민주주의의 발전과 시민의 역할 　　① 민주주의의 기본 이념과 원리를 역사적 맥락에서 탐색함으로써, 민주 정치 제도의 의미 　　와 의의를 시민의 자유와 권리의 실현이라는 관점에서 인식한다. [심화 과정] ① 민주주의가 변천하는 과정에서 시민의 자유, 권리와 국가 권력은 어떠한 관계에 있었는지를 정치 　형태와 생활 방식의 두 측면에서 종합적으로 이해한다.

⑷ 학습과정의 이원화 : 국민공통기본교육과정과 선택중심 교육과정으로 구성

제7차는 가장 큰 변화를 보인 교육과정이었다. 우선 국민공통기본교육과정과 선택중심 교육과정을 도입하였다. 그 결과 제3학년부터 제10학년까지 일괄적인 내용을 구성하였다. 그 결과 학년 간 연계가 강화되었고, 시민교육으로서 사회과의 성격이 강화되었다.

국민공통교육과정	선택교육과정
3~10학년(초등 3학년~고등 1학년)	11~12학년(고등 2~3학년)
인간과 공간(지리), 인간과 시간(역사), 인간과 사회(일반사회)	일반선택과목 : 인간사회와 환경 심화선택과목 : 법과 사회, 정치, 경제, 사회·문화, 한국 지리, 세계지리 등과 같은 9개

3. 내용 체계

사회과는 국민공통기본교육과정에 있는 10교과 중 하나로 제3학년부터 제10학년까지 단일 계열로 개설되었다. 즉 초·중·고등학교의 사회과 교육과정 문서가 하나로 통합되어 하나의 성격 목표가 제시되고 3~10학년 내용 제시 후 교수-학습방법과 평가가 제시되었다. 선택과목의 경우 각각 성격과 목표 내용 체계가 제시되었다. 초등학교 사회과는 3학년부터 6학년에 제시되며, 국민공통기본교육과정으로 사회는 3~10학년까지의 내용 체계표가 제시되었다. 8~10학년에서 국사가 제시되며, 선택중심 교육과정 시기인 11~12학년에서는 일반선택과목으로 인간 사회와 환경이 제시되었고, 심화선택과목으로 한국지리, 세계지리, 경제 지리, 한국 근·현대사, 세계사, 법과 사회, 정치, 경제, 사회·문화가 제시되어 다양한 선택이 가능해졌다.

항목	개정	6차와 비교
체제	국민공통기본교육과정과 고등학교 선택과목별로 구성 1. 성격 2. 목표 3. 내용 　가. 내용 체계 　나. 학년별 내용 4. 교수-학습방법 5. 평가	국민공통기본교육과정 편성
성격	• 민주 시민의 자질 함양 강조 • 국민공통기본교육과정과 수준별 교육과정 정신 반영	제7차 교육과정 정신 반영
목표	지식·이해, 기능, 가치·태도 목표로 나누고 지식 목표를 통합 및 영역별로 제시	통합교육과정 성격 강조
내용 (사회)	〈내용 체계〉 국민공통기본교육과정(3~10학년)과 고등학교 선택과목별로 제시 〈내용〉 • 형식: 내용을 성취기준 형식으로 제시하고 수준별 교육과정의 반영 • 국민공통기본교육기간별로 제시 　○인간과 공간: 지지 중심에 계통 지리의 조합 　○인간과 시간 　　－세계사: 세계사의 중요 개념 중심으로 체계화 　　－국사: 시대별 사건 및 주제 중심의 민족사 구성 　○인간과 사회: 정치, 경제, 사회, 문화, 법의 기본 개념과 원리 및 주제 중심 접근	통합 강조 성취기준 제시 및 수준별 교육과정 강조 • 통합적 접근 강조 • 학교급별 차이 부각 • 기본개념과 원리의 이해 및 문제 해결 강조

4. 주요 내용

⑴ **목표** : 민주 시민적 자질 ⇐ 기본적 지식, 탐구능력, 고차사고력, 참여, 가치 및 태도

사회현상에 관한 기초적 지식과 능력은 물론, 지리, 역사 및 제 사회과학의 기본 개념과 원리를 발견하고 탐구하는 능력을 익혀, 우리 사회의 특징과 세계의 여러 모습을 종합적으로 이해하며, 다양한 정보를 활용하여 현대사회의 문제를 창의적이며 합리적으로 해결하고, 공동생활에 스스로 참여하는 능력을 기른다. 이를 바탕으로 개인의 발전은 물론, 사회, 국가, 인류의 발전에 기여할 수 있는 민주 시민의 자질을 기른다.

⑵ **내용**

공통교육과정, 선택교육과정, 수준별(심화보충형) 교육과정으로 구성하였다. 사회과에 흥미와 능력 등의 차이를 고려한 수준별 교육과정이 처음으로 적용되어 보충 과정, 기본 과정, 심화 과정의 용어가 사용되었다.

⑶ **방법 및 평가**

① 다양한 교수-학습방법 및 자료 활용 등 강조

② 성취기준 진술 방식의 도입과 수행평가

절대기준·절대평가라는 도식을 성취기준·수행평가로 정리하여 제시하였다.

02 초등학교 사회과의 특징

1. 구성

초등학교 사회과는 3학년부터 6학년에 제시되었다.

2. 편제

학년	사회(과)
1	'슬기로운 생활'
2	
3	사회과
4	
5	
6	

03 중학교 사회과의 특징

1. 구성

지리, 역사, 일반사회 대신에 인간과 시간, 인간과 공간, 인간과 사회로 영역 명칭을 변경하여 학년별로 구성하였다.

2. 편제

학년	사회과
1	인간과 공간(지리) + 인간과 시간(세계사)
2	인간과 시간(세계사) + 인간과 사회(일반사회), 국사는 별도의 교과서
3	인간과 공간(지리) + 인간과 사회(일반사회), 국사는 별도의 교과서

04 고등학교 사회과의 특징

1. 구성

10학년의 공통사회는 사회로 대체되었다. 11~12학년에서는 선택교육과정이 적용되었다. 11학년과 12학년에서는 '인간사회와 환경'이라는 일반선택과목과 법과 사회, 정치, 경제, 사회 · 문화, 한국지리, 세계지리, 한국 근 · 현대사, 세계사 등과 심화선택과목이 편성되었다. 일반선택과목은 교양 증진 및 실생활 연관 관련 내용을 다루기 위함이고, 심화선택과목은 대학 진학과 관련되는 교육을 위한 것이다.

선택과목	사회 한국지리 한국 근 · 현대사 정치	국사 세계지리 세계사 경제	인간사회와 환경(일반사회 + 지리) 경제 지리 법과 사회 사회 · 문화

영역(인간사회와 환경 내용 체계 일부)	내용
인간 사회와 환경의 구조	• 인간과 환경 • 인간과 시간 • 인간과 사회
인간 사회의 탐구	• 지역 조사와 분석 • 역사 이해와 탐구 • 사회 조사 방법
산업화와 현대 사회	• 산업화의 지리적 배경 • 산업화의 발달 과정 • 현대 사회의 구조
지역화와 지방 자치	• 지역화와 지역성 • 지역의 역사와 문화 • 지역 사회의 정치와 경제

2. 편제

교과목			필수 · 선택
사회과	국민공통	사회, 국사	공통필수
	선택중심	인간사회와 환경	일반선택
		한국지리	심화선택
		세계지리	
		경제지리	
		한국 근 · 현대사	
		세계사	
		법과 사회	
		정치	
		경제	
		사회 · 문화	
도덕과	선택중심	시민윤리	일반선택
		윤리와 사상	심화선택
		전통윤리	

Ⅸ 2007 개정 교육과정(2007.2. / 2007~2009)

01 배경 및 주요 내용

1. 배경

⑴ 사회적 환경 변화

주 5일제 도입, 저출산, 고령화 등의 사회적 상황, 지식 정보화, 세계화 등의 시대적 특성에 맞는 교육과정 개발이 필요한 시점이 되었다.

⑵ 시행 경과

노무현 정부에서 원안이 고시되었지만, 원안은 이후 개정으로 시행되지 못하였다. 이후 등장한 이명박 정부에서 경제교육 및 역사 교육 강화, 학습부담 경감 등을 반영하여 수정 고시하였다. 그 결과 2007 개정 교육과정은 실제적으로 2009 개정 교육과정을 통해서 확인할 수 있다.

2. 2007 개정 교육과정 성격 및 특성

⑴ 제7차 교육과정 기본 틀 유지

교육목표나 학습자 중심 교육 등과 같은 제7차 교육과정의 기본취지는 그대로 두었다.

⑵ 개정 방식의 변화 : 주기적·전면적·일시적 개정 → 수시, 부분, 점진적 개정

과거의 경우와는 달리 2007 개정 교육과정은 주기적·전면적·일시적 개정이 아니라 수시, 부분, 점진적 개정 차원에서 이루어졌다. 이것은 미래로 전개될 교육과정의 개정 방식을 제시한 것이었다. 그러나 2009 개정 교육과정에서 나타나듯이 교육과정 개정이 빈번하게 이루어진 점을 고려한다면 수시, 부분, 점진적 개정의 방식이 바람직한 것인지에 대한 문제가 제기되기도 한다.

⑶ 현장 교사 참여 확대

이것은 전문가 주도의 개정을 개선해 보자는 취지에서 도입되었다.

⑷ 교육내용(학습요소)의 대강화

2007 개정 교육과정에서는 교육과정의 대강화 원칙을 도입하였다. 사전적 의미로 교육과정 대강화는 '국가 수준의 교육과정의 줄거리와 기본 방향이나 원칙을 간략하게 제시한 것'이다. 이런 의미를 고려한다면 교육과정의 대강화는 '국가수준에서 공통적인 기준만을 제시하고, 나머지 구체적인 사항은 다른 수준에서 탄력적으로 교육과정을 정하여 운영하는 것'이라고 할 수 있다. 교육과정의 대강화를 도입한 취지는 제6차 교육과정에 도입된 교육과정 결정의 분권화와 구현을 위한 방안이라는 점이다(김재춘, 2003). 또한 학교 교육과정의 자율성을 확대하기 위한 방안으로 제안되기도 하였다(백경선, 2010). 더불어 과다한 성취기준으로 인해 학습 내용 및 방법에 대한 교사의 창의적 선택의 제한, 교육의 자율성 및 다양성이 침해되는 문제 등을 해결하기 위함이었다. 이런 취지를 반영하여 소주제를 삭제하고(중단원을 없애고 대단원으로 제시), 성취기준 수가 감축되는 등의 대강화가 이뤄졌다.

제7차 교육과정	2007년 개정 교육과정
⑶ 시장 경제의 이해 　(가) 시장 경제의 특성 : 성취기준 3개 항목 　(나) 가격의 결정과 변동 : 성취기준 5개 항목 　(다) 시장경제의 발전 과제 : 성취기준 4개 항목	⑼ 시장 경제의 이해 　(가), (나), (다) 등의 소주제는 성취기준만 5개 항목을 　제시하고 있음

⑸ 수준별 교육과정의 개선

수준별 교육과정은 내용 차원에서 제시되고 있던 수준별 요소를 삭제하였다. 다만 교수-학습방법 및 평가 차원에서 수준별 교육과정을 유지하도록 하였다.

⑹ 역사교육 강화

중등과정에서 역사과목을 독립시켰다. 즉 중학교와 고1에서 역사(국사 및 세계사) 과목을 독립시켜 편성하였다. 그리고 고등학교 선택과목에 동아시아사를 도입하였다.

3. 주요 내용

(1) 목표

사회현상에 관한 기초적 지식과 능력은 물론, 지리, 역사 및 제 사회과학의 기본 개념과 원리를 발견하고 탐구하는 능력을 익혀, 우리 사회의 특징과 세계의 여러 모습을 종합적으로 이해하며, 다양한 정보를 활용하여 현대사회의 문제를 창의적이며 합리적으로 해결하고, 공동생활에 스스로 참여하는 능력을 기른다. 이를 바탕으로 개인의 발전은 물론, 사회·국가·인류의 발전에 기여할 수 있는 민주 시민의 자질을 기른다.

(2) 환경확대법의 탄력적 적용(탄력적 환경확대법 도입)

교육내용의 조직 측면에서 환경확대법을 탄력적으로 적용하였다.

(3) 통합적 측면

통합적인 차원에서는 초등학교는 영역 간 통합, 중·고등학교 1학년은 영역 내 통합, 고등학교 선택중심 교육과정은 영역 내 분화과정으로 각각 내용을 구성하였다.

(4) 사회과 편제상 특징

① 초·중·고등학교의 사회과 교육과정 문서가 하나로 통합되어 하나의 성격, 목표가 제시되고 3~10학년 내용 제시 후에 교수-학습방법과 평가가 제시되었다.

② 국민공통기본교육과정
초등학교 사회과는 3학년부터 6학년에 제시되었다. 국민공통기본교육과정으로 사회는 3~10학년까지의 내용 체계표가 제시되었다. 10학년에서 사회와 역사는 공통 필수이다.

③ 선택중심 교육과정에서 사회과 과목의 다양한 구성
선택과목의 경우 각각 성격과 목표, 내용 체계가 제시되었다. 선택중심 교육과정 시기인 11~12학년에서는 사회과의 과목으로 한국지리, 세계지리, 경제지리, 한국문화사, 세계역사의 이해, 동아시아사, 법과 사회, 정치, 경제, 사회·문화가 제시되어 다양한 과목을 구성하였다.

02 초등학교 사회과의 구성 및 편제

1. 특징

1~2학년은 '슬기로운 생활'을, 3~6학년 사회는 환경확대법을 탄력적으로 적용하여 제시하였다.

학년	사회(과)
1	'슬기로운 생활'
2	
3	사회과, 환경확대법의 탄력적 적용
4	
5	
6	

03 중학교 사회과의 특징

1. 구성

영역 간 통합보다 영역 내 통합을 추구하였으나 통합의 수준은 더 낮아졌다.

2. 편제

학년	사회과	
	사회	역사
1	사회(지리, 일반사회)	
2		역사(국사, 세계사)
3	사회(지리, 일반사회)	역사(국사, 세계사)

04 고등학교 사회과의 특징

1. 구성

⑴ **고1 사회의 특성**: 주제중심 통합을 추구

학년	일반사회 영역		
10	• 문화 • 세계화	• 정의 • 인권	• 삶의 질

⑵ **선택과목의 변화**(선택중심 교육과정)

① 일원화

일반선택과목과 심화선택과목을 구분하지 않고, 선택과목으로 일원화하였다.

② 변경

인간사회와 환경은 폐지되었고, 한국 근·현대사는 한국문화사로, 세계사는 세계 역사의 이해로 변경되어 제시되었다. 그리고 동아시아사가 신설되었다.

2. 편제

교과목			필수·선택
사회과	국민공통교육과정	사회	공통필수
		역사	
	선택중심 교육과정	한국지리	선택과목
		세계지리	
		경제지리	
		한국문화사	
		세계 역사의 이해	
		동아시아사	
		법과 사회	
		정치	
		경제	
		사회·문화	
도덕과	선택중심 교육과정	현대 생활과 윤리	선택과목
		윤리와 사상	
		전통윤리	

X 2009 개정 교육과정(2009.3. / 2009~2011)

01 배경 및 주요 내용

1. 배경

(1) 여러 차례의 잦은 개정

2009 개정 교육과정 시기에는 여섯 차례의 잦은 개정이 있었다. 이명박 정부에서 행해진 2009 개정 교육과정은 유연하고 창의적인 교육과정 운영을 통해 학습부담 경감 및 학교 교육 정상화, 경제교육 및 인성교육 강화 등을 목적으로 이루어졌다. 이런 목적을 이유로 2009 개정 교육과정은 2009년 3월을 시작으로 2009년 12월, 2010년 5월, 2011년 8월, 2012년 3월 고시를 거쳐 2012년 12월 개정 고시에서 수정이 마무리되었다. 여기에서는 주로 2009년 3월과 2012년 12월 개정 고시를 기준으로 살펴본다.

(2) 사회 환경의 변화

① 정보 및 통신 기술의 발달로 인한 세계화의 심화

② 지식 정보 사회에 대한 적응

③ 이질적인 문화의 독특성과 다원성을 중시하는 사회로의 변화

(3) 국가 · 사회적 요구

세계화 및 지식 정보 사회 대비, 저출산 및 고령화 대비, 역사교육 강화, 다문화교육의 국가-사회적 요구를 고려하였다.

(4) 사회과의 쟁점 및 문제점 개선

① 영역 내 통합 추구
개정 교육과정에서는 영역 내 통합이 제대로 이루어지지 않은 상태에서 영역 간 통합을 추구하는 것이 적절하지 못한 반성이 제기되었다. 그 결과 개정 교육과정에서는 영역 내 통합이 충실하게 이루는 것을 추구하였다.

② 역사교육 강화

③ 학습내용의 양과 수준 측면에서 적정화 추구

④ 교육과정 진술 측면에서 대강화 추구
주제명과 주제 안내 및 성취기준을 제시하고 소주제명은 삭제하였다.

2. 사회과 개정 방향

(1) 의미 있는 학습활동 전개를 위한 학습부담의 경감

① 과목 수 축소 및 집중이수제 활용

학습부담의 경감을 통해 의미 있는 학습활동이 전개될 수 있도록 한다. 이를 위해 학기당, 분기당, 주당 이수 과목 수를 8개 이하로 운영하고 초·중학교에서 집중이수제를 적극 활용한다.

② 교과군 및 학년군 개념 도입

집중이수제가 실효성 있게 적용될 수 있도록 하기 위해 교과군 및 학년군 개념을 도입한다.

(2) 창의적 체험활동 강화를 통한 전인적 성장 도모

기존의 특별활동과 재량활동을 통합하여 창의적 체험활동으로 운영하도록 하고, 창의적 체험활동의 내용과 운영 방안은 학교에 일임하여 기존 교과지식 중심의 학교 교육 관행을 극복하도록 한다.

3. 2009 개정 교육과정의 주요 변화

(1) 학년군제

'학년군'은 이전의 교육과정이 1년 단위의 학년제로 운영된 것에 비해 2개 학년 내지 3개 학년을 하나의 단위로 묶어 교육과정을 편성 운영하는 방식이다.

초등학교			중학교	고등학교
1~2학년	3~4학년	5~6학년	7~9학년	10~12학년

(2) 교과군제

'교과군'은 공통교육과정으로 제시된 교과 중 일부 교과를 교육 목적이나 학문의 성격에 따라 하나로 묶어 제시한 것으로 사회(역사 포함)/도덕 교과군, 과학/실과(기술·가정) 교과군, 예술(음악/미술) 교과가 있다. 사회과의 경우는 사회와 도덕을 하나의 교과군으로 제시하였다.

⌄ **중학교 교육과정 : 8개 교과(군)로 구성**

10개 교과 및 교과재량활동의 선택과목	국어	도덕	사회	수학	과학	기술·가정	체육	음악	미술	영어	선택과목
⇩				⇩							
8개 교과(군)	국어	사회/도덕		수학	과학/기술·가정		체육	예술(음악/미술)		영어	선택

◇ 고등학교 교육과정: 4개 교과 영역과 8개 교과(군)로 구성

10개 교과 및 선택과목군	국어	도덕	사회	수학	과학	기술·가정	외국어 (영어)	체육	음악	미술	교양 과목군
	인문·사회			과학·기술			외국어	체육	예술		

⇩　　　　　　　　　⇩

4개 교과 영역	기초			탐구		체육·예술		생활·교양
8개 교과(군)	국어	수학	영어	사회 (역사/도덕 포함)	과학	체육	예술 (음악/미술)	기술·가정 제2외국어 한문 교양

(3) 집중이수제

또한 2009 개정 교육과정에서는 '집중이수'를 제안하고 있는데, 이는 현재의 다교과 학습은 학생들로 하여금 모든 교과목을 매 학년 매 학기에 배워 동시에 이수하도록 함으로써 학생들이 수업, 학습, 과제, 시험 부담을 많이 느끼는 것의 문제점을 극복하기 위한 것이다.

(4) 진로집중과정

'진로집중과정'은 고등학교의 3개 학년이 선택교육과정으로 설정됨에 따라 학습자가 자신의 학업 진로와 직업 진로 관련, 맞춤형 교육과정을 만들어갈 수 있는 여지를 주기 위한 것이다.

(5) 공통교육과정 축소 및 선택교육과정 변경

국민공통기본 교육과정은 공통교육과정으로, 선택중심 교육과정은 선택교육과정으로 명칭을 변경하였다. 그리고 공통교육과정은 3~9학년으로 축소하였다, 즉 선택교육과정은 10~12학년으로 변경되었다. 이런 변화로 2009 개정 교육과정기에는 공통교육과정의 단축이 생기고 중학교에서도 학년군제가 적용되어 집중이수제가 실시되는 등으로 학습량의 적정화를 위한 감축 노력이 야기되었다. 이로 인해 학습 결손 현상이 야기되는 문제도 발생하였다(모경환 외, 2012 : 607).

(6) 고교선택과목 재구조화

2012년 12월 최종 고시에서는 선택과목이 다시 9개의 일반과목과 11개의 선택과목으로 확정되었다. 한 고등학교 전체가 선택교육과정 체제로 되어 선택과목으로 변경된 고등학교 '사회'의 경우 교육과정 문서에서 이슈 또는 문제 예시, 탐구 활동 및 논술 예시 자료를 상세히 제시하였다. 주제나 문제를 심층적으로 분석하여 단원을 재구성하여 수업을 할 수 있게 하여 사회현상에 대해 통합적으로 인식하도록 하였다. 고등학교의 전체 선택과목의 개수가 과거보다는 축소되어 9개 일반 과목으로 사회, 한국지리, 세계지리, 한국사, 동아시아사, 세계사, 경제, 법과 정치, 사회·문화가 제시되었다. 법과 정치의 영역이 통합되어 '법과 정치'로 되었으며, 경제지리와 한국문화사가 사라지고 한국사가 도입되는 등의 변화가 나타났다.

(7) **대강화 측면**

2007 개정 교육과정과 유사하게 제시되었다.

(8) **학교폭력에 대처하기 위한 인성교육 강화**

(9) **역량 용어의 등장**

4. 2009 개정 교육과정의 특징

(1) **목표**

민주 사회 구성원에 필요한 가치·태도를 지녀 민주 시민으로서의 자질 육성. 문제 해결에 필요한 비판적 사고력, 창의력, 가치 판단 및 의사결정력 등의 신장을 강조하였다.

(2) **공통교육과정**

공통교육과정으로 사회, 역사가 있으며, 사회는 3~9학년까지의 내용 체계표가 제시되었다. 즉 3~9학년까지 초·중학교 사회과 교육과정이 공통교육과정으로 묶여 함께 제시되었다.

학년	지리 영역	일반사회 영역	역사 영역
초등학교 3~4학년	• 우리가 살아가는 곳 • 민주주의와 주민 자치	• 달라지는 생활 모습 • 지역 사회의 발전	• 경제생활과 바람직한 선택 • 사회 변화와 우리 생활(일부 생략)
초등학교 5~6학년	살기 좋은 우리 국토 …(생략)…	우리 경제의 성장 …(생략)…	우리 역사의 시작과 발전 …(생략)…

학년	지리 영역	일반사회 영역
중학교 1~3학년	• 내가 사는 세계 • 인간 거주에 유리한 지역 …(생략)…	• 개인과 사회생활 • 문화의 이해와 창조 …(생략)…

(3) **선택교육과정**

처음에는 사회, 한국지리, 세계지리, 한국사, 동아시아사, 세계사, 경제, 법과 정치, 사회·문화가 제시되어 다양한 선택과목을 구성하였다. 그런데 최종 고시안에서는 9개 일반 과목으로 사회, 한국지리, 세계지리, 한국사, 동아시아사, 세계사, 경제, 법과 정치, 사회·문화가 제시되어 선택 가능하도록 하였다. 선택교육과정 중 심화과목으로 국제 정치 등 11개 과목을 제시하였다.

(4) **사회과 편제상 특징**

2009 개정 교육과정의 '내용의 영역과 기준'의 요소는 '가. 내용 체계', '나. 영역 및 학습내용 성취기준'으로 제시되었다.

B	중학교 1~3학년	(3) 정치생활과 민주주의 민주 정치의 발전 과정을 분석하고, 이를 토대로 민주주의의 이념과 민주 정치의 기본 원리를 도출한다.

02 공통교육과정

1. 초등학교 사회과의 주요 내용

(1) 구성

2007 개정 교육과정과 유사하였다. 다만 3, 4학년과 5, 6학년의 학년군제를 운영하였다. 초등학교 사회의 경우 두 학년씩 묶어 내용을 제시하게 되었는데, 즉, 사회과는 3~4학년, 5~6학년으로 묶어 내용 체계를 제시하는 것을 말한다.

(2) 편제

학년	사회(과)
1	'슬기로운 생활'
2	
3~4	공통교육과정, 학년군제
5~6	공통교육과정, 학년군제

2. 중학교 사회과의 주요 내용

(1) 구성

중학교 사회의 경우 중학교 1~3학년으로 묶어 사회 1, 2를 제공하여 학교별로 학습하는 학년을 선택하게 하였다. 그리고 역사 과목의 독립을 유지하였다.

(2) 편제

학년	사회(역사 포함)/도덕 교과군		
	사회과		도덕과
	사회	역사	
1~3	지리 + 일반사회	국사 + 세계사	도덕

03 선택교육과정 : 고등학교

1. 9개의 일반과목

고등학교 교육과정 혁신이라는 교육 정책 방향에 따라 2007년 개정 교육과정에서 개발된 사회과 선택과목들의 문제점을 극복하고 이를 개선하는 것을 그 기본 방향으로 하였다. 고등학교 일반사회 영역의 선택과목으로 '법과 정치', '경제', '사회·문화'가 개설되었다. 법과 사회와 정치는 합하여 '법과 정치'라는 하나의 과목으로 통합하였다. '경제지리'라는 과목을 없애는 대신에 기존의 공통교육과정에 있던 국사의 내용을 선택교육과정으로 전환시켜 '한국사'라는 선택교과를 신설하였다. '세계 역사의 이해'는 '세계사'로 선택교과 명칭을 변경하였다. 한국사가 필수이수과목으로 지정되었다, 고1 사회는 폐지되었다가 다시 부활되었다.

교과영역	교과(군)	과목
탐구	사회 (역사/도덕 포함)	한국사(필수)
		사회
		한국지리
		세계지리
		동아시아사
		세계사
		법과 정치
		경제
		사회·문화
		생활과 윤리
		윤리와 사상

XI 2015 개정 교육과정(2015.9.)[26]

01 2015 개정 교육과정 총론의 주요 내용

1. 2015 개정 교육과정 개발 목표

⑴ 창의융합형 인재 양성을 위해 문·이과 통합형 교육과정 개발

⑵ 역량 중심 교육과정 개발

2. 총론의 개발 방향

⑴ 미래사회가 요구하는 '핵심역량'을 함양한 창의·융합형 인재를 육성하는 교육과정 개발을 지향

⑵ 모든 학생들의 인문·사회·과학기술 기초 소양의 균형 있는 함양을 바탕으로 진로에 따른 선택학습이 가능하도록 교육과정을 구성

⑶ '핵심 개념'을 중심으로 교육내용을 엄선하여 학습량의 적정화를 지향

⑷ 학생들이 배움을 즐기는 행복 교육이 가능하도록 학습내용의 적정화

⑸ 교수-학습의 개선을 통하여 교실 수업의 혁신을 추구

3. 2015 개정 교육과정 기본 방향 요약

⑴ 창의융합 인재양성을 위해 인문·사회·과학기술에 대한 기초 소양을 함양하는 교육과정을 개발한다.

⑵ 학생들의 행복한 학습을 구현할 수 있도록 학습경험의 질을 개선한다.

⑶ 학생들의 꿈과 끼를 키울 수 있는 학생 중심의 교육과정을 개발한다.

⑷ 2009 개정 교육과정과 관련하여 학교 현장에서 제기되는 어려움을 개선하는 방안을 모색한다.

4. 2015 개정 교육과정이 추구하는 인간상 및 핵심역량

⑴ **인간상** : 홍익인간의 이념을 바탕으로 함

① 자주적인 사람

② 창의적인 사람

③ 교양 있는 사람

④ 더불어 사는 사람

---

26) 교육부(2015), "2015 개정 교육과정 Q&A"; "2015 개정 교육과정 총론(중, 고)해설서개발연구(최종보고서).

(2) **핵심역량**

① 자기관리 역량

② 지식정보처리 역량

③ 창의적 사고 역량

④ 심미적 감성 역량

⑤ 의사소통 역량

⑥ 공동체 역량

5. 2015 개정 교육과정의 구체적 실천 방향

(1) 기초소양 및 통합적 사고력 함양

① 모든 학생들이 인문·사회·과학기술에 대한 기초 소양을 함양하여 인문학적 상상력과 과학기술 창조력을 갖춘 창의융합형 인재로 성장할 수 있도록 우리 교육의 근본적인 패러다임을 전환하고자 하는 교육과정이다.

② 공통과목 도입, 통합사회 및 통합과학 과목 신설
기초소양 함양을 위한 공통과목을 도입하고 고등학교에서는 국어, 영어, 수학, 한국사, 통합사회, 통합과학 등 6과목이 공통과목으로 지정하였다. 통합적 사고력을 기르기 위해 통합사회, 통합과학 과목을 신설하였다.

(2) 미래 사회가 요구하는 핵심역량을 기를 수 있는 교과 교육과정 개발

① 교육 내용 및 방법 측면
각 교과는 단편지식보다 핵심개념과 원리를 제시하고, 학습량을 적정화하여 토의·토론 수업, 실험·실습 활동 등 학생들이 수업에 직접 참여하면서 역량을 함양할 수 있도록 하였다.

② 평가 측면
과정 중심의 평가가 확대되도록 구성하였다.

(3) 문·이과 이분화와 수능 과목 중심의 지식 편식 현상 개선

어느 영역으로 진로진학을 결정하든 문·이과 구분 없이 인문·사회·과학기술에 관한 기초 소양을 갖출 수 있으며, 진로와 적성에 따라 다양한 '선택과목'을 이수할 수 있도록 하였다.

(4) 새로운 교육과정 정착을 위한 노력

교과서, 대입제도, 교원 양성 및 연수 체제 등 교육제도 전반에 걸친 제도 개선을 병행 추진하고 있다.

(5) '핵심 개념'을 중심으로 교육내용을 엄선하여 학습량의 적정화를 지향

교과의 '핵심 개념'을 중심으로 교육과정을 구성하여 학습 부담을 경감하고, 학습자 중심의 교과 교육과정을 개발하였다.

⑹ **기본 운영 주요 사항**

① 공통교육과정과 선택중심 교육과정

초등학교 1학년부터 중학교 3학년까지의 공통교육과정과 고등학교 1학년부터 3학년까지의 선택중심 교육과정으로 편성·운영한다.

② 고등학교 보통교과와 전문교과로 구분 운영

고등학교 교과는 보통 교과와 전문 교과로 구분하며, 학생들의 기초 소양 함양과 기본 학력을 보장하기 위하여 보통 교과에 공통과목을 개설하여 모든 학생이 이수하도록 한다.

⑺ **범교과 학습주제**

범교과 학습 주제를 현행 39개에서 10개의 대주제로 범주화(안전·건강교육, 인성교육, 진로교육, 민주 시민교육, 인권교육, 다문화교육, 통일교육, 독도교육, 경제·금융교육, 환경·지속가능발전교육 등)

⑻ **안전생활 교과 신설**

초등 1~2학년군에 '안전 생활' 교과를 신설하여 주당 1시간 가르치도록 함

⑼ **중학교에 정보 교과 필수과목 지정**

중학교에 '정보' 교과를 필수 과목으로 지정하여 소프트웨어 교육을 강화

6. 2015 개정 교육과정과 문서 체제의 변화

⑴ **구조**

2009 개정 교육과정	2015 개정 교육과정
1. 추구하는 인간상(교과 공통 : 총론)	1. 성격
2. 학교급별 교육목표(교과 공통 : 총론)	2. 목표
3. 목표	3. 내용 체계 및 성취기준
4. 내용의 영역과 기준	가. 내용 체계
가. 내용 체계	나. 성취기준
나. 영역 및 학습내용 성취기준	⑴ 영역명 성취기준 그룹
5. 교수-학습방법	(가) 학습 요소
가. 교수-학습계획	(나) 성취기준 해설
나. 교수-학습방법	(다) 교수-학습방법 및 유의사항
다. 교수-학습자료	(라) 평가방법 및 유의사항
6. 평가	4. 교수-학습방법 및 평가
가. 평가계획	가. 교수-학습방법
나. 평가 목표와 내용	나. 평가
다. 평가방법	
라. 평가의 활용	[부록] 영역별 교수-학습방법 및 평가 예시

(2) 내용 체계 및 성취기준 의미 및 요소

가. 내용 체계	• 내용 체계: 영역, 핵심개념, 일반화된 지식, 내용요소, 기능으로 구성 　－ 영역: 교과의 성격을 가장 잘 나타내주는 최상위의 교과 내용 범주 　－ 핵심개념: 교과의 기초 개념이나 원리 　－ 일반화된 지식: 학생들이 해당 영역에서 알아야 할 보편적인 지식 　－ 내용요소: 학년(군)에서 배워야 할 필수학습내용 　－ 기능: 수업 후 학생들이 할 수 있거나 할 수 있기를 기대하는 능력으로 교과 　　고유의 탐구과정 및 사고 기능 등을 포함
나. 성취기준 　(1) 영역명	성취기준: 학생들이 교과를 통해 배워야 할 내용과 이를 통해 수업 후 할 수 있거 나 할 수 있기를 기대하는 능력을 결합하여 나타낸 수업 활동의 기준
(가) 학습 요소	성취기준에서 학생들이 배워야 할 학습내용을 핵심어로 제시한 것임
(나) 성취기준 해설	제시한 성취기준 중 자세한 해설이 필요한 성취기준에 대한 부연 설명으로, 특별히 강조되어야 할 성취기준을 의미하는 것은 아님
(다) 교수-학습방법 및 　유의사항	• 해당 영역의 교수-학습을 위해 제안한 방법과 유의사항 • 학생 참여 중심의 수업 및 유의미한 학습경험 제공 등을 유도하는 내용 제시
(라) 평가방법 및 　유의사항	• 해당 영역의 평가를 할 수 있도록 제안한 방법과 유의사항 • 해당 영역의 교수-학습방법에 따른 다양한 평가, 특히 과정중심평가가 이루어질 　수 있도록 관련 내용 제시

02　2015 개정 사회과 교육과정의 변화[27]

1. 사회과 개발방향

(1) 총론과 교과 교육과정의 유기적 연계 강화 체제를 구축

(2) 창의·융합형 인재 양성을 위한 교과 교육과정을 개발

(3) 핵심역량을 반영한 교과 교육과정을 개발

(4) 배움의 즐거움을 경험할 수 있는 학생 중심, 활동 중심 교과 교육과정을 개발

(5) 국가·사회적 요구를 반영

(6) 교과의 '핵심 개념'을 중심으로 교육과정을 구성하여 학습 부담을 경감하고 학습자 중심, 활동 중심의 교과 교육과정을 개발

(7) 성취기준 그룹(영역)별 교수-학습방법 및 평가방법을 제시

---

27) 모경환 외, 2016:1-30 참조

⑻ 통합사회 신설

공통과목으로 통합사회를 도입하였다. 통합사회의 경우 핵심 개념을 중심으로 교육내용을 엄선하여 학습량의 적정화를 지향하였다. 또한 통합사회는 중학교 사회(역사 포함)/도덕 교과(군) 및 고등학교 선택과목과 긴밀한 연계를 갖도록 구성한다.

⑼ 새로운 과목 개발

선택과목을 일반선택, 진로선택으로 구분하여 개발한다는 교육부의 지침에 따라, 사회과에서는 진로선택과목으로 '여행지리'와 '사회문제 탐구' 과목을 신설

03 2015 개정 교육과정 사회과의 주요 내용

1. 목표 · 내용 · 방법 주요 내용

⑴ 민주 시민적 자질 제시

민주 사회 구성원에 필요한 지식 · 기능 · 가치 · 태도를 지닌 민주 시민으로서의 자질 육성을 제시하고 있다.

⑵ 교과역량 제시

사회과 교과 역량으로 창의적 사고력, 비판적 사고력, 문제해결력 및 의사결정력, 의사소통 및 협업 능력, 정보 활용 능력 등의 신장을 강조하고 있다.

⊙ 2015 개정 교육과정의 사회과 역량

창의적 사고력	새롭고 가치 있는 아이디어를 생성하는 능력
비판적 사고력	사태를 분석적으로 평가하는 능력
문제해결력 및 의사결정력	다양한 사회적 문제를 해결하기 위해 합리적으로 결정하는 능력
의사소통 및 협업 능력	자신의 견해를 분명하게 표현하고 타인과 효과적으로 상호작용하는 능력
정보활용능력	다양한 자료와 테크놀로지를 활용하여 정보를 수집, 해석, 활용, 창조할 수 있는 능력

⑶ 교수-학습방법

역량 강화 및 사회현상의 종합적 인식을 위해 통합적 교수-학습방법, 다양한 교수-학습방법, 다양한 자료의 활용 및 기법을 제시하고 있다.

⑷ 공통교육과정(3~9학년) 및 선택중심 교육과정(10~12학년) 체제

① 3~9학년까지 초 · 중학교 사회과 교육과정이 공통교육과정으로 함께 제시되고 영역별 기능을 제시하고 있다.

② 선택중심 교육과정에서는 공통과목으로 통합사회, 한국사를 제시하였다.

2. 교육과정 문서 체제

대단원 내 성취기준에 코드 번호를 부여하여 번호 체계를 정리하고, 학습 요소를 제시하고 성취기준 해설 및 교수-학습방법, 평가방법 및 유의사항을 제시하였다.

---

(1) 개인과 사회생활

인간은 사회화를 통하여 사회의 구성원으로서 성장하며, 사회적 지위와 역할을 갖는다는 것을 이해한다. 개인과 사회집단의 관계를 이해하고, 사회집단 간 또는 사회집단 내에서 나타나는 다양한 차별과 갈등을 합리적으로 해결할 수 있는 능력을 함양한다.

> [9사(일사)01-01] 사회화의 의미와 과정을 이해하고, 사회화 과정에서 청소년기에 나타나는 특징을 설명한다.
> [9사(일사)01-02] 사회적 지위와 역할의 의미를 이해하고, 역할 갈등의 특징을 사례를 통해 분석한다.
> [9사(일사)01-03] 사회집단의 의미를 이해하고, 사회집단에서 나타나는 차별과 갈등의 사례와 이에 대한 해결 방안을 탐구한다.

(가) 학습 요소

사회화, 사회적 지위와 역할, 역할 갈등, 사회집단, 차별과 갈등

(나) 성취기준 해설

[9사(일사)01-01]에서는 인간이 다른 사람들과의 관계 속에서 더불어 사는 존재임을 인식하고, 자신이 속한 사회의 규범과 가치를 내면화함으로써 해당 사회의 구성원이 되어 가는 과정을 이해한다. 또한 청소년기의 특징을 이해하고, 청소년기의 사회화가 지닌 중요성을 자아 정체성과 연결하여 탐구한다.

(다) 교수-학습방법 및 유의사항

사회화, 사회적 지위, 역할, 사회집단 등 주요 개념의 의미를 학습하는 데 있어 학생들의 일상적인 경험이 활용되고, 공유될 수 있도록 지도할 수 있다.

(라) 평가방법 및 유의사항

사회화, 사회적 지위, 역할, 사회집단, 차별 등의 개념에 대한 이해 정도를 확인하기 위해 일상생활과 관련된 다양한 사례를 활용하여 지필평가를 할 수 있다.

---

04 공통교육과정 : 초등과 중등

1. 구성

공통교육과정으로 사회, 역사가 있으며, 사회는 3~9학년까지의 내용 체계표가 제시되었다.

2. 초등

초등학교 사회과는 3~4학년, 5~6학년으로 묶어 내용 체계를 제시하였다.

학년	사회(과)
1	통합교과로 '바른생활, 슬기로운 생활, 즐거운 생활'
2	
3~4	학년군, 공통교육과정
5~6	학년군, 공통교육과정

3. 중등 편제

학년	사회과	
	일반사회 영역	지리 영역
1~3	학년군	학년군

05 선택중심 교육과정 : 고등

1. 구성

고등학교 공통과목 중 사회군과 관련해서 통합사회를 만들고, 일반사회와 관련되는 일반선택과목으로 경제, 사회·문화, 정치와 법을 두었다. 그 결과 선택중심 교육과정 중 공통과목으로 통합사회, 한국사가 제시되고, 선택중심 교육과정 중 일반선택에 한국지리, 세계지리, 동아시아사, 세계사, 경제, 정치와 법, 사회·문화가 제시되어 선택 가능하도록 하였다. 진로선택과목으로 여행지리, 사회문제 탐구가 제시되었다.

2. 고등학교 편제

교과영역	교과(군)	공통·선택과목		과목
탐구	사회 (역사/도덕 포함)	공통과목		통합사회
		선택	일반선택	한국지리
				세계지리
				동아시아사
				세계사
				정치와 법
				경제
				사회·문화
				생활과 윤리
				윤리와 사상
			진로선택	여행지리, 사회문제탐구, 고전과 윤리
기초	한국사	공통과목		한국사

06 통합사회와 관련된 쟁점

1. 통합사회의 특성

⑴ **통합사회의 의미**

학생들에게 인문·사회과학적 기초 소양과 통합적 사고력을 함양하기 위해서 일반사회, 역사, 지리, 윤리 등 다양한 학문적 관점에서 사회현상을 이해할 수 있도록 하는 과목을 말한다.

⑵ **통합사회의 성격**

① 주제(개념) 중심의 통합 지향

여기서 말하는 개념은 흔히 일반적으로 생각하는 특정 단어를 의미하는 것이 아니라, '빅 아이디어'를 의미하는 것이다. 빅 아이디어는 추상적, 포괄적, 본질적, 근본적인 것으로 서사를 통해 발견되는 것이라고 할 수 있다. 예컨대 민주주의도 빅 아이디어이다. 그런데 빅 아이디어로서 민주주의는 많은 서사와 실질적 의미를 가지고 있다. 따라서 사전적 정의로 민주주의는 빅 아이디어의 전부가 아니다. 그래서 빅 아이디어는 발견되는 것이다. 이처럼 빅 아이디어는 주제와 개념의 형태로 제시된다. 물론 여기에 대해 '스트랜드' 중심의 통합이라는 주장도 있다. 하지만, 후술하겠지만 스트랜드는 관점이자 가치의 문제로 보는 것이 적절하다. 직관적으로 경험적으로 스트랜드인지 여부에 대해서는 판단할 수 없다. 즉 현상적으로 내지는 형태적으로 스트랜드와 다른 통합 형태를 구분할 수 없다는 것이다. 따라서 스트랜드는 관점이자 가치로 이해하는 것이 타당하다고 생각한다.

② 교과 역량의 함양

통합사회는 비판적 사고력 및 창의성, 문제해결력 및 의사결정력, 자기 존중 및 대인관계능력, 공동체적 역량, 통합적 사고력이라는 역량을 함양하는 데 중점을 두고 있다.

⑶ **핵심개념으로 교육과정 구성**

① 개념 및 주제로서의 핵심개념

핵심개념은 일반적으로 말하는 개념이 아니라 개념 및 주제를 말한다.

② 핵심개념 의미를 둘러싼 논쟁

핵심개념의 의미가 무엇인가에 대해서는 한마디로 결론을 내릴 수 없다. 내용 수준을 하향시킨다는 의미로 기초 원리의 의미도 지니고 있고, 상위개념, 내용 범주화 개념, 기본원리 등 다양한 의미를 지니고 있는 논쟁적 개념이다. 그렇다면 핵심개념이 어디에서 왔는지를 먼저 생각해 볼 필요가 있다. 위기스와 맥타이는 '빅 아이디어'라는 개념을 사용하였다. 이들이 말한 '빅 아이디어'는 브루너가 말한 일반화와 유사하다. 이 개념은 단순한 원리도 아니다. 사전에 명명된 흔히 개념이라고 부르는 것도 아니다. 브루너, 위기스와 맥타이의 문헌을 살펴보면 '빅 아이디어'는 '발견되는 것'이다. 발견되는 것 중에는 개념, 일반화, 원리, 규범 등 매우 다양한 추상적인 결과물들이 포함될 것이다. 이 결과물들 속에는 많은 이야기가 있다. 이 이야기가 브루너가 말하는 '내러티브'라고 할 수 있다. 그렇다면 결론적으로 '빅 아이디어'는 발견되어지는 것으로, 서사를 가지고 있는 추상적인 개념·주제·일반화 등을 지칭하는 것이라고 말할 수 있다. 핵심개념의 근원이 '빅 아이디어'라고 한다면 내용 수준을 하향시킨다는 의미로 사용되는 '기초 원리'를 사회과의 핵심 개념으로 보는 것이 타당한 것인지에 대해 의문이 생긴다. 교육과정의 의도는 알겠다. 그렇지만 본질에 얼마나 부합하는지, 그리고 거기에 적절한 용어를 사용하고 있는지는 다시 한 번 생각해 볼 일이다.

⑷ 내용 체계

영역	핵심개념	일반화된 지식	내용 요소	기능
삶의 이해와 환경	행복	근대 시민 혁명 이후 확립된 인권이 사회제도적 장치와 의식적 노력으로 확장되고 있다.	• 시민 혁명 • 인권 보장 • 인권 문제	예측하기 탐구하기 평가하기 비판하기 종합하기 판단하기 성찰하기 표현하기
	자연환경	시장경제 운영 과정에서 나타난 문제 해결을 위해서는 다양한 주체들이 윤리 의식을 가져야 하며, 경제 문제에 대해 합리적인 선택을 해야 한다.	• 합리적 선택 • 국제 분업 • 금융 설계	
	생활공간	정의의 실현과 불평등 현상 완화를 위해서는 다양한 제도와 실천 방안이 요구된다.	• 정의의 의미 • 정의관 • 사회 및 공간 불평등	
인간과 공동체	인권	생략	생략	
	시장	생략	생략	
	정의	생략	생략	
사회 변화와 공존	문화	생략	생략	
	세계화	생략	생략	
	지속 가능한 삶	생략	생략	

2. 공통사회부터 통합사회까지 고1 사회 변천 모습

⑴ 문제 제기

2015 개정 교육과정의 '통합사회'는 일반사회·지리·역사·윤리적 관점을 결합하여 통합적으로 내용을 구성함으로써 거의 고등학교 '사회'와는 다른 접근을 하고 있다.

⑵ 고등학교 '사회' 과목의 성격 변화

6차 교육과정부터 2015 개정 교육과정 시기까지 '사회'라는 과목의 성격, 목표를 비교·분석한 결과를 정리하면 다음과 같다.[28]

구분	6차	7차	2007 개정	2009 개정	2015 개정
과목 (단위수)	공통사회 (6)	사회 (6)	사회 (6)	사회(5) (±1~3단위)	통합사회 (8)
필수선택	공통필수	공통필수	공통필수	선택	공통과목

---

28) 강대현, 2015:76-82 내용 참조; 박은아 외, 2016:4.

(3) **고등학교 '사회' 과목의 내용 변화**

6차 공통사회	7차 사회	2007 사회
(1) 시민 사회의 형성과 발전 (2) 사회적 쟁점과 문제의 해결 방법 (3) 사회·문화생활의 문제와 해결 (4) 경제 생활의 문제와 해결 (5) 법 생활의 문제와 해결 (6) 정치 생활의 문제와 해결 (7) 민주 시민의 사회 참여 (8) 국토의 이해 (9) 자연환경과 생활 (10) 생활공간의 변화 (11) 경제활동의 지역구조 (12) 국토 개발과 환경 보전·각 지역의 생활 (13) 국토의 분단과 통일·국제화 시대의 한국	(1) 국토와 지리정보 (2) 자연 환경과 인간 생활 (3) 생활공간의 형성과 변화 (4) 환경 문제와 지역 문제 (5) 문화권과 지구촌의 형성 (6) 시민 사회의 발전과 민주 시민 (7) 정치 생활과 국가 (8) 국민 경제와 합리적 선택 (9) 공동체 생활과 사회 발전 (10) 사회 변동과 미래 사회	(1) 국토와 지리 정보 (2) 자연환경과 인간 생활 (3) 문화 경관의 다양성 (4) 장소 인식과 공간 행동 (5) 지역 개발과 환경 보전 (6) 문화 (7) 정의 (8) 세계화 (9) 인권 (10) 삶의 질

2009 사회	2015 통합사회
(1) 사회를 바라보는 창 　(가) 개인 이해 　(나) 세상 이해 (2) 공정성과 삶의 질 　(가) 개인과 공동체 　(나) 다양성과 관용 　(다) 삶의 질과 복지 (3) 합리적 선택과 삶 　(가) 고령화와 생의 설계 　(나) 일과 여가 　(다) 금융 환경과 합리적 소비 (4) 환경 변화와 인간	1. 삶의 이해와 환경 　(1) 인간, 사회, 환경과 행복 　(2) 자연환경과 인간 　(3) 생활공간과 사회 2. 인간과 공동체 　(4) 인권 보장과 헌법 　(5) 시장경제와 금융 　(6) 사회 정의와 불평등 3. 사회변화와 공존 　(7) 문화와 다양성

(4) **통합성 원리 적용 변화**(일반사회 중심)

6차 공통사회에서는 주제 중심, 문제 중심 통합이 강조되었으나 그 이후의 사회과목 통합 형태는 주제 (및 개념) 중심의 통합으로 변화되었다.

구분	6차	7차	2007 개정	2009 개정	2015 개정
과목	공통사회	사회	사회	사회	통합사회
통합성 원리	문제 중심 기본	기본적으로 주제 중심			주제 및(개념) 중심의 통합을 기본으로 함

XII 2022 개정 교육과정[29] : 역량 함양 교육과정

01 2022 개정 교육과정 총론 추진 배경 및 방향

1. 추진배경(개정 필요성)

2022년 교육과정 개정은 미래의 변동성·불확실성·복잡성 등에 대한 대응, 디지털 전환, 기후환경 변화 및 학령인구 감소 등에 대응하여 미래사회에 필요한 역량을 함양하고, 학습자 맞춤형 교육을 강화할 수 있도록 미래 교육 비전의 정립과 수업 및 평가 개선을 포함하는 교육과정 체제 전환 필요성 때문이라고 설명하고 있다.

2. 2022 개정 교육과정의 개정 비전과 추진 방향

(1) 개정의 비전 및 강조점

2022 개정 교육과정의 개정의 비전은 '포용성과 창의성을 갖춘 주도적인 사람'으로 설정되었다. 이를 구체적으로 구현하고자 추구하는 인간상에서는 학생의 주도성, 책임감, 적극적 태도 등을 강조하기 위해 현행 교육과정의 '자주적인 사람'을 '자기주도적인 사람'으로 개선하고, 우리 교육이 지향해야 할 가치와 교과교육 방향 및 성격을 기초로 미래 사회변화에 대응할 수 있는 역량으로 '협력적 소통 역량'을 강조하여 제시하였다.

(2) 추진 방향

첫째, 학습자 주도성, 창의력 등 역량을 체계화하여 역량 함양이 가능한 교육과정의 개발, 둘째, 학습자의 삶과 성장을 지원하는 맞춤형 교육과정의 설계, 셋째, 지역·학교의 유연한 교육과정 운영, 디지털·인공지능 기반의 교실 수업 개선 등을 주요 방향으로 한다.

3. 총론 주요 개정 방향 및 개정 사항

(1) 개정 방향

첫째, 미래 사회에 대응할 수 있는 능력과 기초 소양 및 자신의 학습과 삶에 대한 주도성을 강화한다. 이를 위해 여러 교과를 학습하는 데 기반이 되는 언어, 수리, 디지털 소양 등을 기초소양으로 하여 교육 전반에서 강조하고, 디지털 문해력(리터러시) 및 논리력, 절차적 문제해결력 등 함양을 위해 다양한 교과 특성에 맞게 디지털 기초소양 반영 및 선택 과목을 신설했다. 둘째, 학생들의 개개인의 인격적 성장을 지원하고 구성원 모두의 행복을 위해 공동체 의식을 강화한다. 기후·생태환경 변화 등에 대한 대응 능력 및 지속가능성 등 공동체적 가치를 함양하는 교육을 강조하고, 다양한 특성을 가진 학생이 차별받지 않도록 지원하고, 지역·학교 간 교육 격차를 완화할 수 있는 지원 체제를 마련하였다. 셋째, 학생들이 자신의 진로와 학습을 주도적으로 설계하고, 적절한 시기에 학습할 수 있도록 학습자 맞춤형 교육과정

29) 교육부(2021)의 '2022개정교육과정 추진계획', '2022개정교육과정 총론 주요사항', 교육부(2022)의 브리핑 자료 및 2022개정교육과정,한국강사신문(https://www.lecturernews.com)을 참고하여 인용하고 작성함

을 마련한다. 지역 연계 및 학생의 필요를 고려한 선택 과목을 개발·운영할 수 있도록 학교자율시간을 도입하고, 학교급 간 교과 교육과정 연계, 진로 설계 및 탐색 기회 제공, 학교 생활 적응을 지원하는 진로 연계교육의 운영 근거를 마련하였다. 넷째, 학생이 주도성을 기초로 역량을 기를 수 있도록 교과 교육과 정을 마련한다. 학습자 주도성을 강조하여 다양한 문제해결 상황에 대해 스스로 문제를 인식하고 해결 방법을 탐구하여 자신만의 방식으로 과정을 실천할 수 있도록 한다. 교과별로 꼭 배워야 할 핵심 아이디 어 중심으로 학습량을 적정화하고, 학생들이 경험해야 할 사고, 탐구, 문제해결 등의 과정을 학습 내용으 로 명료화하여 교수·학습 및 평가 방법을 개선한다. 비판적 질문, 토의·토론수업, 협업 수업 등 자기 능력과 속도에 맞춰 학습 역량을 기를 수 있도록 다양한 학생 주도형 수업으로 개선한다. 학습 내용뿐 아니라 준비와 태도, 학생 간의 상호작용, 사고 및 행동의 변화 등을 지속해서 평가하는 등 학습 과정을 중시하는 평가와 개별 맞춤형 피드백 등을 강화한다.

⑵ 교육과정 설계의 주요 중점 내용

2022 개정 교과 교육과정에서는 '깊이 있는 학습, 교과 간 연계와 통합, 삶과 연계한 학습, 학습 과정에 대한 성찰'을 개발의 지향점으로 삼았다(교육부, 2021, 온정덕 외, 2021)[30].

⑶ 중·고등학교의 변화

① 자유학기(1학년) 편성 영역 및 운영 시간 그리고 학교 스포츠클럽 활동의 적정화

중학교는 자유학기(1학년) 편성 영역 및 운영 시간, 그리고 학교 스포츠클럽 활동의 의무 편성 시간을 적정화하여 학교 교육과정 편성·운영의 어려움을 해소하였다. 기존의 4개 영역(주제 선택, 진로 탐색, 예술·체육, 동아리 활동) 170시간을 개선하여, 2개 영역으로 통합(주제 선택, 진로 탐색) 102시간으로 하였 다. 스포츠 클럽 활동의 경우에는 기존 3년간 총 136시간, 연간 34~68시간에서 3년간 총 102시간, 연간 34시간으로 정해졌다.

② 중3에서 진로연계교육 도입

고등학교로 진학하기 전 중학교 3학년 2학기를 중심으로, 고등학교에서 교과별로 배울 학습 내용과 진로 및 이수 경로 등을 학습할 수 있도록 진로연계교육을 도입하고 자유학기와 연계하여 운영한다.

③ 고등학교

㉠ 학습자 주도성 및 책임 강조

자율적 과목 선택·이수, 자기주도적 공강 활용 등 학습자 주도성과 학습의 책임을 강조하고 있다.

㉡ 학점 선택 기반 교육과정 명시

고등학교는 학점 기반 선택 교육과정으로 명시하고, 한 학기에 과목 이수와 학점 취득을 완결할 수 있도록 재구조화하였다. 학기 단위 과목 운영에 따라 과목의 기본 학점을 4학점(체육, 예술, 교양 은 3학점)으로 조정하고, 증감 범위도 ±1로 개선하여 학생이 진로에 적합한 과목을 이수할 수 있 도록 개선하였다.

---

30) 교육부(2021). 2022 개정 교육과정 총론 주요사항(시안). 세종: 교육부. 2021.11. 24. // · 온정덕, 김병연, 박상준, 방길 환, 백남진, 이승미, 이주연, 한혜정(2021). 2022 개정 교과 교육과정 개발 기준 마련 연구. 세종: 교육부.

ⓒ 다양한 진로 선택과 융합선택 과목 신설 및 재구조화

학습자의 진로와 적성을 중심으로 비판적 질문, 실생활 문제해결, 주요 문제 탐구 등을 위한 글쓰기, 주제 융합 수업 등 실제적 역량을 기를 수 있도록 다양한 진로선택과 융합선택과목을 신설하고 재구조화하였다.

02 사회과 교육과정 설계의 개요 주요 사항

1. 설계방향

사회과 교육과정은 사회과의 성격 및 정체성에 기초하여 학생들이 시민으로서 필요한 자질을 갖추도록 설계하였다. 사회과는 총론에서 비전으로 제시한 '포용성과 창의성을 갖춘 주도적인 사람'과 연계하여 사회과 역량을 창의적 사고력, 비판적 사고력, 문제 해결력 및 의사 결정력, 의사소통 및 협업 능력, 정보 활용 능력으로 설정하였다. 또한 총론에서 미래 변화에 대응하는 교육 방향으로 강조한 민주 시민 및 생태전환 교육과 연계하여 사회과의 핵심 아이디어와 내용 요소에 공동체 의식, 평화, 인권, 문화 다양성 등의 민주 시민 관련 내용과 기후위기 대응, 지속가능한 발전, 생태 감수성 등의 생태전환 교육 관련 내용을 반영하여 구성하였다.

2. 사회과의 교육과정 체계

사회과의 교육과정 체계는 성격 및 목표, 내용 체계 및 성취기준, 교수·학습 및 평가로 구성되어 있다. 사회과의 역할과 필요성에 초점을 두고 있는 성격은 주로 사회과에서 추구하는 시민성과 내용 구성의 중점 등을 다루고 있으며, 이는 사회과의 목표와 연계되어 있다. 사회과의 내용 체계는 영역별로 교과 역량을 함양하는 데 필요한 핵심 아이디어를 도출하고, 그에 기초하여 학생이 학습해야 할 내용 요소를 학년군별 및 학교급별로 제시하였다. 이 내용 체계는 성취기준의 근간이 되고, 성취기준은 대체로 지식·이해, 과정·기능, 가치·태도 중 두 가지 이상의 내용 요소를 정합하는 방식으로 진술되어 있다.

3. 교수·학습 및 평가

교수·학습 및 평가는 사회과 역량을 함양하기 위해 교사들이 교육과정을 설계하여 수업을 운영하고 평가하는 데 필요한 교과 수준의 교수·학습 및 평가 중점 사항에 초점을 두고 진술되어 있다.

4. 사회과의 영역

사회과는 '지리 인식', '자연환경과 인간생활', '인문환경과 인간생활', '지속가능한 세계', '정치', '법', '경제', '사회·문화', '역사 일반', '지역사', '한국사' 등의 영역을 중심으로 구성되었다. 이들 영역은 시·공간 속의 인간과 사회현상을 종합적으로 이해하고, 관련 문제나 쟁점을 창의적으로 해결하는 시민의 자질을 기르는 데 기여한다…(지리 관련 내용은 중략)…일반사회 관련 영역은 정치, 법, 경제, 사회·문화적 측면의 사회생활에 필요한 지식을 바탕으로 현재 및 미래 사회의 문제나 쟁점을 해결할 수 있는 능력을 기르는 데 기여한다…(지리, 역사 관련 내용은 중략)…일반사회 관련 영역의 핵심 아이디어는 정치, 법, 경제, 사회·문화생활과 관련된 지식과 기능을 습득하고 민주적 가치에 따라 사회문제를 해결하는 데

참여하는 시민의 자질을 함양하도록 구성되었다…(역사 관련 내용은 중략)…사회과의 지식·이해에는 학생이 시민의 역량을 형성하기 위해 인간과 공간, 인간과 사회, 인간과 시간 관련 현상을 이해하는 데 필요한 지식으로 구성되었다. 과정·기능은 시·공간 속의 인간과 사회현상을 탐구하고, 관련된 여러 가지 문제나 쟁점을 분석하며, 다른 사람 및 집단과 소통하여 해결하는 과정에서 필요한 기능으로 구성되었다. 시민이 갖추어야 할 기능으로는 자료 및 정보의 수집·해석·활용·창조, 지리·역사·사회과학 탐구, 문제 해결 및 의사 결정, 의사소통 및 참여 등이 제시되었다. 가치·태도는 민주적 기본 가치 및 지구적 가치와 시민이 갖추어야 할 태도로 구성되었다.

5. 사회과의 주요 변화

(1) 핵심 아이디어 중심으로 학습량을 적정화

사회의 경우, 역량 함양 탐구형 수업이 가능하도록 초·중·고의 계열성을 고려하여 핵심아이디어 중심으로 학습량을 적정화하였다.

(2) 성취 기준의 술어를 다양한 수행 동사로 개선

현행 '이해한다, 탐구한다' 등으로 편중된 성취기준 술어를 다양한 탐구 기능·실천 중심의 수행 동사로 개선하여 하나의 정답을 찾기보다는 '다양한 답을 찾아가는 수업'을 할 수 있도록 구성하였다.

(3) 고등학교 선택과목의 도입 및 변화

고등학교에서는 학생의 진로와 적성에 따른 교육이 가능하도록 '정치와 법'을 '정치', '법과 사회'로 분리하고, '세계시민과 지리', '도시의 미래 탐구', '금융과 경제생활', '기후변화와 지속가능한 세계' 등의 선택과목을 다양하게 배울 수 있도록 신설하였다.

03 사회과 교육과정 편제

공통교육과정(초3~중3)		사회, 역사
선택중심교육과정 (고1~고3)	공통과목	한국사1, 한국사 / 통합사회1, 통합사회2
	일반 선택 과목	세계시민과 지리, 세계사, 사회와 문화
	진로 선택 과목	한국지리 탐구, 도시의 미래 탐구, 동아시아 역사 기행, 정치, 법과 사회, 경제, 국제관계의 이해
	융합 선택 과목	여행지리, 역사로 탐구하는 현대 세계, 사회문제 탐구, 금융과 경제 생활, 기후변화와 지속가능한 세계

04 공통교육과정 내용체계[31)](초등~중등)

(1) 정치

핵심 아이디어	• 민주주의의 이념과 원리를 실현하기 위해서는 제도와 의식의 개선이 필요하다. • 다양한 정치 주체가 정치과정에 참여하여, 민주주의는 여러 제도와 시민 참여를 통해 실현된다. • 국제 사회에는 여러 행위 주체가 활동하며, 우리나라를 비롯한 국제 사회의 행위 주체는 다양한 국제 문제 해결을 위해 노력한다.		
범주	**내용 요소**		
	초등학교		중학교
	3~4학년	5~6학년	1~3학년
지식·이해 — 민주주의	• 민주주의의 의미 • 학교 자치 사례 • 주민 자치 사례	—	• 정치와 민주주의 • 민주주의의 발전, 민주주의의 이념과 원리 • 현대 민주주의의 시민과 역할
지식·이해 — 정치과정	• 민주주의의 실천 • 주민 참여와 지역사회 문제 해결	• 선거의 의미와 역할 • 미디어의 역할 • 미디어 콘텐츠의 분석	• 선거와 유권자 및 정당의 활동 • 정치 주체와 정치과정 • 지방 자치와 시민 참여
지식·이해 — 국제 정치	—	• 평화 통일을 위한 노력 • 지구촌의 평화	• 국제 사회의 주체와 특징 • 국제 사회의 분쟁과 시민의 역할 • 우리나라의 국제 문제와 대응 방안
과정·기능	• 민주주의 사례를 조사하기 • 미디어 콘텐츠를 비판적으로 분석하기 • 사회문제 해결에 참여하기	• 정치 현상 및 문제의 사례 조사하기 • 정치적 쟁점에서 사실과 가치문제 구분하기 • 정치 관련 자료 및 정보의 타당성과 신뢰성 검토하기 • 공동체 의사 결정 과정에서 의사소통하기 • 정치적 쟁점 해결 과정에 적극적으로 참여하고 협력하기 • 국제 문제를 조사하고 대응 방안을 모색하기	
가치·태도	• 민주적 기본 가치 • 선거 과정의 참여 • 학교 자치에의 참여 • 미디어에 대한 비판적 태도	• 민주주의의 이념과 원리의 내면화 • 개인의 자유와 공공선의 조화로운 실천 • 다양한 정치 주체의 입장과 선호에 대한 존중 • 민주시민으로서 정치과정에 적극적으로 참여하려는 태도 • 국제 문제에 관심을 가지고 적극적으로 대응하려는 자세	

---

31) 지리와, 역사는 생략하고 일반사회 영역만 살펴본다.

(2) 법

		내용 요소		
핵심 아이디어		• 우리 사회에는 일상을 규율하는 다양한 법들이 있으며, 사람들은 재판을 통해 권리를 실현할 수 있다. • 인권 보장을 위해 헌법에 기본권을 규정하고, 국가와 시민은 기본권 보장을 위해 노력한다. • 헌법에 따라 우리나라의 국가기관은 국회, 대통령과 행정부, 법원과 헌법재판소 등으로 구성된다.		

범주		내용 요소		
		초등학교		중학교
		3~4학년	5~6학년	1~3학년
지식·이해	법과 생활	–	• 법의 적용 사례 • 법의 의미와 역할	• 법의 의미와 목적 • 다양한 법과 사회법의 필요성 • 재판의 의미와 종류, 공정한 재판
	인권과 기본권	–	• 인권의 의미 • 헌법상 인권의 내용 • 인권 침해 문제의 해결 • 인권 보호 활동 참여	• 인권과 기본권 • 기본권 제한, 기본권 침해 구제 • 근로자의 권리, 근로자의 권리 침해 대응
	헌법과 국가	–	• 국회 • 행정부 • 법원 • 권력 분립	• 우리나라 정부 형태, 대통령과 행정부의 역할 • 입법 과정과 국회의 역할 • 법원의 역할과 헌법재판소의 성격
과정·기능		• 법적 문제 관련 정보를 수집·분석하기 • 인권 침해 문제를 합리적으로 해결하기 • 권력 분립의 이유를 탐구하기	• 법과 관련된 자료를 수집하기 • 다양한 분쟁을 법적 관점에서 조망하기 • 법적 쟁점에 대한 자료 및 정보를 수집·분석하기 • 법적 근거를 바탕으로 법적 쟁점에 대한 해결 방안을 모색하기 • 기존 법의 한계를 분석하고 대안을 마련하기	
가치·태도		• 시민으로서의 준법 태도 • 권리와 책임의 조화 • 인권 친화적 태도 • 국가기관에 대한 비판적인 태도	• 민주주의와 법치주의의 기본 가치 내면화 • 법에 따른 권리의 행사와 의무의 수행 • 법체계와 절차에 대한 존중 • 법적 쟁점에 대한 다양한 관점의 존중 • 법을 개선하는 활동에 적극적으로 참여하려는 태도	

(3) 경제

핵심 아이디어		• 가계와 기업은 합리적 선택을 통해 소비와 금융, 생산 등의 경제활동에 참여하면서 각자의 역할을 수행한다. • 시장에서 가격은 수요와 공급을 통해 결정되고 다양한 요인으로 인해 변동한다. • 우리나라 경제에서는 경제 성장, 물가 변동, 실업 등의 현상이 나타나며 세계화 과정에서 다른 나라와의 교역이 활발해지고 있다.	

범주		내용 요소		
		초등학교		중학교
		3~4학년	5~6학년	1~3학년
지식·이해	경제 생활	• 자원의 희소성 • 경제활동 • 합리적 선택 • 생산과 소비 활동	• 가계와 기업의 역할 • 근로자의 권리 • 기업의 자유와 사회적 책임	• 합리적 선택 • 경제생활과 금융 생활 • 기업의 역할과 기업가 정신
	시장 경제	–	–	• 시장의 사례와 특징 • 수요와 공급, 시장 가격의 결정 • 시장 가격의 변동
	국가 경제	• 지역 간 교류 • 상호의존 관계	• 경제 성장의 효과 • 경제 성장과 관련된 문제 해결 • 무역의 의미 • 무역의 이유	• 경제 성장과 국내 총생산 • 물가 변동과 실업 • 국제 거래와 환율
과정·기능		• 합리적으로 선택하기 • 지역 간 상호의존 관계를 조사하기 • 무역의 이유를 탐구하기 • 경제 성장의 문제를 합리적으로 해결하기	• 경제 현상 및 문제 사례 조사하기 • 경제 현상 및 문제 탐구 방법 파악하기 • 경제 현상 및 문제 탐구 계획 수립하기 • 경제 관련 정보와 자료 수집·분석하기 • 경제 관련 분석 결과를 종합하여 추론하기 • 경제 문제의 원인 및 해결 방안 도출하기	
가치·태도		• 합리적 소비의 실천 • 경제활동의 자유를 존중하는 태도 • 공정한 분배에 대한 감수성	• 선택 상황에서 편익과 비용을 고려하는 합리적 태도 • 경제 문제 관련 주장 및 근거의 경청과 존중 • 상충하는 가치를 균형 있게 고려하려는 자세 • 공동체의 경제 문제 해결에 적극적으로 참여하려는 태도 • 다양한 관점을 가진 구성원들과 협력하려는 태도	

(4) 사회 · 문화

핵심 아이디어	• 인간은 사회 속에서 성장하면서 사회적 지위를 가지고 역할을 수행하며, 다양한 갈등과 차별을 인식한다. • 우리는 일상생활에서 여러 문화를 접하고 있으며, 이로 인해 다양한 문화를 이해하고 존중하는 태도가 필요하다. • 우리 사회는 급격한 사회 변동과 다양한 사회문제를 경험하고 있으며, 이에 대응하기 위해서는 시민의 역할이 중요하다.			

범주		내용 요소		
		초등학교		중학교
		3~4학년	5~6학년	1~3학년
지식 · 이해	사회 생활	–	–	• 사회화의 의미와 자아 정체성 • 사회적 지위와 역할, 역할 갈등 • 사회적 갈등과 차별
	문화 이해	• 다양한 문화의 확산 효과와 문제 • 문화 다양성	–	• 문화의 사례, 의미와 특징 • 미디어와 문화 • 다양한 문화와 문화 이해 태도
	사회 변동	• 사회 변화의 양상과 특징 • 생활 모습의 변화	• 지구촌의 문제 • 지속가능한 미래	• 사회 변동과 우리 생활 • 오늘날의 사회문제 • 국내외의 대응과 시민의 역할
과정 · 기능		• 다양한 문화의 사례 조사하기 • 문화 다양성으로 인한 문제를 해결하기 • 사회 변화의 양상과 특징을 조사하기	• 사회 및 문화 현상 탐구 및 자료 수집 방법 파악하기 • 사회 및 문화 현상의 탐구에 필요한 자료 수집하기 • 자료 및 정보의 타당성과 신뢰성 검토하기 • 자료 및 정보를 분석하여 결론 도출하기 • 다양한 관점과 이론을 비판적으로 평가하기 • 사회 및 문화 현상 개선을 위한 합리적인 대안 마련하기	
가치 · 태도		• 문화 다양성을 존중하는 태도 • 상대주의 관점에서 문화를 이해하는 태도 • 사회 변화에 주체적으로 대응하는 태도	• 사회 및 문화 현상에 대한 자신과 타인의 관점 파악과 존중 • 인류 보편적 가치와 우리 사회의 기본 가치에 대한 존중 • 자신과 다른 입장을 가진 타인과 소통하려고 협력하려는 자세 • 논쟁 문제 해결을 위한 민주적인 절차에 대한 존중 • 다른 문화의 가치에 대한 존중과 문화 다양성 보존을 위한 노력 • 사회적 소수자에 대한 공감과 배려	

04 사회과 교육의 본질(유형)

다양한 사회과의 형태	⇨ 목표, 내용, 방법 중심으로 관찰 및 분석	사회과의 본질 파악, 유형화

I 사회과 교육의 본질에 대한 논의

01 사회과 교육의 본질을 둘러싼 논의의 전개

1. 사회과 교육의 본질에 대한 다양한 논의의 의의

(1) 사회과 교육의 역할 및 기능

사회과 교육의 본질에 대한 논의는 사회과 교육이 무엇을 하는 것이냐? 즉 사회과 교육의 역할 및 기능에 관한 것을 핵심으로 한다고 볼 수 있다.

(2) 일종의 이념이나 철학적 가치의 반영

사회과 교육이 무엇을 하는 것인지에 대한 부분은 일종의 이념 및 철학적 가치 등을 배경으로 한다.

(3) 시대적·공간적 맥락 속에서 등장

교육자치가 발달된 미국에서 사회과 교육은 다양한 형태로 전개되었다.

(4) 다양한 표현

사회과 본질이라는 표현 이외에도 사회과의 전통, 사회과 특성, 사회과 모형 등 다양한 표현으로 서술되기도 한다.

(5) 사회과 유형화

미국의 사회과 교육연구자들은 다양한 형태로 실천되는 사회과를 일정한 기준(목표, 내용, 방법 등)에 따라 유형화하기 위해 노력하였다. 이 유형 중 국내에 소개된 것 중 대표적인 것이 바아, 바스, 셔미스(Barr et al., 1977)의 분류, 넬슨(Nelson)과 마이클리스(Michaelis)의 분류, 마토렐라(Matorella)의 분류 등이다.

02 엥글(Engle)의 유형(1965)[32]

엥글은 사회과의 본질을 사회과학을 가르치는 사회과학인지, 아니면 시민교육인지 여부에 따라 사회과를 분류하였다.

사회과학으로서의 사회과		교육적 목적을 위해 사회과학을 단순화시킨 사회과
시민교육으로서의 사회과	통합형	학생들을 광범위한 사회문제에 직접 접근시켜 시민적 자질 형성
	교화형	가치와 태도 주입 강조
	의사결정형	사회적 쟁점과 관련된 가치를 판단하여 의사결정을 강조

1. 단순화된 사회과학으로서의 사회과(엥글의 평가)

(1) 시민들이 사회생활에서 직면하는 실제적인 문제가 무시되었다.

(2) 사회과학의 연구과정을 소홀히 다루었다.

(3) 사실과 법칙의 학습이 의사결정을 내리는 데 미치는 영향이 크지 않고 활용 정도도 낮다.

2. 시민교육으로서의 사회과

(1) **통합사회과**

통합되고 종합적인 사회과학으로 사회문제를 대처할 수 있는 지적인 시민육성을 강조하는 사회과이다.

(2) **교화주의 사회과**

훌륭한 시민양성을 위해 특정한 가치와 태도를 주입할 것을 강조하는 사회과이다.

(3) **의사결정을 중시하는 사회과**

가치 상대주의적 입장을 전제로 가치를 포함하는 사회적 쟁점들에 대한 결론을 내리는 과정을 합리화하는 것을 중시하는 입장이다. 즉 과학적 지식의 활용과 가치 탐구를 포함한 의사결정을 중시하는 입장으로 과정과 방법을 중시하는 사회과이다.

---

32) 권오정·김영석, 2006:83-86 참조

03 올리버(D. W. Oliver, 1977)의 분류[33]

1. 지혜로운 인간형성을 위한 접근법(인지적 측면 강조)

이 접근법은 이해와 지혜 형성에 도움을 주는 지식 전달을 통해 지적 발달을 목표로 한다. 이때 지식은 사회과학적 지식이라기보다는 사실적·상식적 지식을 말한다. 예컨대 경제학 개념이나 일반화가 아니라 경제사적 지식을 말한다.

2. 사회과학(원리)적 접근법(인지적 측면 강조)

이 접근법은 사회과학연구의 과정과 방법(관찰, 분석, 증명, 설명 등)을 통해 지적 발달을 목표로 한다.

3. 조화로운 인격형성을 위한 접근법(정의적 측면 강조)

이 접근법은 개인 간 경쟁보다는 조화로운 공동체 생활에 필요한 바람직한 태도 육성을 목표로 한다. 예컨대 박애, 협동, 관용, 정의, 민주적 태도 등과 같은 가치 및 태도를 가질 수 있는 방법을 가르친다.

4. 위대한 국가-사회상 정립을 위한 접근법(정의적 측면 강조)

이 접근법은 감정적인 자극을 제공할 수 있는 이야기, 영상 등을 통해 사회문제를 해결하는 데 필요한 애국심 및 충성심 등을 함양하는 것을 목표로 한다. 조화로운 인격 형성을 위한 접근법은 도덕성을 중시한다면, 이 접근법은 국가 및 사회를 위한 유용성을 강조하는 입장이다.

5. 시민적 행동발달을 위한 접근법

이 접근법은 사회의 문제를 해결하기 위한 참여를 통해 실천적인 시민 양성을 목표로 한다. 그래서 지역 문제 해결 활동과 같은 실천적 행동을 중시한다.

6. 법리적 접근법(인지 + 정의)

이 접근법에서는 논쟁문제를 활용하여 갈등이 일어나게 된 사실 관계를 객관적으로 탐구하고 분석하여 과학적인 지식을 획득하고, 동시에 갈등과 관련된 가치 관계를 파악하여 해결할 수 있는 사고 능력을 함양하고자 한다. 이 접근법에서 강조하는 사고 능력이 법학에서 가져온 '법리적 사고'이다. 보통 법학에서 말하는 'legal mind'를 말한다.

---

33) 권오정·김영석, 2006:77-91 내용 재구성

구분	목표	내용	방법	평가
지혜로운 인간 형성을 위한 접근법	사회질서 유지를 위한 지혜로운 인간 형성	문화유산적 지식	주입, 전달	효과적 교수 학습 가능, 지식 전이력 낮음, 사고력 발달에 부적합
사회과학 (원리)적 접근법	사회과학적 방법 습득	사회과학적 지식 (연구방법, 지식구조)	사회과학적 연구방법	인간 발달 및 가치교육 소홀
조화로운 인격 형성을 위한 접근법	학습자 개인의 인격발달을 위한 조화로운 인격 형성	사회생활문제	협동학습 중시	국가관, 사회관 교육에 소홀
위대한 국가-사회상 정립을 위한 접근법	위대한 국가관 및 민족관 형성	감성 자극 스토리 및 상징	교화, 주입, 훈화	비이성적 교육, 고정관념이나 편견 형성
시민적 행동발달을 위한 접근법	시민행동발달 (참여와 실천)	실천적인 내용	체험, 역할놀이	저학년에 유용함, 많은 시간 필요
법리적 접근법	의사결정능력	이슈, 쟁점, 판례	논쟁문제 수업, 사례학습	저학년에 적용하기 어려움, 내용 체계의 논리성 약함

04 울에버(Woolever)와 스콧(Scott)의 유형[34]

시대적 흐름을 전제로 무엇을 어떻게 가르치면 훌륭한 민주 시민이 될 것인가를 기준으로 제시하고 있다. 역사적인 전개과정으로 해석한다면 개인발달 과정을 반성적 탐구보다 앞에 둘 수 있다. 그 이유는 1890년대의 10인 위원회 등이 개인의 능력 발달을 중시하는 헤르바르트의 후예들이기 때문이다.

시민성 전달 사회과	문화유산 전달 중시
개인 발달로서의 사회과	개인의 잠재력과 자아실현 추구 중시
반성적 탐구로서의 사회과	반성적 사고와 같은 높은 수준의 지적 능력을 함양을 중시
사회과학 교육으로서의 사회과	반성적 탐구로서의 사회과는 사고력을 강조하였지만 주입식 교육의 한계를 벗어나지 못하였다고 비판을 함. 그리고 사회과학적 지식과 방법을 잘 아는 시민 양성을 중시함
합리적 의사결정과 사회적 행동 사회과	사회과학으로서의 사회과가 가치를 무시하였다는 비판을 함. 가치 측면과 실천을 고려한 합리적 의사결정능력을 지닌 시민 양성을 중시함

---

34) 정문성 외, 2008:13.

05 바아, 바스, 셔미스(Barr et al., 1977:67)의 분류[35)]

1. 의의

바아 등의 분류는 내용보다는 사회과의 목표를 중심으로 분류한 것으로 알려져 있다. 그런데 이들의 분류 방식도 단순히 목표에 따라 분류한 것으로 이해할 수는 없을 것 같다. 1970년 후반이라는 시점에서 사회과의 탄생부터 1970년대까지 각 유형들의 변화와 다양한 모습을 포함시키고 있다. 예컨대 반성적 탐구로서의 사회과의 목표를 보면 20세기 초에 존 듀이가 강조하였던 '반성적 사고'가 그 이상임을 알 수 있다.

2. 사회과 전통(Barr, Barth, Shermis, 1977 : 68, Defining the Social Studies, NCSS 재구성)[36)]

구분	시민성 전달로서의 사회과	사회과학으로서의 사회과 (Social Science)	반성적 탐구로서의 사회과 (Reflective Inquiry)
중심입장	• 교사 중심	• 내용 중심	• 학생, 방법 중심
관련 학자	• Wesley	• Benelson • Penton • Massialas	• Skeal　• Banks • Engels　• Ellis • Scott
훌륭한 시민	• 충성심을 가지고 사회의 기본 지식 및 가치를 내면화한 시민	• 꼬마 과학자(naive scientist), 즉 사회과학적 방법과 지식을 습득한 시민	• 사회생활에 필요한 능력을 지니고 문제해결에 참여할 수 시민
철학적 · 사회적 배경	• 항존주의(Hutchins) • 본질주의	• 과학적 실증주의 • 학문구조주의 　- Bruner, '교육의 과정' 생활 중심 교과운영에 대한 비판	• 실용주의(Dewey) • 사회문제의 심화 시기
대두시기	• 전통적 사회과 • 1940~1950년대 • 1980년대	• 1960년대	• 1920~1930년대 • 1970년대
목표	• 사회성원으로서 사회의 기본 지식과 가치를 습득하는 것	• 사회과학적 지식과 사고방식 습득	• 비판적·반성적 탐구 능력, 문제해결력 • 합리적 의사결정능력의 배양
내용	• 문화유산적 지식 • 사회의 기본지식과 가치	• 사회과학적 지식과 탐구방법	• 시사문제 현실적인 사회문제, 논쟁문제
방법	• 주입 및 전달 • 언어적 설득 • 강의	• 발견, 탐구학습 • 개념학습, 일반화 학습, 탐구 학습	• 가치분석, 가치명료화 • 지식 및 가치 획득과정 중시
비판	• 사고력을 발달시키는 측면에서 부적합 • 고정관념이나 편견 형성 위험 • 가치가 다원화된 사회에서 발생하는 문제 해결에 부적합. 예컨대 다문화사회에서 발생하는 갈등 문제해결능력 함양에 부적합	• 시민성 함양에 한계 • 가치중립성을 강조함으로써 합리적 의사결정능력을 향상시키기 위한 교육으로 한계를 가짐	• 사회의 기본지식과 가치교육을 소홀히 함 • 가치 상대주의 문제를 야기할 수 있음 • 과학적이고 체계적인 지식 습득이 어려움

---

35) 권오정·김영석, 2006:88.
36) '한관종(2009), 사회과 교과 교육론, 에듀메카 재인용'의 내용을 다시 수정하여 재구성

06 마토렐라(Martorella)의 분류[37]

마토렐라는 바아(Barr) 등이 제시한 3가지 모형에 넬슨과 마이클리스(Nelson & Michaelis) 등이 제시하고 있는 '(합리적)사회비판모형', '개인발달모형'을 포함하여 5가지 모형을 설명하고 있다.[38]

마토렐라의 분류		비고
시민성 전달모형	사회의 문화적 지식과 기본적 가치를 학생들에게 전달하는 것을 사회과 교육의 본질로 보는 입장	바아, 바스, 셔미스 (Barr, Barth, Shermis)
사회과학모형	각종 사회과학을 가르치는 것을 사회과 교육의 본질로 보는 입장	
반성적 탐구모형	생활에서 직면하는 문제를 해결하기 위하여 반성적 탐구력을 함양하는 것을 사회과 교육의 본질로 보는 입장	
사회비판모형	기존의 지식, 제도, 가치 등을 비판함으로써 새로운 대안을 제시하는 것을 사회과 교육의 본질로 보는 입장	넬슨과 마이클리스 (Nelson & Michaelis)
개인발달모형	개인의 발달과 자아실현을 도와주는 것을 사회과 교육의 본질로 보는 입장	

본 교재에서는 권오정·김영석(2006), 박상준(2006), 차경수(1996), 차경수·모경환(2008) 등의 내용을 참고하여 마토렐라의 분류에 따라 사회과 본질에 따른 논의를 살펴보고 정리해 보고자 한다.

Ⅱ 사회과의 5가지 모형[39]

01 시민성 전달(문화유산전달)모형 : 항존주의, 본질주의

1. 시민성 전달모형의 관점

(1) 사회과 교육의 역할 : 기능적 관점

시민성 전달모형은 사회에는 기본 가치가 있고, 그것을 옹호하여 유지하는 것은 교육의 중요한 기능이라고 본다. 시민으로서 갖추어야 할 자질이란 이미 사회적 합의를 얻고 있는 가치로 보고, 그것을 다음 세대에 전달하여 사회적 안정과 발전을 기대하려 하는 것이라고 강조한다. 이 모형은 동질성을 중시한다. 정치공동체가 이질적인 경우 그 정체성의 위기 등을 겪으며 정치공동체는 유지되기 어렵다는 입장이다. 그래서 가치 상대주의가 팽배해 가는 현대사회에서 기본적 가치의 전수야말로 공동체의 유지에 매우 중요하다고 본다. 그렇다면 사회과 교사와 학생은 어떤 역할과 태도를 가져야 할까? 사회과 교사는 사회에서 필수적이라고 여기는 기본적인 정보와 가치를 학생들이 확인하고, 인식하게 하는 데 중점을 두어야 한다. 또한 국가를 사랑하는 훌륭한 시민으로 성장하도록 지도해야 한다. 이런 지도를 받는 학생들은 사회를 지속시키는 데 필수적인 원칙과 가치를 인식하고 받아들여야 한다.

---

37) William B. Stanley, 2001:15, 사회과교육 연구 모임 역, 21세기 사회과교육 연구의 핵심 쟁점들, 교육과학사.
38) William B. Stanley, 2001:5, 87-95, 사회과 교육연구모임 역서에서 재인용
39) 차경수, 1996:20-21 내용 요약을 토대로 재구성

(2) **시민성** : 바람직한 시민(훌륭한 시민)

사회적 규범을 내면화하고, 이에 따라 행동하는 사람을 바람직한 시민으로 본다.

(3) **학생들에 대한 인식**

기본적으로 학생들을 미성숙한 존재로 본다. 그래서 스스로 생각하고 문제를 해결할 지식을 형성하고, 가치를 비판적으로 수용하는 것을 학생들에게 기대하기 어렵다고 본다. 따라서 학생들은 비판적으로 지식과 가치를 평가하여 내면화하기보다는 사회의 기본 지식과 가치를 수용하려는 태도를 가져야 한다고 본다.

(4) **학생들이 사회과 교육 상황에서 가져야 하는 가치 및 태도**

비록 사회 체제가 불완전하더라도 학생들은 인간에 의해 고안된 것 가운데 최고의 체제로서 우리 사회 체제를 지켜 낼 수 있는 도덕적 신념을 가져야 한다. 이를 위해서 학생들은 자신이 속한 사회의 신념, 태도 그리고 가치에 내재한 논리를 이해하고 수용해야 한다. 또한 학생들은 우리가 누리고 있는 자유와 권리의 토대를 제공해 주는 사회적 전통을 존중해야 한다.

2. 교육 목적 및 목표 : 사회적 기본 지식과 가치를 내면화한 시민

이 모형은 학생들이 문화 존속에 필요하다고 생각되는 바람직한 지식, 기능, 가치를 학습하여 미래의 훌륭한 시민으로 성장하는 것을 목표로 한다. 즉 사회의 기본지식과 가치(규범)를 내면화하고, 이에 따라 행동하는 사람을 바람직한 시민으로 본다. 따라서 시민성 전달모형의 교육적 목표는 사회의 기본지식과 가치를 습득하는 것이다. 관련되는 구체적 목표로 사회적 문화적 동질성 확보, 사회의 기본 가치에 순응하고 이를 따르는 시민양성 등이 있다.

3. 교육내용 : 사회의 기본 지식과 가치

시민성 전달모형에서 목표를 달성하기 위해서는 사회의 기본 지식과 가치를 학생들에게 전달해야 한다. 즉 이 모형은 우리 사회를 지탱시키는 데 필수적인 원칙과 가치관 우리 사회에서 계승되어야 할 내용으로 선정된다. 예컨대 사회의 기본 가치나 제도, 전통적 문화유산(민주주의와 자본주의 같은 기존의 가치와 신념 체계, 기존 사회제도, 사회규범, 의무와 책임 등), 조상의 위대한 문화적 유산과 헌법, 올바른 행위, 권위에 대한 존경심, 법에 복종하는 정신 등을 가르치게 된다. 또한 국가에 대한 애국심, 충성심과 같이 전통적으로 중시된 가치를 다루는 사회문제를 다룰 때에는 감성적인 이야기나 영상 등을 제공한다.

4. 교육방법 : 전달(주입 또는 교화), 전달방법(기술과 설득), 행동수정기술(가치, 태도 측면)

(1) 주요 내용

시민적 전달모형은 기본적 지식과 가치의 전수야말로 공동체의 유지에 매우 중요하다고 본다. 이 모형은 사회의 기본지식과 가치를 전달하는 것이 중요한 만큼 교사들은 주로 학생들을 언어로 설득하는 방법을 사용한다. 교사들은 학생들이 알아야 할 기본적인 의무와 책임, 사회제도, 사회적 전통, 사회의 기본 가치 등을 선정한다. 선정된 내용을 가지고 교사는 학생들에게 주입한다. 그래서 대표적인 방법은 주입, 교화, 행동수정기술 등이 사용된다.

(2) 수업 사례

① 교사는 선거교육을 할 때 민주주의 발전을 위한 투표의 중요성을 강조하고 참여를 독려한다.

② 김 교사는 우리 사회의 역사와 전통을 통해 축적되어 온 지식과 가치가 담긴 자료에서 수업 내용을 선정한다. 또한 학생들이 사회의 바람직한 규범을 내면화할 수 있도록 설명과 해석을 통해 기본적인 지식과 가치를 전달하고 있다.

5. 긍정적 평가 : 기능론적 관점, 국가·사회적 요구에 부응, 사회의 기본 지식과 가치

(1) 사회의 통합과 안정 유지

사회의 기본 지식과 가치 내면화를 통해 사회통합과 사회질서 유지 발전에 기여한다. 예컨대 다문화사회에서 발생하는 문제를 해결하기 위해 동화주의적 입장을 강조하게 된다.

(2) 가치상대주의 문제점 극복

현대 다원주의 사회가 직면한 가치상대주의의 문제점을 극복하는 데 기여할 수 있다. 예컨대 바람직한 가치가 아님에도 불구하고 학생은 그 가치가 자신의 가치라는 점을 내세워 정당성을 주장한다. 이런 주장들을 많은 학생들이 각자가 하게 되면 갈등이 커지고 급기야 용인할 수 없는 가치상대주의도 정당화되는 일이 발생하게 된다. 이때 사회의 기본가치의 내면화를 강조하는 시민성 전달모형은 학생들이 직면할 수 있는 가치 상대주의의 문제점을 극복하는 데 도움이 된다고 할 수 있다.

6. 비판적 평가

(1) 특정 지식과 가치의 강조로 인한 고정관념과 편견의 형성

사회의 기본지식과 가치는 절대적인 불변의 지식과 가치가 될 수 없다. 사회의 기본 지식과 가치도 맥락과 상황에 따라 변해야 하는 것이다. 이런 변화의 중심에는 사람이 있다. 그럼에도 특정 내용의 사회의 기본지식과 가치만을 고수함으로써 이를 배운 학생들은 사회에 대한 고정관념과 편견을 가질 위험이 있다. 따라서 학생들은 현대 다원주의 사회에서 발생하는 다양한 가치의 갈등이나 다문화사회로 인한 갈등의 문제 등을 해결할 수 있는 시민적 자질을 갖기 어렵다고 할 수 있다.

(2) 학습자의 흥미, 관심, 능력에 대한 무시

학습자의 흥미 및 관심 분야, 능력 등에 관심이 적다. 그리고 학생들을 미성숙한 존재로 본다. 그 결과 특정 내용을 일방적으로 전수한다. 학생들은 탐구와 비판적 사고를 통해 지식과 가치를 자신의 것으로 만드는 학습경험을 하기 어렵다. 그로 인해 실생활의 문제를 해결할 수 있는 능력 및 사고력 함양을 기대하기 어렵다.

(3) 교수-학습과정에서 탐구과정 경시

교수-학습과정에서 주입이 무시되고 학생들의 탐구과정은 무시된다. 또한 논쟁의 여지가 있는 내용을 다루지 않거나 왜곡한다. 즉 교실에서 사회적 쟁점을 제시하고 공론화하지 않는다. 그 결과 사회문제에 대한 해결과정이나 탐구를 하고, 문제를 해결하기 위해 참여하는 학생들의 태도 형성을 기대하기 어렵다.

02 사회과학모형 : 사회과학으로서의 사회과

1. 사회과학모형의 관점 : 과학적 실증주의

(1) 사회과학적 지식으로 사회문제 해결할 수 있다는 신념을 바탕으로 함

이 모형은 사회과학적 지식과 절차를 통하여 사회문제 해결을 위한 의사결정을 내려야 한다는 인식에서 비롯된 것이다. 또한 이 모형은 사회과학과 자연과학은 본질적으로 다르지 않다는 인식론적 관점에 기초하고 있다.

(2) 시민성

이 모형의 시민성은 '꼬마 사회과학자'로 상징된다. 이 말은 사회과학자와 같이 사회과학적 지식과 방법을 지니고 있는 시민을 바람직한 시민으로 본다. 그래서 이 모형은 사회과 교육을 통해 배양하고자 하는 성숙한 민주 시민의 자격은 주위 사회현상을 보편적인 법칙에 의하여 인과론적으로 설명할 수 있고, 그 법칙에 의하여 미래를 예측할 수 있는 능력에 있다고 주장한다.

(3) 사회과학적 지식 및 방법을 중시하는 모형

이 모형은 사회과학적 지식 획득과 탐구능력의 습득을 목적으로 사회과학적 개념이나 법칙 등을 중시하고 사회과학적 탐구방법을 습득하게 하는 형태의 사회과 모형이다.

(4) 사회과 교육의 역할 : 과정을 통해 만들어지는 지식 강조

사회과학모형은 어떤 학문에 대해 누군가를 가르친다는 것은 학문의 결과를 마음속에 새기도록 하는 문제가 아니라 지식의 형성을 가능하게 만드는 과정 속에 참여하도록 가르치는 것이라는 신념을 바탕으로 한다. 그래서 이 모형은 교과를 가르친다는 것은 그 교과에 대한 살아 있는 도서관을 만들려는 것이 아니라 학생들로 하여금 스스로 생각하고, 사회과학자가 하는 방식으로 문제를 고찰하고, 지식의 획득의 과정에 참여하도록 하기 위한 것이라고 본다. 즉 이 모형에 따르면 지식은 과정이지 결과가 아니다.

⑸ **객관성 중시 및 가치중립적인 태도**

사회과학모형의 주요 주체들은 실증주의 사회과학자들이다. 이들은 가치를 개인의 주관적인 심리나 선호로 인식해서 사회과학 탐구 대상에서 제외하는 경향이 있다. 따라서 사회과학모형에서는 표면적으로 가치중립적 태도를 취하거나 가치를 배제하는 경향을 띤다.

2. 교육 목적 및 목표 : 꼬마 사회과학자, 즉 사회과학적 지식과 방법을 지닌 시민

이 모형은 사회과 교육을 통해 배양하고자 하는 성숙한 민주 시민의 자격은 주위 사회현상을 어떤 보편적인 법칙에 의하여 인과론적으로 설명할 수 있고, 그 법칙에 의하여 미래를 예측할 수 있는 능력에 있다고 주장한다. 그래서 이 모형은 사회과를 구성하는 학문의 지식 구조 및 탐구 방법을 학습함으로써 과학적이고 합리적인 사고를 할 수 있고, 그것이 바람직한 시민적 자질 향상의 기초가 될 수 있다고 강조한다. 따라서 사회과학모형은 학생들이 사회과학의 탐구 방식과 학문 내용을 습득하여 바람직한 미래 시민으로 성장하는 것을 목표로 한다. 구체적인 목표로 사회현상에 대한 가치중립적 분석 능력 함양, 사회과학자들이 사용하는 분석적 사고 기술과 논리의 획득 등이 있다. 목표를 달성하기 위한 주요 내용은 사회과학적 지식 및 연구 방법이다.

3. 교육내용 : 사회과학적 지식 및 연구 방법의 습득

⑴ **사회과학적 지식**

대표적인 사회과학적 지식이 '지식의 구조'이다. '지식의 구조'의 주요 내용은 사실, 개념, 일반화이다. 지식의 구조사회과학자가 실제로 연구하는 문제와 관심사이다.

⑵ **사회과학적 연구 방법**

사회과학적 연구 방법의 주요 내용은 도구와 탐구과정이다. 그래서 정확한 분석 도구와 절차 및 체계적인 탐구과정을 제시한다.

⑶ **사회과학적 문제**

이 모형은 사회과학적 문제를 다룸으로써 사회과학적 지식과 방법을 효과적으로 탐구할 수 있다.

⑷ **교육과정 조직 원리 및 형태 : 학제적 성격, 나선형 조직원리, 학문중심 교육과정**

내용을 조직할 때 다학문적이거나 학제적으로 조직할 수 있다. 특히 학제적 성격을 가지는 경우가 많다. 자세한 내용은 교육과정의 조직 원리에 있는 통합성의 원리에서 살펴보도록 한다. 또한 관련되는 조직 원리로는 '나선형 원리', 교육과정 조직 형태로는 '학문중심 교육과정'이 있다. 예컨대 학문중심 교육과정 중 사회과학중심 교육과정으로 알려진 'MACOS'가 국내에 소개되었다.

4. 교육방법 : 탐구 및 발견 수업

⑴ 교육방법의 방향

이 모형에 따르면 여러 사회과학 분야에서 제기된 문제를 깊이 있게 탐구해 본 학생은 사회현상을 더 객관적으로 분석하고 예측할 수 있다. 이 모형에 따르면 교사가 교과를 가르친다는 것은 그 교과에 대한 살아 있는 도서관을 만들려는 것이 아니라 학생들로 하여금 스스로 생각하고, 사회과학자가 하는 방식으로 문제를 고찰하고, 지식의 획득 과정에 참여하도록 하기 위한 것이다. 이 모형에 따르면 사회과에서는 제반 사회과학의 핵심 개념과 원리 등으로 이루어진 지식의 구조와 지식이 생성되는 과정을 가르쳐야 한다. 또한 객관적 증거와 과학적 절차에 의하여 사회현상을 파악할 수 있도록 가르쳐야 한다. 예컨대 실증적 연구 방법에 따라 유권자 연령대와 투표율의 관계를 조사하는 것이다.

⑵ 발견 및 탐구 수업

이 모형은 발견 및 탐구 수업을 강조한다. 지식의 구조를 발견해 나가는 과정, 문제 해결 방안 및 기존의 지식과 사실을 검증해 나가는 탐구과정을 의미한다. 예컨대 개념학습모형, 일반화 학습모형, 탐구수업 모형 등이 있다.

⑶ 사례 《2009 기출

A교사는 "문화에 대한 진정한 학습은 인류학자가 하는 활동을 경험해 봄으로써 가능하다"라는 신념을 가지고 있다. 학생들은 그런 A교사의 수업 계획에 따라 새로운 체험을 하게 되었다. 학생들은 고령자와 생활 습관 사이의 관계를 연구 주제로 선정한 후 조사 대상 지역으로 이동하여 고령자 현황을 조사하였다. 그리고 고령자들의 일상생활을 노동과 여가 활동 및 식생활 중심으로 관찰하였으며, 면접을 통해 지역 주민 및 자녀와의 관계에 대한 자료도 수집하였다. 학생들은 수집된 자료를 분석하고 보고서를 작성하는 과정을 통해 고령자에 대한 이해의 기초를 마련하였으며, 이를 통해 노인 문화에 대해 다시 생각해 볼 수 있게 되었다.

5. 긍정적 평가

⑴ 사회과학적으로 문제를 해결할 수 있는 능력 함양에 기여

이 모형에 따르면 학생들은 사회현상을 객관적으로 분석하고 예측할 수 있는 능력을 가질 수 있다. 즉 학생들은 어떤 보편적인 법칙에 의하여 인과론적으로 사회현상을 설명할 수 있고, 그 법칙에 의하여 미래를 예측할 수 있는 능력을 가질 수 있다. 또한 객관적이고 중립적인 문제해결능력을 함양할 수 있다.

⑵ 탐구과정을 통해 체계적인 지식을 습득하는 데 기여

학생들은 발견 및 탐구 과정을 통해 탐구력을 향상시키고, 체계적인 지식을 형성할 수 있다. 이렇게 학생들이 사회과학적 지식과 사고 방법을 습득하면 사물을 잘 이해하여 문제를 깊이 있게 파악할 수 있고 신중한 추론을 통해 논리 정연한 결론을 내릴 수 있다고 주장한다.

6. 비판적 평가 : 가치중립 태도 측면, 사회과학적 문제 해결방식 측면

⑴ **가치중립적인 태도로 인해 사회의 기본 가치나 바람직한 가치교육 부실**

실증적인 태도를 강조함으로써 가치중립적이거나 가치를 배제하는 경향이 있다. 그 결과 가치교육을 소홀히 다룬다.

⑵ **사회과학적 문제해결 방식 측면 : 문제해결 및 의사결정력 함양에 미흡**

① 사회과학적 지식과 일상의 괴리

사회과학의 문제해결방식이 구체적이고 실제적인 현실의 문제를 해결하는 데 유효하지 않다. 사회과학적 지식만으로 일상에서 접하는 모든 문제를 설명하는 것이 어렵거나 설명할 수 없는 경우가 많다. 예컨대 경제학적 이론만으로 사람들의 경제적 행위와 그 심리를 설명할 수 없다. 또한 사회과학적 지식이 어려워 이것을 소화하지 못한 학생들이 사회현상을 설명하지 못할 수도 있다. 일상생활의 문제나 의사결정은 구체적인 사회생활의 모든 양상이 다 고려된 종합적인 것이다. 그러므로 구체적인 사회문제는 분석적·종합적·합리적이기보다는 직관적이다.

② 가치 및 실천에 있어 소극적 태도

사회과학모형의 본류를 실증주의에 근거를 둔 사회과학자라는 점을 감안할 경우 사회과학자들은 사회문제에 대해 객관적으로 설명을 하려고 할 뿐 가치에 근거를 둔 변화 및 개혁을 주장하지 않는다. 그래서 사회문제를 대할 때에도 그 사회문제 속에 뛰어들어 해결하는 것에 소극적인 태도를 가진다. 이런 사회과학모형 본류의 입장을 고려한다면 바람직한 가치를 근거로 사회문제를 해결하기 위해 참여하는 학생들의 실천적 태도를 기대하기 어렵다.

③ 사회문제를 해결할 수 있는 의사결정능력 및 참여적 태도 함양에는 미흡

사회과는 사회과학자를 양성하는 것이 아니라 사실과 가치 탐구를 통해 사회문제를 적극적으로 해결하고자 하는 민주시민을 양성하는 것을 중시한다. 사회문제는 그 자체가 종합적인 것이고 사실 측면과 가치 측면 모두를 내포하고 있다. 따라서 사실 분석 및 입증을 통해 형성된 과학적 지식만으로 사회문제를 해결하기 위해 바람직한 의사결정을 내리기 어렵다. 바람직한 의사결정을 위해 바람직한 가치의 모색은 필수적인 요소이기 때문이다. 또한 실증적 관점을 지닌 사회과학자라는 모델은 학생들이 사회문제를 해결하기 위해 적극적으로 참여하는 태도를 함양하는 데 기여하기 어렵다.

03 반성적 탐구로서의 사회과

1. 반성적 탐구모형의 관점 : 진보주의적 관점

(1) 시민성

이 모형은 합리적이고 숙고된 의사결정을 내리는 것이 시민성의 가장 중요한 요소로 본다.

(2) 사회과 교육의 역할

사회과 교육자들이 학생들에게, 사회문제에 직면하고 사회변화에 대한 접근 방식을 고안하도록 요구하는 것은 적절하다. 그러나 그들에게 새로운 사회질서를 만들기 위해 제안하는 해결책들을 받아들이라고 교화하는 것은 사회과 교육의 임무가 아니다. 일방적인 교화는 민주주의 사회에서 유능한 시민이 되기 위해 학생들이 필요로 하는 능력을 훼손시킬 것이다. 물론, 사회과 교육이 사회적 진공 상태에서 존재하는 것은 아니다. 우리 모두는 이전 세대에 의해 정의된 핵심 가치들이 이미 존재하는 세상에 살고 있다. 그러나 사회과 교육자들은 다음 세대들이 우리의 가치를 수용하기를 희망한다 할지라도, 다음 세대가 자신의 가치 체계를 스스로 주창하도록 돕는 것에서 그 임무를 찾아야 한다. 우리가 학생들로 하여금 스스로 가치를 비판적으로 검토하고 선택하도록 하지 않는다면, 사회과 교육은 독단적인 문화전달의 형식에서 벗어나기 어렵게 된다.

(3) 학습자의 태도

이 모형에서는 학생들이 자신의 신념을 끊임없이 탐색하고, 결정을 하기 위해 애쓰고, 반성적 판단에 근거해서 자신의 결정을 바꿀 수 있는 용기를 지녀야 할 것을 강조한다. 또한 심사숙고를 통해서 의사결정을 내리는 경험을 해 본 학생이 논리적으로 뛰어난 능력을 갖게 될 뿐만 아니라 독립적 사고와 행동을 지니게 되며, 개인적 문제와 사회적 문제에 대해 책임 있는 해답을 제시할 수 있다고 본다.

(4) 반성적 탐구 중시

지식과 가치 모두 반성적 탐구를 통해서 획득되어져야 한다는 인식에서 비롯된 것이다. 따라서 합리적인 문제해결능력이나 의사결정능력 배양을 목적으로 다양한 사회문제를 반성적으로 검토하고 대안을 탐구하는 활동을 중시하는 모형이다.

2. 교육목표 : 합리적인 의사결정능력 및 문제해결능력을 지닌 시민

이 모형은 합리적이고 숙고된 의사결정을 내리는 것이 시민성의 가장 중요한 요소로 본다. 학생들이 실생활에서 직면하는 문제를 해결하기 위해 스스로 자신의 가치체계를 결정하고 명료화할 수 있도록 가르치는 것을 목표로 한다. 구체적으로는 합리적 의사결정능력 함양, 다원적 사회에서의 가치갈등 해결 능력 함양 등과 같은 것이 있다.

3. 교육내용 : 일상 주제 및 쟁점에 대한 해결 경험

(1) 학생의 흥미와 관심을 전제로 한 주제나 쟁점

이 모형에 따르면 사회과의 교육내용은 학생의 필요와 흥미를 바탕으로 조직한다. 그리고 학습내용은 학생들의 합리적인 의사결정력 향상과 관련된 주제나 쟁점으로 구성된다. 구체적으로 보면 학생들이 개인적 문제에 관한 의사결정 기능을 단련하도록 도와주는 내용, 학생들의 필요와 흥미를 반영한 문제 등이다.

(2) 사회문제

아동의 흥미와 관심을 고려하여 선정된 문제이다. 이 문제들은 사실과 가치를 포함하고 있는 문제이다. 또한 이 모형은 다원주의 사회의 시민들은 다양한 형태의 개인·사회문제를 대하기 때문에, 사회과 수업 내용은 일상생활에서 겪는 문제들로 구성되어야 한다는 입장이다.

(3) 교육과정 조직

이 관점은 통합성 원리를 중시한다. 관련되는 교육과정 조직형태로 경험중심 교육과정이 있다.

4. 교육방법 : 반성적 탐구 학습, 토론수업, 체험학습

(1) 주요 내용 : 지식탐구와 가치갈등의 해결

이 모형은 학생들의 논리적인 능력은 갈등해결을 위한 의사결정 과정에 대해 심사숙고할 때 향상될 수 있다고 본다. 또한 선택을 해야 하는 가치갈등 상황에서 학습자 자신의 가치 체계를 명료화하는 것이 시민교육의 핵심적 요소로 본다. 그래서 심사숙고 및 반성적 판단을 가능하게 하는 수업 방법을 강조하였다. 이를 위해 실제 경험을 포함하는 수업방법을 강조하였다. 예컨대 투표율 제고를 위한 '의무 투표제' 도입에 대해 찬반 토론을 실시한다. 또한 사회적 쟁점을 제시하고 공론화한다. 이 모형에 따르면 가치갈등 해결 과정에서 사회의 기본 가치를 전제하는 것에 반대한다. 종종 사회의 기본 가치라고 불리는 것도 알고 보면 특정 계층을 대변하는 부분적인 가치일 경우가 많기 때문에 사회의 기본 가치 그 자체도 비판과 대안 모색의 대상이 되어야 한다는 입장이다.

(2) 주요 방법

문제해결학습과 존 듀이의 영향을 받은 마시알라스의 탐구수업이 있다. 가치교육으로는 가치명료화 모형이나 가치분석모형이 있다. 종합모형으로는 법리모형이나 의사결정 학습모형이 있다. 그리고 수업기법으로는 토론 수업이 많이 활용된다.

(3) 수업 사례

박 교사는 학생들이 개인적으로 의미 있고, 사회적으로 중요한 문제를 스스로 찾아내도록 한 후에 이를 수업 내용에 반영하고 있다. 그리고 학생들이 문제의 해결책을 개인적·집단적 의사결정 과정을 통해 찾을 수 있도록 토론을 활용하고 있다.

5. 긍정적 평가

⑴ 학생들의 흥미, 관심 등을 반영하여 학습동기 향상에 기여

이 모형은 학생들의 흥미 및 관심을 반영하여 교육과정을 운영함으로써 학습동기를 높이고 학습에 대한 참여를 높일 수 있다.

⑵ 학생들의 사고력 및 탐구능력 향상

이 모형은 사회문제를 탐구하고, 기존의 지식이나 가치에 대해 반성적 탐구함으로써 사회문제를 해결하는 경험을 중시한다. 이 경험의 과정에서 학생들은 반성적 사고 및 합리적 의사결정능력을 함양할 수 있다.

⑶ 현대 민주주의 사회의 다양한 갈등 문제를 해결할 수 있는 시민적 자질 함양

이 모형은 사회적 쟁점을 제시하고 공론화하는 것에 반대하지 않는다. 이 모형은 사회적 쟁점을 다루면서 사회의 기본 지식과 가치에 대해 반성적으로 탐구하고, 갈등 문제를 해결할 수 있는 자질 향상을 도모한다. 이런 자질은 다원화된 현대 민주주의 사회에서 발생하는 다양한 갈등을 해결하는 데 요구되는 시민성에 부합한다. 예컨대 이 모형에 속하는 논쟁문제 수업은 다원주의적 가치가 갈등하는 논쟁문제를 해결하기 위한 지적능력 및 참여하여 문제를 해결하는 태도를 함양하고자 하는 것이다. 이런 점에서 반성적 탐구모형은 다원주의적 사회에서 요구되는 문제해결 및 의사결정능력 등과 같은 시민적 자질을 함양하는 데 기여한다.

6. 비판적 평가

⑴ 사회의 기본지식과 가치, 사회과학의 체계적 지식 교육을 소홀히 함

이 모형은 사회의 기본 지식과 가치를 따로 전수하지 않고, 오히려 문제를 해결하는 가운데 반성적 검토의 대상으로 삼는다. 또한 문제 해결 과정에서 사회과학의 체계적 지식을 생성하는 과정보다 반성적 탐구를 통해 실제 맥락적이고 경험적인 지식을 중시한다. 즉 이 모형은 지식의 생성보다는 지식을 응용, 종합, 변형시키는 활동을 중시한다는 점에서 체계적인 과학적 지식을 습득하는 데 한계가 있다고 할 수 있다.

⑵ 가치 상대주의 문제 야기 가능성

이 모형에 따르면 가치 상대주의의 문제가 발생 할 수 있다. 그 결과 우리 사회가 합의한 가치의 계승을 불가능하게 한다. 사회의 기본지식과 가치에 대해 반성적 탐구를 한 후 지식과 가치를 학생 스스로 판단하여 수용하기 때문이다.

(3) 수업 계획 및 실천의 어려움

반성적 탐구모형은 내용의 실체보다는 방법에 치중하기 때문에 근본적으로 사회과학의 학문 체계에 대한 기초적인 학습이 약화될 우려가 있고, 실제로 수업현장에서 활용되기에는 다소 모호하다는 비판을 받는다.[40] 즉, 반성적 탐구모형은 경험, 활동 등을 중시하기 때문에 교과서 및 자료 중심의 수업 구성을 하는 것보다 훨씬 더 어렵다고 할 수 있다. 교사에게 교과서 중심의 지식전달 수업보다 더 많은 고민과 노력을 해야 하기 때문이다.

04 사회비판모형

1. 사회비판모형의 관점 : 진보주의, 비판교육학, 사회재건주의 등

(1) 시민성

이 모형은 사회과 교육은 민족, 성, 계층 등 다양한 영역에서 사회 개혁을 통해 정의를 실현하는 시민 양성에 목적을 둔다고 보는 입장이다. 즉 이 모형은 사회에 대한 비판적 사고와 대안 제시 능력을 시민성으로 보는 인식에서 비롯된 것이다. 따라서 이 모형은 정의와 평등의 문제를 다루어 사회 비판 의식 함양을 지향하는 사회과라고 할 수 있다.

(2) 인식 측면

이 모형은 정의와 평등의 문제에 주목하면서 문화적 다양성에 대해 '해방적 관용(liberating tolerance)'의 시각을 취한다. 또한 학생 개인의 특수성이나 소수자 집단의 정체성을 공적 영역의 문제로 간주한다. 그리고 이 문제를 정의와 평등의 시각에서 어떻게 해결할 것인지에 대해 주목한다.

2. 교육 목적 및 목표 : 사려 깊은 비평가

사회과 교육은 민족, 성, 계층 등 다양한 영역에서 사회 개혁을 통해 정의를 실현하는 시민 양성에 목적을 둔다. 학생들이 사회의 다양한 영역에서 정의와 평등을 실현하기 위해 어떠한 노력을 할 수 있는지를 깨닫고 실천하는 것을 목표로 한다(차경수·모경환, 2008).

3. 교육내용 : 정의와 불평등 문제를 주로 다룸

(1) 차별적 쟁점과 그 해결 방안으로 구성

이 모형의 경우 사회적 소수자, 정의, 불평등, 소외 등과 관련된 사회적 쟁점을 주요 내용으로 한다. 조금 더 구체적으로 말하면 학습내용은 각종 차별 사례를 제시하고 그 해결 방안을 모색하는 내용으로 구성된다. 예컨대 투표권이 없어 차별 받는 소수자 사례를 제시하고 그 문제점과 해결책을 탐색하는 경우이다.

---

40) 차경수·모경환, 2007:41.

⑵ **구체적 내용**

① **차별 사례 제시**

학습내용은 각종 차별 사례를 제시하고 그 해결 방안을 모색하는 내용으로 구성된다.

② **기존의 지식과 가치 등에 대한 비판**

전통, 현재의 이론과 실천, 제도, 문제해결 방식, 사고방식 등에 대한 비판과 대안 제시, 사회적 변화를 꾀하기 위해 기존 지식에 대한 비판적 내용

4. 교육방법

⑴ **토론 등을 활용하고 실천적 행위를 강조하는 수업**

이 모형은 비판 의식 함양을 위해 토의·토론 및 실천적 행위를 강조하는 교수-학습방법을 주로 활용한다.

⑵ **비판적 사고와 사회적 행동과 관련된 방법**

반성적 사고, 대화식 방법, 사회문화적 비판, 맥락적 분석 및 해체, 문제해결, 비판적 사고 그리고 사회적 행동 등의 방법을 사용한다.

⑶ **수업 사례 1**

교사는 사회 교과서에서 성차별적 내용을 찾아내었다. 성차별 점수표를 활용하여 학생들과 함께 교과서 저자들의 성차별 점수를 산출하였다. 성교과서 저자들의 성별에 따라서 성차별 태도 점수가 달랐다. 성차별 태도 점수가 높은 저자들이 만든 사회 교과서에 성차별적 내용이 상대적으로 더 많았다. 그리고 성차별적 내용이 많은 교과서와 학생들의 성차별 태도 점수의 관계를 조사해 보았다. 성차별적 내용이 상대적으로 많이 담긴 교과서로 배운 학생들의 성차별 태도점수가 더 높았다. 그리고 교사는 수업 시간에 교과서의 성차별적 내용이 갖는 문제점을 학생과 함께 토론하면서 교과서 저자들의 관점을 비판하였다. 교사는 우리 사회에 존재하는 성차별 관행을 살펴본 후 성 평등한 사회를 위한 실천 방법을 논의하였다.

⑷ **수업 사례 2**

박 교사는 청소년 일탈의 원인과 대책에 대해 학생들의 일상생활에 친숙한 사례를 들어 수업하기로 하였다. 박 교사는 일탈의 원인을 개인에서 찾기보다는 일탈 자체가 사회적으로 구성되고 사회 불평등에서 비롯된다는 측면을 이해할 수 있도록 하였다. 그래서 그의 교수-학습자료는 청소년의 일탈문제가 사회구조적 문제임을 설명하는 것이었다. 박 교사는 "1. 폭주족 사례를 통해 청소년 인권이 왜 그리고 어떻게 침해되고 있는지를 토론해 보자. 2. 청소년들의 인권 침해를 방지하기 위한 개선 방안을 정리하여 발표해 보자. 3. 폭주족 사례 이외에 사회구조의 불평등에서 비롯된 일탈 사례를 조사해 보자"와 같은 학습 활동과 과제를 제시하였다.

5. 긍정적 평가

(1) 비판적 사고 향상 및 실천적 행동을 위한 태도 함양

사회의 불평등 문제, 부정의한 문제 등을 탐구하면서, 이 문제들을 야기하는 사회의 고정관념과 편견, 관습, 이론 등에 대해 비판적으로 다루어본다. 그리고 이런 문제들을 해결하기 위해 어떤 대안을 가지고 실천을 해야 하는지를 경험할 수 있다.

(2) 학생 개인의 특수성이나 소수자 집단의 정체성과 관련되는 문제를 공적 문제로 인식

이주민 출신의 학생이 일상에서 겪게 되는 경험, 여성이라는 이유로 가정이나 사회에서 겪게 되는 경험, 아르바이트를 하면서 겪게 되는 차별과 멸시의 경험 등이 단순히 개인이 가진 특수성의 문제가 아니라 사회적 맥락에서 제도와 관습 등이 만들어 내는 것이라는 점을 깨닫게 된다. 그래서 학생 개인의 특수성 이나 소수자 집단의 정체성 문제는 단순히 개인 영역의 문제가 아니라 공적인 영역에서 해결해야 되는 문제임을 인식하게 된다.

6. 비판적 평가

(1) 사회의 기본 지식과 가치 전수에 소홀히 함

이 모형의 학습의 주 내용은 사회적 차별 및 부정의 등과 관련된 쟁점이다. 이 쟁점들 중에는 사회의 기본지식과 가치로 인한 차별과 부정의 등이 포함되어 있는 경우가 있다. 이 경우 사회의 기본 지식과 가치는 비판의 대상이며, 극복의 대상이 된다. 그 결과 사회의 기본 지식과 가치 전수에 소홀하게 된다.

(2) 체계적인 사회과학적 지식 교육 부실 우려가 있음

탐구를 통한 해결책은 가치가 결부되어 있고, 반드시 사회과학적 지식으로만 만들어진 것이라고 할 수 없다. 그 결과 체계적인 사회과학적 지식교육이 부실해질 우려가 있다고 할 수 있다.

05 개인발달모형

1. 개인발달모형의 관점

(1) 진보주의 · 인본주의 관점

(2) 인식 측면

이 모형은 개인의 자아실현을 통해 개인 발달을 추구하는 것이 사회과의 본질로 본다.

2. 교육목표 : 자아실현

이 모형은 개인의 잠재능력의 최대한 발달을 추구하는 사회과의 본질로 보고, 긍정적 자아개념과 자아 발달 및 성취, 자아실현, 생활능력의 함양을 주된 목표로 삼는다.

3. 교육 내용 및 방법 : 개인에 적합한 내용과 방법

(1) 학습내용은 학생들의 소질과 흥미 및 관심을 중심으로 구성된다.

(2) 학생의 필요와 흥미를 바탕으로 조직되어야 한다.

(3) 학생의 발달에 적합한 다양한 방법을 활용한다(비정형적 방법).

4. 평가

학생의 흥미, 관심, 요구에 따른 학생중심의 교육과정이 구성될 수 있으나, 사회성 발달을 저해한다는 비판을 받는다.

III 사회과 모형에 대한 정리

01 시민성 전달모형과 사회과학모형 비교

1. 비교 정리

구분	시민성 전달모형	사회과학모형
지식의 성격	사회의 기본지식 및 가치	사회과학적 지식
가치교육 태도	적극적 / 배타적 편파형	배타적, 중립적 / 배타적 중립형
교수 학습방법 측면	주입 및 설득	탐구
수업의 논리적 전개	연역적	귀납적

2. 두 모형의 관계

현재 시점에서 지식과 관련해서 두 모형 간의 비교는 크게 의미가 없는 상황이다. 현재 주요한 차이점은 방법 측면과 가치교육과 관련되는 부분이다.

02 반성적 탐구모형, 사회비판모형, 개인발달모형의 관련성

반성적 탐구, 사회비판, 개인발달 모형 간 유사점이 발견되는 이유는 이들에게 영향을 미친 교육철학 사조가 진보주의라는 점이 상당 부분 기인한다. 진보주의 교육사조는 사회진보를 위한 사회문제의 해결을 강조하며, 아동 중심의 학습관을 견지하는데, 전자가 주로 사회비판모형과 관련되고, 후자가 주로 개인발달모형과 관련되고, 양자 모두가 반성적 탐구모형과 관련되는 것으로 볼 수 있다.[41] 반성적 탐구모형은 한편으로는 민주주의 사회를 살아가는 시민에게는 기존의 전통과 문화유산을 비판적으로 수용하고 사회문제에 대해 비판적인 시각을 견지할 수 있는 능력을 요구하기 때문에 사회비판모형과 상당 부분 관련되고, 학생들의 흥미와 관심으로부터 시작되고 이들이 직면하는 문제를 스스로 해결하는 것을 포함하기 때문에 학생 개인의 발달을 도모하는 측면도 있다.[42]

03 바아 등의 3가지 모형의 교수-학습 내용 및 방법 비교

항목＼전통	시민성 전달	사회탐구	반성적 탐구
기본 가치 전수 정도	강함	약함	약함
가치 분석/탐구 정도	약함	약함	강함
학습에서의 탐구 비중	낮음	높음	높음

04 어떤 사회과 전통이 가장 바람직한지에 대한 논의

바아 등의 3가지 전통 또는 마토렐라의 5가지 전통 중 어느 것이 가장 바람직한지에 대한 질문은 과연 적절할까? 결론부터 내리면 바람직하지 않다. 상황과 맥락에 따라 각 전통들이 학생들과 사회에 기여할 수 있는 역할이 다르다. 그 말은 어떤 전통도 완벽한 사회과 교육을 실천할 수 없다고 할 것이다. 결국 각 전통은 이념형에 해당하는 것이고, 현실적으로 대부분의 교사들은 전통 중 2개 이상의 유형에 대한 입장을 취하고 있을 가능성이 높다. 사회과 교육은 지식, 기능, 가치 및 태도, 시민행동이라는 다양한 목표를 추구하고 있다. 이 목표를 달성하기 위해서는 어떤 하나의 전통을 취하는 것만으로 달성할 수 없다. 사회과의 본질은 훌륭한 시민성의 함양이다. 하지만 시민성의 함양이라는 내용을 채우고 만드는 길은 시대와 맥락에 따라 다르고, 다양한 목표를 통해 채워진다는 사실을 기억해야 할 것이다.

---

41) 강대현, 2014:11.
42) 성경희·조희진, 2012:127.

05 사회과 교육의 구조

사회과 역사와 그 본질에 대한 검토 그리고 타일러의 교육과정 이론을 포함하여 사회과 교육의 구조를
정리해 보면 다음과 같다.

구분		내용
사회과 목표: 시민성 문제해결을 강조하는 교과		• **형식**: 시민성(민주 시민성) • **실질**: 사회과 전통 목표 (애국시민, 반성적 사고, 꼬마 사회과학자, 합리적 의사결정능력 등) － 국가적·사회적·철학적 배경에 따라 강조되는 내용이 변함 ⇨ 현재는 구성주의 흐름에 자기주도적 학습과 평가 강조
교육내용 ⇨ 내용조직		• **scope(수평적, 통합성)**: 사회기능중심, 사회문제중심, 사회과학 개념중심 • **sequence(수직성)**: 흥미중심, 경험영역(환경)확대, 나선형(계속성, 계열성) • **학문적 통합**: 다학문적, 학제적(간학문적), 탈학문적 • **교육적 통합**: 개념, 주제, 문제, 이슈 중심, 스트랜드 • **교육과정**: 교과중심, 경험중심, 학문중심 • **우리나라 교육과정 구성원리**: 환경확대법, 나선형원리, 통합성, 지역화
교수-학습 방법	교사의 전문성	교육과정과의 관계, 교수법적 내용지식(PCK)
	교수-학습 도구	교과서 및 각종 자료
	교수-학습 계획	학습지도안
	수업모형 및 수업기법	• **지식의 위계 구조**: 사실, 개념, 일반화 학습모형 • **가치교육**: 가치명료화, 가치분석, 가치추론모형 • **종합모형**: 논쟁문제, 의사결정, 협동학습모형 • **학습기법**: 발문, 역할놀이, 시뮬레이션, 토의
평가		• **교육과정의 평가**: 목표, 교수-학습활동, 평가 • **평가의 일관성 및 다양성, 과정평가 강조** • **평가방식**: 양적 평가 + 질적 평가 • **수행평가**: 서술형 및 논술형 검사, 구술시험, 토론법, 실기시험, 실험·실습법, 면접법, 관찰법, 연구보고서법, 자기평가 및 동료평가 보고서법, 포트폴리오법
사회과 교육의 과제		• 양성평등교육 • 다문화교육, 세계시민교육 • 폐쇄적 영역 극복과 새로운 문제에 대응

예비사회과교사를 위한

일반사회교육론

Chapter 01   사회과 목표의 의미 및 역사
Chapter 02   우리나라 사회과 교육의 목표

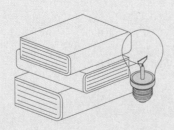

법학

정치학

경제학 기본원리

일반사회교육론

Part

02

사회과 교육의
목표

1. 사회과 목표로서 시민성 함양

사회과는 시민성 함양이라는 대원칙이자 기본적인 방향을 목표로 설정하고 있다. 시민성이라는 말은 매우 추상적인 말이다. 이 추상적인 말을 어떻게 구체화시켜 사회과 교육을 실천할 것이냐가 문제가 된다. 이 문제를 해결하기 위한 방향은 크게 2가지로 나누어진다. 첫째, 시민성의 핵심적 본질은 무엇인가?, 둘째, 시민성을 함양하기 위해 사회과 목표를 어떻게 세분화할 것이냐? 하는 것이다.

2. 민주 시민성의 핵심적 본질 : 반성적 사고 ⇨ 포괄적 의미의 문제해결능력

우선 민주 시민성의 핵심적 본질이 무엇이냐에 크게 영향을 끼친 것은 존 듀이(John Dewey)의 반성적 사고(reflective thinking)이다. 이 사고는 현재의 지식이 가진 한계를 극복하여 실제로 발생하는 사회문제를 해결하기 위해 필요한 사고라고 할 수 있다. 이와 같은 존 듀이의 주장은 '문제해결능력'이라는 것으로 민주 시민성을 설명할 수 있게 되었다. 존 듀이의 이후 학자들은 그렇다면 문제해결능력이란 구체적으로 무엇이라고 제시하기 시작하였고 그런 결과로 탐구력, 창의력, 의사결정력, 비판적 사고력, 메타인지 등과 고차사고력 등으로 발전해 온 것이다.

3. 사회과 목표의 행동적 표현 및 세분화 : 블룸의 목표 분류, 뱅크스의 목표 분류

다음으로 민주 시민성을 함양하기 위해 사회과 목표를 세분화하는 것이다. 수많은 학자들은 사회과의 목표로서 인지, 정서, 행동, 가치 및 태도 측면에서 다양한 견해를 제시하면서 목표 수준을 세분화하고 구체적으로 제시하려는 노력들을 하였다. 대표적인 학자가 블룸(Bloom), 타바(Taba) 등이다. 이들은 인지, 정서적인 측면 등에서 목표의 수준을 세분화하고 구체적으로 제시하기 위한 노력을 하였다. 민주 시민은 다양한 지식이 필요하고 지식을 활용하여 문제를 해결하는 데 필요한 다양한 기능이 필요하다. 이런 기능들을 직접 활용하여 문제를 해결하는 바람직한 가치와 태도가 필요하고, 이런 가치와 태도에 바탕을 둔 시민행동이 필요하다. 이런 점을 감안하여 뱅크스(Banks)는 사회과의 목표 영역을 지식, 기능, 가치 및 태도, 시민행동으로 나누었다. 이렇게 사회과의 목표를 범주화하고 각 영역에 해당하는 내용을 제시한 학자는 뱅크스이다. 뱅크스의 목표 분류 방법은 우리나라 사회과에도 많은 영향을 끼쳤다.

4. 최근 주목받는 시민성

최근 주목받는 시민성으로는 민주 시민성 외에도 다중 시민성, 다문화 시민성, 디지털 시민성 등이 있다.

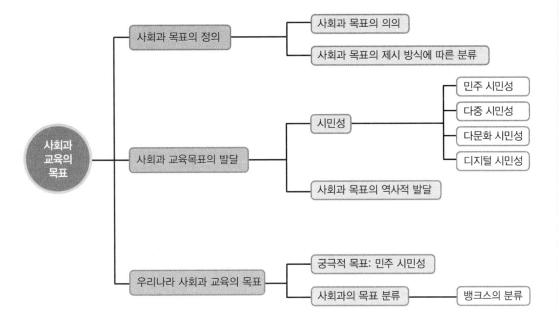

01 사회과 목표의 의미 및 역사

I 사회과 목표의 정의[43]

01 사회과 목표의 의의 : 교육의 방향 제공

1. 사회과 교육의 기본 방향 제시

사회과를 왜 가르쳐야 하는지를 제시함으로써 사회과 교육 전개의 기본방향을 제시한다.

2. 사회과 교육목표의 기능 : 사회과의 내용, 교수 및 학습방법, 평가의 준거 제공

무엇을 교수 및 학습하고, 어떻게 교수 및 학습하며, 어떻게 평가해야 하는지에 대한 준거를 제시한다.

3. 사회과 교육목표 설정 시 고려해야 할 사항

(1) 학문·철학적 측면

사회과 목표 설정에 어떤 관점을 반영할 것인가에 대해서 전문가들의 다양한 의견이 존재하기 때문에 논쟁을 통한 의견수렴과정을 통해서 반영된다.

(2) 국가·사회적 측면

국가나 사회가 처한 상황이나 주요 문제, 관심사 등에 대해 교육적으로 어떻게 대응하여 미래시민이 될 학생들에게 무엇을 준비시킬 것이냐를 교육목표에 반영하게 된다.

(3) 학습자 측면

학습자의 흥미, 욕구, 심리적 특성, 학습자의 일반적인 발달단계에 대한 이해와 개인차 등을 고려하여 목표를 설정하게 된다.

4. 최근 주목받는 시민성

최근 주목받는 시민성으로는 민주 시민성 외에도 다중 시민성, 다문화 시민성, 디지털 시민성 등이 있다.

---

43) 차경수, 1996:41-42; 차경수·모경환, 2008:52-59.

02 사회과 목표의 제시 방식에 따른 분류 : 추상적 목표와 구체적 목표의 유기적 관계

1. 추상적 목표 기능 및 한계

⑴ **교수-학습의 방향 제공** : 상위 목표 ⇨ 궁극적으로 달성하고자 하는 방향을 제시

추상적인 목표는 사회과 교육이 궁극적으로 달성하고자 하는 방향을 제시한다는 점에서 의의가 있다. 상위 목표는 일반적으로 하위 목표에 비해 추상적으로 제시된다. 예컨대 교육이 궁극적으로 지향하는 최종적인 인간상, 전인교육 등이 대표적이다. 또한 앞서 살펴본 바와 같이 민주 시민성도 마찬가지이다. 민주 시민성의 세부 목표로 지식, 기능, 가치 및 태도로 나누어진다. 지식은 '민주 시민성'의 목표에 비해 추상적이지만 '개념'이라는 목표에 비해 추상적이다.

⑵ **한계** : 교수-학습의 구체적인 지침을 제시하지 못함

추상적 목표는 교육의 기본 방향을 담고 있지만 구체적인 지침이 되지는 못한다. 그 결과 교실에서 수업을 할 때 구체적으로 무엇을 달성해야 하는지가 불분명하게 되는 문제점을 야기한다. 이 때문에 구체적인 목표를 제시되어야 할 필요가 있다.

2. 구체적 목표 기능 및 한계

⑴ **교수-학습과정에 구체적인 지침 제공** : 하위 목표

추상적인 목표는 사회과 교육이 달성하고자 하는 방향을 제시한다는 점에서 의의가 있다. 하지만 교실에서 수업을 할 때 구체적으로 무엇을 달성해야 하는지가 불분명하게 되는 문제점을 야기한다. 이 때문에 구체적인 목표를 제시되어야 할 필요가 있다. 구체적인 목표는 교실에서 구체적으로 무엇을 달성해야 하는지를 제시한다는 점에서 의의가 있다. 하지만 구체적인 목표에 지나치게 집착할 경우 궁극적으로 달성하고자 하는 교육기본 방향에 부합하지 않은 활동으로 전개될 위험이 있다.

⑵ **한계** : 교수-학습의 궁극적인 방향성 상실 우려

구체적 목표는 지엽적인 내용을 담고 있다. 그 결과 궁극적으로 달성하고자 하는 교육기본 방향에 부합하지 않은 활동이 전개될 수 있다.

3. 추상적 목표와 구체적 목표의 유기적 관계

추상적 목표는 교육의 방향을 제시해주는 역할을 하며, 구체적 목표는 추상적 목표를 달성하기 위한 구체적인 실천 방안을 제시해주는 역할을 하는 것이다.

II 사회과 교육목표의 발달

01 시민성 : 형식적 의미[44]

1. 시민성 : 훌륭한 시민, 형식적 의미

사회과 교육을 포함한 다양한 교과들이 지향하는 목표는 시민성(citizenship)이다. 이 시민성은 어떤 정치 공동체가 어떤 가치를 추구하는지를 포함한다. 따라서 시민성의 의미는 시대나 사회, 시각에 따라 다양하게 제시될 수밖에 없다. 예컨대 사회과의 역사 속에 등장한 시민성 의미로는 국가에 대한 충성, 모범적 행동, 꼬마 사회과학자, 사회비판, 사회재건, 사회실천 등이 있다.

2. 민주 시민성 : 지식, 기능, 가치 및 태도 등으로 세분화

(1) **정치공동체의 가치에 따라 민주 시민성의 실질적 의미는 매우 다양하다.**

시민성의 의미와 구체적 내용이 다양하게 제시됨에도 불구하고 현재 우리나라에서는 흔히 '민주 시민성'으로 자주 표현된다. 하지만 '민주'라는 말은 다양한 의미로 제시된다. '민주'의 실질적 의미가 다양하기 때문이다. 따라서 민주 시민성이라는 말의 실질적 의미는 매우 다양하다. 예컨대 '민주 시민성'이라는 말은 자유주의, 공화주의 등 다양한 가치를 포함할 수 있는 형식적 정의일 뿐이다. 그 실질적 의미는 역사와 공간, 인간, 국가·사회적 요구에 따라 다양하게 제시되어 왔다.

(2) **사회과의 성격에 나타난 민주 시민성**

교육과정에 제시된 민주 시민성은 다음과 같다.
"민주 시민은 사회생활을 영위하는 데 필요한 지식을 가지고 인권 존중, 관용과 타협정신, 사회정의의 실현, 공동체의식, 참여와 책임의식 등의 민주적 가치와 태도를 함양하고 나아가 개인적·사회적 문제를 합리적으로 해결하는 능력을 기름으로써 개인의 발전은 물론 국가, 사회, 인류의 발전에 기여할 수 있는 자질을 갖춘 사람이다."

3. 시민성의 구체적 사례

(1) **사회의 기본 가치나 문화 등을 내면화한 시민**

(2) **반성적 사고를 할 수 있는 시민**

반성적 사고는 사회생활에서 직면한 문제를 해결하기 위해 필요한 사고능력으로, 비판적 사고, 문제해결력, 과학적 탐구, 각종 논리적 사고 및 판단력, 의사결정력 등을 모두 포함하는 의미

(3) **사회과학적 지식으로 문제를 해결하는 시민**

---

44) Nelson & Michaelis, 1980:9-10; 박상준, 2006:39-40; 전숙자, 2006:69-73 등 참조

⑷ 합리적 의사결정에 따른 사회적 행위를 할 수 있는 시민

⑸ 세계 시민성이나 지역 시민성

4. 새로운 시민성 논의

⑴ 다중 시민성

세계화, 정보화, 지방화 등은 사람들에게 다양한 수준의 공동체 경험을 제공하게 되었다. 그 결과 사람들은 여러 가지 공동체 수준에서 다중적인 지위를 가지게 되었고, 이러한 다중적 지위는 한 개인에게 다양한 형태의 시민적 자질, 즉 다중 시민성을 기대하게 되었다. 다중 시민성은 세계화, 정보화, 지방화의 추세 속에서 국가 시민성의 편협한 한계를 넘어 지역 시민성, 국가 간 시민성, 세계 시민성으로 그 범위를 확대하자는 주장을 통해 주목받기 시작하였다. 다중 시민성의 핵심은 세계화의 흐름 속에서 지구적 보편성과 지역적 특수성에 기초한 국가 및 지방 그리고 세계 발전을 방해하는 문제들을 능동적이고 창조적으로 해결할 수 있는 시민적 자질 내지는 역량이라고 할 수 있다. 지금과 같은 지구적 환경에서 시장과 개별 국가에게 지구 전체의 미래를 맡기는 데는 한계가 있다. 그래서 강조되는 개념으로 등장한 것이 지구적 거버넌스이다. 이 지구적 거버넌스의 중요한 주체가 시민사회이며, 이 시민사회는 세계적 차원의 공적인 주체로서 역할을 수행할 수 있는 시민을 요구하게 되었다. 이런 차원에서 국가 시민성이나 지역 시민성을 넘어 지구적 문제를 해결하고자 하는 공적인 세계 시민성을 요구하게 된다.

⑵ 다문화 시민성[45]

지구시민사회가 등장하면서 다문화 시민성이 주목받기 시작하였다. 다문화 시민성은 다원적 차원과 지구시민으로서의 권리와 의무를 이해함으로써 공존과 평등의 가치를 지향하며, 연대와 참여를 통해 문제를 해결해 나갈 수 있는 시민적 자질 내지는 역량이라고 할 수 있다. 구정화(2011)[46]는 다문화주의와 다문화교육 전문가들을 대상으로 실시한 연구를 통해 다문화교육의 목표로서 다문화 시민성을 "첫째, 인간적인 삶을 위하여 필요한 인권(공통의 권리와 집단 차등적 권리) 등의 가치를 이해하고 실행한다. 둘째, 사회 내에 존재하는 불평등을 인식하고 이에 대한 사회구조적 원인을 파악하며, 이를 개선하기 위한 참여와 연대를 행한다. 셋째, 집단 간 차이와 다양성을 인정하고 자신의 문화 정체성을 이해하고 다른 문화에 대하여 관용한다."로 제시하고 있다.

⑶ 디지털 시민성[47]

디지털 시민성은 디지털 기술의 발달로 인한 환경과 지식정보사회에서 필요로 하는 시민역량으로 강조되기 시작하였다. 이런 점에서 디지털 시민성은 정보 통신 기술(Information & Communications Technology)을 활용한 소통을 기반으로 한다는 점에서 전통적인 시민성과는 다른 특성을 가진다. 유네스코(2016)는

---

45) 청소년용 시민성 척도 개발 타당화(2020, 최효식·추병완·이경무·은지용·이기훈)를 참조하여 구성함
46) 구정화·박선웅(2011), "다문화시민성 함양을 위한 다문화교육의 목표 체계 구성"(시민교육연구 43권 3호)
47) 청소년용 안정임·최진호(2020) "디지털 시민성 역량이 공동체 의식에 미치는 영향"(정치커뮤니케이션연구 통권57)

디지털 시민성의 개념을 효과적으로 정보를 찾고, 접근하고, 사용하고, 산출할 수 있는 능력, 윤리적인 방식으로 타인과의 소통 및 콘텐츠 제작에 참여하는 능력, 온라인 및 ICT 환경을 안전하고 책임감 있게 탐색하는 능력, 자신의 권리를 인식하는 능력으로 정의하였다(박상훈, 2020,113).[48] 다시 말하면 디지털 시민성이란 디지털 미디어를 이용하는 개인의 삶, 일을 포함한 생활, 사회적 관계 등에서 반드시 갖추어야 할 필수적 역량을 말한다. 디지털 시민성 개념의 핵심은 디지털 미디어가 이용자들의 사회적·정치적·문화적 참여를 추동함으로서 시민성을 강화시킬 수 있다는 데 있다(안정임·최진호, 2020, 133). 구체적인 디지털 시민성의 개념 및 구성 요소를 제시한 경우로는 리블(Ribble, 2011), 미국의 ISTE(2016), 유럽평의회(2019), 커먼 센스 미디어(Common Sense Media, 2019), 최문선(2016) 등이 있다.

02 사회과 목표의 역사적 발달[49]

1. 초기 사회과 교육의 목표

⑴ 시민성 함양 : 사회적 효율성을 증진시키는 좋은 시민 양성

NEA의 1916년 보고서를 통해 강조되었던 목표를 추정할 수 있다. 이 보고서에서 권장하는 내용을 살펴보면 역사, 지리와 함께 12학년 '민주주의의 제문제'라는 과목을 포함하고 있다. 또한 사회과의 목적을 사회적 효율성을 증진시키는 좋은 시민 양성을 목표로 제시하고 있다.

⑵ 반성적 사고[50]

① 반성적 사고의 의의
듀이(Dewey)에 의하면 교육은 경험의 재구성이며, 경험을 재구성함으로써 학습자는 성장한다. 학습자의 성장을 결정짓는 중요한 요소는 인간의 사고능력이다. 듀이는 사고 중에서 가장 우수한 사고를 반성적 사고라 하였다. 그는 사고가 어떻게 문제를 해결해 주는지를 반성적 사고의 전개과정을 통해 보여주었다. 반성적 사고는 이해력, 응용력, 창의력과 함께 분석력, 판단력 등의 사고력 함양을 지향하는 현재의 우리 교육에 여러 가지 시사점을 주고 있다.

② 반성적 사고의 의미 및 사고과정
'반성적 사고'는 주어진 문제를 현실적으로 파악하고 논리적으로는 경험적으로 증명할 수 있는 증거에 의하여 결론을 도출해 내는 사고 방법을 말한다. 이 사고는 '문제 제기 → 가설 설정 → 자료 수집 → 결론' 등의 순서를 거친다.

---

48) 박상훈(2020) "디지털 시민성 함양을 위한 디지털교과서 활용 방안"(Journal of Digital Convergence 통권 18, 111-119)
49) 차경수·모경환, 2008:60-69 참조
50) 차경수, 1996:47-48.

반성적 사고과정

1. **문제 상황**: 의심이 되는 상황

2. **문제 설정**: 해결해야 할 특수한 문제를 명확하게 하고 신중하게 분석하여 예측하고 잠정적 결론을 내리는 단계이다.

3. **가설**: 문제해결 방안들을 제시하거나 가정한다.

4. **추론**: 제시된 가설이 문제해결(결과)에 적절한 것인지 논리적으로 추리한다.

5. **실험**: 실험과 관찰 등을 사용하여 가설을 최종적으로 검증하고 평가한다.

6. **보증된 언명**: 문제해결을 위한 방안으로 확정된다.

③ 듀이(J. Dewey)의 영향

　㉠ 헌트와 메트칼프는 반성적 교수이론(1955)에서 반성적 사고를 목표로 제시

　　헌트와 메트칼프는 존 듀이(J. Dewey)의 영향을 받아 반성적 교수이론(1955)에서 '반성적 사고(reflective thinking)'를 사회과의 목표로 제시하였다.

　㉡ 반성적 사고 ⇨ 마시알라스 탐구수업, 타바와 블룸 등에 의해 체계화

　　헌트와 메트칼프 이후 마시알라스 탐구수업에 영향을 주었으며, 타바와 블룸 등에 의해 체계화되었다.

2. 행동적 목표 진술 경향

(1) 행동적 목표의 의의

① 행동적 목표 진술 경향은 교육목표를 진술할 때 그 '교육목표'에 학생이 도달하였는지 여부를 쉽게 알아볼 수 있도록 학생 '활동'의 관점에서 진술해야 된다는 것이다. 이런 목표 진술은 보비트(Bobbit)의 교육과정 진술에 그 뿌리를 두고 있다. 행태주의의 영향으로 학교를 생산 시스템을 갖춘 공장으로 인식하는 데에서 비롯된 것이라고 할 수 있다. 이런 행동적 목표 진술을 주장한 대표적인 학자는 메이거(Mager)이다.

② 행동적 목표는 교수-학습의 내용 선택 및 방법 선택에 도움을 준다. 또한 학습자료를 선택하는 데에도 도움을 제공한다.

③ 수업의 질과 학생평가의 방향을 쉽게 알 수 있다.

④ 학생과 학부모는 학교가 무슨 일을 하는지 쉽게 알 수 있다. 그래서 학교는 학생과 학부모의 의견을 수렴할 수 있다.

(2) 적절한 평가를 위한 노력

목표를 달성하였는지 여부에 대한 평가는 측정 가능한 목표일 때 가능하다. 이를 위해 행동으로 관찰할 수 있는 목표를 제시하려는 노력들이 전개되었다. 이 중 사회과에서 주목받는 대표적인 경우가 타바(Taba)와 블룸(Bloom)이다.

⑶ 사회과에 영향을 미친 대표적인 사례

① 타바(Taba)의 목표 유형

타바는 교육목표를 행동적으로 서술해야 한다고 말하고 지식, 반성적 사고, 가치와 태도, 감수성과 감정, 기능을 그 목표로 들었다.

⊙ **타바의 목표 유형**

지식	타당성, 유용성, 학습가능성이 있는 사실과 개념
반성적 사고	자료를 해석하거나 사실과 원리를 응용하거나 논리적 추리력 등과 같은 인간의 지적이고 독립적 사고력
가치와 태도	관용, 협동, 사회생활의 성취와 윤리, 타인에 대한 존중 등
감수성과 감정	인간 특성을 살린 환경적응능력
기능	읽기, 쓰기, 계산, 문제 제기, 문제 분석, 계획 세우기, 연구방법 습득, 대인관계 등

② 블룸(Bloom)의 인지적 목표 유형

사회과 교육의 목표를 행동적으로 진술하는 것은 블룸에 의해 크게 변화하였다. 블룸은 인지적 목표와 정의적 목표를 제시하였다. 인지적 목표는 이해, 문제해결능력과 같은 지적인 행동을 발전시키려는 목표 영역을 말한다. 정의적 목표는 바람직한 태도나 가치관을 형성하는 목표 영역을 말한다. 여기에서는 블룸의 인지적 목표를 살펴보고 정의적 목표에 대해서는 생략한다. 이유는 정의적 목표의 행동적 진술과 단계적 구분은 현실적으로 적절하지 않다고 생각되기 때문이다. 블룸의 인지적 목표를 정리해 보면 다음과 같다.

⊙ **블룸의 인지적 목표**

지식	사실, 개념, 일반화, 원리, 역사적 사건 등을 기억(암기, 회상)
이해	책 내용이나 언어적 표현의 의미를 번역, 해석, 또는 내용과 의미를 다른 상황에 그대로 투사해보는 것을 의미 **예** 객관적이고 과학적인 사실을 있는 그대로 암기하는 것이다.
적용	학습한 개념, 일반화, 원칙, 이론 등과 같은 지식을 습득하고 이해한 것을 응용하여 새로운 상황에서 문제를 해결하는 능력을 의미
분석	학습한 내용을 분해하여 요소, 성분, 내용조직원리, 관계 등을 발견하고 표현하는 능력을 의미
종합	여러 가지 개념, 일반화, 원칙, 이론 등에 대한 기억, 이해, 분석 등이 결합되어 새로운 전체를 형성하는 것을 의미한다. 이 같은 종합의 성격은 독창성, 완결성을 가짐
평가	객관적인 기준에 따라 어떤 사물이나 사실, 관념, 결론, 대안 등의 가치에 대해 판단하는 능력을 의미

3. 신사회과 시기의 사회과 교육목표 : 지식의 구조화 → 탐구기술 → 의사결정력

⑴ **사회과의 구조화** : 사회과를 구성하는 배경학문들의 지식의 구조에 대한 이해

① 브루너의 영향

1960년대 브루너가 『교육의 과정』에서 지식의 구조화와 발견학습을 주장하면서 사회과에서도 지식의 구조에 대한 이해와 탐구기술이 사회과의 교육목표가 되어야 한다는 강조하였다.

② 지식의 구조화

㉠ 지식의 구조화 의미

지식의 구조화란 교육과정이나 교과의 내용을 구성할 때에 그 교과의 가장 기본이 되는 사실, 개념, 일반화, 가치 등을 중심으로 내용을 조직하는 것을 말한다.

㉡ 지식의 구조화의 장점

이 구조화는 지식의 양이 폭발적으로 증가하는 현대 사회에서는 많은 장점을 가진다. 개념과 일반화로 학습하게 되면 매우 다양하고 복잡한 사회현상을 효과적으로 이해할 수 있기 때문이다. 즉, 사실을 되도록 줄이고 개념과 일반적인 법칙을 중심으로 교과의 내용을 조직하게 되면 학습을 효과적으로 할 수 있고 응용력을 높여 문제해결력을 증진시킨다.

③ 교과의 구조화 : 사회과의 구조화

이런 지식의 구조화를 교과에서 실현하는 것이 교과의 구조화이다. 교과의 구조화는 교과의 개념이나 법칙을 이해하고 응용할 뿐만 아니라 이러한 학습과정을 통하여 그 교과가 근본적으로 요청하는 사고방식 자체를 습득하게 하는 것이다. 따라서 사회과의 구조화는 사회과 교육과정이나 교과의 내용을 구성할 때에 사회교과의 가장 기본이 되는 사실, 개념, 일반화, 가치 등을 중심으로 조직한다는 것이다.

⑵ **주요 목표** : 탐구기능의 강조

① 마시알라스와 콕스의 『사회과에서의 탐구』 ⇨ 탐구기술

사회과의 구조화에 대한 이론이 전개되면서 탐구기술을 사회교육의 인지적 영역의 목표로 강조하는 주장이 대두하였다. 대표적인 경우가 마시알라스와 콕스의 『사회과에서의 탐구』이다. 이들의 수업절차는 '문제 상황의 제시 및 명료화 → 탐색 또는 문제해결 노력으로서의 가설 개발 → 가설의 정의ㆍ명료화 → 전제, 함축성, 논리적 근거에 따른 가설의 탐색 → 사실 자료의 수집과 가설 변호를 위한 증거 제시'이다.

② 사회과의 구조화 운동으로 탐구기술의 필요성은 당연한 것

사회과의 구조화 운동 자체가 특정한 지식을 학생에게 강제적으로 주입시키려는 것이 아니라 교과의 가장 기본이 되는 기초적인 개념과 법칙을 가르쳐 주고, 그것을 새로운 상황에 학생들이 스스로 응용할 수 있게 하기 때문에 탐구기술이 필요한 것은 당연한 일이다.

③ 탐구 기능의 근원 : 반성적 사고

이러한 탐구 기능의 근원이 되는 것은 존 듀이의 반성적 사고이다.

4. 가치교육의 변화

(1) 가치교육의 강조

① 1960년대~1980년대 경향 : 인지적인 측면에서 가치교육 전개

1960년대 신사회과 시기를 거치며 인지적 영역의 목표들이 강조되었다고 해서 가치에 대한 관심이 전무한 것은 아니었다. 가치교육은 1980년대 이전까지 인지적인 측면에서 전개되었고, 1980년대 들어오면서 정의적 측면의 가치교육이 강조되었다.

　㉠ 가치탐구의 중요성 강조

　　1950년 헌트와 메트칼프 등의 논쟁문제, 1970년대 엥글과 오초아나 뱅크스 등의 의사결정 강조 등에서 가치탐구의 중요성이 강조되어 왔다.

　㉡ 가치명료화나 가치분석모형 등이 제시

　　가치명료화나 가치분석모형 등이 제시되기도 하였으며, 관용이나 연대성 같은 새로운 가치 습득 필요성이 제기되었다.

② 1980년대 이후

1980년대 후반에 들어서면서 정의뿐만 아니라 감사와 배려의 윤리가 강조되었다. 또한 친사회적 행동이 강조되었다.

(2) 시민 행동의 강조

① 뱅크스의 의사결정 모형 → 의사결정에 따른 실천 강조 → 시민행동 목표

1974년 등장한 뱅크스의 의사결정 모형은 사회탐구와 가치탐구를 통해 대안을 결정하고 실천하는 수업모형이다. 이 모형에서 뱅크스는 특히 의사결정 수업이 대안을 결정하는 것에서 끝나지 않고 대안을 실천할 수 있어야 한다는 점을 강조하였다. 뱅크스는 사회과의 최종 목표로 사회참여 및 실천을 내용으로 하는 시민행동을 궁극적인 목표라고 하였다.

② 궁극적 목표로서 시민행동의 강조에 대한 비판적 성찰

모든 교육의 목표는 학생들이 바람직한 행동을 하게 하는 것이다. 어떤 교육적 주장도 행동을 궁극적인 목표로 전제하지 않는 주장이 있을까? 그래서 개인적 결론은 뱅크스의 궁극적 목표로서 시민행동은 특별한 것이 아니라 당연한 것이라고 생각한다.

5. 고차사고력의 강조[51]

(1) 고차사고력의 의미

고차사고력이란 뉴만(F. M. Newmann)이 말하는 '고급 수준의 사고력(Higher Order Thinking)', 즉 '도전적이고 확장적인 정신 작용'을 말한다. 고차사고력이란 과거에 경험한 것을 그대로 재생하거나 단순히 어떤

---

[51] 고차사고력이 무엇이냐는 문제제기와 함께 고차사고력에 대한 논의는 퇴색한 듯 보인다. 사고를 고차와 저차로 나누기보다 사고력의 유형을 중심으로 이해하는 것이 필요하다. 최근에는 오히려 역량이라는 범주에 고차사고력 유형들을 포함시키고 있다.

지시에 의해서 행동하는 것이 아니라 불확실하고 불명확한 상황에서 기준을 응용하고 다양한 방안 중에서 선택하면서 문제를 해결하려고 하는 사고 기능을 말한다. 이는 기본적인 사고를 확대하고 넓히는 일종의 확장적 사고이다. 즉 고차사고력이란 과거에 학습한 지식의 통상적인 응용으로는 문제가 해결되지 않는 상황 및 맥락에서 새롭게 정보를 해석·분석·조정하는 도전적이고 확장적인 정신을 말한다.

(2) **고차사고력 유형** : 탐구력, 창의적 사고, 비판적 사고, 의사결정력, 메타인지

① 탐구력(문제해결력) : 깊이 파고들어 해결책을 찾는 능력, 분석 및 종합
탐구력은 지식을 그대로 받아들이지 않고 문제가 무엇인지 확인하고 스스로 그 문제 해결을 위한 가설을 설정하고 자료를 수집하고 분석하여 해결책을 찾는 사고력을 의미하는 것으로 일반적으로 과학적 탐구력을 의미한다.

② 창의적 사고력 : 새롭고 독창적인 것을 만드는 능력
창의적 사고력은 어떤 문제에 부딪히거나 자기가 경험하지 않은 새로운 상황에 직면하였을 때 과거와는 다른 새로운 방법으로 문제를 해결하거나 상황을 변화시키려고 하는 지적 작용이며 그 본질은 새로운 것과 독창성이다. 창의적 사고력은 개방적인 분위기, 사안에 대한 다각적 접근, 아이디어에 대한 판단 보류, 여러 학습경험들을 종합 또는 결합하도록 하는 것 등과 같은 방안들과 밀접한 관련성이 있는 사고력이다.

③ 비판적 사고력 : 분석과 평가
비판적 사고력은 어떤 사물, 상황, 지식 등의 순수성이나 정확성 여부, 어떤 지식이 허위인가 진실인가 등을 평가하는 정신적인 능력으로 이성적 판단을 의미한다. 예컨대 상대편의 입장에 대하여 정확한 분석과 분명한 논리에 기초하여 반박 근거를 모색하는 것이다. 이와 같은 이성적 판단은 다양성 인정, 개방적 태도를 전제로 하는 것이다. 듀이는 비판적 사고의 본질은 유예된 판단에 있다고 보았다. 이러한 유예의 본질은 해결을 진행하기 전에 문제의 본질을 결정하기 위해 탐구하는 것이라고 보았다. 듀이가 생각하는 사고는 무엇보다 신념이나 근거를 찾는 사고를 강조하고 있다. 이러한 사고는 '반성적 사고'의 영역으로 발전하며 이러한 '반성성'이 비판적 사고의 기본 속성을 이루게 된다.

④ 의사결정력 : 사실적 근거를 토대로 바람직한 가치에 따라 선택할 수 있는 능력
의사결정력은 선택이 가능한 여러 가지 대안 중에서 각자가 추구하는 바람직한 목표에 적합하도록 어느 하나를 합리적으로 선택하는 능력을 의미한다. 의사결정은 과학적 탐구와 가치탐구의 과정을 거쳐 합리적으로 결정하는 사고과정을 의미한다.[52] 의사결정은 결정을 위한 충분한 정보를 가지고 있어야 하며 바람직한 가치가 무엇이냐에 따라서 이루어진다.

⑤ 메타인지 : 자신의 사고와 행위에 대한 반성과 실천을 위한 사고
㉠ 메타인지의 의미 및 내용
메타인지는 자기의 사고와 행위 대한 반성적 사고를 할 수 있는 능력을 의미한다. 따라서 자기가 사고한 결과로 생겨나는 행동과 상황을 정확하게 판단하고, 그 결과를 평가하며, 전체적으로 계획

---

52) Banks, 1990:32-33, 437-458.

하는 과정이 필요하다. 예컨대 토론 과정에서 자신이 적절히 사고하였는지, 자신의 사고 과정을 점검하고 반성한다. 플라벨(J. H. Flavell, 1976)은 메타인지는 한 인간 교육의 인지과정뿐만 아니라 그와 관련된 것들에 대한 지식을 가리킨다고 하였다. 예컨대 A를 학습할 때 B를 학습할 때보다 더 어려움을 느낀다는 걸 알아챘다거나, C를 사실로 받아들이기 전에 다시 한번 확인해 봐야겠다는 생각이 번뜩 떠오른다면, 바로 그때 나는 메타인지에 맞닥뜨리는 것이다.[53] 따라서 메타인지는 그 기원적인 측면에서 반성, 자기제어, 자기조절, 사고조정이 그 바탕이 되는 것으로 정리할 수 있다. 메타인지는 자신의 사고과정을 돌아보는 재사고 과정의 이면에 존재하는 정신세계를 이해한다는 점에서 보다 발전된 반성이라 하겠다. 반성 개념은 듀이(Dewey, 1933)의 '반성적 사고(reflective thinking)'로 구체화될 수 있다.

ⓒ **메타인지를 활용하는 사례** ≪2007 기출

현서는 중간고사를 5일 남겨두고 있다. 시험에 대비하여 공부할 과목으로 사회, 과학, 국어, 한문, 중국어가 남았다. 전체적으로 과목 점검을 한 후 하루에 한 과목씩 학습하도록 계획을 세웠다. 이 계획에 따라 시험공부를 하다 보니 국어의 학습 분량이 많아 2일 소요되었다. 그래서 남은 사흘 동안 네 과목을 공부하도록 계획을 조정하였다. 이러한 학습의 계획과 실행을 통해 현서는 자신의 학습유형과 사고과정을 점검할 수 있었다. 그 결과 시험 대비를 위해서는 충분한 시간이 확보되도록 학습계획을 미리 세워야 한다는 것을 깨달았다.

6. 종합 논의

(1) 민주 시민성의 실질적 내용은 매우 다양함

사회과 교육목표의 발달 과정에서 종합적인 목표 제시 흐름이 발견된다. 민주 시민성이라는 궁극적인 목표는 매우 다양한 내용을 포함하고 있는 종합적인 목표이기도 하다. 시대적 상황에 따라 필요로 하는 다양한 목표들이 발견되었고 이를 반영한 결론이라고 할 수 있다.

(2) 목표 영역의 세분화

단순한 특정 목표만을 제시하는 것이 아니라 목표 영역을 나누어 종합목표로 제시하려는 노력이 전개되어왔다. 예컨대 펜턴(Fenton)은 지적인 목표와 정의적인 목표, 시민의 자질, 사회과의 구조 등을 제시하였다. 또한 뱅크스는 사실탐구와 가치탐구를 포함하는 의사결정능력 개념을 제시하였다. 또한 지식, 기능, 가치·태도, 행동 등으로 상세화하였다.

(3) 현재 사회과의 목표 영역 : 지식, 기능, 가치 및 태도, 시민 행동

현재의 사회과의 목표 영역은 뱅크스의 영향을 많이 받아 일반적으로 지식, 기능, 가치 및 태도, 시민 행동으로 제시되고 있다.

---

53) J. H. Flavell, 1976:232; Nisbet Shuckmith, 1984:6, The Seventh Sense, SCRE Publications.

02 우리나라 사회과 교육의 목표

I 2022 개정 교육과정 사회과 목표[54]

01 총괄 목표

사회과는 학생들이 민주 시민으로서의 자질을 함양할 수 있도록 사회현상에 관한 기초적 지식을 습득함은 물론, 지리, 역사 및 제반 사회과학의 기본 개념과 원리를 발견하고 탐구하는 능력을 익혀 우리 사회의 특징과 세계의 여러 모습을 종합적으로 이해하게 한다. 또한 사회과는 다양한 정보를 활용하여 현대 사회의 문제를 창의적·합리적으로 해결하고 공동체 생활에 적극적으로 참여하는 능력의 육성을 목표로 한다. 이를 통해 사회과는 개인의 발전은 물론, 사회, 국가, 인류의 발전에 기여할 수 있는 책임 있는 시민을 기른다.

02 학교급별 목표

사회과는 학습자의 성장 발달 정도와 사회·문화적 경험을 고려하여 학교급별로 주안점을 달리한다. 초등학교에서는 학생들이 주변의 사회현상에 대하여 관심과 흥미를 가지며, 생활과 관련된 기본적 지식과 능력을 습득하고, 이를 자신의 주변 환경이나 문제에 적용할 수 있는 적극적인 태도를 길러야 한다. 중학교에서는 학생들이 초등학교에서의 학습을 바탕으로 각 영역에서 중요시하는 지식을 과학적 절차에 의하여 발견·적용하며, 사회적 문제에 관심을 갖고 지역사회·국가·세계에 속한 구성원으로서의 시민성을 함양한다.

03 사회과의 세부 목표(일반사회 영역만 제시)

사회과의 세부 목표는 다음과 같다.

> (1) 사회의 여러 현상과 특성을 그 사회의 지리적 환경, 역사적 맥락, 정치·경제·사회적 제도 등과 관련지어 이해한다.
> (2) (지리) ~ (3) (역사) : 생략
> (4) 사회생활에 관한 기본적 지식과 정치·법·경제·사회·문화 현상에 대한 기본적인 원리를 종합적으로 이해하고, 현대 사회의 성격 및 민주적 사회생활을 위하여 해결해야 할 여러 문제를 파악한다.

---

54) 교육부, 2015:4.

(5) 인간과 사회현상을 파악하는 데 필요한 지식과 정보를 획득, 분석, 조직, 활용하는 능력을 기르며, 공동체 생활과 관련된 여러 문제를 합리적으로 해결하기 위한 탐구 능력, 의사 결정 능력 및 사회 참여 능력을 기른다.

(6) 개인과 사회생활을 민주적으로 운영하고, 우리 사회가 당면한 문제들에 관심을 가지고 개인·지역사회·국가·세계적 차원에서 지속가능한 삶을 위해 적극적으로 노력하는 태도를 가진다.

Ⅱ 우리나라 사회과 교육의 목표에 대한 이해

01 사회과의 궁극적 목표 : 민주 시민성 자질 함양, 추상적 목표

1. 사회과 성격에 제시된 민주 시민성

민주 시민은 사회생활을 영위하는 데 필요한 지식을 가지고 인권 존중, 관용과 타협정신, 사회정의의 실현, 공동체의식, 참여와 책임의식 등의 민주적 가치와 태도를 함양하고 나아가 개인적·사회적 문제를 합리적으로 해결하는 능력을 기름으로써 개인의 발전은 물론 국가, 사회, 인류의 발전에 기여할 수 있는 자질을 갖춘 사람이다.

2. 사회과 성격에 나타난 민주 시민성의 의미

다양한 사회과학과 인문학의 지식 획득과 탐구방법을 습득하여 사회현상을 종합적으로 인식하고 다양한 정보와 타당한 근거를 활용하여 사회문제를 창의적이며 합리적으로 해결하고 사회·국가·지구촌 생활에 자발적으로 참여하는 능력을 함양하는 것을 목표로 한다. 따라서 사회과는 다양한 영역의 목표 달성을 통해 국가 및 인류 발전에 기여할 수 있는 민주 시민성을 함양하는 것을 궁극적인 목표로 한다.

02 사회과 목표 분류

1. 전통적 분류 방식

전통적으로 사회과 목표는 지식, 기능, 가치 및 태도 등을 포함한 종합 목표로 제시되었다.

구분	요소			
지식	사실	지식의 위계구조	정보, 사실, 기술적 지식	특수적 구체적 ↓ 일반적 추상적
	개념		특수사실의 범주화	
	일반화		이론, 법칙, 설명적 지식	
기능	• 정보수집활용 기능 : 정보 획득, 정보 조직, 정보 활용), 탐구기능, 의사결정기능 • 집단참여 기능 : 공동생활 참여, 공동문제 해결에 참여, 사회활동참여 등			
가치 및 태도	합리적인 가치 및 태도	참여 태도, 문제해결 태도, 사회활동 태도, 사회발전 기여 태도, 국가 및 인류 발전에 기여 태도		
	바람직한 가치 및 태도	창의적 자세로 일상생활 적응, 자발적으로 참여하는 시민정신, 공동체 의식, 사회발전에 기여하는 태도, 민주 시민의 생활태도		

2. 뱅크스의 분류[55] ⇨ 현재 사회과에서 일반적으로 수용

뱅크스(J. Banks)는 사회 탐구와 가치 탐구에 의해 합리적으로 의사결정을 내리는 것을 강조하며 이러한 의사결정능력을 사회과의 목표로 삼아야 한다고 하였다. 그리고 사회과 교육의 목표를 지식, 기능, 가치와 태도, 그리고 시민행동의 네 영역으로 나누고 있으며, 이 중 기능은 다시 사고, 분석, 탐구, 그리고 집단 기능으로 구분하고 있다. 뱅크스는 집단 기능과 시민행동을 다원화된 현대 사회에서 매우 중요한 목표로 강조하였다. 그런데 시민행동에 포함되어 있는 사회참여가 집단 기능의 내용과 같거나 또는 집단 기능에 포함되는 것으로 오해가 많은 것 같다. 자세한 내용은 '기능 학습'에서 정리하도록 하겠다.

구분	의의	내용
지식	타당한 근거 제시, 의사결정을 위한 활용	• 사실, 개념, 일반화, 이론 • 사회과학과 인문학에서 선택 및 추출한 지식 • 합리적 의사결정과 실천에 도움이 되는 지식
기능	• 과제성취를 위해 지식과 경험 등을 이용하는 것 • 반성적 사고와 문제 해결에 필요한 능력	• 읽기, 쓰기, 말하기, 학습 기능 • 사고기능 : 지식의 개념화, 해석, 분석, 적용, 평가 • 탐구기능 : 가설 설정, 자료 수집 및 분석, 가설 검증, 일반화 및 결론 도출 • 분석기능 : 정보 수집 및 활용 능력, 자료 해석능력 등 • 집단기능 : 집단 참여 능력 ⇨ 목표 설정, 지위 및 역할에 따른 행동, 목표 달성에 기여, 의사소통능력, 문제해결능력
가치 및 태도	시민자질 향상, 의사결정을 위함	민주적 가치, 가치 분석, 가치명료화, 가치 정당화
시민 행동	효능감 달성을 위한 실천과 참여	사회적 행위 실천, 사회 참여

55) 박상준, 2006:44-46.

Chapter 01   사회과 교육과정의 구성 및 조직형태
Chapter 02   우리나라 사회과 교육과정의 구성원리 및 교육과정

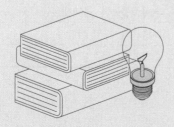

Part

03

사회과 교육과정

1. **교육과정의 의미** : 학생이 경험하는 총체, 교육적 내용 ⇨ 경험

   사회과 목표를 달성하기 위해서 학생들이 무엇을 학습할 것이냐고 할 때 그 무엇에 해당하는 것이 교육과정이다. 넓은 의미의 교육과정은 학생이 학교에서 경험하는 모든 것을 의미하지만, 좁은 의미의 교육과정은 학교에서 학습하는 내용을 의미한다.

2. **교육과정을 구성할 때 고려해야 하는 원칙** : 철학, 사회, 심리

   이런 교육과정을 구성할 때 일반원칙으로 철학적 기초, 사회적 기초, 심리적 기초 등 3가지를 들 수 있다. 철학적 기초는 교육과정이 그 사회가 궁극적으로 지향하고 있는 이상이나, 이념, 가치체계를 기초로 하고 있어야 한다는 것을 의미한다. 사회적 기초는 교육과정이 사회의 상황과 요구에 적절하도록 구성되어야 한다는 것을 의미한다. 심리적 기초는 교육과정이 어린이들의 발달과정상의 지적·정서적·신체적 특징, 학습자의 심리, 동기유발, 흥미, 기능과 능력의 개인차 존중, 가정환경과 학업성취도와의 관계 등을 고려해야 한다는 것을 의미한다.

3. **교육과정 조직원리** : 환경확대법, 나선형 원리, 통합성의 원리, 지역화의 원리

   이와 같은 일반원칙을 염두에 둔 우리나라의 교육과정의 조직 원리는 환경확대법, 나선형 원리, 통합성의 원리, 지역화의 원리 등이다.

4. **환경확대법**

   환경확대법은 학습자의 발달 수준, 사회적 경험의 정도, 사회적 기능 등을 아동이 성장과정에서 경험할 수 있는 가깝거나 손쉽게 경험할 수 있는 물리적 공간으로부터 시작하여 먼 곳으로 확장시켜 배열하는 원리를 의미한다.

5. **나선형 원리**

   나선형 원리는 여러 학문 영역에서 관련되는 개념을 선택하여 저학년에서 고학년으로 올라가면서 지속적·반복적으로 학습할 수 있도록 내용을 조직하는 원리를 말한다. 따라서 개념들을 한번 가르치고 끝내지 않고 수준을 달리하여 여러 번 반복해서 가르치게 된다.

6. 통합성의 원리

통합성의 원리는 각 학년 단계에서 사회과의 다양한 영역에 관한 내용들을 통합적으로 재조직하여 교육과정을 구성하는 것을 말한다. 통합의 형태는 학문적 형태, 교육적 형태, 그리고 종합적 형태로 나눌 수 있다. 학문적 형태는 다시 다학문적 통합, 학제적 통합, 초학과적 통합이 있다. 교육적 형태의 통합은 아동의 흥미와 사회적 요구를 고려하여 개념(또는 주제)중심의 통합, 이슈(또는 문제)중심의 통합이 있다. 종합적 형태의 통합은 스트랜드 중심의 통합이 있다.

7. 사회과 교육과정 조직형태

사회과 교육과정의 조직 형태는 교육과정 구성 원리에 따라 교과중심 교육과정, 경험중심 교육과정, 학문중심 교육과정으로 나누어 볼 수 있다. 이들 교과중심 교육과정과 학문중심 교육과정은 다시 분과형과 통합형으로 나눌 수 있다. 하지만 경험중심 교육과정에는 분과형이 없다.

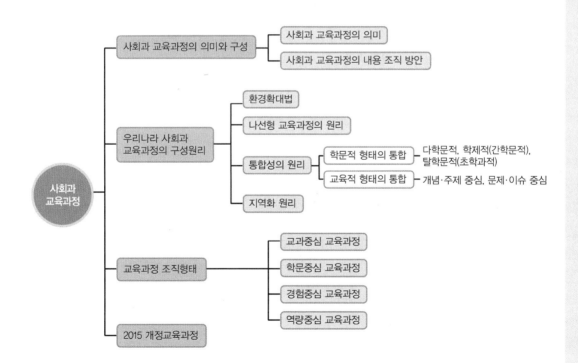

01 사회과 교육과정의 구성 및 조직 형태

I 사회과 교육과정의 의미와 구성

01 사회과 교육과정의 의미

1. 일반적 의미

(1) 학생들이 경험할 교육적 경험의 총체

사회과 교육과정은 학생들이 경험하게 되는 교육적 경험을 포괄하는 것이다. 이 교육과정에는 목표, 내용, 교수-학습방법, 평가와 관련된 추상적인 내용들이 기술되어 있다.

(2) 좁은 의미로서 교육과정 : 교육내용의 조직

좁은 의미로는 학생들에게 가르치고자 하는 것을 조직적으로 제시한 것을 의미한다.

2. 형식적 교육과정과 잠재적 교육과정

(1) 형식적 교육과정

형식적 교육과정은 공식적으로 기록되고 채택된 교육계획[56]으로 학교에서 의도하였던 학습의 결과를 초래하는 교육과정, 즉 문서화된 공식적 교육과정을 말한다.

(2) 잠재적 교육과정

잠재적 교육과정은 학교에서 계획한 바 없으나 학교의 물리적 조건, 제도 및 행정조직, 사회적·심리적 상황에서 학생들이 암묵적으로 갖게 되는 경험을 말한다. 이는 학교에서 계획한 바 없으나 학교에서 간접적으로 가르치는 모든 것을 가리키는 교육과정이다.[57]

---

56) David w. Van Cleaf, 1991:24.
57) David w. Van Cleaf, 1991:25.

02 사회과 교육과정 내용 조직 방안

1. 사회과 교육과정 구성을 할 때 고려 사항

철학이나 사상, 사회적 상황, 학생들의 심리적 발달 수준을 고려하여 구성한다.

(1) **내용의 타당성과 유의미성**: 본질적인 개념, 기본적인 개념

(2) **내용의 유용성**: 현실세계와의 관련성

(3) **내용의 학습가능성**: 가르칠 수 있는 내용, 배울 수 있는 내용

(4) **내용 선정의 내적·외적 관련성**

① 내적 관련성: 개념 간의 유기적·위계적 관계

② 외적 관련성: 다른 학문적 내용과의 관련성

(5) **인간발달의 기준**

2. 내용 선정 기준(교육부, 1997): 교육과정 구성 원칙[58]

사회과 내용은 국가·사회적, 학생·심리적, 학문·철학적 기준의 3가지 측면을 고려하여 선정하였다. 국가·사회적 기준은 국가적·사회적·문화·정치적인 면을 포함하고, 학생·심리적 기준은 학생의 요구, 인지 발달, 심리적 상태, 경험과 학습 가능성을 포함하며, 학문·철학적 기준은 인간의 사고 양식, 지적 추구, 학문의 체계와 탐구 방법 등을 포함하는데 이를 구체적으로 열거하면 다음과 같다.

(1) **국가·사회적 기준**

① 정보화·세계화 시대 및 통일을 대비한 민족 동질성 확보와 같은 국가와 사회가 나아갈 방향을 제시한다.

② 국가나 사회의 공동체 인식을 기르는 데 필요한 내용을 포함한다.

③ 국가와 사회의 당면 과제나 논쟁 문제에 대한 지속적인 관심을 보일 수 있어야 하며, 이러한 문제와 쟁점의 해결에 필요한 지식, 기능, 가치, 태도를 다루어야 한다.

④ 지역 사회, 도시와 촌락, 국가, 국제 사회와 세계의 다양한 차원의 인간 집단과 사회 계층의 경험을 다루어야 한다.

⑤ 민주 시민적 자질 함양을 위한 사회과 가치교육의 중요성을 감안하여 가치문제를 함축한 쟁점과 의사결정 문제를 선정한다.

---

58) 차경수·모경환(2008:85-88)에서는 교육과정 구성 원칙으로 서술하고 있다.

(2) 학생 · 심리적 기준

① 인간의 기본 활동을 다루어야 하며, 지적 경험에서 실천 경험에 이르기까지의 인간의 다양한 경험을 포함한다.

② 학생의 흥미와 능력을 존중하는 내용을 선정하며, 학생의 학습 수준을 고려하여 학습 가능한 최소한의 필수 내용을 선정한다.

③ 학생의 자기 주도적 · 탐구 지향적 학습이 가능한 내용을 선정한다.

(3) 학문 · 철학적 기준

① 지리, 역사, 사회과학의 기본 개념을 다루어야 하며, 각 학문의 구조, 체계를 반영한다.

② 지리, 역사, 사회과학의 탐구 방법과 지식의 위계를 포함한다.

③ 학습의 유용성과 적용성을 높이는 데 필요한 지적 기능에서 사회적 기능에 이르는 다양한 기능을 포함한다.

④ 결과적 지식과 함께 과정적 지식을 다룰 수 있는 기회를 제공하여야 한다.

3. 내용 및 학습경험 조직

사회과교육과정은 수직적 측면과 수평적 측면을 고려하여 내용을 조직한다. 내용 조직 원리와 함께 균형성의 원리, 다양성의 원리, 지역화의 원리 등은 학습경험을 조직하는 주요 원리가 된다.

교과과정의 학습경험	사실, 개념, 일반화, 기능, 가치 등 모든 경험의 총체
수직적 조직 원리: 시퀀스 (학습순서)	대표적으로 계열성, 환경확대법
수평적 조직 원리: 스코프 (범위, 폭과 깊이)	대표적으로 통합성, 사회기능, 사회문제, 사회과학개념

(1) 수직적 내용 조직 원리

① 계열성의 원리

계열성 원리는 교육과정 내용이 배열된 순서를 말한다. 예컨대 아동의 성장과 흥미발달에 따른 배열, 환경확대법, 학습내용의 논리적 배열 등이다. 또한 단순 → 복잡, 부분 → 전체, 구체적 → 추상적 등으로 제시하는 방안이 있다. 구체적으로는 브루너의 경우 상위개념 → 하위개념으로, 가네의 경우에는 낮은 수준에서 높은 수준으로 등과 같은 방안을 제시하였다. 또는 연대기적 순서를 고려하여 제시하고자 하는 방안도 있다.

② 수직적 연계성

수직적 연계성은 배운 내용과 앞으로 배울 내용이 잘 연계되도록 학습내용을 조직하는 것을 말한다. 학교급 간, 학년이나 단원들 간의 학습 내용을 연결하는 역할을 한다.

③ 계속성의 원리

계속성의 원리는 동일한 교육내용을 계속적으로 반복학습 할 수 있도록 배열하는 원리를 말한다. 구체적으로는 ㉠ 내용 간의 지속성, ㉡ 학교급별 수준 간의 계속성, ㉢ 경험계속성 등을 말한다. 관련되는 사례로는 타바(Taba)의 '누적적 학습'이 있다.

⑵ 수평적 내용 조직 원리

① 스코프(scope)의 원리

스코프는 특정 시점에서 학생들이 배우게 될 내용의 폭과 깊이를 말한다. 학생들이 배워야 할 내용이 무엇이고, 그것들을 얼마나 깊이 있게 배워야 하는지를 결정하는 역할을 한다.

② 통합성의 원리

통합성의 원리는 교육내용들을 하나의 단원이나 교과로 묶거나, 연관성이 있는 내용들을 서로 연결하여 제시하는 것을 말한다. 통합성의 원리는 경험중심교육과정의 영향으로 관심을 받기 시작하였다.

⑶ 균형성의 원리

균형성의 원리는 학습경험 사이의 균형을 추구하는 원리를 말한다.

⑷ 다양성의 원리

다양성의 원리는 다양한 학습활동을 추구하는 원리를 말한다.

⑸ 지역화의 원리

지역화의 원리는 학습자가 살고 있는 지역의 환경과 문화를 활용하여 학습내용을 구성하는 것을 의미한다. 이 모든 원리가 중시되거나 검토되는 대상은 아니다. 왜냐하면 서로 구별되지 않는 부분도 있기 때문이다. 그래서 대표 조직 원리를 중심으로 설명해도 나머지 언급되지 않은 원리까지 반영되었다고 이해하면 족할 것이다.

4. 내용조직 원리의 현실적 유형

⑴ 대표적인 내용조직 원리

계열성 원리로 대표적인 것이 환경확대법, 계열성 원리와 통합성 원리가 결합된 나선형 원리, 통합성 원리 등이 대표적이다.

① 환경확대법
환경확대법은 학년이 높아짐에 따라, 자기 자신을 중심으로 가까운 곳, 손쉽게 경험할 수 있는 곳에서부터 시작하여 점차 먼 곳으로 확장되어 나아가도록 내용을 배열하는 원리를 말한다. 환경확대법은 '자신 → 가족 → 이웃 → 지역 사회 → 국가'와 같이 사회과 교육 과정의 계열성을 고려한 학년에 따른 내용 구성 방법이다. 사회기능법에 따라 사회과의 내용을 선정할 때, 그 배열 원칙으로 사용된 것이 환경확대법이다.

② 나선형 원리
나선형 원리는 몇 개의 학문 영역에서 관련되는 핵심 원리 및 개념을 선택하여 저학년에서 고학년으로 그 내용과 수준을 심화·확대하여 지속적·반복적으로 학습하도록 구성하는 원리를 말한다. 즉 나선형 원리는 여러 학문 영역에서 도출된 핵심 개념을 중심으로 내용의 수준이 깊어지고 범위는 확대되도록 내용을 조직할 뿐만 아니라 몇 개의 학문 영역에서 내용을 선택하여 통합적으로 구성하는 원리를 말한다.

③ 통합성 원리
통합성의 원리는 사회과의 다양한 교과 내용을 학문 영역 간의 관계와 교육적 고려 등을 기준으로 재조직하여 구성하는 원리를 말한다.

⑵ 현실적으로 조직된 교육과정 주요 구성원리

현실적으로 조직된 교육과정에서 파악할 수 있는 가장 주요한 교육과정 조직원리가 환경확대법, 나선형 원리, 통합성 원리라고 할 수 있다.

⑶ 우리나라의 사회과 교육과정 구성원리

차경수·모경환(2008)은 우리나라의 사회과 교육과정 구성원리는 환경확대법, 나선형 원리, 통합성 원리, 지역화의 4가지 원리를 제시하고 있다.

Ⅱ 교육과정 조직형태[59)]

01 교과중심 교육과정 : 시민성 모형 전통과 관련

1. 특징 및 관련 전통

(1) 의미

교과중심 교육과정은 역사, 정치, 경제, 지리 등의 교과 내용을 중심으로 조직한 것을 말한다.

(2) 기본 특성

① 목적: 문화유산 전승

② 지식 중심

③ 교과서 중심, 교사 중심

(3) 유형[60)] : 분과형과 통합형

교과중심 교육과정은 분과적으로 또는 통합적으로 조직되기도 한다.

(4) 주요 내용

이 교육과정은 국가와 사회에 관한 지식과 가치를 주요 내용으로 한다.

(5) 교수-학습방법 : 암기 위주, 교사의 권위

이 내용들을 다룰 때 교사의 설명, 훈화, 암기, 반복 등을 강조한다.

(6) 사회과 전통

관련되는 사회과 유형으로는 시민성 전달모형이다.

2. 평가

(1) 장점

첫째, 중앙통제가 쉬우며, 체계적이다. 둘째, 학생들의 지적 성장에 효과가 있다. 셋째, 인류의 문화유산이라고 할 수 있는 지식을 교육하는 데 효과적이다.

---

59) 차경수·모경환, 2008:97-104 참조
60) 교육학에서는 주로 분과적이라고 설명하고 있지만, 교과교육에서는 분과적인 것과 통합적인 것을 함께 제시하고 있다.

(2) 단점

첫째, 학습자의 심리적인 흥미나 요구를 소홀히 하며, 학습자의 일상문제를 경시한다. 둘째, 지적인 능력 이외에 정서적인 면이나 바람직한 태도 또는 창의력이나 사고력과 같은 높은 차원의 지적 능력을 하는 데 한계가 있다.

02 학문중심 교육과정 : 신사회과 전통과 관련

1. 특징 및 관련 전통

(1) 의미

학문중심 교육과정은 사실, 개념, 일반화를 기반으로 하는 지식의 구조에 따라서 조직하는 교육과정을 말한다. 이것은 브루너의 '교육의 과정'에 기원하는 것이다. 이는 교과의 구조화를 강조한다. 즉 사회과를 구성하고 있는 지식의 구조를 중심으로 교육과정을 조직한다.

(2) 기본 특성

① 목적: 구조 및 학문탐구과정에 대한 이해

② 특성: 지식의 구조적 접근

(3) 유형

이 교육과정은 분과학문형이나 통합형으로 내용이 조직되기도 한다.

(4) 주요 내용

① 학문의 구조

② 연구절차 및 방법

③ 기본개념

(5) 교수-학습방법 : 설명, 발견, 문제해결

학문중심 교육과정은 교수방법으로 학습자가 학습하는 가운데에서 스스로 원리를 발견하고 응용하도록 하는 발견학습 또는 탐구학습을 강조한다.

(6) 사회과 전통

관련되는 사회과 유형은 사회과학으로서의 사회과이다.

2. 평가

(1) 장점

① 교과를 구성하고 있는 사실, 개념, 법칙 등의 기본적인 내용을 구조적으로 파악하기 때문에 교과의 전체적 이해가 쉽다.

② 단편적인 지식 중심의 학습보다 기억이 오래 가고 전이 가치가 높다.

③ 고등지식과 초보적인 지식 사이의 간격을 좁힐 수 있다.

④ 어려운 개념이나 이론도 학습자의 발달단계에 따라서 교육할 수 있다.

⑤ 추상적 사고력과 지적 수준을 높이는 데 적합하다.

(2) 단점

① 사회과학자와 교사들 사이에 의견이 달라 교육내용(개념, 일반화, 법칙 등)을 선택하기 어렵다.

② 교육현장 교사들의 준비가 덜 되었을 때는 이론과 현실 사이에 괴리가 발생할 수 있다.

③ 교육적 효과를 위해서는 학생들의 적극적 수업 참여가 중요한 전제가 된다. 하지만 학생들의 적극적 참여가 부족할 경우에는(발견 및 탐구학습으로 인한) 교육적 효과를 기대하기 어렵다.

④ 발견학습이나 탐구수업의 효과가 나타나기 위해서는 풍부한 학습자료를 필요로 한다. 학습자료가 부족할 경우 발견 및 탐구학습으로 인한 교육적 효과를 기대하기 어렵다.

03 경험중심 교육과정 : 20세기 초의 진보주의 교육운동과 함께 출발

1. 특징 및 관련 전통 : 아동의 생활경험이 학습경험

(1) 의미

경험중심 교육과정은 학습자의 욕구와 필요를 반영하고 실제생활에서 발생하는 문제를 해결할 수 있도록 학습을 실제 생활과 연관시킨 교육과정을 의미한다. 이 교육과정은 학교가 학생의 일상생활과는 별로 관계가 없는 지식의 체계를 교육하는 데 대한 반발로 등장하였다.

(2) 기본 특성

교육과정 중 반성적 사고와 밀접한 관련성이 있는 것이 경험중심 교육과정이다. 이런 진보주의적 영향이 잘 드러난다.

① 목적 : 학습자의 사회화, 문제해결능력 및 반성적 사고능력 함양

② 활동 중심, 학습자 흥미(요구)중심 교육과정

(3) 통합의 유형61)

다른 교육과정 형태와는 달리 '경험중심 교육과정'은 분과형이 없이 통합의 유형만 존재한다. 구체적인 내용조직 방식으로는 활동 중심, 이슈 중심의 형태가 있다.

(4) 주요 내용 : 활동, 경험, 이슈

이 입장에 따르면 교육과정은 어린이의 욕구와 필요에서 출발해야 하고, 생활 경험 그 자체가 되어야 한다.

(5) 교수-학습방법

학생의 능동적 참여를 유도하는 방법을 주로 사용한다. 대표적인 것으로는 문제해결학습이 있다. 이 경우 교사는 학생들의 능동적 참여와 활동을 전개할 수 있도록 하는 조력자의 역할을 담당한다.

2. 평가

(1) 장점

첫째, 아동의 생활세계와 경험을 존중함으로써 학생들의 동기를 높여, 학습에 적극적인 참여를 유도할 수 있다. 둘째, 학습생활이 실제 생활과 밀접하게 연결되게 한다. 셋째, 학생들에게 다양한 경험을 갖게 하여 전인교육의 한 방법으로서 역할을 기대할 수 있다.

(2) 단점

첫째, 교사의 수업 준비, 학생들의 적극적 참여 태도, 풍부한 학습자료 준비 등 많은 자원과 노력을 요구한다는 점에서 수업 실행을 뒷받침하기 어렵다. 둘째, 사회생활에 필요한 문화유산 지식 학습 및 다양한 경쟁 능력 습득을 소홀히 한다. 셋째, 체계적 지식 습득을 소홀히 함으로서 학생들의 기초 학력이 낮아질 수 있다.

---

61) 이론적으로 분과형은 존재할 수 없다.

04 역량중심 교육과정[62]

1. 역량의 의미 및 특징

(1) 역량 개념의 등장 배경

일반적으로 역량은 '상황이나 맥락에서 직면하는 문제를 해결할 수 있는 지식·기능·가치 및 태도 그리고 효율적 행위를 하는 데 필요한 다양한 요소들의 총체'라고 할 수 있다. 역량은 후기 산업사회 단계에 접어들면서부터 경영학, 산업공학 분야 등과 직업교육, 직무교육 등에서 강조되기 시작한 개념이다. 역량은 직무를 성공적으로 수행하기 위해 필요한 능력을 의미하는 것으로 주로 사용되었다. 사회의 급속한 변화와 해결하기 어려운 문제들의 등장은 역량이라는 개념의 확장으로 이어졌다. 이제 역량은 삶 전체에서 필요한 것으로 간주된다. 제 4차 산업혁명이라는 말과 함께 역량은 더욱 강조되고 있다. 이런 변화 속에서 교육 분야에서는 개념과 일반화 등과 같은 지식을 중심으로 하는 학문중심 교육과정의 한계와 그 한계를 극복하고자 하는 대안으로 역량이라는 개념에 주목하기 시작했다.

(2) 역량의 의미

① 의미

현재 역량은 삶 전체에서 필요한 것으로 주목받게 된 것이다. 역량은 삶 전체에서 요구되는 능력, 자질, 기능 등의 다양한 관점으로 제시되고 있는 지식·기능·가치 및 태도뿐만 아니라 효율적으로 문제를 해결할 수 있도록 하는 모든 행위적 요소들을 포괄하는 것이라고 할 수 있다.

② 능력, 기술, 자질 등 다양한 관점으로 제시

일찍이 쇼트(Short)는 역량에 대한 여러 개념들을 정리해서 수행(performance), 지식이나 기능의 통제자, 충분한 능력(capability), 자질(quality)이라는 4가지 관점으로 정의했다[63]. 교육목표로서 역량을 도입하는 데 기여한 것은 OECD의 역량개념이라고 할 수 있다. OECD의 DeSeCo(Defining and Selecting Key Competencies) 프로젝트에서는 역량의 의미로 'competencies'라는 단어를 사용하고, 2015년 시작된 'The Future of Education and Skills 2030' 프로젝트에서는 'skills'이라는 용어를 사용하고 있다. OECD 회원국들의 경우에도 미국·영국 등은 기능(기술)으로, 호주·뉴질랜드 등은 능력으로, 독일은 자질 등과 같이 다양한 관점에서 역량 개념을 제시하고 있다. 국내의 경우에는 주로 '능력'의 관점을 취하고 있으며, 기능과 구별되는 것으로 역량을 다루고 있다.

---

62) 김경자·온정덕·이경진 (2017). 역량함양을 위한 교육과정 설계 : 이해를 위한 수업 서울: 교육아카데미.; 박민정 (2009). 역량기반 교육과정의 특징과 비판적 쟁점 분석: 내재된 가능성과 딜레마를 중심으로. 교육과정연구, 27(4), 71-94.; 한혜정 외 3인(2018), "역량기반교육과정에 대한 국내 선행연구의 이론적 논의분석 및 쟁점탐색", 이주연 외 3인 (2017), "역량기반 학교 교육과정의 실천 사례 특징 분석", 소경희 (2007). 학교교육의 맥락에서 본 '역량(competency)'의 의미와 교육과정적 함의. 교육과정연구, 25(3), 1-21. 손민호 (2006). 실천적 지식의 일상적 속성에 비추어 본 역량의 의미: 지식기반사회? 지식기반사회! 교육과정연구, 24(4), 1-25 등을 참고로 정리하였다.

63) Edmund C. Short(1985), The Concept of Competence : 2-6

(3) **역량의 특징**(윤정일 외, 2007:239; 손민호, 2006:5).

역량의 개념을 분석해 보았을 때 주된 특징은 총체성, 수행성, 맥락성이라고 할 수 있다(한혜정 외 3인, 2018:9). 역량의 특성은 총체성·포괄성·통합성·유연한 변화 가능성·학습가능성·가치 지향성 등이라고 할 수 있다.

① 역량은 맥락성(사회적 맥락)을 전제로 한다.

역량의 맥락성은 역량은 지속적으로 구성되는 맥락과 맞물려 사용되는 능력으로서 맥락적이고 즉각적인 성격을 가진다는 것을 말한다(손민호, 2006, p. 5). 이런 점에서 역량의 맥락성은 불특정성, 확산성과 수렴성 등을 내포하는 특성이다.

② 역량은 총체적이다.

역량은 지식이나 기술과 같이 관찰 가능한 측면뿐만 아니라 동기나 태도와 같이 인간의 심층적인 특성을 포함하는 능력이다. 또한 역량을 구성하는 다양한 요소들은 별개로 구분되어 존재하는 것이 아니라 유기적으로 연결되어 있다. 따라서 역량의 총체성은 포괄성, 통합성을 포함하는 특성이다.

③ 역량은 수행능력(수행성)이다.

역량의 수행성은 역량이 지식을 활용하는 능력임을 말한다. 역량은 지식, 기술, 전략 및 전술 능력임을 강조한다. 즉, 역량은 자신이 가지고 있는 지식, 기술, 전략 등을 능동적이고 반성적으로 사용하여 새로운 상황에 맞는 형태로 해석하고 재조정하는 능력을 의미한다(윤정일 외, 2007, p. 242). 이런 측면에서 역할의 수행성은 반성성(성찰적 능력), 유연한 변화 가능성, 학습 가능성, 가치지향성 등을 포함하는 특성이다.

(4) **다른 개념과의 구분**

① 지능은 맥락성과 수행성이 없다.

지능이 지필 검사 상황을 전제로 한 것이라면, 역량은 삶이라는 맥락 속 실제 수행과정에서 발휘되는 것이다.

② 기술은 총체성이 없다.

기술이 자동화, 패턴화, 단계화 등에서 규정되는 절차적 능력이라면, 역량은 과제를 성공적으로 완수하는 데 필요한 지식, 기능, 가치 및 태도, 문제 해결을 위해 필요한 모든 요소들을 포함하는 것을 말한다.

③ 기능은 역량의 한 부분이다.

2. 역량중심(기반) 교육과정의 의미 및 특징

⑴ 의미

역량중심 교육과정이란 미래 사회에 필요한 역량을 함양하기 위해 제시된 교육과정으로 역량기반 교육과정(competency-based education)은 핵심역량을 바탕으로 하여 학문적 지식과 실제적 지식의 통합을 지향하며 설계된 교육과정을 말한다. 역량중심 교육과정은 학문중심 교육과정의 대안으로(한혜정 외 3인, 2018.11), 또는 지식을 중시하는 학문중심 교육과정과 경험을 중시하는 경험중심 교육과정의 대안으로 제기되었다.(백승수, 2020, 12)[64] 많은 연구들에서는 되었다. 주의할 점은 대안의 의미가 대체의 의미가 아니라는 것이다. 역량중심 교육과정을 시행한다고 해서 학문중심 교육과정 및 경험중심 교육과정의 내용들이 전적으로 무시될 수 없다. 지식은 역량의 성장에 중요한 역할을 하기 때문이다. 교과의 내용 이해 그 이상을 요구하는 것이 역량기반 교육과정이다.

⑵ 역량중심 교육과정의 특징 : 역량중심 교육과정의 구성 요소

① 핵심역량을 함양하는 것을 목표로 한다.

역량중심 교육과정은 교과 내용에 대한 이해를 넘어 교과 내용을 실생활에 적용하고 문제해결 과정에 활용할 수 있는 능력을 강조한다. 즉, 역량중심 교육과정은 핵심역량을 함양하는 것을 목표로 한다. 2015 개정 교육과정에서 핵심역량은 "미래 사회 시민으로서 성공적이고 행복한 삶을 살아가기 위해 필요한 핵심적인 능력으로, 지식, 기능, 태도 및 가치가 통합적으로 작용하여 발현되는 능력"이다(교육부, 2016a). 2015 개정 교육과정에서는 핵심역량으로서 자기관리 역량, 지식정보처리 역량, 창의적 사고 역량, 심미적 감성 역량, 의사소통 역량, 공동체 역량 등 6개가 제시되었다. 이러한 핵심역량은 교과교육 역량을 통해 길러지는 것이다. 교과 역량이 핵심역량으로 전이되도록 교육해야 한다는 것이다. 이런 측면에서 핵심역량은 교과 교육의 방향이 되고, 교과 교육 역량은 교과 교육과 핵심역량을 이어주는 역할을 한다. 따라서 사회과 역량 뿐만 아니라 모든 교과의 역량을 통해 핵심역량은 길러진다.

② 학교 안과 밖을 연계하는 교육과정을 구성한다.

교육과정 설계측면에서 역량기반 교육과정은 교과 간, 교과 내 교육과정 재구성은 물론 학교 밖 학습과의 연계를 고려한다. 핵심역량은 특정 교과에만 관련되는 능력이 아니며, 삶의 전반에서 요구되는 능력이기 때문이다. 따라서 교과 간·교과 내 통합 내지는 융합된 교육과정을 구성한다. 또한 학교 안에서 배운 내용을 학교 밖으로 확장시킬 수 있도록 한다.

③ 학생 주도적 성찰과 실행이 이뤄지는 교수학습방법을 강조한다.

교수 방법적인 측면에서는 학생 주도적 성찰을 통해 자신의 기능, 전략, 지식으로 문제를 능동적으로 해결하는 방법을 강조하고 있다. 역량을 기르기 위해서는 수업에서 실제 세계가 반영된 학습상황을 제시하여 학생으로 하여금 자신이 알고 있는 것을 구조화하고 적용하고 확장시키는 경험을 하도록 해야 한다. 예컨대 프로젝트 학습, 소모둠 협동학습, 탐구학습, 학생참여형 수업 등이 있다.

---

64) 백승수(2020). 핵심역량기반 교양교육의 당면 과제와 개선 방향, Korean Journal of General Education 2020. 6. Vol. 14, No. 3, PP. 11-23.

④ 과정중심의 수행평가를 강조한다.

평가 측면에서는 학생의 성장을 평가하기 위해 과정중심평가를 강조한다. 역량기반 교육과정과 연결된 학생 평가에서는 양적 평가보다는 질적 평가 방법이 더 적절하다. 문제 해결 장면에서 나타나는 각종 능력들을 평가해야 하기 때문이다. 또한 의사결정력 및 문제해결력, 창의력, 비판적 사고, 협력, 의사소통능력 등을 종합적으로 평가할 수 있도록 해야 한다. 역량은 수행을 통해서 드러나기 때문에 과정중심의 다양한 평가를 고려한다.

3. 역량중심 교육과정에 대한 평가

⑴ 긍정적 평가

① 성공적인 문제 해결에 기여하도록 통합적 교육과정 운영을 할 수 있도록 한다.

지식과 행위 그리고 이론적 지식과 실천적 지식의 통합적 지식, 인지·정서·행동적 요소들이 모두 유기적으로 연계되는 역량을 기를 수 있도록 한다(소경희, 2007).

② 학교 내 학습의 연계와 더불어 학교 밖 학습의 연계를 강화하고 교육방법 및 평가방식의 혁신을 통해 교육과정 운영의 변화와 교육의 책무성이 향상된다(박민정, 2009).

③ 다양한 교육과정의 조직할 수 있는 틀을 제공해 준다.

④ 학생과 교사 모두에게 반성적 실천의 기회를 지속적으로 제공한다.

⑵ 부정적 평가

① 아직까지 역량 및 역량중심 교육과정의 의미가 명확하게 확립되지 못하였다.

② 행동주의에 근거한 것으로 지식을 무시하고 수행을 강조한다. 그 결과 기술을 평가하는 데 초점을 둔다.

③ 직업주의 전통에서 비롯된 것으로 자유주의 교육의 가치를 훼손시킨다.

02 우리나라 사회과 교육과정의 구성원리 및 교육과정

I 우리나라 사회과 교육과정 구성원리

01 환경확대법의 원리

1. 의미

환경확대법은 학년이 높아짐에 따라, 자기 자신을 중심으로 가까운 곳, 손쉽게 경험할 수 있는 곳에서부터 시작하여 점차 먼 곳으로 확장되어 나아가도록 내용을 배열하는 원리를 말한다. 즉 학습자의 사회적 경험 정도에 따라 내용 선정의 공간적 확장이 이루어진다. 동심원 확대법 혹은 흥미 확대법 등으로도 불린다.

다음은 환경확대법의 구체적인 사례이다. 《2013 기출

구분		양성평등이 잘 이루어진 예	양성평등이 잘 이루어지지 않은 예
1학년	우리 가족		
	우리 교실		
2학년	우리 학교		
	우리 지역사회		
3학년	우리나라		
	세계(다른 나라)		

• 주제: 우리 사회와 양성 평등
• 생각 확장하기

2. 내용조직 방법

이는 학습자의 발달 수준, 사회적 경험의 정도, 사회 기능 등을 고려하여 학습자가 경험하게 되는 물리적 공간을 유기적으로 연결하여 연속적으로 조직하는 원리이다.
예 한나(P. R. Hanna) : 사회기능법에 따라 사회과의 내용을 선정할 때 경험의 확대 과정에 따른다.

(1) 환경확대법과 다른 원리가 반영된 교육과정

① 사회기능법에 따라 사회과의 내용을 선정할 때, 그 배열 원칙으로 사용된 환경확대법

◇ 환경의 확대 개념에 따른 내용 배열[65]

Hanna의 인간기본활동 9가지 영역	학년	Hanna의 모형	미국사회과 교육협회
① 생명과 자원의 보호와 유지 ② 재화와 용역의 생산, 소비, 교환 ③ 재화와 인간의 수송 ④ 사실, 아이디어, 감정소통 ⑤ 교육의 제공 ⑥ 오락의 제공 ⑦ 조직과 통치 ⑧ 미적, 정신적, 충동표현 ⑨ 새로운 도구 기술, 기관의 창조	유치원	–	사회적 상황에서 자아인식
	1학년	가족, 학교 사회	가정과 학교생활
	2학년	이웃사회	이웃
	3학년	지역사회	지역사회
	4학년	주사회	지역
	5학년	국가사회	미국과 이웃국가
	6학년	미국과 남북미 사회	동반구
	7학년	미국과 유럽사회	지구촌 관점
	8학년	미국과 아시아 사회	미국
	9학년	미국과 세계사회	법, 정치, 경제
	10학년	–	세계사
	11학년	–	미국사

② 환경확대법과 나선형 원리의 결합

학년	학년 주제	주요 학습 주제
1~2	다양한 형태의 가족	• 자연 환경에 따라 가족의 생활 모습에 차이가 나는 이유는 무엇일까?
3~4	다양한 모습의 지역사회	• 지리적 조건에 따라 의식주, 사회조직, 문화에 차이가 나는 이유는 무엇일까? • 사회·문화적 환경에 따라 경제체제에 차이가 나는 이유는 무엇일까?
5	각 지방의 생활	• 지리적 조건에 적응하는 방식에 따라 생활양식에 차이가 나는 이유는 무엇일까?
6	우리나라 역사	• 시대마다 제도와 문화가 서로 다른 이유는 무엇일까?
7	이웃 나라	• 아시아 각 문명의 형성과정이 서로 다른 이유는 무엇일까? • 아시아 각 지역마다 인문환경과 사회제도가 다른 이유는 무엇일까?
8	먼 나라	• 주요 문명의 형성과정이 서로 다른 이유는 무엇일까? • 세계 각 지역마다 인문환경과 사회제도가 다른 이유는 무엇일까?
9	비교 정치, 비교 경제	• 각국의 정치체제와 경제체제가 서로 다른 이유는 무엇일까?
10	동양사	• 차이를 만들어 내는 원동력은 무엇인가?
11	근현대사 연구	• 오늘날 우리 사회가 가지는 문제의 근원은 무엇인가?
12	행동과학 입문	• 인간의 행동을 규제하는 원리는 무엇인가?

---

65) Hanna, 1934:129-134; Banks, 1990:11; 박상준, 2006:123.

3. 긍정적 평가

환경확대법은 아동의 흥미와 발달과정에 부합하는 교육과정이다.

⑴ 학습자의 심리적인 부분과 경험이 일치하는 접근이라는 점에서 학습자의 학습내용에 대한 이해력이 높다.

⑵ 학습자의 일상생활과 학문적 주제 사이의 거리가 좁아, 학습내용에 대해 친밀감을 느껴 학습동기를 높일 수 있다.

4. 환경확대법의 탄력적 적용

⑴ **문제 제기**

환경확대법은 1930년대 이래 미국을 비롯하여 호주, 캐나다, 일본, 한국에 있어서 사회과 교육과정 내용 배열의 기본 원리가 되어 왔다. 환경확대법은 인간과 환경의 상호작용을 전제한다. 하지만 교통과 통신이 발달한 사회와 아동의 특성을 반영하지 못한 뒤떨어진 원리라 하여 심각한 비판에 직면해 있다. 따라서 기존의 사회과 내용 조직 원리인 환경확대법이 21세기 시민으로 살아가게 될 학습자들을 교육시키는 데 적절한 지 의문을 던지고 현시대 상황에 맞는 사회과 교육 과정 조직의 방향을 탐색해야 할 필요가 있는 시점에 서 있다.

⑵ **주요 비판 내용**: 환경확대법의 탄력적 적용 강조

① **사회와 아동의 특성의 지나친 단순화, 도식화**

아동이 반드시 가까운 곳에서부터 먼 곳으로 이해의 수준을 기계적으로 확장시켜 나가지 않는다. 그런데 환경확대법은 사회와 아동의 특성을 지나치게 단순화, 도식화하고 있다.

② **교통 · 정보통신기술의 발달로 물리적 거리의 완화**

이 원리에 따르면 교육과정은 학습자가 경험한 혹은 경험하게 될 공간적 차원들을 고려하여 조직되어야 한다. 정보화 사회에서는 공간의 개념을 설정할 때 물리적인 차원보다는 시간적 · 심리적 · 경험적 차원들이 더 중요한 의미를 가지기 때문에 이 원리의 보다 융통성 있는 적용이 요구되고 있다. 즉 정보통신기술의 발달로 물리적 거리의 제약은 완화될 수 있다는 비판이 제기되고 있다

⑶ **환경확대법의 탄력적 적용에 대한 평가**

2007 개정 교육과정 시기 초등학교에서는 주변국의 국세 정세의 변화를 반영하여 국사 교육이 강화되고 국사를 초등학교 5학년 1, 2학기에 다루게 되었다. 최근 일본과 중국의 역사 왜곡 문제에 대응하는 차원에서 국사 교육의 비중이 늘어나게 되었다.[66] 이러한 위로부터의 역사 교육 강화로 인해 과거 지향해 온 초등학교의 통합지향적 교육이나 환경 확대 원칙원리의 파괴라는 문제점도 함께 불러온 것으로 보고 있다.[67]

---

66) 설규주, 2007:85.
67) 김정인, 2008:1.

02 나선형 교육과정의 (조직)원리[68]

1. 개념적 특성

(1) 의미

몇 개의 학문 영역에서 관련되는 핵심 원리 및 개념을 선택하여 저학년에서 고학년으로 그 내용과 수준을 심화·확대하여 지속적·반복적으로 학습하도록 구성하는 원리를 말한다. 즉 주요 개념을 선택하여 유치원에서부터 상급학교 수준으로 올라가면서 지속적·반복적으로 학습할 수 있도록 구성한 것을 의미한다. 교육과정을 조직하는 원리의 하나인 나선형 원리는 그 자체가 수직적·수평적 조직의 성질을 띠고 있고 내용 영역들을 순차적으로 상향하면서 계속 순환하여 그 폭과 깊이가 확대, 심화되는 모양을 지닌 형태를 만들어 낸다. 그래서 엄밀하게 말하면 나선형 원리는 계속성, 계열성, 통합성 등의 성질을 동시에 지니면서 스코프와 시퀀스(sequence) 문제를 동시에 해결해 준다.[69]

◎ **타바(1967)의 나선형 교육과정 실례[70]**

학년	개념의 초점	사회화	희소성	문화적 차이	권력	물리적 환경
유치원	정체성	개인의 정체성은 주변 사람들에 의해 영향 받는다.		개인의 문화와 소속집단은 그의 정체성에 영향을 미친다.		
1학년	인간 집단	개인의 행동은 집단에 의해 영향 받는다.		문화는 집단의 성격에 영향을 미친다.	집단은 규칙과 제재에 의해 지배받는다.	
2학년	인간 제도	제도는 인간의 욕구충족을 돕는다.	경제제도는 상품과 서비스의 교환을 돕는다.	제도는 모든 문화에 존재한다.	정치제도는 사회 안정을 유지하는 것을 돕는다.	물리적 환경은 사회제도의 구조에 영향을 미친다.
3학년	인간 공동체	개인의 행동은 공동체에 의해 영향 받는다.	공동체의 구성원은 상품과 서비스의 충족을 위해 상호 의존한다.	소수문화와 인종은 한 문화권보다는 다양한 문화 속에서 기능한다.	개인은 정책에 영향을 미치는 집단을 형성한다.	다양한 집단들이 같은 물리적 환경을 다르게 활용한다.
4학년	인간 사회	한 사회 내 개인들은 행동적 특성을 공유한다.	희소성은 모든 사회의 문제이다.	한 사회 내 하위 문화의 존재는 갈등을 증대시킨다.	정치제도는 모든 사회에서 발생한다.	물리적 환경은 사회제도의 성격에 영향을 미친다.
5학년	인간 문화	개인의 문화는 그의 행동과 가치에 영향을 미친다.	문화는 서로 다른 방식으로 상품과 서비스의 필요를 충족시킨다.	서로 다른 문화를 지닌 사람들이 상호작용할 때 갈등은 발생한다.	법과 규칙은 모든 문화에서 인간행동을 지배한다.	물리적 환경은 문화가 발달하는 방식에 영향을 미친다.
6학년	사회문제와 사회운동	개인은 사회문제를 해결하는 운동에 참여한다.	희소한 자원(가치)은 사회문제를 일으킨다.	문화적·인종적 차이는 사회문제를 일으킨다.	권력투쟁은 국가 사회 사이에 발생하고 국제문제를 일으킨다.	자연자원의 이용은 사회문제를 일으킨다.

---

68) Banks, 1990:60-61; 박상준, 2006:128.
69) 이경섭, 1996:244, 교육과정 내용조직에 있어서의 주요 쟁점, 교육과정연구 14권.
70) Banks, 1990:62-63; 박상준, 2006:129-130.

⑵ 신사회과 시기 및 제4차 교육과정 원리

나선형 교육과정은 신사회과 시기의 중요 교육과정 원리이다. 이런 나선형 교육 과정(Spiral Curriculum)에서 가장 중시되는 것은 지식의 구조이다. 이런 나선형 조직원리가 우리나라 교육과정에 도입되어 시행된 것은 제4차 교육과정이다.

⑶ 브루너(Bruner)의 주장

신사회과 시기의 중요 교육과정원리인 나선형 교육과정(Spiral Curriculum)에서 가장 중시되는 것은 지식의 구조이다. 특히 브루너의 주장에서 잘 나타난다. 그는 '표현방법의 수준만 학생에 맞추면 어떠한 학생이든지 지식의 구조를 이해할 수 있다'고 하면서 작동적 표현방법(⇦ 전조작기), 영상적 표현방법(⇦ 구체적 조작기), 상징적 표현방법(⇦ 형식적 조작기)의 3단계 표현방식을 제시하였다. 그리고 학생들은 학자들과 동일한 종류의 일을 수행함으로써 지식의 구조를 충분히 이해할 수 있다고 하였다.

2. 특징(내용조직 방법)

⑴ 몇 개의 학문 영역에서 내용을 선택하여 통합적으로 구성하고 있다.

⑵ 핵심개념을 중심으로 내용의 수준이 깊어지고 범위는 확대되도록 내용을 조직하고 있다.

⑶ 다양한 학문 영역과 관련된 개념을 지속적·반복적으로 학습할 수 있도록 구성한다.
다음과 같은 성취기준에서 위의 여러 가지 특징에 대해 생각해 보자.

학년	성취기준
1	근대화, 민주주의, 정치발전 등에 이해한다.
2	근대화가 정치발전에 미치는 영향을 이해한다.
3	세계 각국에서 근대화가 정치발전에 어떤 영향을 미쳤는지를 이해한다.

3. 평가

⑴ 장점

① 학습자로 하여금 유의미한 학습을 가능하게 한다.

② 학습자는 발견 및 탐구 활동을 통해 학문의 구조 및 방법을 습득할 수 있다.

③ 계열성과 연속성 등을 반영하여 학습자의 성장단계와 학습 내용을 연관시켜 학습 경험을 제공한다.

⑵ 문제점

① 통합적 입장에서 보면 나선형 교육과정이 분과형 조직으로 실현될 때 학문적 정체성을 강조하는 경향 때문에 특정 분야의 지식에 기울어지는 문제점이 발생한다.

② 특정 분야의 지식에 기울어질 경우 학습자들은 일상생활과 학습내용 사이에 구획화 현상을 느낄 가능성이 크다.

③ 학년이 올라갈수록 동일한 학습내용을 심화시켜 제시하는 것이 어렵다. 만약 심화시켜 제시하지 못할 경우에 학습자들은 같은 지식의 중복 및 반복으로 학습 내용을 여기게 될 것이다.

④ 나선형 교육과정을 운영하는 데 필요한 기본 개념 및 원리를 선택하고 결정하는 것이 어렵다.

⑤ 학습자의 발달단계에 적합하도록 학교급별 또는 학년별로 내용을 조직하는 것이 어렵다.

03 통합의 원리[71]

1. 사회과 통합성 원리의 의의

⑴ **통합의 개념**: 이질적인 요소들 ⇨ 통일체

통합은 서로 다른 이질적인 여러 가지 요소들이 일정한 원리에 의해서 질서 있게 결합하여 새로운 하나의 통일체를 형성하는 것을 의미한다. 이질적인 부분이 이질적으로 남아 있으면, 그것은 통합으로 볼 수 없다. 통합이 되면 새로운 성격의 단위를 형성하게 된다. 하지만 통합은 매우 약한 상태의 통합으로부터 매우 강한 정도의 통합에 이르기까지 여러 가지 형태로 존재할 수 있고, 통합의 원리나 준거도 상황에 따라서 다양하게 존재할 수 있다.

⑵ **사회과 교육과정에 적용된 통합성의 의미**

사회과에서의 통합은 사회과에서 중시하는 핵심 주제, 이슈, 사회문제 또는 개념을 학습하기 위해 2가지 이상 학문 분야의 지식과 방법론을 결합하는 교육과정 구성 방식을 의미한다. 구체적으로 말하자면 사회과의 다양한 영역에 해당하는 지리, 역사, 정치, 경제, 법, 사회문화, 윤리 등에 관한 내용들을 통합적으로 재조직하여 교육과정을 구성하는 것을 의미한다. 이상적인 의미의 사회과 통합은 서로 다른 여러 가지 요소들이 일정한 원리에 의해서 질서 있게 결합하여 하나의 통일체를 형성하는 것을 지칭하지만, 실제로 학교 교육과정의 차원에서 사회과 통합 교육과정은 그 통합의 정도에 따라 매우 약한 상태의 통합에서부터 매우 강한 상태의 통합에 이르기까지 여러 가지 수준으로 존재할 수 있다.

⑶ **통합성 원리의 역할**

최근 지식은 매우 빠른 속도로 변하고 있으며, 폭발적으로 양이 증가하고 있다. 따라서 가르쳐야 할 것을 결정하는 것은 어려운 일이 되었고, 제한된 시간 내에 학습하기 위해서는 관련되는 여러 분야로부터 중요한 개념이나 기본 원리를 중심으로 교육과정을 결정하는 접근이 필요하다. 또한 최근의 지식은 보다 전문화되고 세분화됨에 따라 많은 분절이 있다. 이 방법은 이러한 분절을 중화시키는 역할을 할 수 있다.

---

71) 차경수·모경환, 2006:92-95 참조

2. 통합의 필요성[72]

⑴ 사회현상을 올바르게 이해하는 데 유용함

사회현상을 올바로 이해하기 위해 필요하다. 왜냐하면 사회현상은 종합적이고 통합적인 세계이기 때문이다.

⑵ 지식, 기능, 가치 및 태도, 시민행동이라는 시민성 함양에 유용

사회과는 시민교육이라는 점에서 학생들이 지식뿐만 아니라 가치, 기능, 태도 등을 함양할 수 있도록 해야 한다. 또한 고차사고력을 함양할 수 있도록 해야 한다. 이 역할을 위해서는 통합이 필요하다.

⑶ 교육개혁 차원

교과목을 축소해야 하는 교육과제에 부합하기 위해서 필요하다. 교과목을 축소한다는 것은 양을 축소한다는 것이고, 양을 축소한다는 것은 학생들이 심층적으로 학습할 수 있는 기회를 주기 위함이다. 이런 기회는 강의가 아니라 학생활동 중심수업을 통해 이루어질 수 있다고 생각하기 때문이다.

3. 통합성 원리의 실현 양상

⑴ 학교급별 양상

통합성의 원리는 본래의 학문 영역이 가지고 있는 정체성과 체계가 불분명하게 하기 때문에 초등학교 단계에서는 통합의 성격이 강하게 나타나고 학교급이 올라갈수록 점차 약화되는 경향이 있다.

⑵ 유형 : 학문 간 통합, 학습요소(교수요소) 간 통합

통합성의 원리는 학문적 형태의 통합과 교육적 형태의 통합으로 나눌 수 있다. 전자는 '학습해야 할 몇 개의 개별 학문의 내용을 어느 정도로 연결시키느냐'에 따라, 후자는 '실제로 가르칠 수 있는 통합적 성격의 내용 요소를 어떤 기준으로 선정하고 결합하느냐'에 구분되는 것이다. 이외에 종합적 형태인 스트랜드 중심의 통합이 있다.

4. 통합성 원리의 유형

⑴ 학문적 형태의 통합 : 학문 간 통합

학문적 형태의 통합은 학습해야 할 몇 개의 개별 학문의 내용을 어느 정도로 연결시키느냐와 관련된 것이다. 이 중 신사회과 시기에 특히 중시되었던 학제적 통합은 현재에도 유용한 통합방법이 되고 있다.

① 다학문적 접근
학습내용을 다루기 위해 학문적 독립성을 유지한 상태로 여러 학문을 병렬적으로 조직하는 방법을 말한다. 이 방법은 진정한 통합이라고 할 수 없다. 또한 통합적 지식보다는 분과적 지식을 따로 학습하는 결과를 초래할 수 있다.

---

72) 차경수 · 모경환, 2006:92; 권오정, 1991:12-13 등 참조

② 학제적(간학문적) 접근

여러 학문 분야에서 공통되는 개념, 문제, 방법 등을 결합하여 학습내용을 구성하는 방법을 말한다. 이 방법은 학문적 갈등, 교수 및 학습내용을 줄일 수 있지만, 내용 구성에 합의가 어려워 오히려 갈등을 초래할 수도 있다.

③ 탈학문적(초학과적)접근

기존의 학문적 영역을 초월하여 주제, 문제, 기능 등을 중심으로 교수 및 학습내용을 조직하는 통합 방안을 말한다. 진정한 의미의 통합이라고 할 수 있지만 학문적 체계의 혼란이나 심도 있는 학습을 어렵게 할 수 있다.

⊙ 학문적 연계방식에 따른 접근

구분	다학문적 통합	학제적 통합	초학과적 통합(탈학문적)
의미	하나의 주제에 대하여 여러 학문적 관점을 동원하여 지식을 형성하는 것	2개 이상의 학문 분야의 개념, 문제, 방법 등과 같은 내용 요소들에서 공통적인 요소들을 발견하여 결합하거나 상호 관련시켜 학습내용을 구성하는 방법을 의미한다.	사회과 교수-학습과정에서 관심 가지게 되는 주제, 문제, 기능 등을 중심으로 교수 및 학습내용을 조직하는 것을 의미한다. ⇨ 개별 학문 지식은 수단이 됨
사례	저출산 고령화 사회의 문제를 다룰 때 인구구조, 총공급, 국가 등 여러 측면에서 전문적 지식을 활용해서 통합적인 지식을 형성함	법학과 정치학의 공통된 주제인 민주주의와 법치주의를 추출하여 내용을 구성	국가생활을 다룰 때 헌법이나 정치학으로 다루는 것이 아니라 학습자의 관심사에 따라 내용을 체계적으로 재구성하는 경우
특징	학문의 독립성 유지	학문 간의 연계성을 고려하여 내용을 구성	실생활에 적용하여 문제를 해결하는 과정에 중점을 둠
평가	지식결합의 정도가 가장 낮음, 개별 학문지식 학습에 그칠 우려가 있음	지식 간 통합을 강조	가장 높은 수준의 통합, 내용적인 깊이가 얕아질 수 있는 문제가 있음

⑵ **교육적 형태의 통합**(Jacobs, 1989; Drake, 1993) : 학습요소(교수요소) 간 통합

교육적 형태의 통합은 실제로 가르칠 수 있는 통합적 성격의 내용 요소를 어떤 기준으로 선정하고 결합하느냐에 따른 원칙을 말한다. 즉 교육적 형태, 즉 '실제로 가르칠 수 있는 통합적 성격의 내용 요소를 어떤 구심점에 의해 선정하고 결합하느냐'에 따른 원리를 말한다. 예컨대 왼편에 있는 경우는 통합적 성격을 가진 주제를 선정하여 통합한 것이고, 오른편의 경우는 통합적 성격을 가진 문제를 중심으로 선정하여 통합한 것이라고 할 수 있다.

주제 접근법에 따른 단원 구성		문제 접근법에 따른 단원 구성	
• 문화	• 시간, 영속성과 변화	• 인구 문제	• 복지 문제
• 인간, 장소와 환경	• 개인 발달과 정체성	• 인권 문제	• 성차별 문제
• 개인, 집단, 제도	• 권력, 권위, 정부	• 인종 문제	• 통일 문제
• 생산, 분배, 소비	• 과학, 기술, 사회	• 환경 문제	• 핵 문제
• 국제 관계	• 시민 정신과 참여		

① 개념(또는 주제) 중심의 통합

아동의 흥미와 사회적 요구를 고려하여 중심이 되는 개념이나 주제를 정하고 이를 중심으로 전체 학습내용을 통합하는 방안을 말한다. 개념 중심의 통합은 응용범위가 넓고 사고력 향상에 도움을 줄 수 있지만 교과적 경계를 허물기는 어렵다.

② 쟁점 또는 문제 중심의 통합

사회적 쟁점은 학생들의 흥미를 자극하고 다양한 학문적 접근이 가능한 것이다. 이런 쟁점을 중심으로 교육과정을 구성하는 방안이 쟁점중심의 통합이다. 이런 방법은 내용이 구체적이고 명백하지만 특정 내용의 학습으로 끝날 위험이 있다.

(3) 종합적 형태의 통합[73] : 스트랜드 중심의 통합

① 스트랜드의 의미 : 사회과 교육과 관련된 모든 사안들과 관련된 것 중 핵심주제

사회과 교육의 철학과 이념, 목적과 목표, 기본 방향 등에서 궁극적으로 추출되어 나오는 스트랜드를 중심으로 교육과정 내용을 통합적으로 조직하는 방안을 말한다. 스트랜드(Strand)란 사회과 교육의 영역에 있는 개념, 주제, 이슈, 일반화, 법칙, 가치 등을 모두 종합하여 사회과에서 가르쳐야 되리라고 생각되는 것들을 종합할 수 있는 핵심적인 요소이며 준거를 말한다.

② 평가 : 현실성이 약한 이상적인 방안

학문의 벽을 쉽게 넘어 통합할 수 있지만 현재로서는 이상적인 방안이다. 또한 학문적인 지식의 체계를 충분히 살리지 못하여 지식의 깊이가 약하다는 우려가 있고, 여러 개의 학문을 통합하였을 때 교사들이 혼란을 느낄 수 있다.

(4) 통합사회에 반영된 통합성의 원리는 스트랜드인가? 아니면 주제(및 개념)중심의 통합인가?

① 문제 제기

통합사회를 기획하고 구성하는 연구진들은 모두 '스트랜드'를 지향한다는 점을 강조하고 있었다. 그래서 통합사회는 통합의 관점 내지는 시각으로 보았을 때는 '스트랜드'라고 할 수 있다. 그런데 이런 결론에 문제점이 있다. 현재 통합성의 원리의 내용으로 제시되고 있는 학문적 형태의 통합이나 교육적 형태의 통합을 살펴보면 교육과정의 대주제를 보았을 때 아니면 핵심개념을 보았을 때 직관적으로 그 형태의 파악이 가능하다. NCSS가 제시한 10가지 스트랜드나[74], 차경수·조도근·이진석(1998)의 고등학교 사회과 핵심 스트랜드[75]를 살펴보면 직관적으로, 형태적으로 파악되는 것은 주제(및 개념) 중심의 통합이라는 점이다. 그리고 학제적 통합으로 파악된다. 그렇다면 형태로 파악되지 않는 스트랜드는 무엇일까? 그것은 통합의 관점에 해당되는 것이라는 것이다. 즉 통합을 바라보는 시각 중의 하나로 보는 것이 타당할 것이다.

---

73) 차경수·모경환, 2006:94.
74) 문화, 시간, 영속성과 변화, 인간장소와 환경, 개인발달과 정체성, 개인, 집단 및 제도, 권력, 권위 및 정부, 생산, 분배 및 소비, 과학, 기술 및 사회, 국제관계, 시민 이상과 참여
75) 시간, 영속성과 변화, 상호의존과 국제관계, 인간, 공간과 환경, 생산과 자원 배분, 권력과 시민참여 문화, 정체성, 민주주의 이념과 다원화사회, 정보 활용

② 제6차 교육과정의 공통사회와 2015 교육과정의 통합 사회

과목명	공통사회		통합사회	
적용 시기	6차 교육과정		2015 개정 교육과정	
내용 구성		**영역**	**영역**	**핵심개념**
	사회	시민사회의 형성과 발전	삶의 이해와 환경	행복
		사회적 쟁점과 문제의 해결 방법		자연환경
		사회·문화생활의 문제와 해결	인간과 공동체	인권
		정치·법·경제생활의 문제와 해결		시장
			사회 변화와 공존	문화
				세계화
통합의 유형	문제중심의 통합		주제(및 개념)중심의 통합	

04 지역화 원리[76)]

1. 의미

지역화의 원리는 학습자가 살고 있는 지역의 환경과 문화를 활용하여 학습내용을 구성하는 것을 의미한다. 학습자가 살고 있는 지역의 자원과 소재를 활용하여 학습내용을 구성하는 것을 말한다. 따라서 학습자가 살고 있는 지역의 자원을 활용하여 내용을 선정한다. 이 원리는 지역 단위의 교육과정 개발을 의미하는 것이기 때문에 교육 자치와 교육 과정에 관한 권한 분산을 전제로 한다.

2. 비판적 평가

지역화의 원리를 실현하는 것은 학생들에게 실제적으로 경험 가능한 교육과정을 제시한다는 점에서 의의가 있다. 또한 중앙집권적인 교육과정을 완화한다는 의미가 있다. 하지만 지역화의 원리는 학습자들의 수요가 있고, 교육자치단체와 학교들이 지역화 원리를 수행할 수 있는 역량이 있을 때 실질적으로 실현될 수 있다.

---

76) '지역화' 개념은 우리나라의 경우 제5차 교육과정에서 처음 도입되었다.

Ⅱ 2022 개정 사회과 교육과정 주요 내용

01 2022 개정 사회과 교육과정 문서 구조

1. 교육과정 설계의 개요

(1) 교과(목) 교육과정의 설계 방향에 대한 개괄적인 소개

(2) 교과(목)와 총론의 연계성, 교육과정 구성 요소(영역, 핵심, 아이디어, 내용, 요소 등)간의 관계, 교과 역량 등 설명

2. 성격 및 목표

(1) **성격**

교과(목) 교육의 필요성 및 역할 설명

(2) **목표**

교과(목)학습을 통해 기르고자 하는 능력과 학습의 도달점을 총괄 목표와 세부 목표로 구분하여 제시

3. 내용 체계 및 성취기준

(1) **내용 체계**

학습 내용의 범위와 수준을 나타냄

(2) **영역**: 교과(목)의 성격에 따라 기반 학문의 하위 영역이나 학습 내용을 구성하는 일차 조직자

(3) **핵심 아이디어**: 영역을 아우르면서 해당 영역의 학습을 통해 일반화할 수 있는 내용을 핵심적으로 진술한 것. 이는 해당 영역 학습의 초점을 부여하여 깊이 있는 학습을 가능하게 하는 토대가 됨

(4) **내용 요소**: 교과(목)에서 배워야 할 필수 학습 내용

① 지식·이해: 교과(목) 및 학년(군)별로 해당 영역에서 알고 이해해야 할 내용

② 과정·기능: 교과 고유의 사고 및 탐구 과정 또는 기능

③ 가치·태도: 교과 활동을 통해 기를 수 있는 고유한 가치와 태도

4. 성취기준

영역별 내용 요소(지식·이해, 과정·기능, 가치·태도)를 학습한 결과
학생이 궁극적으로 할 수 있거나 할 수 있기를 기대하는 도달점

(1) **성취기준 해설**: 해당 성취기준의 설정 취지 및 의미, 학습 의도 등 설명

(2) **성취기준 적용 시 고려 사항**: 영역 고유의 성격을 고려하여 특별히 강조하거나 중요하게 다루어야 할 교수·학습 및 평가의 주안점, 총론의 주요 사항과 해당 영역의 학습과의 연계 등 설명

5. 교수·학습 및 평가

(1) **교수·학습**

① 교수·학습의 방향: 교과(목)의 목표를 달성하기 위한 교수·학습의 원칙과 중점 제시

② 교수·학습 방법: 교수·학습의 방향에 따라 교과(목) 수업에서 활용할 수 있는 교수·학습 방법이나 유의사항 제시

(2) **평가**

① 평가의 방향: 교과(목)의 목표를 달성하고 학습을 지원하기 위한 평가의 원칙과 중점 제시

② 평가 방법: 평가의 방향에 따라 교과(목)의 평가에서 활용할 수 있는 평가 방법이나 유의사항 제시

6. 사회과 교수·학습

(1) **교수·학습의 방향**

① 학습자가 시·공간 속의 인간과 사회현상에 대한 흥미와 관심을 가지며, 이에 대한 원리를 발견하고 실생활에 적용할 수 있도록 학습을 전개한다.

② 사회과가 목표로 하는 기초 지식 이해, 탐구 기능 습득, 사고력 신장, 문제 해결력 및 실천 능력 향상을 추구하고, 인권 존중 의식, 사회 정의 및 공동체 의식, 존중과 배려 의식, 관용과 타협 정신 등을 함양하기 위해 다양한 교수·학습 방법을 활용한다.

③ 사회현상에 관한 기초 지식을 습득하고, 지리, 역사, 제 사회과학의 기본 개념과 원리를 발견하고 탐구할 수 있도록 안내한다.

④ 창의적 사고력, 비판적 사고력, 문제 해결력, 의사 결정력, 메타 인지 등과 같은 고차 사고력 함양에 적합한 교수·학습 방법을 통해 학습자 스스로 지식을 구성하고 자기주도적 학습 능력을 향상시킬 수 있도록 학습을 전개한다.

⑤ 개인적, 사회적 문제나 쟁점에 대한 관심을 가지고, 가치명료화나 가치 분석을 통한 가치 탐구 및 의사 결정 능력, 가치 갈등과 문제 상황에서의 타인에 대한 공감 능력, 갈등 해결 및 친사회적 행동 실천 능력 등을 신장시킬 수 있도록 학습을 전개한다.

⑥ 사회과의 학습 목표, 학습자 상황, 교육 환경을 고려하여 효과적인 교수·학습 방법을 자율적으로 선택하여 실시하고, 이를 반성적으로 개선해 나가도록 한다.

⑦ 학습자의 학습 준비 정도나 성취기준 도달 정도를 파악하고, 다양한 학습자 유형 및 특성 등을 고려하여 맞춤형 교수·학습 방법을 설계한다.

⑧ 디지털 교육 환경의 조성에 따라 학습자에게 유용한 디지털 도구를 활용하고, 온오프라인 연계 수업, 원격 수업 등 다양한 학습 경험을 제공한다.

⑨ 학교급 간 교육 내용의 연계를 고려하여 지도하고, 특히 학교급 전환이 이루어지는 시기에는 학생들이 자신의 진로와 상급학교 과정의 학습을 탐색할 수 있는 교육 기회를 제공한다.

⑩ 범교과 학습 주제와 민주 시민 교육, 디지털 소양 교육, 생태전환 교육 등 국가·사회적 요구를 반영하여 학생들에게 다양한 교육 경험을 제공한다.

(2) 교수·학습 방법

① 사회현상에 대한 종합적인 인식을 위하여 통합적인 교수·학습 방법을 강조한다.

② 학습자의 유형, 성취수준, 학습 속도, 흥미, 경험, 요구 등을 고려하고 교육 현장에 적합한 주제와 문제를 중심으로 단원을 구성하여 효과적인 수업이 이루어질 수 있도록 한다.

③ 학습자의 사고력을 자극할 수 있도록 적절한 탐구 상황을 설정하고 다양한 발문 기법을 활용한다.

④ 쟁점이나 문제 상황, 가치 갈등 상황, 인권 침해 사례 등 다양한 상황이나 사례를 제시하고, 학습자가 합리적인 해결 방안을 모색하고 실천할 수 있도록 사례 및 체험 중심의 교수·학습 방법과 자료를 활용한다.

⑤ 협동 학습을 통해 민주 시민의 중요한 자질이라 할 수 있는 공동체 구성원으로서의 책무성, 참여 의식, 타인에 대한 존중과 배려, 의사소통 능력, 협업 능력을 함양한다.

⑥ 학습 내용에 따라 질문, 조사, 토의·토론, 논술, 관찰 및 면담, 현장 견학과 체험, 초청강연, 실험, 역할놀이와 시뮬레이션 게임, 모의재판과 모의국회, 사회 참여 활동, 사료 학습, 제작 학습, 추체험 학습, 야외답사 등의 다양한 학습 방법을 적절하게 활용한다.

⑦ 각종 디지털 기술과 정보 매체를 활용할 수 있도록 교실 환경을 조성하고, 지리정보시스템(GIS), 미디어 활용 교육, 디지털 기반 학습을 활용한다.

⑧ 학습자가 스스로 사회문제나 쟁점을 탐구하거나 가치를 분석하는 기회를 갖도록 각종 사회문제에 대한 시사 자료와 지역사회 자료를 활용한다.

⑨ 현대 사회의 다양한 현상을 경험적 자료에 근거하여 분석하고, 일상생활에서 흔히 접할 수 있는 다양한 문제 및 갈등을 이해와 공감을 바탕으로 합리적으로 해결할 수 있도록 지도한다.

⑩ 교수·학습의 효율성을 높이기 위하여 지도, 도표, 영화, 통계, 사료, 신문, 방송, 사진, 기록물, 디지털 자료, 여행기 등의 다양한 교수·학습 자료를 활용한다.

7. 사회과 평가

(1) 평가의 방향

① 사회과 평가는 교육과정에 제시된 목표와 내용, 교수·학습 방법과의 일관성을 유지하도록 한다.

② 사회과 평가는 교육과정에 제시된 목표와 내용을 준거로 하여 추출된 평가 요소에 따라 이루어지도록 한다.

③ 평가는 개개인의 학습 과정과 성취수준을 이해하고 성장을 돕는 차원에서 실시한다.

④ 학습 과정 및 학습 수행에 관한 평가가 이루어지도록 한다.

⑤ 평가 요소는 지식·이해에만 치우쳐서는 안 되며, 과정·기능과 가치·태도를 균형 있게 선정한다.

⑥ 지식·이해의 평가에서는 사실적 지식의 습득 여부와 함께 사회현상의 설명과 문제 해결에 필수적인 기본 개념 및 원리, 일반화에 대한 이해 정도 등을 평가하는 데 중점을 둔다.

⑦ 과정·기능의 평가에서는 지식 습득과 민주적 사회생활을 하는 데 필수적인 정보 수집 및 활용 기능, 탐구 기능, 의사 결정 기능, 비판적 사고 기능, 의사소통 기능, 참여 기능 등을 평가하는 데 초점을 둔다.

⑧ 가치·태도의 평가에서는 국가·사회적 요구와 개인적 요구에 비추어 가치의 내면화와 명료화 정도, 가치 분석 및 평가 능력, 공감 능력, 친사회적 행동 실천 능력 등을 평가하는 데 중점을 둔다.

⑨ 다양한 학습자의 유형과 특성을 고려한 맞춤형 평가 방안을 모색한다.

⑩ 디지털 교육 환경에서의 다양한 평가 방법을 탐색하고 디지털 도구를 활용한 평가 방안을 마련한다.

(2) 평가 방법

① 지필평가 외에 구술, 면접, 토론, 논술, 관찰, 활동 보고서, 포트폴리오 등을 통한 다양한 수행평가를 실시한다.

② 선택형 평가를 실시하더라도 단순한 결과적 지식 습득 여부보다는 기본 개념 및 원리 이해와 더불어 지식 및 정보의 획득 과정과 활용 능력을 평가한다.

③ 사고력 신장이나 가치·태도 변화를 평가하기 위하여 양적 자료와 더불어 질적 자료를 수집·활용하여 평가한다.

④ 발표, 토론, 역할놀이, 시뮬레이션 등 개인 및 집단 활동에 대한 관찰이나 면접과 같은 평가 방법을 활용하여 문제 및 갈등 해결 능력, 공감 능력, 친사회적 행동 실천 능력 등을 평가한다.

⑤ 자료를 분석·해석하고, 복합적이고 단계적으로 사고하는 것을 측정할 수 있도록 평가한다.

⑥ 학습자의 유형 및 특성을 고려하여 다양한 평가 도구를 개발하여 활용한다.

⑦ 디지털 교육 환경과 도구를 활용한 평가 방법을 모색하고 온라인 평가 도구를 개발하여 평가한다.

⑧ 평가 결과는 학습자들의 학업 성취수준을 판정하고 학습자의 학습 능력과 교수·학습 방법의 적절성을 진단하고 개선하는 데 활용한다.

⑨ 평가 결과를 지속적인 교육과정 개선을 위한 참고 자료로 활용한다.

⑩ 평가 과정과 결과에 대한 피드백을 적절하게 제공하여 학습자의 성장을 돕는다.

02 통합사회

1. 성격

고등학교 공통 과목인 통합사회는 인간, 사회, 국가, 지구 공동체 및 환경을 개별 학문의 경계를 넘어 시간적, 공간적, 사회적, 윤리적 관점을 통합하여 이해하고, 사회적 변화에 능동적으로 대응하며, 미래 사회에 필요한 기초 소양과 역량을 함양하기 위한 과목이다. 통합사회는 교과의 핵심 아이디어를 중심 으로 지식·이해, 과정·기능, 가치·태도의 내용 요소를 학습하고, 학습한 내용을 구체적인 삶의 맥락 에 적용하여 사회문제를 통합적 관점에서 파악하고 해결할 수 있는 실천 능력을 기르기 위한 과목이다. 통합사회는 중학교의 사회(지리·일반사회, 역사) 교과 및 도덕 교과, 그리고 고등학교 선택과목 간의 중요 한 연결고리에 해당하는 과목이다. '통합사회1'의 '통합적 관점', '인간, 사회, 환경과 행복', '자연환경과 인간', '문화와 다양성', '생활공간과 사회' 영역에서는 행복, 자연환경, 문화, 생활공간을 둘러싼 다양한 문제를 통합적 관점에서 다룬다. '통합사회2'의 '인권보장과 헌법', '사회정의와 불평등', '시장경제와 지속 가능발전', '세계화와 평화', '미래와 지속가능한 삶' 영역에서는 인권, 정의, 시장, 세계화, 지속가능한 미 래를 둘러싼 문제를 통합적 관점에서 다룬다.

이를 위해 통합사회 수업에서는 학생들이 복잡한 사회문제에 대해 흥미와 호기심을 가지고 관찰, 조사, 분석할 수 있도록 핵심 아이디어를 중심으로 사회의 다양한 현상을 통합적 관점에서 해석, 평가, 성찰할 수 있도록 한다. 특히, 토의와 토론, 논술, 프로젝트 학습, 현장 체험 학습 등 경험과 참여를 강조하는 다양한 교수·학습 및 평가 방법을 활용하여 통합적 관점이 구체적인 실천 방안과 행동으로 연결될 수 있도록 한다.

2. 목표

통합사회는 시민으로서 개인이 지속가능한 삶을 영위하기 위해 인간, 사회, 국가, 지구 공동체 및 환경의 문제를 통합적인 관점에서 이해하고, 사회적 변화에 능동적으로 대응하며, 미래 사회에 필요한 기초 소 양과 역량을 함양하는 것을 목표로 한다. 통합사회 과목의 세부 목표는 다음과 같다.

⑴ 시간적, 공간적, 사회적, 윤리적 관점을 기반으로 인간의 삶과 사회현상을 통합적으로 사고하는 능력을 기른다.

⑵ 인간의 삶과 행복, 이를 둘러싼 다양한 공간, 그리고 복합적인 사회현상을 다양한 경험, 사실, 가치 등을 고려하여 비판적으로 탐구하고 성찰하는 능력을 기른다.

⑶ 일상생활과 사회에서 발생하는 다양한 문제에 대한 합리적이고 창의적인 해결 방안을 모색하고, 이를 통해 지역, 국가 및 세계의 시민으로서 자신의 삶을 다각적으로 고려하면서 통합적 관점을 적용하여 설 계하고 실천하는 능력을 기른다.

3. 내용 체계

(1) 통합사회 1

핵심 아이디어	• 시간적, 공간적, 사회적, 윤리적 측면을 함께 고려하는 통합적 관점의 적용을 통해 인간, 사회, 환경의 특성 및 관련 문제를 잘 파악할 수 있다. • 질 높은 정주 환경의 조성, 경제적 안정, 민주주의의 실현, 윤리적 실천은 행복한 삶을 위한 중요한 조건이다. • 자연환경과 인간 생활의 유기적 관계를 고려하는 생태시민의 태도가 자연과 인간의 공존을 가능하게 한다. • 다양성 존중의 태도는 서로 다른 문화권과 다문화 사회의 특성을 이해하는 바탕이 된다. • 생활공간과 생활양식의 변화로 나타난 문제를 해결하려는 시민의 실천을 통해 지역사회의 변화를 이끌어낼 수 있다.	
범주	내용 요소	
지식·이해	통합적 관점	• 통합적 관점 • 시간적 관점 • 공간적 관점 • 사회적 관점 • 윤리적 관점
	인간, 사회, 환경과 행복	• 행복의 의미 • 행복의 조건
	자연환경과 인간	• 자연환경 • 자연관 • 환경문제 • 생태시민
	문화와 다양성	• 문화권 • 문화 변동 • 문화 상대주의와 보편윤리 • 다문화 사회
	생활공간과 사회	• 산업화와 도시화 • 교통·통신과 과학기술의 발달 • 생활공간과 생활양식 • 지역사회
과정·기능	• 탐구 주제를 나-지역-국가-세계의 관계 속에서 파악하기 • 탐구 주제의 역사적 배경 조사하기 • 주제와 관련된 다양한 가치를 통합적 관점에서 이해하고 가치 간의 관계 탐구하기 • 갈등 상황에서 가치를 선택하고 그 결과를 예측 및 평가하기 • 탐구 주제를 그림이나 지도, 도식 등을 활용하여 분석하고 표현하기 • 탐구 대상에 대한 현장조사 수행하기	

(2) **통합사회 2**

핵심 아이디어	
	• 근대 시민 혁명 이후 확립된 인권은 오늘날 사회제도적 장치의 마련과 시민의 노력으로 확장되고 있다. • 정의의 의미와 기준을 이해하고, 이에 대한 실천 방안을 모색함으로써 사회 불평등 문제 해결에 기여할 수 있다. • 경제 주체들은 효율성을 기준으로 경제활동에 참여하며, 이 과정에서 나타난 문제 해결을 위해 지속가능발전을 추구한다. • 국제 사회의 협력과 세계시민 의식의 함양을 통해 세계화의 과정에서 나타나는 여러 문제와 국제 분쟁을 평화적으로 해결할 수 있다. • 지속가능한 발전의 추구를 통해 인류가 당면한 지구촌 문제 해결과 바람직한 미래 변화를 꾀할 수 있다.

범주		내용 요소
지식 · 이해	인권 보장과 헌법	• 시민혁명 • 인권 • 헌법 • 시민참여
	사회 정의와 불평등	• 정의의 실질적 기준 • 정의관 • 사회 불평등 • 공간 불평등
	시장경제와 지속가능 발전	• 시장경제와 합리적 선택 • 경제 주체의 역할 • 국제 분업과 무역 • 금융 생활
	세계화와 평화	• 세계화 • 국제분쟁 • 평화 • 세계시민
	미래와 지속 가능한 삶	• 인구 문제 • 자원 위기 • 미래 삶의 방향 • 지속가능발전
과정 · 기능		• 탐구 주제를 나-지역-국가-세계의 관계 속에서 파악하기 • 탐구 주제의 역사적 배경 조사하기 • 주제와 관련된 다양한 가치를 통합적 관점에서 이해하고 가치 간의 관계 탐구하기 • 갈등 상황에서 가치를 선택하고 그 결과를 예측 및 평가하기 • 탐구 주제를 그림이나 지도, 도식 등을 활용하여 분석하고 표현하기 • 탐구 대상에 대한 현장조사 수행하기 • 의견 및 주장을 자료 및 매체를 활용하여 효과적으로 전달하기 • 통합적 관점에서 해결 방안을 도출하고 타당성 평가하기 • 민주적 절차와 방법을 활용하여 합의 도출하기

4. 통합사회 교수 · 학습

(1) 교수 · 학습의 방향

① 통합사회는 중학교의 사회(지리 · 일반사회, 역사) 교과 및 도덕 교과, 그리고 고등학교 관련 선택 과목과 연계하여 지도한다.

② 학생들이 습득한 기존 지식 체계를 토대로 시간적, 공간적, 사회적, 윤리적 관점을 통합하여 사회현상을 바라볼 수 있도록 한다.

③ 학생들이 특정 영역의 지식 습득을 넘어서서 일상생활의 시 · 공간을 통해 나타나는 다양한 사회현상과 그와 관련된 가치 · 태도를 연계할 수 있도록 한다.

④ 학생 스스로 다양한 문제 상황을 분석하고 해결 방안을 찾아내는 학생 활동 중심 수업을 통해 통합사회의 교과 역량을 함양할 수 있도록 한다.

⑤ 통합사회 과목이 10개의 큰 주제로 구성되어 있음을 고려하여 주제를 중심으로 깊이 있는 학습이 이루어지도록 한다.

⑥ 학생들이 당면한 갈등 상황이나 문제 상황 또는 살고 있는 지역의 변화 등을 학습 주제로 선정하여 학습자 자신의 삶과 연계되는 학습 경험을 갖도록 한다.

⑦ 통합사회 수업 구성 시 국가 · 사회적 요구와 범교과 학습 주제를 반영하여 학생들에게 다양한 교육 경험을 제공하도록 한다.

⑧ 디지털 교육 환경의 조성에 따라 학습자에게 유용한 디지털 도구를 수업에 활용하고, 온오프라인 연계 수업 등 다양한 학습 경험을 제공한다.

⑨ 학생들의 학습 준비도와 성취도를 파악하고 학습자 유형 및 특성 등을 고려하여 맞춤형 교수 · 학습을 설계한다.

⑩ 학습자 개별 맞춤형 수업을 통해 학생들이 최소 성취수준에 미도달하는 것을 예방하고, 최소 성취수준에 도달하지 못한 학생이 발생할 경우 보충 지도를 실시한다.

(2) 교수 · 학습 방법

① 중학교의 사회(지리 · 일반사회, 역사) 교과 및 도덕 교과, 그리고 고등학교 관련 선택 과목과 연계하여 다양한 사례에 대한 비교, 분석을 통해 학생 스스로 통합사회의 주요 개념과 원리를 추론할 수 있도록 한다.

② 통합사회의 교과 역량 함양을 위해 탐구 학습, 현장 답사와 체험 학습, 사례 조사 학습, 시뮬레이션 학습, 토론과 토의 학습, 프로젝트 학습 등 다양한 교수 · 학습 방법 전략을 활용한다. 이 과정에서 통합사회의 핵심 아이디어 및 내용 요소에 적합한 교수 · 학습 방법을 적용하고 이를 통해 학생들이 자기주도적으로 학습하도록 한다.

③ 학생들이 서로 협력하여 과제를 수행할 수 있는 소집단 활동의 기회를 제공하고, 학생들이 서로의 경험과 생각을 공유하는 과정에서 민주적인 의사소통 능력과 비판적 사고력을 함양하도록 한다.

④ 학생들이 실생활과 관련된 문제를 파악하고 스스로 해결해 나가는 경험을 통해 학습이 이루어지도록 한다. 이를 위해 학생 스스로 탐구할 주제를 선정하거나 토의할 질문을 결정하게 함으로써 학습이 학생들의 삶과 분리되지 않도록 할 수 있다.

⑤ 학습의 효율성을 높이도록 지도, 도표, 통계, 연표, 연감, 사료, 사진, 기록물, 신문, 방송, 영화 등 다양한 교수·학습 자료를 활용한다.

⑥ 통합사회가 강조하는 학습자 주도적 학습 강화의 방안으로 학습지(또는 활동지)를 구성할 때 학생들의 활동공간을 충분히 확보하도록 한다. 또한 자신의 생각을 표현하는 방법으로 주장 글, 스케치, 만평, 디자인, 카드 뉴스, 인포그래픽 등 다양한 표현 방식을 권장하여 학생들의 창의성이 발휘될 수 있도록 한다.

⑦ 원격 수업이 진행되는 상황에서는 다양한 현상에 관한 영상물, 사진 자료 등을 통해 학생들의 이해를 도울 수 있으며, 온라인 디지털 도구를 활용하여 실시간으로 수업 내용과 실제 세계를 연계하는 수업 활동을 전개할 수 있다.

⑧ 각종 디지털 기술과 정보 매체를 활용할 수 있도록 교실 환경을 조성하여 지리정보기술, 미디어 활용 학습, 웹 기반 학습을 장려하되, 디지털 격차로 인한 학업 격차를 최소화할 수 있도록 지원한다.

⑨ 학습 과정에서 사회적 약자의 인권을 침해할 수 있는 부적절한 사례를 제시하지 않도록 주의를 기울인다. 또한 학생들의 활동 과정에서 서로 다른 의견을 존중하고, 차별적 행위나 혐오적 표현이 나타나지 않도록 지도한다.

⑩ 수업 과정에서 학생들의 이해 정도를 확인하고, 학생별 학습 수준에 맞춰 다음 단계의 학습 과정을 안내함으로써 개별학습, 심화 및 보충 학습이 이루어지도록 한다. 특히, 최소 성취수준 미도달 학습자들의 통합사회 내용 요소의 기본 이해를 돕기 위해 다양한 수준에서 학습 자료를 제공하도록 한다.

5. 통합사회 평가

(1) 평가의 방향

① 통합사회 교과 내용 요소에 대한 단순한 지식 습득 여부보다는 통합사회의 교과 역량 함양과 핵심 아이디어에 대한 이해를 중심으로 평가한다.

② 수업 전에는 학생들의 학습 수준을 확인하는 진단평가를, 수업 중에는 학습 과정을 확인하는 형성평가를, 수업 후에는 학업 성취도를 확인하는 총괄평가를 활용하여 학습 목표의 효과적인 달성을 도모한다.

③ 성취기준에 근거하여 다양한 평가 도구를 제작하고 이를 통해 학생들이 성취기준에 도달하였는지를 평가하도록 한다.

④ 학습자 활동 중심의 수업을 강조하는 통합사회에서는 교수·학습과 평가를 통합하여 학습자 수업 활동의 전 과정을 수시로 평가하는 학습 과정을 중시하는 평가가 이루어지도록 한다.

⑤ 통합사회의 지식·이해, 과정·기능, 가치·태도의 모든 측면에서 학생들의 성장이 있었는지를 평가하도록 한다.

⑥ 지식·이해의 평가에서는 시·공간적인 현상의 설명과 사회문제 해결에 필요한 개념과 원리의 의미를 이해하고 이를 적용하는 능력을 평가하도록 한다.

⑦ 과정·기능의 평가에서는 인간과 사회에 관한 여러 현상을 통합적으로 탐구하고 그 결과를 효과적으로 전달하는 데 필요한 문제 인식, 자료와 정보의 수집 및 분석, 의견과 주장의 표현 등 탐구 과정과 다양한 기능을 다면적으로 평가하도록 한다.

⑧ 가치·태도의 평가에서는 인간과 사회에 관한 여러 현상과 관련된 다양한 가치 및 관점에 대한 이해와 공감의 기회를 제공하고, 바람직하고 합리적인 가치의 내면화 정도, 가치에 대한 분석 및 판단 능력 등을 평가하도록 한다.

⑨ 학습자의 성장과 발달 과정을 관찰하고 이를 토대로 한 피드백을 통해 학생들의 부족한 점을 채워주고, 우수한 점을 심화·발전시키도록 한다.

⑩ 평가 결과와 피드백을 즉각적으로 제공함으로써 학생들이 자신의 학습 과정과 학습 전략을 스스로 점검하고 성찰하고 개선할 수 있는 기회를 제공한다.

⑪ 최소 성취수준 미도달 학습자를 위한 맞춤형 교육 실시 등을 위해 변별력 있는 평가 도구를 제작하여 학생들이 최소 성취수준에 도달하였는지 여부를 확인하도록 한다.

⑵ 평가 방법

① 선택형, 단답형, 서술형, 논술형이 포함된 지필평가 및 수행평가 등 다양한 평가 방법을 균형 있게 실시한다. 평가 요소는 통합사회의 성취기준에 기반하여 추출한다.

② 지필평가 문항을 제작할 때는 단순한 지식을 묻는 차원을 넘어서서 통합사회 교과 역량을 평가할 수 있도록 한다. 이를 위해 학생들이 다양한 문제를 인식하고 그 원인과 현상을 통합적으로 파악하고 있는지를 평가한다.

③ 학습자 활동 중심 수업을 주로 전개하는 통합사회 수업 상황을 고려하여 학습자 활동의 과정과 결과를 활용하여 지필평가 문항을 제작할 수 있다.

④ 통합사회는 학습자 참여와 활동 중심 수업을 중시하기 때문에, 학습자 참여와 활동 과정을 평가할 수 있도록 면접, 체크리스트, 토의·토론, 논술, 발표, 답사 보고서, 시뮬레이션, 포트폴리오, 프로젝트 결과물 등을 수행평가에 활용할 수 있다.

⑤ 소집단 활동에서는 교사의 관찰 평가와 더불어 학습자 간 동료 평가를 실시하고, 자기 평가를 통해 자신의 학습 활동을 성찰할 수 있도록 한다. 동료 평가를 위해 체크리스트를 활용할 수 있으며, 자기 평가를 위해 자기 성찰 일지를 작성하도록 할 수 있다.

⑥ 자료를 수집하기 위해 문헌 연구, 설문 조사, 면담, 답사 등을 할 때는 계획서와 보고서를 작성하도록 하여 이를 평가에 반영할 수 있다. 계획서와 보고서를 평가할 때는 시간적, 공간적, 사회적, 윤리적 관점을 바탕으로 자신, 사회, 세계의 다양한 현상을 통합적으로 탐구하였는지를 포함할 수 있다.

⑦ 인지적 영역뿐만 아니라 학습자의 협력, 소통, 책임감, 준법성, 사회성, 자아 개념 등과 같은 정의적 영역을 함께 평가할 수 있다. 정의적 영역을 평가할 때는 학생들이 평가에 참여하는 과정 그 자체가 긍정적이고 가치 있는 경험이 될 수 있도록 평가를 설계한다.

⑧ 학생들의 수행과정과 결과를 객관적이면서도 타당하게 평가할 수 있도록 채점 기준을 만들어 이를 평가에 활용한다. 채점 기준을 만들 때는 수행 과제에 대한 철저한 분석을 통해 수행 과제를 포괄하면서도 서로 중첩되지 않도록 평가기준을 추출하고 평가기준별로 성취수준을 명확하게 진술한다.

⑨ 실시간 원격수업, 온오프라인 연계 수업을 진행할 때는 평가의 신뢰성 및 투명성을 확보하기 위하여 교사가 학생들의 학습 과정을 관찰하고 학습 결과물을 수집하여 평가에 반영한다. 학습 과정을 평가할 때는 학생들이 보여준 성취도, 참여도, 수행 역량 등을 함께 평가한다.

PART 03

Chapter 01 수업지도안

Chapter 02 수업기법

Chapter 03 지식의 구조 및 기능 학습

Chapter 04 기능학습

Chapter 05 가치수업모형

Chapter 06 논쟁문제 수업모형

Chapter 07 의사결정 학습모형

Chapter 08 협동학습모형

Chapter 09 협동학습 유형

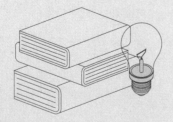

Part

04

교수-학습방법

1. **사회과의 목표** : 문제해결능력, 합리적 의사결정능력

　사회과는 현대 민주주의 사회에서 문제해결능력을 지닌 시민적 자질을 함양하고자 하는 교과이다. 사회과의 발달 과정을 통해 문제해결능력은 일반적으로 합리적 의사결정능력이라는 것으로 설명되고 있다.

2. **사회과의 목표달성을 위한 교육내용 조직 ⇨ 교육과정**

　합리적 의사결정능력을 발휘하기 위해서는 지식, 기능, 가치 및 태도, 시민행동 등과 같은 하위 목표 영역의 달성이 필요로 한다. 이를 위해서 어떤 내용을 어떻게 조직하여 가르칠 것인가 하는 것이 교육과정이다.

3. **교수-학습의 의미**

　사회과의 목표를 달성하기 위하여 교육과정에 따라 교사와 학생은 상호작용을 해야 한다. 교수-학습이란 교사들이 교육과정에 제시된 내용을 가르치는 행위와 학생들이 교육과정에 따라 학습하는 행위를 말한다. 교수란 교사의 입장에서 가르치는 행위를 말하고, 학습이란 학습자의 입장에서 학습내용을 배우고 공부하는 행위를 말한다. 즉 교수-학습이란 교사의 교수행위와 학생의 학습행위의 상호작용을 의미하는 것이다.

4. **교수-학습방법으로서 수업모형과 수업기법**

(1) **교수-학습방법의 의미**

　교수-학습방법은 교수-학습을 효과적으로 실천하기 위하여 동원되는 것으로 교육내용을 가지고 사회과 목표를 효과적으로 달성하기 수단이다. 따라서 교수-학습방법은 사회과 교수-학습을 구성할 때 반드시 고려해야 하는 것으로 학습지도안에 포함되어야 하는 주요 내용이다. 교수-학습방법의 주요 내용은 학습내용뿐만 아니라 수업모형과 수업기법에 의해 이루어진다. 사회과는 그동안 다양한 교수-학습방법을 모색하여 왔다. 이런 교수-학습방법의 주요 내용이 수업모형과 수업기법이다.

⑵ 수업모형과 수업기법

수업모형은 체계적인 수업절차나 과정을 포함하고 있는 수업 모델이다. 예컨대 개념을 학습할 때는 어떤 절차와 과정에 따라 무엇을 활용해서 진행하는 것을 제시한 것이 개념학습모형이다. 수업기법은 교수-학습과정에서 특정 학습내용을 어떤 절차에 따라 다루는 모델과는 상관없이 교수-학습과정의 맥락에서 유연하게 활용될 수 있는 것을 말한다. 예컨대 강의, 발문, 토의 등이 있다. 결론적으로 사회과 수업모형 및 수업 기법은 지식, 기능, 가치 및 태도, 시민 행동 등과 같은 목표를 달성하기 위한 기술적 수단이라고 할 수 있다. 수업모형이 교수-학습을 전개해 나가는 틀이라고 한다면, 수업기법은 수업모형에 따라 교수-학습을 전개해 나갈 때 활용하는 방법을 말한다.

5. 사회과 수업기법의 활용 및 유형

교사는 맥락에 맞는 적절한 수업기법을 활용해야 한다. 수업기법은 학생들의 흥미를 자극하고 동기를 유발하여 적극적인 참여를 유발하기 위한 기술이다. 이런 점에서 수업기법은 학습목표를 효과적으로 달성하는 데 기여하는 기술이다. 수업기법의 유형으로는 가장 오랜 역사를 가지고 있는 강의, 발문, 토의(론), 역할놀이, 시뮬레이션 등이 있다.

6. 사회과 수업모형의 활용 및 유형

수업모형의 유형은 수업에서 다루고자 하는 목표와 내용과 관련되어 있다. 예컨대 지식을 다루는데 적합한 모형, 가치를 다루는 데 적합한 모형, 지식과 가치를 종합적으로 다루는 데 적합한 모형 등이 여러 학자들에 의해 개발되어왔다. 이렇게 개발된 수업모형들을 사회과의 목표 영역을 기준으로 정리해 보면 지식, 사고기능, 정보수집 및 활용 기능 등과 관련된 지식의 구조 관련 학습모형, 가치 및 태도와 관련된 가치수업모형, 지식과 가치 및 태도 등을 종합적으로 다루는 논쟁문제 수업모형, 의사결정 학습모형, 협동학습모형 등이 있다.

지식의 구조 관련 학습모형으로는 사실학습, 개념학습, 일반화수업, 탐구수업모형 등이 있다.

가치수업모형으로는 가치주입모형, 도덕성 추론모형, 가치명료화 모형, 가치분석모형, 친사회적 행동관련 모형 등이 대표적이다.

지식, 기능, 가치 및 태도 등을 종합적으로 다루는 모형으로는 논쟁문제 수업모형, 의사결정 학습모형, 협동학습모형 등이 있다. 논쟁문제 수업모형과 의사결정 학습모형에서 다루는 문제의 경우 본질적인 차이는 없다. 다만 각 수업모형이 지향하는 목적이나 전개과정에서 차이가 있을 뿐이다.

⊙ 사회과 수업모형과 수업기법

수업모형				수업기법
교육학 목표	사회과 목표/내용		수업모형	
인지	지식의 구조	사실	사실학습	• 강의 • 발문 • 토론(토의) • 역할놀이 • 시뮬레이션
		개념	개념학습	
		일반화	일반화학습	
		이론	이론학습	
		종합	탐구수업	
정서	가치		가치주입	
			가치명료화	
			도덕성 발달	
			가치분석	
			감사윤리, 친사회적 행동	
종합	지식 + 가치 + 태도 + 기능		의사결정문제	
			논쟁문제	
			협동학습	

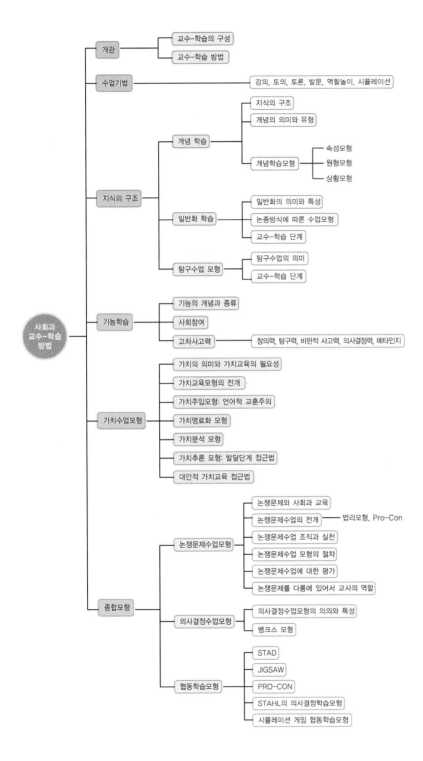

사회과
교수-학습
방법

개관
- 교수-학습의 구성
- 교수-학습 방법

수업기법
- 강의, 토의, 토론, 발문, 역할놀이, 시뮬레이션

지식의 구조
- 개념 학습
  - 지식의 구조
  - 개념의 의미와 유형
  - 개념학습모형
    - 속성모형
    - 원형모형
    - 상황모형
- 일반화 학습
  - 일반화의 의미와 특성
  - 논증방식에 따른 수업모형
  - 교수-학습 단계
- 탐구수업 모형
  - 탐구수업의 의미
  - 교수-학습 단계

기능학습
- 기능의 개념과 종류
- 사회참여
- 고차사고력
  - 창의력, 탐구력, 비판적 사고력, 의사결정력, 메타인지

가치수업모형
- 가치의 의미와 가치교육의 필요성
- 가치교육모형의 전개
- 가치주입모형: 언어적 교훈주의
- 가치명료화 모형
- 가치분석 모형
- 가치추론 모형: 발달단계 접근법
- 대안적 가치교육 접근법

종합모형
- 논쟁문제수업모형
  - 논쟁문제와 사회과 교육
  - 논쟁문제수업의 전개 — 법리모형, Pro-Con
  - 논쟁문제수업 조직과 실천
  - 논쟁문제수업 모형의 절차
  - 논쟁문제수업에 대한 평가
  - 논쟁문제를 다룸에 있어서 교사의 역할
- 의사결정수업모형
  - 의사결정수업모형의 의의와 특성
  - 뱅크스 모형
- 협동학습모형
  - STAD
  - JIGSAW
  - PRO-CON
  - STAHL의 의사결정학습모형
  - 시뮬레이션 게임 협동학습모형

01 수업지도안

Ⅰ 수업지도안의 의의

01 정의 : 수업의 설계도

수업지도안은 교사가 좋은 수업을 위해 학생·학습 환경·교육과정·성취기준 등을 고려하여 수업의 목표, 내용, 방법, 평가를 계획한 수업의 설계도이다.

02 수업지도안 작성 이유

1. 효과적인 수업을 위해서

학생, 환경, 성취기준 등 수업 전반에 대해 분석하고, 수업의 과정에서 발생할 수 있는 문제점을 예측하고, 대응방안을 사전에 마련함으로써 효과적인 수업이 가능하다.

2. 효율적인 수업을 위해서

목표-내용-방법-평가의 일관성을 고려하여 작성하고, 각 단계의 활동을 상세히 계획해 둠으로써 효율적인 수업이 가능하다.

3. 더 좋은 수업을 위해서

수업지도안은 수업 후에 수업 성찰의 기준이 된다. 수업지도안의 수정·보완을 통해 더 좋은 수업이 가능하다.

Ⅱ 수업지도안 단계별 주요 활동

01 도입

1. 도입의 의미

도입은 학습목표 및 성취기준 달성을 위한 학생의 학습준비상태 확인 및 조성 단계를 말한다.

2. 도입의 목적

도입은 효과적이고 효율적으로 학습목표 및 성취기준을 달성하기 위한 단초를 제공하는 것을 목적으로 한다.

3. 도입의 목표

도입은 학생의 학습 준비 상태 확인 및 수업분위기를 조성하는 것을 목표로 한다.

4. 도입의 내용 : 진단과 피드백

도입에서 교사는 학생의 학습준비상태를 확인하는 '진단'과, 학습준비상태 조성을 위한 '피드백'을 한다.

⑴ **진단** : 학생의 학습준비상태 확인

진단은 학생의 학습준비상태를 확인하는 것이다. 학습 준비는 인지·정의 차원에서 모두 필요하기 때문에 진단은 인지·정의·행동(의지) 차원에서 모두 필요하다. 인지적 차원에서는 이번 시간에 학습할 내용을 이해하기 위해 필요한 핵심개념들에 대한 이해도, 학습목표와 성취기준에 대한 이해도, 학습절차에 대한 이해도 등을 확인하고, 정의적 차원에서는 수업 또는 학습에 대한 감정, 내용에 대한 흥미, 동기 수준을 확인한다. 이러한 학생의 개별적 특성 외에도 학생들의 집단적 특성인 학급 분위기, 학생 상호 간 관계 등을 파악한다.

⑵ **피드백** : 학생의 준비 상태 조성(보충, 개념 간, 개념-내용 간, 목표-활동 간, 학습 동기·태도)

도입에서 피드백은 학생의 준비 상태를 조성하는 것을 의미한다. 피드백은 진단 후 이를 개선하거나 발전시키기 위한 것이므로 피드백 역시 인지적·정의적 차원에서 모두 이루어져야 한다.
인지적 차원에서 ① 핵심개념에 대한 이해도가 부족할 경우 보충학습을 하고, ② 배운 핵심개념과 배울 핵심개념이 어떤 관련성이 있는지를 설명하고, ③ 관련 핵심개념들이 학습목표 및 성취기준과 어떤 관련성이 있는지를 설명하고, ④ 학습활동에 대한 안내와 학습활동이 학습목표 및 성취기준을 달성하기 위해 어떤 의미가 있는지를 이해시킨다.
정의적 차원에서 ① 수업 또는 학습에 참여하는 태도를 형성하고, ② 배울 내용에 대한 흥미와 호기심을 자극한다.

5. 도입의 방법 : 구체적 활동

(1) 전시학습 확인

전시학습 확인은 학습목표 및 성취기준을 달성하기 위해 필요한 핵심개념 및 주제에 대한 이해도를 진단하고 피드백하는 활동이다.

도입에서 전시학습 확인을 하는 이유는 다음과 같다.

첫째, 학습목표 및 성취기준 달성을 위한 핵심개념을 이해하는 데 있어서, 이미 배운 핵심개념 및 주제가 선행조직자 역할을 하기 때문이다.

둘째, 이미 배운 핵심개념 및 주제와 배우게 될 핵심개념 및 주제 간의 관련성을 통해, 처음 접하게 되는 낯선 개념에 흥미와 호기심을 갖게 되는 동기유발의 효과가 있기 때문이다.

셋째. 이미 배운 핵심개념 및 주제가 배우게 될 핵심개념 및 주제를 이해하는 데 필요하고 이를 적용할 기회가 됨을 알게 되는 동기유발의 효과가 있기 때문이다.

따라서 교사는 전시학습 확인에서 단순히 지난 시간에 배운 개념을 확인하는 데에서 그치는 것이 아니라, 개념과 개념과의 관련성과 맥락에 대한 설명하여 인지적·정의적 학습 준비 상태를 조성해야 한다.

① 중요 내용 요약의 예

학습단계		교수-학습활동	자료 및 유의점	시간 (분)
도입	전시 학습 확인	• 지난 시간에 학습한 '민주주의 이념과 원리'에 대해 간략하게 설명한다. • 민주주의 이념 : 인간의 존엄성, 자유, 평등 • 민주주의 원리 : 국민주권, 국민 자치, 입헌주의, 권력분립 등 • 각자가 경험한 민주주의 이념과 원리를 발표해 보고, 민주주의 이념과 원리를 실천하기 위해 정부를 만들었음을 통해, 본시 학습 주제인 '정부 형태'를 도출한다.	판서	2

② 핵심 발문의 예

학습단계		교수-학습활동	자료 및 유의점	시간 (분)
도입	전시 학습 확인	• 지난 시간에 학습한 '정치과정에 참여하는 다양한 주체들'의 종류에 대해 모둠별로 그 특징을 발표하도록 한다. • 모둠별로 발표한 정치 주체들 중 '개인이 정치에 참여하는 방법은 어떤 것이 있을까?'라는 발문을 통해 오늘 학습할 주제인 '선거'를 도출한다. • 선거의 의미에 대해 발문하여 학생들의 선거의 의미에 대한 선행학습 정도를 파악한다.	-	2

③ 진단 평가의 예

학습단계		교수-학습활동	자료 및 유의점	시간 (분)
도입	전시 학습 확인	• 학습지를 통해 지난 시간에 학습한 '문화와 문화가 아닌 것'의 예를 적어보고 발표하도록 한다. • 학생들이 발표한 '문화의 예'가 ① 우리나라에만 있는 문화인지, 다른 나라에도 있는 문화인지 ② 우리들만 즐기는 문화인지, 어른들도 즐기는 문화인지의 발문을 통해, 오늘 학습할 주제인 '문화의 특징과 속성' 중 특징을 도출한다.	학습지	2

(2) 동기유발 자료 제시

동기유발 자료 제시는 학습목표 및 성취기준을 달성하기 위해 핵심개념 및 주제와 관련된 전형적인 사례를 제시하여 흥미, 호기심 등을 진단하고, 핵심개념 및 주제에 대한 이해와 동기유발을 위한 피드백을 하는 활동이다. 이 활동은 동기유발을 위한 독립적인 활동이 아니라 전시학습 확인 활동과 연계된 연속적인 활동이다. 동기유발 자료 제시에서 자료는 몇 가지 요건을 갖추어야 한다. 첫째, 배우게 될 핵심개념 및 주제를 잘 보여줄 수 있어야 한다. 전형을 포함하는 사례여야 한다. 둘째, 전시학습 확인과 연계된 활동으로 핵심개념 및 주제 간의 관련성을 포함하는 사례여야 한다. 셋째, 학생의 흥미, 호기심을 불러일으킬 수 있도록, 학생의 발달 수준과 학생의 실생활에 적합한 사례여야 한다.

(3) 학습목표 제시

학습목표 제시는 '전시학습 확인'과 '동기유발 자료 제시'로 살펴본 핵심개념 및 주제를 학습목표 및 성취기준과 관련짓고, 목표를 통한 동기유발이 지속되도록 피드백하는 활동이다.

(4) 학습활동 안내

학습활동 안내는 학습목표 및 성취기준 달성을 위한 수업의 절차를 안내하는 활동이다. 각 활동이 학습목표 및 성취기준 달성을 위해 어떤 필요성을 갖는지, 학생은 어떤 준비를 해야 하는지를 인지하고 필요성과 선택을 통해 동기를 가진다. 학습활동 안내는 수업상황에 맞게 안내의 정도를 다르게 구성할 수 있다. 모형의 절차를 중심으로 단계별 활동 안내, 활동 중심 안내, 핵심활동 중심 안내 등이 있다.

02 전개

1. 전개의 의미

전개는 학습목표 및 성취기준 달성을 위한 교수-학습단계이다.

2. 전개의 목적

전개는 유의미한 교수-학습활동을 통해 학습목표 및 성취기준을 달성하기 위함이다.

3. 전개의 목표

전개는 학생에게 유의미한 교수-학습경험의 제공하는 것을 목표로 한다.

4. 전개의 내용 : 교사와 학생의 상호작용으로서 교수-학습활동과 피드백

전개에서 교사는 학습목표 및 성취기준 달성에 가장 적합한 학습경험을 제공하는 '교수-학습활동'과 전개의 과정에서 학생의 동기를 지속시키기 위한 '피드백'을 한다.

⑴ 교수-학습활동

교수-학습활동은 학습목표 및 성취기준 달성을 위한 교수-학습경험의 제공을 의미한다. 학습목표 및 성취기준 달성을 위한 직접적인 활동으로 수업의 가장 핵심이 된다. 교수-학습활동은 교사와 학생의 상호작용으로 이루어지므로 '교사 중심 수업', '학생 중심 수업', '교사-학생의 상호작용 수업' 3가지로 구성된다. 이 구분은 단계적·일률적이 아니라 학습목표 및 성취기준, 수업의 성격에 따라 그 비중이 달라질 수 있다.

⑵ 피드백

피드백은 학생의 동기를 지속시키기 위한 사고 자극 발문 및 학생의 활동에 대한 교사의 반응이다. 전개에서 피드백은 학생의 동기를 지속시키기 위한 활동이다. 따라서 학생의 동기를 유발하는 사고 자극 발문과 학생의 활동에 대한 교사의 안내, 처방 등을 의미한다.

5. 전개의 방법 : 수업기법 및 수업모형을 중심으로

이 부분은 각 수업모형마다 지도안을 정리해 두었다. 각 수업모형별로 어떻게 작성하는지 확인하기 바란다.

03 정리

1. 정리의 의미

정리는 학습목표 및 성취기준 달성을 확인하고 다음 차시 수업의 문제를 제기하는 단계를 말한다.

2. 정리의 목적

정리를 하는 목적은 교수-학습활동을 종합·평가하여 학습목표 및 성취기준 달성 여부를 확인하는 것과 다음 차시 수업을 안내하여, 학습을 지속할 수 있도록 동기를 부여하기 위함이다.

3. 정리의 목표

정리의 목표는 교수-학습활동을 학습목표 및 성취기준을 중심으로 종합·평가하고, 다음 차시 수업 안내를 달성하는 것이다.

4. 정리의 내용 : 종합·평가와 피드백 그리고 다음 차시 안내

정리는 교수-학습활동을 학습목표 및 성취기준을 중심으로 종합하고 평가하기를 말한다.

⑴ **종합하기**

종합은 학습내용과 학습목표 및 성취기준과의 연관성을 확인하는 것이다. 따라서 교사는 먼저 도입에서 제시한 학습목표 및 성취기준을 재확인하고, 지금까지 학습한 내용을 종합·정리하여, 학습한 내용과 학습목표 및 성취기준과의 연관성을 제시해야 한다.

학습한 내용과 학습목표 및 성취기준과의 연관성은 수업한 차시가 대단원 또는 중단원(이하 전체 단원)에 어디에 위치하느냐에 따라 달라질 수 있다. 예를 들어, 전체 단원이 진행 중인 경우, 수업한 차시 내용과 학습목표 및 성취기준과의 연관성을 고려하여 종합하여야 한다. 하지만 수업한 차시로 전체 단원이 완료되는 경우, 수업한 차시의 학습목표 및 성취기준뿐 아니라 전체 단원의 학습목표 및 성취기준까지 고려하여 전체 단원의 구조화와 통합을 고려한 종합을 해야 한다.

⑵ **평가하기 : 학습내용에 대한 이해도 평가와 자기평가·동료평가**

전개 단계에서의 평가는 학생의 수행과정을 평가하였다면, 정리 단계에서의 평가는 학습내용에 대한 이해도를 평가한다. 또한 자기평가와 동료평가를 진행한다. 자기평가·동료평가를 통해 학생들은 메타인지를 향상시킬 수 있고, 교사는 수행과정 평가의 신뢰도를 높일 수 있다.

(3) **피드백** : 학습목표 및 성취기준 달성 여부에 대한 피드백과 수업 개선을 위한 피드백

전개 단계에서의 평가는 학생의 수행과정을 평가하기 때문에 교사는 학생의 수행 수준에 대한 피드백을 제공한다. 그러나 정리 단계에서의 평가는 학습한 내용에 대한 이해도를 평가하기 때문에 교사는 학습목표 및 성취기준달성에 여부에 대한 피드백을 제공해야 한다. 예를 들어 학습목표 및 성취기준을 달성한 학생에게는 보상과 함께 더 심화된 학습목표와 성취기준을 제시하여 학습동기를 유발하고, 학습목표 및 성취기준을 달성하지 못한 학생에게는 부족한 부분에 대한 진단과 이를 보충할 수 있는 수준의 학습목표와 성취기준을 제시하여 학습동기를 유발해야 한다. 또한 학생들의 학습목표 및 성취기준 달성 여부를 통해 교사는 수업 개선을 위한 수업 설계의 피드백을 해야 한다.

(4) **다음 차시 안내**

다음 차시 안내는 다음 시간에 수업할 내용에 대한 안내와 함께 학습 지속을 위한 동기유발을 하는 것이다. 따라서 다음 차시 안내에서는 단순하게 다음 시간에 학습할 내용을 간략하게 제시하는 것이 아니라, 오늘 학습한 내용을 토대로 새로운 문제를 제기하여 이를 통해 학습동기를 유발하고 지속시켜야 한다. 새로운 문제를 제기하는 방법은 ① 오늘 학습한 내용의 다른 측면 또는 역기능을 제시, ② 오늘 학습한 내용을 다른 상황에 적용해보았을 때 바로 적용이 되지 않는 문제를 제시, ③ 오늘 학습한 내용의 구체적인 사례를 제시 등이 있다.

5. 정리의 방법 : 구체적 활동

(1) **학습내용 요약 · 정리**

(2) **평가하기**

(3) **다음 차시 안내 및 수업 종료**

02 수업기법

수업기법이란 수업의 틀 속에서 학습내용을 효과적으로 학생들이 습득할 수 있도록 전개되는 교사와 학생의 상호작용 방법 또는 수업이 진행되는 형태이다.

I 강의[77]

01 의미 : 주입, 언어적 설득

강의는 교사가 수업내용을 잘 조직하여 체계적으로 구조화하여 언어로서 학생들에게 전달하는 것이다. 교사 주도로 이루어지는 교수기법이라는 점에서 강의에 대한 부정적인 평가가 많지만 역사적으로 가장 오래된 것이고 현재도 가장 널리 사용되고 있는 것이다.

02 장점과 단점

1. 장점 : 기초기능 향상, 효율성

쓰기 능력과 읽기 능력을 향상시킬 수 있다. 짧은 시간에 중요한 정보를 체계적으로 전달할 수 있으며, 복잡하거나 새로운 내용을 전달하는 데 유리하다. 또한 학습과정을 통제하기 쉬워 학급관리가 쉽다.

2. 단점 : 무의미 학습

학생들의 차이를 고려하거나 흥미를 자극하지 못한다. 또한 학생들을 수동적 위치에 머물게 한다. 이외에 강의로 들은 지식은 쉽게 잊어버릴 수 있다.

◎ 강의의 장점 및 단점

구분	장점	단점
학생 입장	안정감, 감동으로 주의 집중	학생들이 수동적, 주의 집중, 망각하기 쉬움, 흥미 상실
교사 입장	다수에게 전달, 서론, 학급관리, 수업자료 없는 내용	강의 준비 어려움, 좋은 강의능력 어려움, 고차사고력 함양 등에 부적합

---

77) 최용규 외, 2005:303-304; 차경수, 1997:166-167 등을 참조

03 선행조직자 활용[78](Ausubel, 1968)

1. 선행조직자의 의의

오수벨(Ausubel)은 강의를 효과적인 수업기법이 될 수 있음을 지지함과 동시에 강의도 유의미 학습이 가능하다는 점을 증명하기 위해 '선행조직자'를 제시하였다.

2. 선행조직자 개념적 특징

(1) 유의미 학습과 선행조직자의 관계

유의미 학습이란 학습자가 가지고 있는 기존의 지식에 새로운 지식이 학습자의 인지구조에 연결되거나 포섭되는 과정이다. 이때 기존의 인지 구조를 자극할 수 있는 내용이 있어야 하는데 이것이 바로 선행조직자이다.

(2) 선행조직자의 의미(기능)

선행조직자는 본격적인 학습 전에 학생들에게 가르칠 학습과제보다 더 일반적이고 추상적인 개념이나 원리, 법칙, 일반화 등으로 제시되는 선수자료이다. 이런 선행조직자는 새롭게 학습하는 내용이 학습자가 지닌 기존의 인지구조와 관련을 맺도록 다리 역할을 제공한다. 즉, 선행조직자는 기존의 인지구조에 새로운 학습내용이 포섭되는 것을 도와준다.

3. 선행조직자 종류

선행조직자에는 설명식 조직자(expository organizer)와 비교 조직자(comparative organizer)가 있다.

(1) 설명식 조직자

설명식 조직자(expository organizer)는 친숙하지 않은 학습과제를 설명할 때 개념적 근거를 제공하는 것이다. 예컨대 법률관계에서 권리개념을 가르치고자 할 때 권리 작용에 따라 청구권, 지배권, 형성권, 항변권으로 제시한다. 이를 통해 채권이 청구권이라는 점을 이해하게 된다.

(2) 비교식 조직자

비교식 조직자(comparative organizer)는 상대적으로 친숙한 학습과제를 학습할 때, 기존 개념과의 유사점과 차이점을 밝히기 위한 것이다. 예를 들면 정당과 이익집단, 사회조직과 사회집단, 기회비용과 매몰비용의 차이점 등을 제시하는 것이다.

---

78) 차경수, 2000:154 참조하여 재구성

4. 선행조직자 효과 : 유의미 학습, 인지적 활동 자극, 고차사고력 발달

선행조직자는 수업에서 학생의 이해를 쉽게 하고 인지구조를 강화하기 위하여 수업이 시작될 때 제공되는 어떤 단서가 되거나 전체적인 구조 등을 의미한다. 이런 선행조직자를 강조하는 것은 학생들이 미리 가지고 있는 개념의 틀이나 인지구조등과 학습이 적절하게 연결될 때 유의미 학습, 활발한 인지적 활동, 고급 사고활동 등이 가능하기 때문이다.

5. 선행조직자로 활용할 수 있는 개념도

개념도란 전체 학습자료 내에 포함된 개념을 규정하고 이들 개념들을 가장 일반적이고 포괄적인 개념들로부터 가장 구체적이고 특정한 개념으로 이루어지는 위계적인 배열로 조직화한 것이다.[79] 노박과 고윈(Novak & Gowin, 1984)은 개념도는 최상부에는 가장 포괄적이고 추상적인 개념으로 그 밑으로는 더 구체적인 개념들로 이루어지는 위계적 구조뿐만 아니라 동급 수준에서 개념 간의 수평적인 조직 등 다양하게 개념 간의 상호관계를 조직해 가는 과정이라고 하고 있다.

Ⅱ . 발문[80]

01 의미

질문을 통해 아는 것을 확인하고 사고력의 발달을 돕는 방법이다. 이 방법은 수업 전체의 과정에서 순간순간 활용할 수 있을 뿐만 아니라 지식습득과 활용, 고급사고력 개발, 평가 등에서 유용한 수단이 된다.

02 발문에 대한 평가

1. 장점 : 동기유발, 사고자극, 목표 달성 여부 확인 등 다양한 상황에 쉽게 활용 가능

① 발문은 학생들의 흥미를 유발한다.

② 수업의 여러 단계에서 활용 가능하다.

③ 교사와 학생상호 간 의사소통을 촉진한다.

④ 저차사고력부터 고차사고력을 함양하는 데 효과적인 수단이다.

⑤ 부기법으로 타 기법들과 혼용 가능하다. ⇨ 다양한 수업기법들과 함께 활용할 수 있는 유용한 수업기법

---

79) Novak & Staff(1981), 이정이(1995) 재인용
80) 박상준, 2006:252-260 참조

2. 단점

① 수업과정이 복잡해질 수 있다.

② 실력이 뛰어나거나 적극적인 학생들 일부만의 참여로 끝날 수 있다.

03 고차사고력 함양과 발문법

1. 고차사고력 함양을 위한 질문 구상

인간의 고차사고력과 언어사용 능력을 발달시키기 위한 질문법을 개발하기 위한 모형으로 대표적인 것이 블룸(B. Bloom) 모형, 길포드(J. Guilford) 모형 등이다. 인간의 인지적 활동을 저급부터 고급 수준까지 층위를 나누어 인지목표를 제시한다. 질문 전략은 이런 인지목표를 고려하여 이루어진다.

2. 블룸 모형과 발문[81]

(1) 블룸의 인지적 목표와 관련된 질문

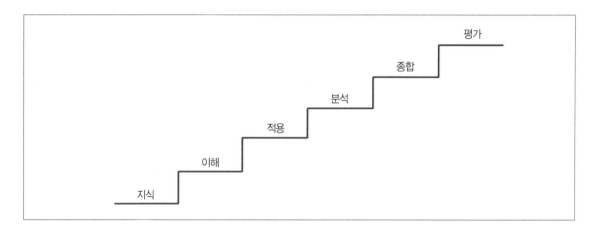

인지목표	사용하는 언어	질문 수준
지식	정의하라, 말하라, 서술하라…	저급
이해(번역, 해석, 외삽)	비교하라, 구분하라, 추측하라, 추리하라…	
적용(응용)	응용하라, 구성하라, 만들어라…	고급
분석	분석하라, 분류하라, 찾아내라, 비교하라…	
종합	창조한다, 해결책을 제시한다, 발전시킨다…	
평가	선택하다, 평가하다, 결정하다…	

---

81) Woolever & Scott, 1988:305-311.

(2) 발문 사례

① 분석
두 마을의 결혼 문화에 들어있는 사실적인 요소와 가치관련 요소를 찾아서 제시하시오.

② 평가
각자 기준을 설정하여 두 마을의 결혼 문화에 대해 가치판단을 해 보시오.

③ 이해
두 마을의 결혼 문화를 비교하고 공통점을 자신의 언어로 설명해 보시오.

④ 종합
두 마을의 결혼 문화에서 나타난 문제점을 고치기 위한 개선 방안을 제시하시오.

(3) 길포드 모형과 발문[82]

① 길포드 모형의 내용
길포드는 인간의 인지능력을 기억과 사고로 구분하고, 사고를 다시 인지적 사고, 생산적 사고, 평가적 사고의 세 영역으로 구분하며, 이 중 생산적 사고는 수렴적 사고와 확산적 사고로 구분한다.

② 길포드 모형과 발문

목표 및 의미	질문
기억 : 학습한 내용을 회상할 수 있는 능력	기억과 관련된 질문
관계 또는 유형 등의 발견 : 언어적 이해와 관계, 유형 등을 발견하는 능력	발견적 질문 (고차적 발문)
수렴적 사고 : 하나의 옳은 해답, 일정한 방향과 해답을 위한 사고	수렴적 질문
확산적 사고 : 다양한 대답이 해결책을 제시할 수 있는 사고	확산적 질문
평가 : 옳음, 적합성, 합리성, 정당성 등과 같은 가치 판단을 할 수 있는 사고	평가적 질문 (고차적 발문)

---

82) Banks, 1977:146-148.

Ⅲ 토의(론)학습[83]

01 의미

여러 사람이 공동으로 관심을 가지고 있는 문제에 대하여 서로 의견을 말하고 들으면서 문제 해결을 모색하는 수업의 형태이다.

02 토론학습의 목표

민주 시민자질의 함양, 적극적인 학습 참여의 유도, 개인적 성장, 문제해결, 고차사고력의 함양, 상호작용을 통한 사회성 함양

03 토론학습의 유용성

1. 여러 종합수업모형에서 활용

논쟁문제 모형의 주요 교수-학습방법, 소집단 학습 및 협동학습모형에서 활용 등

2. 참여 태도 및 사회적 의사소통 기능 함양

3. 각종 사고 기능 향상에 기여

고차사고력, 사회적 의사소통 기능 향상

4. 상대방을 존중하는 태도 및 개방적인 태도

5. 탐구과정을 통한 학습 결과물 도출 과정

---

83) 차경수·모경환, 2008:192-194 참조

04 종류

1. 문답식 토의

질문과 대답으로 진행하는 토의이다. 이 방법은 가치보다는 사실과 관련된 기초 지식을 다룰 때 적합하다. 저학년에 쉽게 활용할 수 있는 방안이지만 고차사고력 함양에는 부적합하다.

2. 패널식 토의(panel, 배심토의)

(1) 의미

패널식 토의는 토론자들이 의견을 발표한 후 토론자들 상호 간에 토론을 하거나 토론을 지켜본 청중과의 의견 교환이 이루어지는 방법을 말한다.

(2) 평가

① 패널식 토의는 교사의 역할이 가장 작은 학생 주도의 토론이다.

② 학생들이 능동적으로 자유롭게 주장을 펼 수 있는 장점이 있지만 학습과 토의의 초점이 흐려지기 쉬운 단점이 있다.

③ 또 모든 문제나 내용을 이런 방식으로 수업하기는 어렵고 찬반이 나누어지는 논쟁문제에 적합한 방법이다.

(3) 사례

> ■ **단원** : (다) 사회적 쟁점과 합리적 의사결정
>
> ■ **학습목표** : 안락사 허용 여부에 관한 토론 수업을 통하여 사회적 쟁점을 합리적으로 해결할 수 있다.
>
> ■ **교수-학습과정**
> ① 학습자 특성 파악
> ② 전시 학습 확인 : 전시에 배운 학습내용의 핵심 개념에 대해 질의·응답한다.
> ③ 동기 유발 : 60대 남편이 10년 동안 식물인간으로 살아온 아내를 안락사 시키려다 기소된 사건을 소개한다.
> ④ 학습목표 확인
> ⑤ 교수-학습 전개
> ⅰ) 수업절차에 대하여 안내한다.
> ⅱ) 안락사에 관하여 찬성 또는 반대의 입장을 발표하도록 지정된 6명의 학생들과 사회자로 지정된 학생은 교실 앞쪽에 준비되어 있는 좌석에 앉는다.
> ⅲ) 사회자의 진행에 따라 발표자들은 자신의 의견을 주장한다.
> ⅳ) 청중석의 학생들은 발표자에게 질의하고 발표자는 질의 내용에 대하여 응답한다.
> ⅴ) 사회자는 논의된 내용을 간결하게 정리한다.
> ⑥ 정리 : 학습내용을 정리한다.

3. 브레인스토밍(brainstorming) : 창의성 함양을 위한 토론

(1) 자유분방한 분위기

6~8명 정도로 집단을 형성하고 집단별 아이디어 생산수업, 토의수업이 원활하게 이루어지기 위해서는 자유분방한 분위기를 조성하여 어떠한 아이디어도 수용해야 한다. 이 경우 개방적인 환경에서 학생들 상호 간에 지적 자극 활동이 활발해진다.

(2) 특징

① 고정 관념에서 탈피하여 참신하고 독특한 아이디어를 찾아낸다.

② 아이디어의 질적 측면보다는 양적 측면을 강조한다.

③ 거친 아이디어를 다듬어서 보다 세련되게 발전시킨다.

④ 기존의 아이디어를 결합 혹은 변형하여 대안을 제시한다.

(3) 단점

이 수업은 자칫 토의가 산만해지기 쉽다는 단점이 있으나 학생의 창의력을 끌어낼 수 있다.

(4) 사례

토의 주제	미래 사회의 환경 문제에 대한 우리의 대응방안
토의의 기본원칙	• 어떤 제안에 대해서도 평가를 해서는 안 되고, 아이디어에 대한 평가는 보류한다. • 우스꽝스럽거나 현실적이지 않은 아이디어라 할지라도 모든 아이디어를 환영한다. • 아이디어는 많으면 많을수록 좋다. • 이미 나온 아이디어를 바꾸거나 연결해서 새로운 아이디어를 내도 된다.
진행상의 유의점	• 한 사람이 하나의 아이디어를 발표하고, 돌아가면서 다른 사람이 다른 아이디어를 말한다. • 정확한 발음으로 말하되, 다른 사람에게 기회를 줄 수 있도록 가급적 빨리 말한다. • 기록자가 정확하게 적을 수 있도록 크게 말한다.
아이디어를 내야 할 주제	미래의 환경 문제를 해결하기 위하여 우리가 할 수 있는 방법에는 어떤 것이 있을까? 가능한 방법을 아래에 모두 적어보자.

4. 대집단 토론(포럼/디베이트/비즈 집단)과 소집단 토론(원탁토론/심포지엄)[84]

(1) 대집단 토론

① 포럼 : 많은 참여자를 대상으로 하여 강의, 논쟁 토론 등을 통틀어서 진행하는 형태

② 디베이트 : 찬성과 반대 의견을 나누어 승패를 결정하는 토론

ㄱ 5명으로 이루어진 모둠을 구성하고 사회자 1명을 뽑는다.

ㄴ 기여입학제에 대하여 찬성과 반대의 의견으로 2명씩 나눈다.

84) 차경수, 2000:170-171 참조

ⓒ 찬성이나 반대의 입장을 취하는 학생들은 자신이 그 입장을 취하는 이유를 이야기한다.

ⓔ 상대방이 주장한 내용에 대하여 의문 드는 사항을 질문한다.

ⓜ 질문에 답하기 위하여 같은 의견을 가진 학생들끼리 의견을 나누는 시간을 가진다.

ⓗ 논의된 내용을 종합하여 상대방 질문에 논리적으로 답변한다.

ⓢ 사회를 맡은 학생은 주장의 일관성과 논거의 적절성 등을 종합하여 두 입장 중에서 어느 의견이 보다 타당한지 심판한다.

③ 비즈집단

대집단을 몇 개의 소집단으로 나누어 소주제를 토론하고 전체 앞에서 발표하는 방법으로 집단별 토의 결과를 발표하고 전체적인 토의를 통해서 학습내용을 정리한다.

⑵ 소집단 토론

① 원탁토론 : 4명에서 7명이 원탁에 앉아 자유롭게 토론하는 형식

② 심포지엄 : 큰 주제를 몇 개의 소주제로 나누고 미리 준비한 발표자들이 토론하는 방식

Ⅳ 역할놀이(Role Play, 역할극)

01 의의

역할놀이는 어떠한 상황에서 역할을 실연하고, 그 실연과정을 토론하고 상황 속의 인물이 다음에 어떻게 행동할 것인가를 제의하거나 실연해 보며 이 같은 행동과정과 결과에 대하여 평가를 해보고 주어진 문제 상황에 대한 해결책을 제시하도록 하는 기법이다. 역할놀이는 엄격한 규칙보다는 타인을 실연해 봄으로써 그 사람을 대변하고 심정을 이해하게 된다. 역할놀이에 참여하는 학생은 어떤 규칙에 제약을 받지 않고 조건을 구상하고 결정을 내리고 상황을 만들어 내거나 구성할 수 있다. 역할놀이는 감정을 탐색하고, 태도, 가치, 지각을 이해하고, 문제해결 기능 및 태도를 개발하고, 교과목을 탐색하는 데 도움이 되는 인간행동의 생생한 예를 다양한 방식으로 접하도록 한다. 예컨대 대본식 모의법정 등이 대표적이다. 또한, 쓰레기 소각장 부지 선정 문제, 세대 간의 갈등 문제 등을 다루는 데 효과적이다.

02 특징

1. 학생들은 자기 자신과 함께 다른 사람의 입장을 이해하는 경험을 가질 수 있다.

2. 학생들은 자신의 책임 아래서 이루어지는 의사결정의 경험을 가질 수 있다.

03 교육적 효과

1. 일상생활에서 성실성, 정의감, 애정 등의 민주적 이상을 실천하기 위해 활용된 기법

2. 타인의 역할을 수행함으로써 자기중심주의를 극복

3. 감정이입을 통한 문제해결능력 향상

   감정이입적 과정 발생 ⇨ 타인 이해, 의사소통능력 향상, 사회적 기능 및 문제해결능력 향상

04 역할놀이 수업절차[85]

1. **학습 준비** : 초기 작업으로 문제를 소개하여 명확화, 실연의 워밍업 단계

2. **시나리오 쓰기** : 대본, 대사가 정해진 희극형 시나리오

3. **역할 분담** : 역할분석, 참여자 선정

4. **연기 상연** : 리허설 후 1차 실연

   무대 설치, 리허설, 역할의 재확인, 참관자들에게 관찰 과제 분담 등

5. **토의 및 평가** : 1차 실연에 대한 반성, 2차 실연 후 최종 평가

   1차 실연에 대한 역할놀이 활동검토, 재실연, 재토론과 반성

6. **정리 및 일반화 보고**(평가 및 발표) : 경험의 공유 및 일반화 도출

05 주의할 점

1. 사전에 충분하고 철저한 준비가 필요하다.

2. 학생의 진지한 참여와 역할 수행이 이루어질 수 있도록 해야 한다.

3. 수업 후에는 평가와 발표를 통해서 공감대를 형성할 수 있어야 한다.

---

85) 전숙자, 2006:372-374.

06 모의재판

1. 시나리오 방식의 모의재판의 교육적 의의

중·고등학생들의 경우 법률과 재판절차에 대한 지식이 부족한 편이다. 이런 상황을 고려했을 때 중·고등학생의 법적 지식과 법적 사고력을 함양하는 효과적인 방법으로 등장한 것이 시나리오 방식의 모의재판 프로그램이다. 미리 준비된 시나리오에 따라 진행하는 시나리오 방식의 모의재판은 가상의 재판을 수행하면서 법 원리와 재판절차를 쉽게 이해하고 합리적인 사고능력을 함양할 수 있게 하면서도 재판제도의 중요성을 인식하고 사법부에 대한 긍정적인 태도를 형성할 수 있도록 한다는 점에서 매우 효과적인 법교육 수단이라고 할 수 있다.[86]

2. 모의재판 지도안(90분 블록타임 수업지도안)

[9사(일사)05-03] 재판의 의미와 종류(민사재판, 형사재판)를 이해하고, 공정한 재판을 위한 제도를 분석한다.

학습 단계		교수·학습활동	자료 및 유의점	시간(분)
전개 ①	준비하기	• 교사는 재판의 의미를 설명하고, 재판의 종류에 대한 개관을 한다. 이때, 종류에 대한 자세한 설명보다 재판의 종류가 다양한 이유에 초점을 둔다. • 교사는 모둠 구성을 확인한다. (5명×4조)	• 판서, PPT • 개념학습	5
전개 ②	문제제기	• 교사는 대본 구성에 관한 문제 상황 자료를 제시한다. 　대학생 A(20세)는 친구들과 울타리가 없는 공터에서 축구를 하고 있었다. A는 친구에게 공을 패스하던 중 지나가던 B(7세)의 얼굴을 맞추고 말았다. 놀란 B의 어머니 C가 A를 야단치자 C는 불손한 언행을 보였다. 이에 화가 난 C는 경찰에 신고하여 처벌을 요구하였다. 경찰로부터 연락을 받고 온 A의 아버지 D는 C에게 거듭 사과했지만, D는 마음을 바꾸지 않았다. 이후 병원에 간 B는 전치 3주의 상해 진단을 받았다. • 모둠별로 토의를 통해 학습지를 해결한다. 1. 우리 모둠은 문제 상황을 어떤 재판을 통해 해결하기로 하였나요? 　_____ 2. 그 이유는 무엇인가요? 　_____ 3. 재판에 필요한 법률은 어떤 것이 있나요? 　_____	• PPT • 법률 검색 시 태블릿 PC를 사용한다.	5

---

86) 사법정책연구원(2014), 중·고등학생을 위한 수준별 모의재판 시나리오 개발에 관한 연구, p.3 참조

	역할 선정	• 교사는 역할(원고, 피고, 검사, 피고인, 변호인, 판사, 증인)을 설명하고 지도한다. 　－ 민사재판(5명) : 원고, 원고측 변호인, 피고, 피고측 변호인, 판사 　－ 형사재판(5명) : 검사, 피고인, 변호인, 증인, 판사	• PPT	5
전개 ②	대본 구성 하기 & 연습 하기	• 교사는 재판절차에 대해 안내한다. 	민사재판 절차	형사재판 절차	 |---|---|
① 판사에 의한 법정 개최 ② 원고의 주장 ③ 피고의 답변 및 항변 ④ 항변에 대한 재항변 ⑤ 판결	① 판사에 의한 법정 개최 ② 진술거부권 고지 및 인정신문 ③ 모두 진술 ④ 쟁점 정리 및 증거관계의 진술 ⑤ 증거 조사 ⑥ 피고인 신문 ⑦ 최종변론 　(검사 → 변호인 → 피고인) ⑧ 판결 선고	 • 교사는 대본 작성 시 유의사항을 안내한다. ① 모의재판 시간은 2분 이내이므로 이에 맞는 분량을 작성한다. ② 역할이 모두 참여해야 하고, 역할별로 2번 이상의 대사를 포함해야 한다. ③ 주장에는 반드시 근거가 포함되어야 한다. • 교사는 대본의 예시를 보여주고 모둠별 대본 작성을 지도한다. • 모둠별로 대본을 작성하고 완성된 모둠은 대본을 연습한다. (※ 연습 시 다른 모둠의 대본 작성에 방해가 되지 않도록 한다.)	• PPT • 대본 작성 유의사항을 지키도록 지도한다.	15
	무대 설치	• 교사는 재판의 종류에 따라 실제 법정 배치도와 유사하게 자리를 배치한다. | 민사재판 법정 모습	형사재판 법정 모습 | 법관 / 서기 / 증인 / 원고 변호인 / 변호인 피고 / 방청인 법관 / 서기 / 검사 / 증인 / 변호인 피고인 / 방청인 • 교사는 재판의 종류의 따라 법정 배치도가 달라지는 이유에 대해 생각해보게 한다.	• PPT • 민사재판과 형사재판의 차이점을 이해하도록 지도한다.	5

전개 ③	1차 모의 재판	• 1차 모의재판을 진행한다. (조별 2분) • 교사는 모의재판 실연을 평가한다. 평가 기준 / 평가 수준 (A B C D E): 시간을 고려하여 작성하였는가? 모든 역할이 참여하여 역할별 2번 이상의 대사 포함되었는가? 주장에 대한 근거를 제시하는가? 재판절차를 준수하는가? 역할에 대해 잘 이해하였는가? 재판과정에서 공정한 재판을 위한 제도를 얼마나 활용하였는가? … • 교사는 방청 중인 다른 모둠의 '경청하는 태도'를 평가한다.						• 교사용 관찰평가지	10
	토의 및 평가	• 교사는 모든 모둠의 모의재판이 끝나면 전체 피드백과 모둠별 피드백을 한다. • 모둠별로 역할을 해본 경험을 조원들과 나눈다. 모둠별로 1차 모의재판 경험과 대본에서 어색했던 부분에 대한 토의를 진행한다.							5
	대본 재구성	• 교사는 2차 모의재판은 판결을 뒤집어서 재연하도록 안내한다. 또한, 2차 모의재판은 역할을 바꾸어 재연하도록 지도한다. • 모둠별 토의 및 평가한 내용을 토대로 하여 대본을 재구성한다.							5
	2차 모의 재판	• 2차 모의재판을 진행한다.(조별 2분) • 교사는 1차 모의재판에서 부족했던 점이 보완되었는지 여부를 평가한다. • 방청 중인 나머지 학생은 모의재판 중인 조에 대한 동료평가를 한다. 동료평가자 이름 : 1. (　)모둠의 인상 깊은 점 2. (　)모둠의 아쉬운 점 3. (　)모둠의 아쉬운 점을 보완한다면?						• 교사용 체크리스트 평가지 • 동료평가지	10
	토의 및 평가	• '판결을 뒤집어 본 경험'을 조원들과 나눈다. 역할을 '바꾸어 해본 경험'을 조원들과 나눈다. • 1차, 2차 모의재판을 해본 경험을 토대로 자기평가를 한다.						• 자기평가지	5

07 역할놀이 사례

1. 모의의회 : 90분 블록 타임 수업(전개 70분)

[9사(일사)07-01] 입법기관으로서 국회의 위상을 이해하고, 국회의 주요 조직과 기능을 조사한다.

학습 단계		교수 · 학습활동	자료 및 유의점	시간 (분)
전개 ①	문제 제기	• 교사는 '반려견과 길고양이 학대'와 관련된 신문기사와 '동물의 권리를 주장하는 시민단체'를 취재한 뉴스 영상을 제시한다. • 교사는 '동물 학대 금지와 동물 권리 존중'을 위한 방법에는 어떤 것이 있는지 모둠별로 생각해보고 발표하게 한다.	• 뉴스 영상	5
	국회의 기능 이해하기	• 교사는 '동물 학대 금지와 동물 권리 존중'이라는 국민들의 요구를 국회가 어떤 절차에 따라 해결하는지를 법률안 심의 · 제정 절차에 따라 설명한다. • 교사는 국회의 권한에 대하여 소개한다. ① 입법에 관한 일, ② 재정에 관한 일, ③ 일반 국정에 관한 일 • 교사는 모둠 구성(4명×5조)을 확인하고 학습지를 배부한다. – 학습지는 ① 모의의회 대본(5종류), ② 법률안 제안서, ③ 법률안 평가서, ④ 수정 대본	• PPT, 판서 • 학습지 배부 상태 확인	5
	역할 선정	• 교사는 역할(국회의장, 부의장, 법률안 발의자 · 찬성자 · 반대자 · 질의자를 포함한 국회의원)을 설명하고 지도한다. – 국회의장과 부의장은 학급 전체에서 1명씩 선정한다. – 부의장은 국회의장이 속한 모둠이 발표할 때 국회의장 역할을 맡는다. – 법률안 제안은 모둠별로 1건씩 제안한다.		5
	대본 연습하기	• 모둠별로 대본을 연습한다.		5
	무대 설치	• 교사는 국회 본회의장과 유사하게 자리를 배치한다. 		3
	모의 의회	• 모둠별로 무대로 나와 모의의회를 진행한다. • 나머지 학생은 의회에 출석한 국회의원이 되어 발표 모둠의 법률안 내용을 요약 · 정리한다. 1. 발표모둠 : _____ 2. 발의한 법률안 이름 : _____ 3. 발의한 이유 : _____ 4. 찬성 이유 : _____ 5. 반대 이유 : _____		12

	법률안 만들기	• 모둠별로 토의를 통해 '동물 학대 금지와 동물 권리 존중'이라는 국민들의 요구 해결할 수 있는 '법률안 제안서'를 작성한다. 법률안 이름: ( )에 관한 법률 제안 이유: 법률안 내용: ① ② ③	• 제안 이유, 법률안 내용의 창의성, 논리성, 타당성을 평가한다.	5
	법률안 발의하기	• 모둠별 법률안 발의자가 법률안을 발표한다. (발표시간 : 1분) 국회의장은 발표한 법률안 이름을 판서하여 학급 전체가 볼 수 있도록 한다. 국회의장이 속한 모둠이 발표할 때에는 부의장이 국회의장 역할을 대리한다. • 교사는 발표한 법률안을 토대로 하여 법률안 평가지를 작성해야 함을 안내하고, 작성을 위해 다른 모둠의 발표를 경청하도록 안내한다.		5
전개 ②	법률안 질의 · 토론하기	• 모둠별로 토의를 통해 다른 모둠의 법률안에 대해 궁금한 점을 1가지씩 정한다. • 국회의장은 발표한 법률안 순서대로 질의·토론을 진행한다. 모둠별 궁금한 점 1가지는 질의자가 질의하며, 질의에 대한 답변은 질의자→찬성자→반대자→발의자 순으로 답변한다.		10
	법률안 평가하기	• 모둠별로 발표한 법률안에 대해 찬성하는 이유와 반대하는 이유를 각각 포함하여 '법률안 평가서'를 완성한다. 법률안 이름: ( )에 관한 법률 궁금한 점 (질의자 작성): 찬성하는 이유 (찬성자 작성): 반대하는 이유 (반대자 작성): (※보완할 점을 포함해서 작성하시오.) 우리 모둠의 최종 입장: 찬성 / 반대	• 궁금한 점, 찬·반 이유의 논리성과 타당성, 보완할 점의 창의성을 평가한다. • 상대방의 입장을 존중 하는 태도를 평가한다.	5
	법률안 의결하기	• 국회의장은 5가지 법률안에 대해 찬반 투표를 진행한다. 투표는 기립투표로 진행하고, 법률안에 찬성하는 모둠은 찬성자가, 반대하는 모둠은 반대자가 일어난다. • 국회의장은 법률안의 가결과 의결 여부를 선포한다. (의사봉 3타) • 모둠별로 작성한 '법률안 평가서'를 교사에게 제출한다. 교사는 '법률안 평가서'를 분류하여 해당 모둠에게 배부한다.		2

PART 04

| 전개 ③ | 대본 수정하기 | • 모둠별로 '법률안 제안서'와 '법률안 평가서'를 토대로 하여 대본을 작성한다.[87]

국회의장 : 의석을 정돈하여 주시기 바랍니다.
　　　　　성원이 되었으므로 제1회 모의의회를 개의하겠습니다. (의사봉 3타)
　　　　　오늘 열리는 모의의회에서는 1건의 법률안이 상정될 예정이며,
　　　　　담당 상임위원회에서 심사・의결한 사항이나, 본회의장에서 상정하여
　　　　　발의하신 의원님께 질의응답을 거친 후 기립 투표로 의결하겠습니다.
국회의장 : 그럼 오늘의 안건을 상정하도록 하겠습니다.
　　　　　먼저 의사일정 제1항 (　　　법률안 이름　　　)을 상정하겠습니다.
　　　　　(의사봉 3타)
　　　　　본 안건에 대한 제안 설명을 듣기 전에 방법에 대해 말씀드리겠습니다.
　　　　　제안 설명이 끝난 후 질의가 있으신 의원은 거수하여 의장에게 발언권을 얻어 질의하시기 바랍니다.
　　　　　또한 질의에 답변하는 의원은 발언대에서 답변하시면 되겠습니다.
　　　　　질의 답변 요령에 대하여 질문이 있습니까?
　　　　　질문이 없으시면 발의하신 (발의자 이름)의원님 발언대로 나오셔서 제안 설명을 해 주시기 바랍니다.
발의의원 : (발의의원은 발언대로 걸어나오면서 의장에게 인사)
　　　　　(의장도 발의의원에게 인사)
　　　　　(　　　법률안 이름　　　)은
　　　　　(　　　제안이유　　　)때문에 발의합니다.
　　　　　법률안의 내용은
　　　　　첫째, (　　　법률안 내용 ①　　　),
　　　　　둘째, (　　　법률안 내용 ②　　　),
　　　　　셋째, (　　　법률안 내용 ③　　　)
　　　　　입니다.
국회의장 : (발의자 이름)의원님 수고하셨습니다. 그럼 (발의자 이름)의원님에게 질의한 의원님 계십니까?
　　　　　(질의의원이 손을 든다.)
　　　　　(질의자 이름)의원님 질의하여 주십시오.
질의의원 : (발의자를 바라보며) (질의자 이름)의원입니다.
　　　　　발의하신 법률안에 대해서
　　　　　(질의 내용을 작성하시오.
　　　　　　질의 내용은 다른 모둠이 작성해 준 '법률안 평가서'를 참고하시오.)
　　　　　점이 궁금합니다.
발의의원 : (질의자를 바라보며) (발의자 이름)의원입니다. 질의하신 내용 잘 들었습니다. 그 부분에 대해서 답변드리겠습니다.
　　　　　(답변 내용을 작성하시오.
　　　　　　답변 내용은 발표 시 했던 답변을 참고하시오.　　　　　)
　　　　　이상입니다.
국회의장 : (질의자 이름)의원님 답변이 되셨습니까? 다른 추가 질문사항 있으십니까?
질의의원 : 없습니다.
국회의장 : 다른 질의하실 의원님 계십니까? (다른 의원들을 살펴본 후)
　　　　　질의할 의원분이 안 계시므로 (발의자 이름)의원님의 제안 설명은 이것으로 마치도록 하겠습니다.
　　　　　(질의응답이 끝나면 발의의원은 발언대에서 내려와서 의장에게 인사하고 의장도 의원에게 인사)
　　　　　(발의의원은 다시 전체 의원에게 인사하고 자리로 돌아옴)
국회의장 : 그럼 이번에는 (　　　법률안 이름　　　)에 찬성의견을 제시하신 (찬성자 이름)의원님의 의견을 듣도록 하겠습니다. (찬성자 이름)의원님 발언대로 나오셔서 설명해주시기 바랍니다. | • 다른 모둠이 작성해준 법률안 평가서에서 질의 내용, 찬성 내용, 반대 내용을 선정하는 과정에서 모둠 참여도와 토의 태도를 평가한다. | 5 |

87) 대본의 내용은 모형이해를 위해 넣은 것으로 '수업지도안 평가' 시에는 작성하지 않음

| 전개
③ | 대본
수정하기
(계속) | 찬성의원: (찬성의원은 발언대로 걸어 나오면서 의장에게 인사)
(의장도 찬성 의원에게 인사)
저는 (법률안 이름   )에 대해서 찬성합니다. 그 이유는
(찬성 내용을 작성하시오.
    찬성 내용은 다른 모둠이 작성해 준 '법률안 평가서'를 참고하시오.)
입니다.
국회의장: (찬성자 이름)의원님 설명 잘 들었습니다. 그럼 (찬성자 이름)의원
님에게 질의할 의원님 계십니까? (잠시 기다린 후) 질의할 의원분이
안 계시므로 (찬성자 이름)의원님의 설명은 이것으로 마치도록 하겠
습니다. 좋은 의견을 주신 (찬성자 이름)의원님께 감사드립니다.
(질의응답이 끝나면 찬성의원은 발언대에서 내려와서 의장에게 인사하고
의장도 찬성 의원에게 인사)
(찬성의원은 다시 전체 의원에게 인사하고 자리로 돌아옴)
국회의장: 그럼 이번에는 (법률안 이름   )에 반대의견을 제시하신
(반대자 이름)의원님의 의견을 듣도록 하겠습니다. (반대자 이름)의
원님 발언대로 나오셔서 설명해주시기 바랍니다.
반대의원: (반대의원은 발언대로 걸어 나오면서 의장에게 인사)
(의장도 반대 의원에게 인사)
저는 (법률안 이름   )에 대해서 반대합니다. 그 이유는
(반대 내용을 작성하시오.
    반대 내용은 다른 모둠이 작성해 준 '법률안 평가서'를 참고하시오.)
입니다.
국회의장: (반대자 이름)의원님 설명 잘 들었습니다. 그럼 (반대자 이름)의원
님에게 질의할 의원님 계십니까?
(찬성의원이 손을 든다.)
(찬성자 이름)의원님 질의하여 주십시오.
찬성의원: (반대자를 바라보며) (찬성자 이름)의원입니다.
반대하신 이유에 대해서 잘 이해하였습니다.
(법률안 이름   )에 대해 어떻게 보완하면 좋을지에 대한
의견이 있으신지 궁금합니다.
반대의원: (찬성자를 바라보며) (반대자 이름)의원입니다.
말씀하신 부분에 있어서 (법률안 이름   )을
(법률안을 보완할 내용을 작성하시오.
    보완 내용은 다른 모둠이 작성해 준 '법률안 평가서'를 참고하시오.)
방향으로 보완하였으면 합니다. 이상입니다.
국회의장: (찬성자 이름)의원님 답변이 되셨습니까? 다른 추가 질문사항 있으십니까?
찬성의원: 없습니다.
국회의장: 다른 질의하실 의원님 계십니까? (다른 의원들을 살펴본 후)
질의할 의원분이 안 계시므로 (반대자 이름)의원님의 설명은 이것으
로 마치도록 하겠습니다. 좋은 의견을 주신 (찬성자 이름)의원님께 감
사드립니다.
(질의응답이 끝나면 발의의원은 발언대에서 내려와서 의장에게 인사하고
의장도 의원에게 인사)
(발의의원은 다시 전체 의원에게 인사하고 자리로 돌아옴)
국회의장: 그럼 지금 안건에 대하여 찬성과 반대 의결을 하도록 하겠습니다. 기립
으로 찬반을 결정하겠습니다.
찬성하시는 의원님은 일어서 주시기 바랍니다. (잠시 기다린 후)
반대하시는 의원님은 일어서 주시기 바랍니다.
국회의장: 투표 결과는 정원 5명 중 찬성 (   )표, 반대 (   )표로 집계 되었습니
다. 본 안건에 대하여 의결토록 하겠습니다.
의사일정 제1안 (법률안 이름   )은 찬성 (   )표로
(가결 또는 부결) 되었음을 선포합니다. (의사봉 3타) | |

대본 수정하기 (계속)		국회의장: 이상으로 제1회 모의의회에 부의 요구된 안건을 모두 처리하였습니다. 　　　　　다음 회기에 만나뵐 것을 기약하며, 이것으로 제1회 모의의회를 모두 　　　　　마치겠습니다. 　　　　　산회를 선포합니다. (의사봉 3타)		"
		• 대본을 완성한 모둠은 대본을 연습한다.		
전개 ③	평가	• 모의의회를 해본 경험을 토대로 자기평가를 진행한다. 　　　　　　　　　　　　　　　　　　　　　　　　　　　　이름 : 　1. 내가 맡은 역할은 무엇인가요? 　2. 내가 맡은 역할이 하는 일은 무엇인가요? 　3. 역할을 하면서 어려웠던 점은 무엇인가요? 　4. 다음번에는 어떤 역할을 하고 싶나요? 　　 그 이유는 무엇인가요? 　5. 모둠원과 토의를 통해서 법률안을 만들 때 어려웠던 점은 무엇인 　　 가요? 　　 어려움을 어떻게 해결하였나요? 　　 더 좋은 해결 방법을 생각해보고 적어보세요. 　6. 다른 모둠으로부터 어떤 질문을 받았나요? 　　 다른 모둠의 질문에 어떤 답변을 하였나요? 　　 그 질문에 한 가지를 더 답변해 주어야 한다면 무엇이라고 말할 　　 건가요? 　7. 다른 모둠이 해 준 찬성의견 중 무엇이 기억에 남나요? 　　 다른 모둠이 해 준 반대의견 중 무엇이 기억에 남나요? 　　 반대의견만 보았을 때와 보완할 점을 함께 보았을 때 어떤 차이점 　　 이 있었나요?		3

2. 모의 국무회의 : 90분 블록 타임 수업(전개 70분)

[9사(일사)07-02] 대통령의 지위와 권한을 이해하고, 행정부의 주요 조직과 기능을 조사한다.

학습 단계		교수 · 학습활동	자료 및 유의점	시간 (분)
전개 ①	행정부의 조직과 기능	• 교사는 행정부의 조직과 기능에 대하여 설명한다. • 교사는 정부조직도를 통해 행정부의 조직과 주요 기관(대통령, 국무총리 등)의 기능을 이해하였는지 확인한다.	• PPT, 판서	5
	문제 제기	• 교사는 청소년과 관련된 다양한 문제를 제시한다. **예** 가정 폭력에 노출된 청소년, 학교 폭력, 저소득층 청소년에 대한 지원 부족 청소년 문화시설 부족, 진로교육 시설 부족 등	• PPT	5
	안건 만들기	• 모둠별로 청소년과 관련된 다양한 문제 중 하나를 선택하여 탐구한다. 탐구한 내용을 토대로 해결을 위한 정책 안건을 만든다. • 모둠별로 만든 정책안을 정부 내 어떤 부처에서 다루어야 할지를 토의하여 결정한다. 교사는 모둠별로 선택한 부처가 정책안을 다루기에 적합한지를 평가한다.		10
	역할 선정	• 교사는 역할을 설명하고 지도한다. 대통령, 국무총리, 장관 2명(교육부, 문화체육부, 보건복지부, 법무부, 여성가족부 중 2명을 선택) • 모둠별로 정해진 역할을 분담한다. • 모둠발표 시 나머지 학생들은 국무회의 기록자 역할을 맡아 동료평가를 한다.		5
	대본 구성하기	• 교사는 국무회의 진행순서를 설명한다. 개회 ⇨ 국민의례 ⇨ 개식사 ⇨ 주요안건 토의 및 처리 ⇨ 폐회 • 모둠별로 대본을 완성한다. 대통령 : ○년 ○월 ○일, 출석 개의 조건을 만족하였기에 제○회 국무회의 개회를 선언합니다. 국무총리 : 먼저 국민의례가 있겠습니다. 모두 자리에서 일어나 국기를 향해 주시기 바랍니다. (모두 자리에서 일어난 후) 국기에 대한 경례. 나는 자랑스러운 태극기 앞에 자유롭고 정의로운 대한민국의 무궁한 영광을 위하여 충성을 다할 것을 굳게 다짐합니다. 바로. 자리에 앉으십시오. 대통령 : 오늘의 주요안건은 청소년 관련 정책이군요. 　　　　(장관①)부 장관님 발언해주십시오. (장관①)부 장관 : 안녕하십니까. (장관①)부 장관입니다. 　　　　저는 (_____ 정책 제안안 이름 _____)을 제안합니다. 　　　　(정책에 대한 설명, 정책 제안의 이유 등을 작성 　　　　_____ 　　　　_____ 　　　　　　　　　　　　　　　　　　　　　　　　　　) 　　　　그런데, (협조가 필요한 부분) 부분에 있어서 　　　　(장관②)부의 협조가 필요합니다. 대통령 : 협조 관련한 부분에 대해 (장관②)부 장관님 발언해주십시오. (장관②)부 장관 : 안녕하십니까. (장관②)부 장관입니다. 　　　　(장관①)부 장관님 (협조가 필요한 부분)에 대해서 구체적으로 말씀해 주시겠습니까?		10

전개 ①	대본 구성하기	(장관①)부 장관 : (<u>협조가 필요한 부분에 대한 구체적 설명, 이유 등을 작성</u>
		
		                 )
		(장관②)부 장관 : 그렇다면 그 부분에 대해서는 (<u>협조의 내용을 작성</u>
		
		                 ) 협조가 가능합니다.
		대통령 : (장관①)부와 (장관②)부의 협조 건에 대해서, 국무총리는 발언하실 내용 있으십니까?
		국무총리 : (<u>국무총리의 발언을 창의적으로 작성</u>
		
		                 )
		대통령 : 그럼 (정책 제안안 이름)에 대한 토의는 여기에서 마치겠습니다.
		      (장관①)부 장관님께서는 다음번 국무회의 때 정책의 집행과정에 대한 내용을 보고해주시기 바랍니다.
		      더 발언하실 내용 있으십니까? (모두를 둘러본 후)
		      더 발언하실 내용이 없으시면 이상으로 제○회 국무회의 폐회를 선언합니다.
		
		• 교사는 모둠별 대본 구성과정을 안내하며, 대본 내용의 논리성, 표현의 적절성, 창의성을 평가한다.		

전개 ②	연습 하기	• 모둠별로 대본을 연습하고 '모둠별 리허설'을 한다. • 교사는 '모둠별 리허설'을 본 후, 대본 평가 내용을 피드백한다. 모둠별로 피드백 내용을 토대로 대본을 수정한다.		10
	무대 설치	• 교사는 국무회의와 유사하게 자리를 배치한다. 발표모둠 국무총리 대통령 장관① 장관②		5

	모의 국무 회의	• 모둠별로 모의 국무회의를 한다.
		나머지 학생은 발표 모둠에 대한 동료평가를 실시한다.
		
		<발표 모둠에게 보내는 편지>
		( )모둠에게
		( )모둠에서 제안한 정책을 듣고, 나는_____ _____점을 느꼈습니다.
		특히, _____ _____점은 매우 칭찬하고 싶습니다.
		하지만, _____ _____점은 조금 아쉽다고 생각합니다.
		이 점을 보완하기 위해서 ( ) 모둠에게_____ _____ 해 보는 것을 제안합니다.
		                      ○년 ○월 ○일
		                      ( ) 드림
			• 동료평가지	15

	토의 및 평가	• 모든 모둠의 모의 국무회의가 끝나면, 모둠별로 역할을 해본 경험을 조원들과 나누고 자기평가를 한다. • 교사는 전체 모둠에 대한 피드백과 모둠별 피드백을 한다.		5

V 시뮬레이션(Simulation, 모의) 학습

01 의미

1. 의미

시뮬레이션 학습은 학습자가 경험하지 못한 것을 단독, 또는 집단으로 가상의 세계 속에서 체험하도록 하여 보다 다양한 학습의 기회를 제공함으로써 의사결정력을 함양하기 위한 기법이다. 시뮬레이션 학습은 시뮬레이션, 시뮬레이션 게임 등으로 이루어진다.

2. 사례 《2013 기출

제2차 세계대전 중 미국에서 장교 훈련 프로그램으로 처음 개발되었다. 이러한 교수-학습방법이 학교 현장에서 각광받은 것은 학생에게 직접 경험을 통한 학습활동이 불가능할 때 '고안된 경험(contrived experience)'을 제공함으로써 직접 경험 이상의 효과를 거둘 수 있다는 사실 때문이었다. 더욱이 복잡한 상황을 단순화시킴으로써 상황을 보다 잘 이해할 수 있고, 간접 경험을 통해 사고와 행동을 연습할 수 있는 기회를 제공해 준다. 학생들에게는 역사적 혹은 가상적인 상황과 역할이 주어지며, 의사결정을 통해 대안을 선택하게 하고, 그 결과에 따라 학생은 다시 새로운 의사결정 상황에 직면하는 순환을 반복하게 된다.

3. 특징

복합적인 사회현상을 시간적으로 압축하여 단시간에 여러 가지 상황을 연출할 수 있다. 일정한 상황을 설정하고 선정된 학생들에게 각기 배역을 주어 실제처럼 행동하게 함으로써, 학생들로 하여금 각각의 입장을 이해하게 하고 합리적인 의사결정을 하도록 할 수 있다.

4. 구별 개념

(1) 역할놀이, 시뮬레이션, 시뮬레이션 게임

구분	비교
역할놀이	대본 시나리오, 타인의 입장과 역할의 실연과 이해 확대
시뮬레이션	스토리 시나리오, 규칙, 문제해결·갈등해결을 위한 의사결정 필요, 의사결정에서 작용하는 원리의 적용과 조작 기능 학습
시뮬레이션 게임[88]	스토리 시나리오, 규칙과 목적, 승패 결정, 높은 경쟁심리

---

88) 시뮬레이션이라는 상위 개념을 전제로 시뮬레이션 게임을 포함시키는 경우도 있다.

(2) **역할놀이와 모의학습**

구분		역할놀이	모의학습
공통점		• 시나리오, 역할 수행, 문제해결 경험, 사고력 증진 • 학생들이 어떤 신념, 가치, 태도를 가지고 있는지를 쉽게 파악해 볼 수 있는 방법으로, 다양한 사회과 교육목표 달성에 효과적으로 사용될 수 있음	
차이점	체계 및 규칙	체제 및 규칙이 없음	체제 및 규칙이 있음 ⇐ 체계나 규칙의 필요성
	경험의 주요 내용	타인의 생각, 감정, 행동을 경험해볼 수 있는 수업방법	자신과 타인이 선택한 행동의 결과를 경험해 볼 수 있는 방법
	주로 다루는 문제	학생들에게 친숙한 문제나 시사적인 문제 상황	체제와 관련된 문제
	문제 해결	개방적 결론	체제와 규칙을 위반하지 않는 해결책

02 평가(교육부, 1996)

1. 장점

① 학생들의 적극적인 참여 태도를 발달시킨다.

② 학생들에게 스스로 의사결정할 수 있는 연습 기회를 제공한다.

③ 학생들 간 상호 의사소통을 통해 설득력과 친숙도를 증가시킨다.

④ 학생들에게 경험을 통해 구체적 상황에 적응할 수 있는 능력을 길러준다.

2. 단점

① 많은 준비가 필요해 시간 및 노력의 부담이 크다.

② 산만한 학습 분위기가 형성될 수 있다.

③ 다인수 학급에 사용하기 어렵다.

④ 현실을 단순화시켜 수업 내용으로 구성하기 어렵다.

03 시뮬레이션 학습 사례 《2000 기출

■ **학습내용** : 대구 위천공단 조성 문제

■ **학습절차**
① 학급의 학생들을 6명으로 된 소집단으로 나눈다.
② 교사는 미리 준비한 학습자료를 학생들에게 배부한다.
③ 소집단 내에서 학생들은 학습자료에 나와 있는 각자의 역할을 부여받아 수행규칙을 준수하며 최종해결안을 결정한다.
④ 교사가 전반적인 과정에 대해 평가한다.

■ **학습자료**
부산시, 경상남도와 대구시가 대구 위천공단 조성 문제에 대하여 '반대', '조성 추진'이라는 상반된 목소리를 높이고 있다.
여러분은 다음 중 하나의 역할을 맡아 정해진 수행규칙을 준수하며, 이 문제에 대한 해결안을 만들어 보시오.
① 나기철 : 40세, 남자, 대구시 의원
② 장영숙 : 28세, 여자, 부산시민, 임산부
③ 엄기훈 : 35세, 남자, 대구시 환경보호단체 회원
④ 김희영 : 23세, 여자, 경기도 주민, 대학생
⑤ 최동식 : 55세, 남자, 부산시 상공회의소장
⑥ 박동주 : 45세, 남자, 경상남도 출신, 행정자치부 분쟁조정 위원

■ **수행규칙**
① 집단의 결정은 완전 합의에 의한 결정이어야 한다.
② 어떤 강압이나 폭력도 사용해서는 안 된다.
③ 사람들은 자신들이 얻게 되는 편익에 대하여 대가를 지불해야 한다.
④ 주어진 사실에 근거하여 객관적이고 보편적인 기준에 따라 정확하고 공정한 판단을 내리고, 논리적으로 일관성 있게 추론한다.

VI NIE(신문활용학습)

1. 의의

NIE(신문활용)학습은 매일 보도되는 신문기사를 활용하여 올바른 사회인식을 증진시키고자 하는 방법을 말한다. 장점은 최신 정보 수집, 실제 사실을 과제로 학습 가능, 사회적으로 문제가 되고 있는 것의 활용, 다양한 정보 습득, 다양한 의견과 사고 방식 확인, 시간경과에 따라 정보 조사 가능, 손쉽게 정보 수집 가능, 사진·그래프·그림 등의 활용, 기능교육의 활용 등이다. 주의할 점은 신문에 나타나고 있는 사실과 가치를 구별하지 못하고 교사가 주관적인 선택으로 특정 신문을 제공하는 경우에는 NIE교육의 목표를 달성할 수 없다.

2. NIE(신문활용)학습을 통해 육성할 수 있는 태도와 능력(최용규 외, 2005;336)

(1) 사회성의 함양

사회적 존재로 사회적 문제 인식

(2) 인간성의 함양

다양한 사실과 가치의 인식

(3) 주체성과 의사결정력의 함양

다양한 사실과 의견 가운데서 자신의 입장을 분명히 하고 의견과 판단 형성 가능

(4) 정보처리능력

많은 정보를 수집·해석·판단·선택하거나 사실과 진실의 파악 가능

(5) 자기 교육력

신문을 비판적으로 읽고, 신문으로부터 배우고, 신문을 육성하는 바람직한 독자가 될 수 있다.

3. 신문자료의 교재화 조건(최용규 외, 2005;336)

(1) 지도 목적에 맞는 것

(2) 객관성이 있는 것

(3) 학생들이 관심과 흥미를 갖는 것

(4) 학생들이 이해할 수 있는 것

(5) 학생들의 사고를 깊이 있게 할 수 있는 것

(6) 최신 정보일 것

(7) 학습주제와 관련이 있을 것

Ⅶ 온라인 학습

1. 의의

온라인 학습은 면대면 학습과 대비되는 개념으로 인터넷을 통한 웹 기반의 교육을 의미한다. 온라인 학습은 시·공간의 구애를 받지 않고, 멀티미디어의 결합으로 입체적이고 역동적인 학습을 가능하게 한다. 또한 네트워크를 통해 정보와 경험을 교환하는 활발한 상호작용이 발생하는 학습을 할 수 있다. 온라인 학습은 웹이라는 매체를 통해 가상의 공간에서 진행되는 학습으로 ICT활용능력을 전제로 한다.

2. ICT(Information Communication Technology) 활용 수업전략

⑴ ICT 활용 학습의 의의

기본적인 정보 수집 및 활용 능력을 바탕으로 학습 및 일상생활의 문제해결에 정보통신기술을 활용하는 학습을 의미한다. ICT 활용 학습은 학생들이 다양한 학습자료를 활용할 수 있고 실제적인 문제상황에 직면하여 창의적 사고를 촉진시키고 다양한 학습활동을 유발할 수 있다. 또한 교사와 학생의 다양한 상호작용이 일어나도록 한다.

⑵ ICT의 활용

① ICT를 도구를 활용하여 학습동기를 유발하고 자기주도적인 학습능력을 신장시킬 수 있다.

② 학생들이 ICT에 대한 기본적인 소양이 없으면 ICT를 활용한 효율적인 수업 전략을 세우기 어렵다. 따라서 학생들은 ICT에 대한 기본적인 소양을 가지고 있어야 한다.

③ ICT 활용 학습의 목적은 학생들이 당면한 문제를 효과적으로 해결하는 것으로 하기 때문에 학생의 창의적 사고와 다양한 학습활동을 촉진해야 한다.

④ ICT는 상호작용을 효과적으로 지원해 줄 수 있어야 한다.

⑤ ICT의 효율적인 활용을 위해서 사회과는 수업모형에 대한 이해가 바탕이 되어야 한다.

⑶ 사회과에서 ICT활용 상황

① 사회문제에 대한 관심 유발 : 사례 제공

② 프로젝트나 포토폴리오 수행 : 보고서 작성, 과업 수행 등

③ ICT를 활용하여 원인을 찾고 가설을 수립하고 자료 수집과 분석 수행

④ 상호작용을 강화하면서 토의 수업, 협동학습 실시 : 의견교환과 평가

⑤ ICT 활용 수업활동 유형(한국교육학술정보원, 2000)
제시된 유형들에는 정보 탐색하기, 정보 분석하기, 정보 안내하기, 웹 토론하기, 협력 연구하기, 전문가와 교류하기, 웹 펜팔하기, 정보 만들기 등이 있다.

⑷ ICT 교수 학습 설계과정(전숙자, 2006;406)

구분	전통적 사회과	ICT 활용
수업목표	민주시민 자질육성	민주시민 자질육성 (정보활용능력 포함)
수업계획 구성요소	단원구성, 목표, 주요 학습요소, 수업 단계별 전개 방법 및 내용, 평가 문항 등	
자료구조	독립적 존재	통합적 존재
표현매체	종이	데이터 파일
수업매체	문자	멀티미디어
교육자료	칠판, 궤도, OHP 등	컴퓨터 및 네트워크 환경 등
작성도구	별도의 수업보조자료 제작 필요 (워드, 유인물 제작)	수업보조자료가 통합되어 별도의 자료 제작 불필요, 다만 교사의 세심한 자료 선별이 필요
수업활용도	낮음	높음
자료 갱신	어려움	자료 변형이 용이하고 내용과 구성의 다양성 확장 가능
선행요건	없음	교사의 정보활용능력 필요, 학생의 자기 통제력과 웹 활용능력 필요

3. 웹(Web)자료의 활용

⑴ 웹자료의 의미

컴퓨터 통신의 발달과 더불어 인터넷이 막강한 교수도구로 인식되면서 웹(Web)자료를 이용한 학습이 강조되고 있다. 웹은 인터넷을 매개로 하는 하이퍼링크의 기능을 지닌 멀티미디어로 많은 자료를 전달, 제시, 교환을 가능하게 하는 것을 의미한다(전숙자, 2006, 402).웹자료라는 것은 하이퍼텍스트와 하이퍼미디어를 활용하여 구성되는 자료를 의미한다(전숙자, 2006, 389). 일반 문서나 텍스트는 사용자의 필요나 사고의 흐름과는 무관하게 계속 일정한 정보를 순차적으로 얻을 수 있다. 따라서 일반 문서나 텍스트에서 정보를 얻는 것은 선형적, 고정적, 유한성이라는 특징을 가지고 보여준다. 하지만 하이퍼링크와 텍스트가 결합된 하이퍼텍스트는 필요에 따라서 교재를 건너뛰고 읽거나 다른 텍스트로 넘어갈 수 있는 상호작용적이고 비선형적이며 개방적인 텍스트를 의미하는 것이다. 하이퍼미디어는 그래픽, 오디오와 비디오 파일 등을 통해 필요한 정보를 얻을 수 있는 소프트웨어 프로그램을 의미한다.

현재 웹자료가 강조되고 있지만 이외에도 멀티미디어, 컴퓨터, 디스코그래피 등이 있다. 멀티미디어는 문자, 그림, 사진, 영상, 애니메이션, 음향, 출판 등의 디지털 방식의 컴퓨터를 중심으로 통합된 커뮤니케이션과 상호작용이 수반되는 복합 다중매체를 의미한다. 컴퓨터는 교사와 학생의 상호작용을 촉진하고 디스코그래피는 테이프나 레코드의 한계를 보완할 수 있는 자료를 제공할 수 있다.

(2) **웹자료의 장점과 단점**(전숙자, 2006, 391-392)

① 장점

㉠ 막대한 정보의 저장, 수정, 처리 가능

㉡ 다양한 통로로 개별적으로 접근할 수 있는 역동적 자료

㉢ 자기주도적 학습 능력 신장 가능

㉣ 보조자로서의 교사의 역할을 강조하기 때문에 교사와 학생간의 상호작용 증진

㉤ 교과 내용의 새로운 학습방법을 제시하며 교수-학습목표 도달에 효율적

② 단점

㉠ 학습자에 의한 교육목적 설정으로 수입 깊이의 상실

㉡ 지식의 구조화 부족 : 내용의 비선형적 비계열성 때문

㉢ 교사의 역할 축소 : 교사의 웹 활용능력과 새로운 역할 적응이 필요

㉣ 학습자의 자기통제 능력 부족으로 인한 학습의 비효율성 : 자기주도적 학습 능력 필요

(3) **WBI**(Web − Based Instruction)

① 의의

WBI는 웹을 기반으로 하는 학습모형을 의미한다. 정보화시대가 도래하면서 웹 기반교육은 하이퍼미디어, 협동, 상호작용, 분산화, 네트워크화, 정보화 시대로 인해 교사로부터 탈 중심화되었다. 이에 학습자 중심의 학습환경조정, 협동학습, 상호작용, 학습의 촉진자 내지는 동료학습자로서의 교사의 역할 변화, 실제적인 성격의 과제 수행 등과 같은 구성주의 학습이론에서 그 역할을 할 수 있게 된다 (강인애, 1997;219 /전숙자, 2006;402).

② 해리스(1995) 학습유형(전숙자, 2006;402-403 재구성)

㉠ 상호교환적 교환 : 전자우편, 인터넷 채팅, 질문과 답변 활동, 지역간 수업 연결 등

㉡ 정보수집 : 정보교환, 데이터베이스 개발, 전자출판

㉢ 문제해결 프로젝트 : 정보탐색, 과제 진행과정 제시, 작업 공유, 토의, 시뮬레이션, 피드백

③ 파커 로던 유형(전숙자, 2006, 403-405)

이메일친구, 웹도우미, 웹자원, 웹협동학습, 웹설문조사, 공동의 도전과제, 사회적 활동, 지역사회 연계 활동, 시뮬레이션, 멀티미디어, 학생 중심 프로젝트

(4) **웹자료를 이용한 수업 단계**(전숙자, 2006, 410-412)

학습주제선정 → 학습목표설정 → 수업활동 유형 선택 → 웹 활용 능력 진단 → 웹 환경 사전 준비 → 평가

03 지식의 구조 및 기능 학습

I 지식의 구조 학습 개관

01 사실, 개념, 일반화

1. 의미

사실, 개념, 일반화는 서로 구분될 수 있는 특징을 가지고 있다. 사실은 사물, 사건 그리고 현상 등에 대한 단정적이며 단순한 표현이다. 사실은 인간 및 사회현상, 사물 등에 관련된 것으로 경험적으로 증명되거나 입증된 구체적인 정보를 말한다. 예컨대 "한국의 대통령제는 의원내각제 요소를 가진다"와 같은 것이다. 즉 구체적으로 존재하거나 존재하였다고 입증되는 사건이나 사회적인 상황 등을 서술하는 것이다. 개념은 사물, 사건 그리고 현상 등을 일정한 기준에 따라 범주화하여 명명한 것이다. 즉 어떤 대상을 관찰하거나 자신이 겪은 경험으로부터 공통적인 특징을 추상하여 명명한 것이다. 개념은 사실 등을 분류하게 하며 복잡한 현상을 간단하게 표현할 수 있다.

일반화는 둘 이상의 개념들의 관계를 표현한 것으로 정리·가설·추론 및 원리 등이 포함된다. 이런 일반화보다 논리적으로 더 정교화되고, 경험적으로 더 정밀하게 검증된 것이 이론이다. 이론은 일반화에 비해 변인에 해당하는 개념들의 관계가 논리적이며, 이 관계가 정밀한 경험적 증명에 의하여 서술된 것이라고 할 수 있다.

2. 지식의 구조와 학습법

지식의 구조는 기본적으로 발견 학습을 통해 이루어진다.

(1) 사실학습

① 사실의 의의

사실은 개념학습과 일반화 학습의 중요한 소재가 되기도 하며, 또한 기본적인 교양적 지식이라고 할 수 있다. 구체적이면서도 확정적인 것이 사실이다. 이런 사실도 새로운 사실의 발견으로 수정되기도 한다.

② 사실학습의 방법

㉠ 사실과 맥락에 따라 자주 반복적으로 학습

㉡ 조사학습

사실을 발견하는 대표적인 학습법은 조사학습이라고 할 수 있다. 예컨대 개념과 관련된 사례를 조사하는 것, 일반화를 검증하는 데 필요한 자료를 조사하는 것 등이 있다. 다만 이 조사를 하는 경우에는 사실과 가치를 구분하는 것에 주의해야 할 것이다.

㉢ 사실에 대한 검증과 평가

③ 사실학습에서 주의할 점

㉠ 사실과 진실은 다르다

사전적 의미의 사실은 '실제로 일어난 일, 일어나고 있는 일'로 제시되어 있다. 과학적 의미에서 사실은 관찰 또는 경험과 같은 조사방법을 통해 확립된 내용을 말한다. 이 과학적 의미에 철학적 의미를 포함시키면 참된 진실의 의미가 될 수 있다. 이것은 사실이라고 해서 그것이 객관적인 현상이나 진실을 의미하는 것은 아니라는 것이다. 현상은 조사를 통한 판단 전의 문제이고, 진실은 거짓이 아닌 사실을 말한다. 사실은 조사방법이 실행되는 과정에서 주관이 개입되어 왜곡될 여지가 있다. 또한 칸트가 말한 '맥락이 없는 사실은 맹목적'이라는 말을 통해 사실의 위험성을 생각할 수 있다. 이런 사실의 문제점은 사실학습뿐만 아니라 NIE(신문활용교육)[89]을 실행할 때 주의해야 할 점이 무엇인지를 제공해준다.

㉡ 사실과 가치를 구분해야 한다[90]

사실학습에서 또 주의해야 할 점은 사실과 가치를 구분하는 문제이다. 일반적으로 사실과 가치의 구분에서 중요한 기준은 사실은 객관적이고, 가치는 주관적이라는 것이다. 가치는 현상이 아니다. 현상이 아닌 가치가 개입되면 사실은 왜곡될 수 있다. 가치를 사실처럼 전달하면서 각종 논리적 오류마저도 사실처럼 전달하는 일들은 과거부터 현재까지 빈번하게 발생하고 있다. 따라서 합리적 의심이 드는 경우에 사실을 확인하고 비판적으로 평가하는 것도 사실학습에서 필요한 일이다.

(2) **개념학습**

개념학습법의 대표적인 모형은 속성모형, 원형모형, 상황모형, 예 모형 등이다. 각각의 자세한 내용은 후술하도록 한다.

(3) **일반화 학습**

일반화 학습모형은 발견을 원칙으로 한다면 귀납법적 수업이 될 것이다. 만약에 검증을 목적으로 한다면 연역법적 수업이 될 것이다. 자세한 내용은 후술하도록 한다.

---

89) 신문이라는 매체를 활용하여 지적 성장과 학습 효과를 높이기 위한 교육을 말한다.
90) 분석철학 등의 전통적 관점에서 사실과 가치는 구분하는 것이 일반적이지만, 최근 사회학자 힐러리 퍼트남의 주장처럼 사실과 가치의 구분을 넘어서야 한다는 주장부터 과학은 사실과 가치의 진화라는 주장도 제기되고 있는 상황이다. 이 상황은 사회과 교수학습 방안에도 상당한 시사점을 던져준다.

ⓐ **지식의 구조와 학습법**

구분	사실	개념	일반화	이론
의미	인간 및 사회현상, 사물 등에 관련된 것으로 경험적으로 증명되거나 입증된 구체적인 정보	어떤 대상을 관찰하거나 자신이 겪은 경험으로부터 공통적인 특징을 추상하여 명명한 것	일반화는 둘 이상의 개념들의 관계를 경험적 증명을 통해 서술한 것(하위 일반화부터 상위일반화)	일반화에 비해 변인에 해당하는 개념들의 관계가 논리적이며, 이 관계가 정밀한 경험적 증명에 의하여 서술된 것
특징	구체적	추상적, 일반적, 보편적	추상적, 일반적, 보편적	고도의 추상적, 일반적, 보편적
학습법	조사학습	속성, 원형, 상황모형	일반화 학습	순차적으로 사실, 개념, 일반화 학습 전개

(4) 이론학습

① 이론의 의미

이론은 개념(변인)들 사이의 관계를 엄밀하고 반복적인 경험적 증명과 논리적 분석을 통해 도출된 결론, 즉 높은 수준의 일반화로 사회적 사건 및 현상을 설명하는 것이다. 이론은 개념, 명제, 논리, 가정을 요소로 한다. 이론은 사회현상을 논리정연하고 시스템적이며 일관성 있게 설명할 수 있도록 한다. 사르토리는 이론의 설명 범위를 기준으로 상위 일반화, 중범위 일반화, 하위 일반화로 분류하였다.

② 이론학습 방법

모경환(2021, 209)에서는 이론은 지식의 구조를 모두 포괄한다는 점에서 종합적 학습 방법이 적절하다고 제시하고 있다. 사회과 예비교사들은 수많은 이론들을 학습한다. 이런 학습을 통해 학생들을 지도하게 될 것이다. 따라서 이론이 형성되고 검증되는 과정 및 개인적인 독서법의 검증을 통해 만든 방안을 제시해 보고자 한다. 첫째, 이론의 사실적 배경을 먼저 확인한다. 사실적 배경에는 누가 언제 어떤 문제의식을 가지고 제시했는지를 확인하는 것이다. 이론은 현실을 창조하지 않는다. 현실을 통해 이론이 등장한다는 것을 생각해 보면 이론 학습에서 맨 먼저 살펴볼 부분이라고 할 수 있다. 둘째, 사회적 배경에서 개념을 발견한다. 이 개념은 조사방법론에서 변수를 말한다. 이론은 추상적·논리적으로 제시되고 있다. 추상적이라는 말은 현상 속에서 개념화를 시도한다는 의미이고, 논리적이라는 말은 인과관계로 제시한다는 것을 의미한다. 따라서 추상적, 논리적 관계를 서술하기 위한 준비단계로 이론을 구성할 개념들을 확인하는 것이다. 셋째, 개념들이 어떤 변수인지를 확인하고 명제를 제시한다. 어떤 개념이 독립변수인지 종속변수인지 여부를 결정하고 인과관계 형태의 명제로 제시한다. 이 명제는 연구에서 가설이 된다. 넷째, 가설의 검증을 위한 탐구학습을 진행한다. 탐구학습은 일반화나 이론을 검증하는 과정을 수업모형으로 제시한 것이라고 할 수 있다.

여기까지는 조사방법을 생략하고 독서를 통해 이론을 이해하는 방법을 전제로 제시해 보았다. 만약 여러분이 연구자라고 한다면 두 번째, 세 번째 단계는 적절한 조사방법 실행을 통해서 이뤄지는 과정이라고 할 수 있다. 첫째부터 셋째는 이론을 읽으면서 학습할 때 활용해 보기를 권한다. 덧붙인다면 셋째 단계를 위해 이론을 읽을 때 반드시 가정과 전제를 확인해 보아야 한다. 가정과 전제는 통계

연구나 실험법 등과 같은 자료수집방법을 통해 이론을 도출할 때 이론의 엄밀성과 타당성을 위한 것이기 때문이다. 이런 가정과 전제는 명제가 성립하기 위한 조건임과 동시에 명제가 사회현상을 어느 정도 설명할 수 있는지를 보여주기 때문이다. 이론은 사회현상의 단면을 쫓아가면서 만들어진 확률적 결론이라는 점을 기억해야 할 것이다. 이론은 당위가 아니며 현실보다 우선하는 것도 아니라는 점을 다시 한 번 강조한다.

02 개념의 의미와 유형[91]

1. 개념의 의미 및 형성: 현상을 관찰 → 공통된 특성 도출 → 범주화 → 명명

세상에는 수많은 현상이 있고 이 현상에 대해 일일이 이름을 붙이고 기억한다는 것은 불가능한 일이다. 이 때문에 수많은 현상들을 어떤 기준에 따라 분류하고 이름을 붙여 그 현상들을 대표하도록 명명한 것이 개념이다. 따라서 개념을 만들 때에는 일단 수많은 현상들에 대해 관찰하여 공통점을 찾는다. 이 공통점에 따라 분류를 한 후 분류된 것들에 대해 각각의 이름을 붙인다. 이렇게 명명된 것이 바로 개념이다. 따라서 개념은 동일한 범주에 속하는 것들을 지칭하는 추상적인 것이다.

2. 개념의 성격: 추상적[92], 일반적, 보편적

개념은 구체적인 것을 토대로 일정한 기준에 따라 추상화한 것을 말한다. 따라서 개념은 그 기본적 성격이 추상적이다. 그리고 많은 사례들을 포괄한다는 측면에서 포괄적이고 일반적이다. 따라서 논리적으로 볼 때 '구체적 개념'이라는 표현은 적절하지 않다.

3. 개념의 내용 요소: 속성과 외연

개념은 현상, 사물, 존재 등을 대표하며, 속성과 외연을 내용으로 한다.

⑴ **속성**

① 속성의 의미

속성은 사물이나 현상들의 공통된 성질, 특성, 기능 등을 말한다. 예컨대 모든 국가의 민주주의 모습은 다르다. 그럼에도 불구하고 선거제도를 중심으로 한 민주주의의 최소 강령적 정의를 통해 민주주의 국가와 비민주주의 국가를 구별한다. 이러한 속성은 다시 결정적 속성과 비결정적 속성으로 구별된다.

---

91) 차경수·모경환, 2008:207-210; 정문성 외, 2008:212-215 등을 참조
92) 추상적인 것과 구체적인 것은 서로 상반된 것이 아니다. 구체적인 것을 통해 추상적인 것이 만들어진다. 따라서 논리학적으로 볼 때 추상적인 것과 구체적인 것의 반대는 허구라는 점을 이해할 필요가 있다.

② 결정적 속성

결정적 속성은 본래 그 개념이 가진 속성으로 다른 개념과 구별되게 하는 가장 중요한 속성을 말한다. 즉, 결정적 속성은 해당 개념에만 들어 있는 것이다.

③ 비결정적 속성

비결정적 속성은 개념에 속한 특성이기는 하지만 다른 개념도 그러한 특성을 가지고 있어서 다른 것들과 구별할 때 결정적인 요소가 되지 않는 속성을 말한다. 즉, 비결정적 속성은 다른 개념과 공유하는 것이다.

(2) 외연 : 개념에 해당하는 사례 여부

① 외연의 의미

외연은 사물이나 현상 등이 개념에 포섭되는 범위를 말한다. 이 범위에 들어가면 개념에 해당하는 예가 되지만 그렇지 않으면 예가 아닌 것이 된다. 따라서 외연은 개념의 사례와 관련되는 문제이다.

② 예의 의미

예의 종류에는 긍정적인 예(positive example), 부정적인 예(negative example), 예(example)/비예(non-example)가 있다. 모경환(2021, 190)에서는 뱅크스의 주장을 인용하여 예와 긍정적 예, 비예와 부정적 예를 동일한 것으로 제시하고 있다. 또한 개념학습에서 긍정적 예를 제공하는 것이 부정적 예를 제공하는 것이 학습효과가 높다고 서술하고 있다[93].

(3) 속성과 외연의 관계

외연을 결정하는 것이 속성이다. 속성이 많을 경우 외연은 좁아지고, 속성이 적을수록 외연은 넓어진다. 개념의 속성과 외연을 제대로 이해하지 못할 경우 개념학습이 제대로 될 수 없다.

(4) 오개념 : 속성을 잘못 이해하는 경우

구체적 사물이나 현상이 어떤 개념에 해당하는지 여부를 알기 위해서는 속성을 제대로 아는 것이 매우 중요하다. 속성을 잘못 이해하는 경우에는 오개념(misconception)이 형성된다.

---

93) 이런 서술에도 불구하고 어원을 토대로 좀 더 엄밀하게 용어들을 살펴보고자 한다. 교과서적인 의미로 긍정적인 예는 개념에 해당하는, 또는 포함되는 구체적인 예를 말하고, 부정적인 예는 개념과 반대로 존재하는 예를 말한다. 그런데 순수한 어휘적 차원에서 보자면 긍정적은 '인정하거나 찬성할 만한 것', 부정적은 '옳지 않거나 혹은 무엇에 반대하여 생각하거나 주장되는 것'이라고 할 수 있다. 이런 점을 감안할 때 개념학습 측면에서 보면 개인적 경험이나 문화적 배경에 따라 개념과 사례를 이해할 수 있다는 측면을 보여주는 것이 긍정적인 예와 부정적인 예의 구별이 갖는 의의라고 할 수 있다. 즉 개념에 해당되는 사례를 긍정적인지, 부정적인지 평가하는 것은 상대적일 수 있다는 것이다. 다음으로 예와 비예의 경우를 보자. 예의 경우에는 검토한 속성을 갖추고 있는 대상을 말하고, 비예는 그렇지 않은 대상을 말한다. 그런데 비예의 경우 국어 사전에 기재된 표준말은 아니다. 결론적으로 어휘적 차원에서 볼 때 뱅크스의 주장이 옳은 것인지에 대해서는 의문이다.

⑸ **상투개념** : 비결정적 속성을 결정적 속성으로 잘못 이해할 경우

결정적 속성과 비결정적 속성을 구별하는 것 역시 개념을 이해하고 활용하는 데 중요하다. 결정적 속성은 다른 것과 구별되게 하는 가장 중요한 속성을 말한다. 비결정적 속성은 속성이기는 하지만 다른 대상에서도 발견될 수 있는 덜 중요한 속성을 말한다. 예컨대 계급을 구별하는 결정적 속성은 생산수단의 소유이며, 거주하는 집 등은 비결정적 속성이다. 만약 비결정적 속성을 결정적 속성으로 잘못 이해할 경우 상투개념(stereotype)이 형성될 수 있다.

03 개념의 종류

1. 상위개념, 동위개념, 하위개념 : 개념의 포괄도, 상대적 위계

상위개념, 동위개념, 하위개념은 포괄하는 정도에 따라 구분할 수 있다. 상위개념은 포괄하는 정도가 높은 개념이고, 동위개념은 포괄하는 정도가 같은 개념이며, 하위개념은 포괄하는 정도가 낮은 개념이다. 예컨대 통치권은 입법권의 상위개념이고, 입법권은 통치권의 하위개념이다. 대통령제와 의원내각제는 동위개념이다.

2. 접합(결합)개념, 이접(분리)개념, 관계개념

⑴ **접합(결합)개념**(conjunctive concept)

접합개념은 여러 가지 속성들이 결합되어 단일의 속성체계를 이루어 정의되는 개념을 말한다.

예 사회계층, 관료제, 도시, 교육 등

⑵ **이접개념**(disconjunctive concept)

이접개념은 다양한 속성들 각각에 의해 개념이 정의되고, 그중 어느 하나의 속성에 의해서도 개념의 정의가 가능한 것을 말한다. 즉, 독립된 각각의 속성만으로 성립하는 개념을 말한다.

예 국적 취득(출생, 혈연, 귀화, 결혼 중 어느 하나에 의해 결정), 시민 등

⑶ **관계개념**(relational concept)

고정된 속성보다 상황과 맥락에 따라 사물의 몇 가지 특징 사이의 관계에 의해 형성되는 개념, 즉 사물의 관계를 고려하지 않을 수 없는 개념이다.

예 실업률(경제활동인구, 취업인구, 실업인구의 관계), 자유나 권리(의무와 책임 수반), 정의(부정의와 비교)

3. 추상적 개념(추상적 속성을 지닌 개념), 구체적 개념(구체적 속성을 지닌 개념)[94]

추상적 속성을 지닌 개념은 사전적 의미로 추상에 의하여 일반화된 사물의 개념 또는 관념이나 감정과 같이 감각으로 경험할 수 없는 형태를 지닌 개념을 말한다. 반면에 구체적 속성을 지닌 개념은 사전적 의미로 구체적인 사물을 이르는 개념을 말한다. 예를 들면, 법전으로 존재하는 형식적 법률들, 조약, 생산요소 등이다. 학생들의 발견이나 탐구 능력이 발달하지 않은 경우 추상적 개념의 속성보다는 구체적 개념의 속성을 파악하는 것이 상대적으로 쉬울 것이다.

Ⅱ 개념학습모형[95]

01 개념학습의 의의 : 발견을 통한 개념 이해

1. 개념학습의 의의

학문중심교육과정의 요청 이후 개념은 사회과교육의 핵심적 지식이다. 사실은 개념의 습득을 위한 기초 정보이면서, 일반화는 개념의 관계를 서술하는 명제이며, 이론은 사실, 개념, 일반화의 복합체라는 점에서 개념의 위상을 알 수 있다. 개념은 다양하고 복잡한 사회 현상을 단순화시켜 추상적으로 제시했다는 점에서 사회현상을 이해하는 중요한 도구이다. 이런 점에서 개념학습은 추상적 사고 능력을 발달시키는 데 기여할 수 있다. 다음으로는 종합모형에서 강조되는 고차사고력 등이 개념을 기초로 수행된다는 점에서 개념학습은 고차사고력과 관련되는 수업모형의 효과적인 운영에 기여한다는 점이다.

2. 개념 탐구 및 분석에 대한 이해 : 정의, 속성, 외연(사례와 비예)

개념학습은 개념이 형성되는 과정을 이해하고 구체적 사물이나 현상들을 개념이 왜 대표하는지 여부를 이해하는 과정이다. 이런 과정을 생각한다면 개념을 안다는 것은 무엇일까? 무엇을 알아야 학생들이 개념을 이해하는 목표를 달성하였다고 할 수 있을까? 이 질문에 대한 답을 위해서 개념이 어떤 요소로 이루어져 있는지를 분석할 필요가 있다. 우선 개념은 속성을 가지고 있고, 이 속성은 추상화된 개념을 만든다. 그리고 개념에 해당하는 사례와 비예를 결정하는 외연에 영향을 준다.

이것을 학습의 절차로 다시 정리해 보면 "개념을 지칭하는 용어는? → 이 용어의 정의는? → 정의에 포함된 속성은? → 결정적 속성과 비결정적 속성은? → 개념의 최적의 사례와 다른 사례는? → 개념의 사례가 아닌 것은?"이다. 이러한 학습절차가 개념 분석의 과정이다. 이 과정을 간단히 요약하면 '개념의 정의 → 속성 → 사례'로 정리할 수 있다. 즉 개념학습을 전개하는 데 있어서 기본적 골격이 되는 학습요소라고 할 수 있다. 이 중에서 속성의 발견을 중심으로 개념을 학습하게 되면 속성모형이 된다. 그리고 사례 중 최적의 사례 발견을 통해서 개념을 학습하게 되면 원형(전형)모형이 되고, 다양한 사례 발견을 통해 개념을 학습하게 되면 예 모형이 된다. 다만 새로운 것으로 학생들의 경험적 맥락 속에서 개념을 발견하는 학습을 하게 되면 상황모형이 된다. 이 외에도 개념도를 활용하는 경우도 있다.

---

94) 개념의 속성이 추상적이다. 따라서 추상적 개념이라는 표현이 적절할까 하는 점이다. 추상적 개념이나 구체적 개념이라는 구분은 학문적 구분이나 정의라기보다는 번역의 과정에서 생긴 일상적 용어라고
95) 차경수·모경환, 2008:214-221, 차경수, 1997:175-180 등을 참고하여 정리

⊙ **개념학습모형 유형96)**

개념학습모형	특징	수업절차
속성모형	속성발견을 중심으로 교수-학습하는 모형	① 문제 제기 → ② 속성 제시와 정의 → ③ 결정적 속성과 비결정적 속성 검토 → ④ 예와 예가 아닌 것 검토 → ⑤ 가설 검증 → ⑥ 개념 분석 → ⑦ 관련 문제 검토 → ⑧ 평가
원형모형97)	원형(전형)발견을 중심으로 교수-학습하는 모형	① 문제 제기 → ② 원형(또는 예 제시) → ③ 예가 아닌 것 제시 → ④ 속성 검토 → ⑤ 개념 분석 → ⑥ 관련 문제 검토 → ⑦ 평가
상황모형	상황과 맥락 속 개념의 의미 발견을 중심으로 교수-학습하는 모형	① 문제 제기 → ② 상황 및 경험의 진술 → ③ 예와 예가 아닌 것의 검토 → ④ 속성 검토 → ⑤ 개념 분석 → ⑥ 문제 분석 → ⑦ 평가

개념도 활용 : 개념은 단편적으로 존재하는 것이 아니라, 여러 개념이 위계적인 구조와 상호 관계 속에서 존재한다는 인지심리학적 관점이다.

02 **속성모형**(고전모형)

1. 의미 : 속성 발견 중심

이 모형은 가장 오래되고, 또 전통적인 것으로 개념이 가지고 있는 특징을 중심으로 가르치는 개념학습모형이다. 이 모형은 개념이 형성되는 사고과정을 교수-학습모형으로 구현한 것이다. 즉 속성모형은 개념에 내포된 속성을 중심으로 학습하는 모형이다. 따라서 이 모형은 학생들이 개념에 대해 사전경험이 있는 경우에 시행하는 것이 적절하다.

2. 교수-학습과정

⑴ **문제 제기**

학습목표와 학습내용 및 자료 제시

⑵ **속성 제시와 정의**

개념 정의와 속성 제시

⑶ **개념의 결정적 속성 검토** : 결정적 속성과 비결정적 속성 검토

속성은 개념을 설명하기 위해 꼭 필요한 정의적 속성(defining traits)과 단순히 부가적으로 설명하는 특징적 속성(characteristic traits)으로 구분된다. 전자는 결정적 속성을 의미하고, 후자는 비결정적 속성을 말한다.

---

96) 예 모형은 '문제 제기 → 예 제시 → 예가 아닌 것 제시'의 단계를 거친다.

97) 차경수·모경환(2008:218; 차경수, 1997:178)은 본래 원형모형의 학습단계는 '① 문제 제기 → ② 원형(또는 예 제시) → ③ 예가 아닌 것'이지만 적절한 개념학습을 위해 '① 문제 제기 → ② 원형(또는 예 제시) → ③ 예가 아닌 것 제시 → ④ 속성 검토 → ⑤ 개념 분석 → ⑥ 관련 문제 검토 → ⑦ 평가'로 수정하였음을 밝히고 있다. "학생이 개념을 안다"라고 말할 수 있는 때가 언제인지를 생각해 본다면 타당하다.

(4) 개념의 예와 비예 검토 (5) 가설 검증

(6) 개념 분석 (7) 관련 문제 검토

(8) 평가

3. 평가

(1) 장점

속성모형은 관찰을 통해 속성을 발견하는 학습을 중시하는 모형이다. 즉 관찰을 통해 속성을 파악하고 개념을 이해한다는 것은 현상이나 사물에 대한 인간의 인지적 활동 과정에 부합하는 수업모형이다. 또한 이런 활동과정은 현상이나 사물 등을 범주화하는 과정을 포함한다. 이런 점에서 속성모형은 학생들의 추상적 사고를 발달시키는 데 기여한다. 논리적으로는 상위개념과 하위개념 간의 비교를 요하는 경우, 속성 파악이 쉬운 구체적 개념 학습의 경우, 속성 파악이 쉬운 접합개념들의 경우에 효과적인 개념학습방법이다.

(2) 단점

학습경험이나 역량이 풍부하지 않은 학생들이 속성모형으로 추상적 개념, 복잡한 개념 등을 학습하기에는 어려울 것이다. 구체적으로 살펴보면 첫째, 탐구능력이 낮은 학생들의 경우에는 추상적 개념들이나 독립된 속성들 각각에 의해 성립되는 이접개념과 같이 속성파악이 어려운 개념을 학습할 때 활용하기 어렵다. 둘째, 다른 개념과 공유하는 속성과 그렇지 않은 속성을 동시에 지니는 복잡한 개념들을 학습하는 경우에 활용하기 어렵다.

4. 사례와 학습지도안[98]

(1) 사회집단 개념학습과 지도안   《2006 기출 사례

① 학습절차

> ■ 1단계 - 문제 제기
>   '사회집단'이 무엇인지 생각해 보도록 한다.
>
> ■ 2단계 - 속성 제시와 정의
>   사회집단이란 공동의 목표를 달성하기 위하여 규범에 따라 지속적으로 상호작용하는 2인 이상 모임을 말한다.
>
> ■ 3단계 - 결정적 속성과 비결정적 속성 제시
>
> ■ 4단계 - 예와 예가 아닌 것 검토
>   ○○고교 동창회, 중산층, 서울 시민, 참여연대 등이 '사회집단'에 속하는지를 검토하도록 한다.
>
> ■ 5단계 - 가설 검증
>   노동조합, 시민단체, 회사, 학교 등의 사례를 제시하여 학생으로 하여 '사회집단'의 예인지 여부를 검증하도록 한다.
>
> ■ 6단계 - 개념의 형태, 종류, 관계 등 개념 분석
>   '사회적 범주', '사회 조직' 등 관련 개념과의 관계를 설명한다.
>
> ■ 7단계 - 관련 문제 검토

---

98) 본서의 교수-학습방법에 나와 있는 학습지도안 및 수업지도안은 『교사연습 Ⅱ(박문각, 2019)』에서 모두 인용하였다.

② 학습지도안 : 45분 수업(전개 35분)

[중학교 사회① – Ⅶ. 개인과 사회생활]
[9사(일사)01-03] 사회집단의 의미를 이해하고,
사회집단에서 나타나는 차별과 갈등의 사례와 이에 대한 해결 방안을 탐구한다.

학습 단계		교수-학습활동	자료 및 유의점	시간 (분)
전개 ①	문제 제기	• 교사는 학생들에게 사회집단이 무엇인지 생각해보고 발표하게 한다. • 개인, 군중, 사회집단의 예를 보고 어떤 것이 사회집단일지 추측해 보게 한다. 〈사례 ①〉 | 집에서 혼자 공부하는 학생	도서관에서 공부하는 사람들	스터디룸에서 스터디를 하는 사람들 | 〈사례 ②〉 | 집에서 TV를 보며 야구를 응원하는 학생	야구장에서 응원을 하는 사람들	야구 ○○팀 서포터즈 회원들		학생 발표 내용 중 사회집단에 대한 오개념과 상투개념을 확인한다.	5
	속성 제시와 정의	• 교사는 사회집단의 정의를 제시한다. 사회집단이란 비슷한 관심과 목적을 가진 둘 이상의 사람이 모여서 소속감을 가지고 지속적으로 상호작용을 하는 집단	PPT	1
	결정적 속성과 비결정적 속성 제시	• 교사는 사회집단의 결정적 속성을 제시하고 설명한다. ① 비슷한 관심과 목적을 가진 둘 이상의 사람 ② 소속감 ③ 집단 구성원들 간의 지속적인 상호작용 • 개인 vs. 군중과 사회집단을 구분할 때에는 ① 비슷한 관심과 목적을 가진 둘 이상의 사람이 결정적 속성임을 설명한다. • 군중 vs. 사회집단을 구분할 때에는 ② 소속감, ③ 집단 구성원들 간의 지속적인 상호작용이 결정적 속성임을 설명한다. • 어떤 활동을 하는가(공부, 응원) 등은 개인, 군중, 사회집단을 구분하는데 중요하지 않은 비결정적 속성임을 설명한다.	• 판서 • 비결정적 속성을 제시하면서 오개념과 상투개념을 수정한다.	4
	예와 비예 제시	• 교사는 '○○중학교 동창회, 중산층, 서울 시민, 참여연대'가 '사회집단'에 속하는지 여부를 검토하는 과정을 설명하고, 시범을 보이며 검토한다.		5
전개 ②	가설 검증	• 교사는 노동조합, 시민단체, 회사, 학교 등의 다양한 사례를 모둠별로 제시하여 '사회집단'의 예인지 여부를 검증하도록 한다. • 모둠별로 다양한 사례를 보고 '사회집단'의 예인지 여부를 검토하고 그 이유를 학습지에 작성하고 발표한다. • 교사는 발표의 내용에 대한 평가와 피드백을 실시한다.	학습지	5
	개념 분석	• 교사는 '사회적 범주', '사회 조직' 등의 개념과의 관계를 설명한다. • 교사는 사회집단과 사회조직을 구별하는 결정적 속성이 '집단 유지를 위한 관행, 규범, 규칙, 문화'임을 설명한다.		5
	관련문제 검토	• 모둠 별로 개인과 사회집단 간에 어떤 관계가 있는지를 탐구한다. • 탐구한 내용을 발표하고 전체 내용을 정리한다.		5
	평가	• 모둠별로 사회집단에 대해 배운 내용을 개념도로 나타낸다. 교사는 '핵심개념의 포함여부', '개념 및 사례의 수', '개념 간 위계' 등을 고려하여 개념도를 평가한다.		5

(2) 난민 개념학습과 지도안 ≪2010 기출

① 학습절차

> ■1단계 – 문제 제기
> 학생들이 난민이 무엇인지 생각해 보도록 한다.
>
> ■2단계 – 속성 제시와 정의
> 난민이란 박해의 피해자로서 타국에서 정착하려는 사람을 말한다.
> (밑줄은 속성임).
>
> ■3단계 – 결정적 속성과 비결정적 속성 제시
> 결정적 속성 : 피해자, 박해, 피난처 추구, 국외
> 비결정적 속성 : 연령, 성별, 교육수준, 사회경제적 지위
>
> ■4단계 – 예와 예가 아닌 것 검토
> '예' : 약 10만~20만 명의 과테말라인들이 정치적 박해를 피하여 멕시코 남부에 정착하였다.
> '예 아닌 것' : A국의 마약사범 300여 명이 현재 B국에 잠입하여 거주하고 있다.
>
> ■5단계 – 가설 검증
> 중동, 아프리카, 미얀마 등의 사례를 제시하여, 학생으로 하여금 난민의 '예'인지 여부를 검증하도록 한다.
>
> ■6단계 – 관련 문제 검토
> 난민의 지위에 관한 국제협약을 조사하도록 한다.

② 스스로 학습지도안 작성해 보기

> 〈교실 상황〉
> • 시간 : (   )   • 대상 : (   )
> • 기자재 : (   )
> • 차시 및 학습내용
>
> | 단원 | |
> |---|---|
> | 성취기준 | |

> 〈적용 모형〉
> • 속성모형 : 문제 제기 → 속성 제시와 정의 → 결정적 속성과 비결정적 속성 제시 → 예와 비예 제시 → 가설 검증 → 개념 분석 → 관련 문제 검토 → 평가

03 **원형**(prototype, 전형)**모형**

1. 의미

(1) 원형학습모형의 교육적 의의

원형모형은 전형이나 대표적 사례를 중심으로 하는 개념학습모형이다. 이 모형은 속성모형(전통모형)이 지닌 한계점을 보완하는데 의의가 있다. 속성모형의 경우 학습경험이 풍부한 학생들에게는 적합하지만, 그렇지 않은 학생들을 대상으로 활용하기에는 어렵기 때문이다. 즉, 학습경험이 풍부하지 않은 학생들도 추상적 개념, 복잡한 개념 등을 학습하기에 적합한 것이 원형모형이다.

(2) **원형의 의미 : 구체적인 것일까? 아니면 추상적인 것일까?**

차경수・모경환(2008, 217)의 정리에 따르면 원형은 학습자의 마음속에 재구성된 이상적 원형(ideal type), 최적의 예(prototype)가 학습자의 마음속에 구성된 실제적 원형이라는 2가지가 있다고 한다(Smith & Medin, 1981). 이와 같은 서술에 대해 구체적인 설명이 더 필요할 것 같다. 사전적 의미의 '원형'이란 같거나 비슷한 것들이 만들어져 나오는 본래의 형상 또는 바탕을 의미하며, '전형'은 같은 종류에 속하는 여러 사례들 가운데 가장 본질적이고 일반적인 특성을 지닌 본보기를 말한다. 플라톤의 논리를 빌린 다음 사례를 통해 개념과 관련되는 위계를 살펴보고자 한다. 예컨대 '아름다움의 형상(이데아) > 아름다움의 개념 > 각각의 아름다움의 사물 > 아름다운 사물들의 모방들'로 순서가 정해진다.[99] 이 논리체계에서 원형학습모형의 원형은 형상과 아름다움의 사물이 된다.

그렇다면 학습이론을 전제로 하는 원형모형에서 원형의 수준은 어느 정도일까? 플라톤의 별명 중 하나가 '아키텍처'이다. 이데아는 창조된 것이며 형상은 실재하지 않는 것이다. 형상은 플라톤의 풍부한 경험과 사고를 통해 만들어진 틀이다. 만약 풍부한 학습 경험을 전제로 하지 않는다면 학습이론의 원형학습에 원형이라는 틀은 형상이 될 수 없다. 원형모형이라는 학습이론에서 원형은 전형이나 '각각의 아름다움의 사물' 수준에 해당하는 것으로 보는 것이 타당할 것이다. 결론적으로 원형은 전형 또는 대표적 사례라고 말할 수 있다.

2. **교수학습과정**(차경수, 1997:178)

(1) **문제 제기**

(2) **원형**(또는 예 제시)

(3) **예가 아닌 것 제시**

(4) **속성 검토**

(5) **개념 분석**

---

99) 도널드 팔머, 남경태 역, 2002:62.

⑹ 관련 문제 검토

⑺ 평가

3. 평가

⑴ **장점**

원형모형은 속성이 모호하거나 속성을 발견하기 어려울 때 개념을 손쉽게 학습할 수 있다. 원형모형의 장점은 다음과 같다. 첫째, 원형모형은 구체적인 대상이나 경우를 제시함으로써 개념학습을 쉽게 유도할 수 있다. 둘째, 속성모형과 같이 대상의 특징을 분석하고 정의를 내리는 논리적 과정 등을 생략할 수 있어 쉽게 개념을 이해할 수 있다.

⑵ **단점**

원형모형은 원형이라는 대표적 사례에 대한 관찰을 통해 속성과 개념 정의를 도출하는 방법이다. 이런 원형모형의 단점은 다음과 같다. 첫째, 개념이 사례들을 대표하는 이유를 파악하기 어렵다. 둘째, 동일한 종류에 해당하는 사례들이 왜 집단성을 갖는지, 왜 유사한지를 설명하기 어렵다. 셋째, 개념이 가지는 추상성, 일반성을 이해하기 어렵다. 넷째, 추상적 사고를 발달시키기 어렵다.

4. 원형모형 학습사례 및 학습지도안 《2015 기출

⑴ **학습절차**

- 친족집단의 혈통 체계는 지역에 따라 다양할 수 있습니다. 오늘은 혈통 체계의 종류 중 하나에 대하여 학습하겠습니다.
- 우선 동영상 하나를 보겠습니다. 여러분에게 보여줄 동영상은 이 혈통 체계의 가장 전형적인 사례로 알려진 호피(Hopi) 인디언에 관한 것입니다.
- 결혼 후 자신의 친족 집단을 선택할 수 있는 사모아 섬의 혈통 체계는 이 개념에 해당하지 않습니다.
- 호피 인디언의 혈통 체계를 도식화하면 다음 그림과 같습니다.

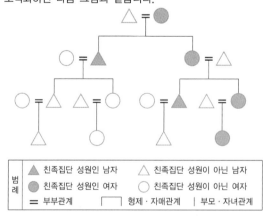

범례	▲ 친족집단 성원인 남자	△ 친족집단 성원이 아닌 남자
	● 친족집단 성원인 여자	○ 친족집단 성원이 아닌 여자
	= 부부관계	⃞ 형제·자매관계	부모·자녀관계

- 호피 인디언의 사례를 통해 이 혈통 체계의 속성을 정리해 보고, 그 ㉠ 문화적 의미를 심층적으로 이해해 봅시다.
- 오늘 배운 개념과 동위 개념으로는 어떤 것이 있는지 개념지도를 그려봅시다.

··· (하략) ···

⑵ **학습지도안** : 45분 수업(전개 35분)

[고등학교 사회·문화 – 가족제도] ※ 2015 개정 교육과정에서 삭제

㈐ 결혼 및 가족의 기능과 이들의 다양한 형태를 파악하고, 가족 문제의 해결 방안을 모색한다(2009 개정 교육과정).

학습단계		교수-학습활동	자료 및 유의점	시간 (분)
전개 ①	문제 제기	• 교사는 친족집단의 혈통 체계의 다양한 모습이 담긴 사진 자료를 제시한다. • 모둠별로 사진의 친족집단이 부계율을 따르고 있을지 모계율을 따르고 있을지를 생각해보고 그 이유를 발표한다.	PPT	2
	원형 제시 및 정의	• 교사는 모계율의 정의를 제시한다. 모계율 : 출계를 여자계통을 따라 어머니 쪽으로 따지는 것을 말한다. • 교사는 모계율의 전형적인 사례인 호피(Hopi) 인디언 관련 영상을 제시한다. 모계율이 어떻게 나타나고 있는지를 알아보기 위해 북미주의 중부평원에 위치한 호피(Hopi) 인디언의 친족조직을 예로 들어보기로 하자. 이 사회의 주요한 출계집단은 모계 씨족집단들이고, 이것들은 모두 외혼의 단위이기도 하다. 이 씨족들은 다시 작은 규모의 모계 친족집단들로 나누어지고 그 것들은 각기 특정 지역을 거점으로 하여 모계로 연결된 부인들을 주축으로 형성되어 있다. 호피족의 남편들은 부인 쪽으로 옮겨가서 생활한다. 이렇게 하여 전형적인 가구는 한 노파와 그녀의 남편, 딸들과 그들의 남편들과 자식들로 구성되며, 노파의 아직 혼인하지 않은 아들들이 여기에 포함된다. 이 집단의 남편들은 이방인들인 셈이고, 노파의 장성한 아들들도 모두 결혼하여 처가살이를 하러 떠나게 된다. 이렇게 하여 모계 친족집단들은 부인들과 그들의 자식들로 단합되어 있지만, 장성한 남자들은 흩어져서 이방인으로서 처가살이를 하게 된다. 그러나 남자들은 대체로 같은 지역의 처녀들과 혼인하기 때문에 실은 멀리 떠나버리는 것은 아니고 그들은 여전히 성원권을 가지고 있는 어머니의 모계 집단과는 긴밀한 접촉 관계를 유지하게 된다. 뿐만 아니라 그들은 그들의 어머니와 누이들이 남아 있는 모계 집단에 권위를 행사하게 되며, 그들이 비록 흩어져서 살더라도 모계 집단의 중요한 문제들에 관해서는 마치 주인 노릇을 한다.[100]	• PPT • 동영상	3
	예가 아닌 것 제시	• 교사는 모계율에 해당하지 않는 사례를 제시한다. 〈자료 ①〉 부계율 우리나라의 친족제도는 부계율을 따르고 있다. 즉 나는 위로는 아버지, 할아버지, 증조할아버지, 고조할아버지를 따라 혈통을 따지고, 또한 아래로 나의 혈통은 아들, 손자, 증손자, 고손자들까지 이어질 것으로 기대한다.[101] 	PPT	3

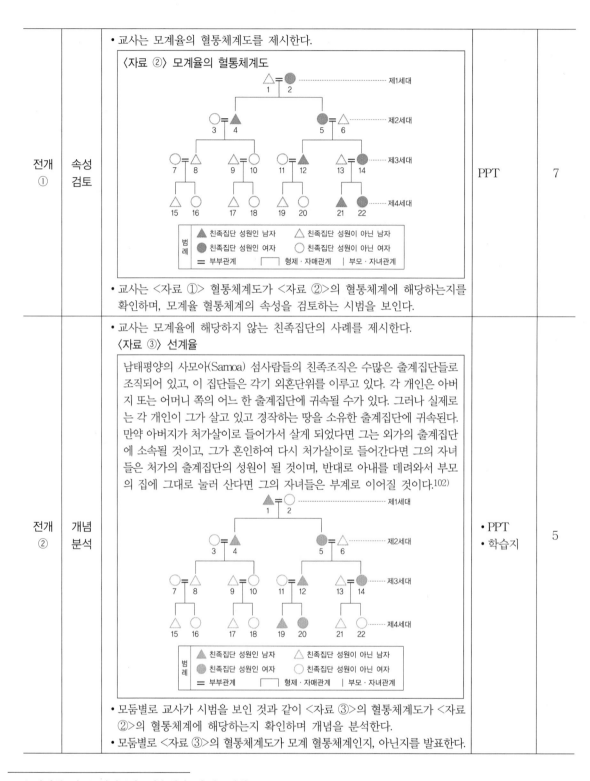

| 전개 ① | 속성 검토 | • 교사는 모계율의 혈통체계도를 제시한다.

〈자료 ②〉 모계율의 혈통체계도

• 교사는 〈자료 ①〉 혈통체계도가 〈자료 ②〉의 혈통체계에 해당하는지를 확인하며, 모계율 혈통체계의 속성을 검토하는 시범을 보인다. | PPT | 7 |
| 전개 ② | 개념 분석 | • 교사는 모계율에 해당하지 않는 친족집단의 사례를 제시한다.
〈자료 ③〉 선계율

남태평양의 사모아(Samoa) 섬사람들의 친족조직은 수많은 출계집단들로 조직되어 있고, 이 집단들은 각기 외혼단위를 이루고 있다. 각 개인은 아버지 또는 어머니 쪽의 어느 한 출계집단에 귀속될 수가 있다. 그러나 실제로는 각 개인이 그가 살고 있고 경작하는 땅을 소유한 출계집단에 귀속된다. 만약 아버지가 처가살이로 들어가서 살게 되었다면 그는 외가의 출계집단에 소속될 것이고, 그가 혼인하여 다시 처가살이로 들어간다면 그의 자녀들은 처가의 출계집단의 성원이 될 것이며, 반대로 아내를 데려와서 부모의 집에 그대로 눌러 산다면 그의 자녀들은 부계로 이어질 것이다.[102]

• 모둠별로 교사가 시범을 보인 것과 같이 〈자료 ③〉의 혈통체계도가 〈자료 ②〉의 혈통체계에 해당하는지 확인하며 개념을 분석한다.
• 모둠별로 〈자료 ③〉의 혈통체계도가 모계 혈통체계인지, 아닌지를 발표한다. | • PPT
• 학습지 | 5 |

100) 한상복 외, 문화인류학, 서울대학교출판문화원, 2011:171-172.
101) 한상복 외, 문화인류학, 서울대학교출판문화원, 2011:169.
102) 한상복 외, 문화인류학, 서울대학교출판문화원, 2011:173-174.

전개 ②	관련 문제 검토	• 모둠별로 <자료 ①>과 <자료 ②>의 친족집단에서 아버지의 역할에 어떤 차이가 있을지를 토의하고 발표한다. • 교사는 모계율을 따르는 친족집단에서의 아버지의 역할에 대한 자료를 제시한다. <자료 ④> 부계친족사회에서는 출계가 남편, 즉 남자를 통해서 이루어지고 가족원이 가족 일반에 대한 권위를 행사하는 사람도 바로 남편이다. …(중략)… 만약 모계사회와 부계사회가 기능면에서 정반대로 운영된다고 가정한다면, 모계사회에서는 부인에서 딸을 통해 혈통과 가계가 이어진다는 점에서 부인 또는 어머니가 자식들에게 권위를 행사하는 중심인물로 생각될지도 모른다. 그러나 실제로는 모계사회에서도 권위를 행사하는 사람은 남자이지만 그는 남편이 아닌 부인의 형제들이다. 즉, 아이들의 입장에서 보면 외삼촌이 권위를 행사하고 있다. 이렇게 하여 모계사회에서의 아버지의 지위는 모호하다. 그는 자기의 자식에 대해서는 권위를 행사하지 못하고, 그 대신 그의 주요관심은 자신의 모계집단의 구성원인 누이의 자식들에게 권위를 행사하는 일이다. • 모둠별로 <자료 ④>를 토대로 하여 자신들이 토의한 내용을 정리한다.		10
	평가	• 모둠별로 모계율 친족집단에 대해 배운 내용을 개념도로 나타낸다. 교사는 '핵심개념의 포함여부', '개념 및 사례의 수', '개념 간 위계' 등을 고려하여 개념도를 평가한다.		5

04 상황모형(Social Context Model)

1. 상황모형의 의의

상황모형은 사회적 맥락, 개념과 관련된 현상, 다른 개념들과의 관련성, 학생들의 경험 속에서 다양한 사례들을 결합시켜 개념을 학습하는 모형이다. 상황모형은 학습자의 사회문화적 상황과 경험을 중시하는 모형으로, 원형모형과 더불어 전통모형이 가지고 있는 개념학습의 어려움을 극복하기 위해 고안된 모형이다. 이런 특징을 고려할 때 논리적으로는 관계개념을 학습할 때 유용하다고 할 수 있다.

2. 교수-학습과정

(1) 문제 제기

(2) 상황 및 경험의 진술

(3) 예와 예가 아닌 것의 검토

(4) 속성 검토

(5) **개념 분석**

(6) **문제 분석**

(7) **평가**

3. 평가

(1) 장점

상황모형은 사회적 상황과 학습자의 경험을 중시하는 개념학습 모형이다. 학생들은 사회적 상황 및 맥락 속에서 개념을 구체적으로 쉽게 학습할 수 있다.

(2) 단점

상황모형은 사회적 맥락과 경험 속 사례를 전제로 하는 것이다. 이런 점을 감안할 때 첫째, 개념의 일반성과 보편성을 이해하기 어렵다. 둘째, 개념이 만들어지는 과정, 추상화 과정을 경험하기 어렵다는 점에서 추상적 사고를 발달시키는 데 어려움이 있다.

(3) 독창성에 대한 의문

방법 면에서 속성모형이나 원형모형과 전혀 다른 방법이라고 보기 어렵다. 또한 속성모형이나 원형모형에서도 사회적 상황을 전제로 가르칠 수 있다.

4. 사례 《2008 기출

(1) 교사가 제시한 상황

한국에서 '술을 따르는 행위'와 '성희롱'의 관련성에 대한 해석은 맥락에 따라 달라진다. '성희롱'과 관련하여 볼 때, 과거 조선시대에 여성이 술을 따를 때는 성희롱이 되지 않았다. 과거에는 이 개념이 제대로 형성되어 있지 않았기 때문이다. 반면에 오늘날에는 상황에 따라 성희롱이 되는 경우가 종종 발생한다. 여성이 스스로 술을 따르면 성희롱이 되지 않는 경우가 많다. 그러나 직장 상사의 강요로 여성이 술을 따르게 될 경우 성희롱이 되기도 한다. 이처럼 '성희롱'이 역사적 맥락과 상황의 영향을 많이 받게 되는 특성을 고려하여, 정교사는 개념학습모형 중 상황모형을 적용하여 '성희롱'의 개념을 가르친다.

(2) 학생들이 작성한 개념도   《2008 기출

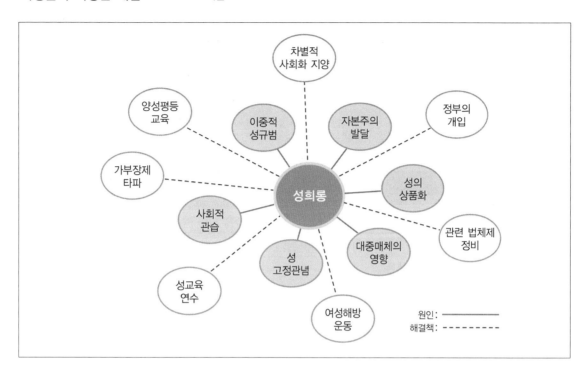

5. 수업지도안 : 45분 수업(전개 35분)

[고등학교 사회 · 문화 − Ⅳ. 계층과 사회 불평등]
[12사문04-03] 다양한 사회 불평등 양상을 조사하고 그와 관련한 차별을 개선하기 위한 방안을 모색한다.

학습단계		교수−학습활동	자료 및 유의점	시간 (분)
문제 제기		• 교사는 직장 내 성희롱 문제에 관한 신문기사를 제시한다. • 모둠별로 성희롱의 정의가 무엇일지 생각해보고 발표한다.	신문 스크랩	5
상황 · 경험 진술과 정의		• 교사는 성희롱의 정의를 제시한다. 양성평등기본법 제3조 제2호에 의하면 '성희롱'이란 업무, 고용, 그 밖의 관계에서 국가기관 · 지방자치단체 또는 대통령령으로 정하는 공공단체(이하 '국가기관 등'이라 한다.)의 종사자, 사용자 또는 근로자가 다음의 어느 하나에 해당하는 행위를 하는 경우를 말한다. ① 지위를 이용하거나 업무 등과 관련하여 성적 언동 또는 성적 요구 등으로 상대방에게 성적 굴욕감이나 혐오감을 느끼게 하는 행위 ② 상대방이 성적 언동 또는 요구에 대한 불응을 이유로 불이익을 주거나 그에 따르는 것을 조건으로 이익 공여의 의사표시를 하는 행위	• 학습지 • PPT	5

전개 ①	예와 비예 제시	• 교사는 <사례 ①>과 <사례 ②>를 학생들에게 보여주고 성희롱에 해당하는지 여부를 생각해 본 뒤 발표하게 한다. 	〈사례 ①〉	〈사례 ②〉
조선 시대에 여성이 남성에게 술을 따르는 그림	직장 상사의 강요로 여성이 술을 따르는 그림	 • 교사는 <사례 ①>과 <사례 ②> 모두 현재는 성희롱에 해당함을 설명한다. • 교사는 모둠별로 '술을 따르는 행위'가 역사적·사회적 맥락에 따라 달라져 온 이유를 생각해보고 발표하게 한다.		
---	---	---	---	---
전개 ①	예와 비예 제시	• 교사는 <사례 ②>와 <사례 ③>을 학생들에게 제시한다. 	〈사례 ②〉	〈사례 ③〉
남성 상사의 강요로 여성이 술을 따르는 그림	여성이 자발적으로 남성 상사에게 술을 따라주는 그림	 • 모둠별로 두 사례의 차이점이 무엇인지를 토론한 후 발표한다.	PPT	5
	속성 검토	• 교사는 <사례 ②>와 <사례 ③>을 통해 성희롱의 개념의 속성을 검토하는 시범을 보인다. 	속성	〈사례 ②〉	〈사례 ③〉
---	---	---
행위자	남성 상사	여성 직원
피해자	여성 직원	×
업무관련성	○	○
성적모욕감 또는 혐오	상사의 강요	×		PPT	5
전개 ②	개념 분석	• 모둠별로 교사가 시범을 보인 것과 같이 <자료 ①>을 통해서 개념을 분석한다. 〈자료 ①〉 고등학생이자 집안의 실질적 가장인 시은이는 고깃집에서 서빙 아르바이트를 한다. 사장은 평소 시은이에게 일을 잘해서 예뻐 보인다는 칭찬을 자주 한다. 어느 날 전체 회식을 한 후 사장이 시은이에게 시간도 늦고 하였으니 같이 찜질방에 가서 놀자고 한다. 시은이는 평소 사장이 자신에게 다정하게 대해주었기에 의심 없이 아르바이트를 같이하는 친구 효신이와 함께 사장을 따라 찜질방에 갔다. 그러나 찜질방에서 얘기하고 놀다가 효신이가 먼저 자러 간 사이, 사장이 은근히 시은이게 밀착해서 시은이는 친구와 같이 자겠다며 자리를 피하였다. 그 후, 사장은 개인적 연락하며 맛있는 음식을 사주겠다며 만나자고 한다. 시은이는 사장의 요구를 거절하기도 어렵고 그렇다고 사장과 개인적으로 만나고 싶지도 않은 상황이다.[103]	• 학습지 • 두 사례의 차이점을 중심으로 개념을 분석하도록 지도한다.	5
	관련 문제 검토	• 모둠별로 <자료 ①>과 관련된 문제를 토론한 후 발표한다. 청소년 아르바이트생은 성희롱·성폭력 피해에 더 취약한가요? 만약 그렇다면 이유는 무엇인가요?[104]		5

103) 한국양성평등교육진흥원, 이제는 알아야 할 직장 내 성희롱 사례 20, 2018.
104) 한국양성평등교육진흥원, 이제는 알아야 할 직장 내 성희롱 사례 20, 2018.

| 평가 | • 모둠별로 배운 내용을 개념도로 나타낸다.(다음은 예시)
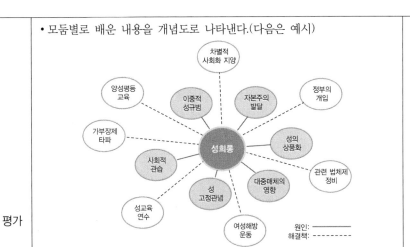
• 모둠별로 다음의 사례가 성희롱에 해당하는지를 확인하고, 사례가 개념도 안에 어디에 위치해야 하는지를 표시한 후, 그 이유를 작성한다.

고등학교 때부터 카페에서 아르바이트를 해온 재완 씨는 20살이 되자마자 호프집에서 아르바이트를 시작하였다. 어느 날 재완 씨는 한 단골손님이 재완 씨의 특정 신체 부위를 빤히 응시한다는 사실을 알게 되었다. 이 뿐 아니었다. 이 손님은 서빙 하는 재완 씨의 손을 갑자기 잡기도 하였다. 카페에서 몇 년간 아르바이트를 해왔던 재완 씨도 이런 경험은 처음이라 어떻게 대처해야 할지 고민이 된다. 또 이 문제를 제기하였을 때 이상한 사람 취급당하거나 아르바이트에서 잘리지 않을까 걱정하고 있다.[105] | 5 |

05 개념도(Conceptmap)를 활용한 수업

1. 개념도의 의미

1960년대 오수벨(Ausubel, 1968)의 유의미 학습 이론에 영향을 받은 노박과 고윈(Novak & Gowin, 1984)은 지식의 개념적 조직과 개념에 대한 학습에 초점을 두어 유의미 학습을 강화시킬 수 있는 교수 도구의 필요성에 대해 인식하면서, 이러한 도구의 하나로서 개념도를 제안하였다. 노박과 고윈(1984)은 '개념도는 명제 형태로 있는 개념들 사이의 유의미한 관계를 표현하는 것'이라고 정의하였다. 즉 개념도는 학습 주체의 머릿속에 있는 주제에 대한 구조를 개념과 개념의 관계, 주제의 조직적인 구조를 시각적으로 표시하는 교수-학습도구이다.

---

105) 한국양성평등교육진흥원, 이제는 알아야 할 직장 내 성희롱 사례 20, 2018.

2. 개념도의 구성(Heinze-Fry & Novak, 1990)

개념도란 전체학습자료 내에 포함된 개념을 규정하고 이들 개념들을 가장 일반적이고 포괄적인 개념들로부터 가장 구체적이고 특정한 개념으로 이루어지는 위계적인 배열로 조직화한다.

개념들을 위계적으로 조직 배열한 개념도는 개념과 개념들을 연결시켜주는 연결어, 개념위계에서 서로 다른 분절들을 횡적으로 연결시켜주는 횡적연결, 개념에 대한 구체적인 사례로 구성된다. 연결된 두 개념은 개념 사이의 관계를 표시하는 것으로 명제적 진술을 구성한다. 그리고 연결어는 선에 의해 연결된 개념이 어떻게 관련되는지를 설명해 준다. 개념도는 개념 사이의 상호관계를 보여주기 위해 이름이 붙여진 선에 의해 연결된 개념들, 즉 마디들(nodes)로 이루어진다. 여기서 마디는 학습내용에 대해 학습자가 가지고 있는 개념 또는 아이디어를 나타낸다. 선 또는 고리(link)는 그 개념들 간의 관련성을 나타낸다. 마디와 고리 사이에는 관련성을 보여주는 이름이 붙여진다.

3. 개념도의 유형

(1) 위계적 개념도

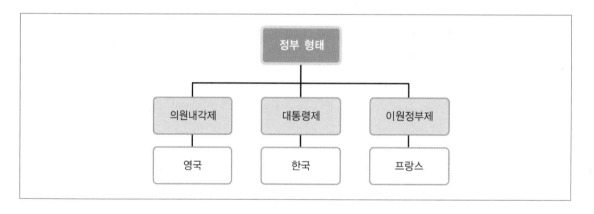

(2) 범주적 개념도

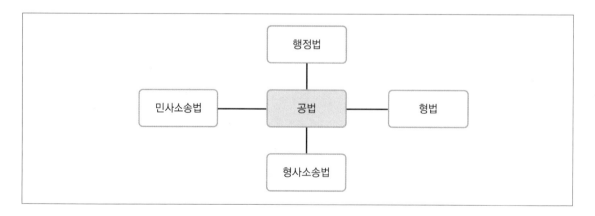

(3) 인과적 개념도

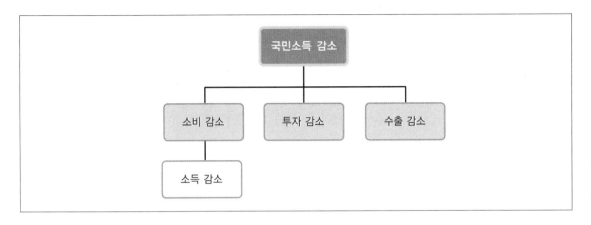

06 개념학습모형들과의 관계

1. 개념학습모형 중 어떤 모형을 선택하는 것이 교육적 효과가 클까?

논리적 측면에서 접합개념은 속성모형으로 학습하는 것이 효과가 크다고 할 수 있다. 하지만 현실에서 검증한 바에 따르면 이런 논리적 추론이 반드시 일치된 결과를 가져오지 않는다는 점에 유의할 필요가 있다. 즉 개념의 유형만으로는 개념학습 효과의 우월성을 결정할 수 없다. 또 다른 연구 경향으로는 학습자의 발달 수준을 고려한 연구가 있었다. 이 연구들에 따르면 연령 또한 개념학습 선택에 결정적 요인이 되지 않는다는 것이다. 즉, 개념학습의 효과에 영향을 주는 변수는 매우 다양하다는 점을 알 수 있다. 따라서 개념학습모형을 선택할 때는 개념의 유형, 연령, 학생들의 발달 수준, 학생들의 경험 등과 같은 모든 교육적 맥락을 고려해야 할 것이다.

2. 상호보완적 관계

현실적으로는 속성모형, 원형모형, 상황모형의 종합적 적용이 요구된다. 예컨대 연령보다는 일단 현재 교실의 학습자들이 개념에 대한 학습 경험을 어떻게 해 왔는지를 교사가 인식한 상태라고 가정해 보자. 만약 개념에 대해 전혀 경험을 하지 못한 경우라면 원형모형이나 예 모형을 통해서 개념을 정의하고 그 속성을 탐구하고, 관련개념을 이해하는 단계에서 상황모형을 활용하면 개념 이해에 필요한 대부분 내용들을 경험하게 될 것이다. 따라서 상황에 따라 순서를 달리하여 세 가지 개념 학습모형이 중시하는 바를 활용할 수 있다.

Ⅲ 일반화 학습[106)]

01 의미와 특성

1. 일반화의 의미

일반화는 수많은 현상들을 관계로 서술한 것이다. 이 서술은 개념과 개념 간, 개념과 사실 간, 사실과 개념과의 관계로 이루어진다. 즉 일반화는 개념과 개념 사이 또는 사실과 사실 사이의 관계를 법칙과 같이 보편적으로 서술하는 것이다.

2. 일반화의 종류

이 관계는 인과관계, 상관관계 등을 내용으로 한다. 이런 측면에서 일반화는 인과적 일반화와, 상관적 일반화 등이 있다. 이런 일반화는 현상들에서 논리적 추론 과정을 통해 형성된다.

02 수업의 논리

1. 수업의 논리는 귀납적인가? 아니면 연역적인가?

우선 결론적으로 말하면 일반화의 논증과 수업의 논리적 과정은 구별되어야 한다. 수업의 논리적 구성은 연역법과 귀납법은 일반화 수업이나 탐구수업 등과 같이 명제를 도출하거나 검증하는 수업에서만 의미가 있는 것은 아니다. 예컨대 앞에서 살펴본 속성 모형도 속성의 발견이라는 귀납적 방법으로 구성할 수 있다. 원형모형도 원형의 발견이라는 귀납적 방법으로 얼마든지 가능하다. 마찬가지로 일반화 수업 역시 일반화의 발견인지, 일반화의 설명인지에 따라 귀납적 수업과 연역적 수업으로 나눌 수 있다. 따라서 수업의 논리적 구성은 대부분의 수업에서 적용되는 것이므로 일반화 학습에만 굳이 국한되는 문제는 아니라는 것이다.

2. 연역법과 귀납법이란 무엇인가?

⑴ **연역법의 특성**

연역법은 일반화를 먼저 정리하고 예를 통해서 일반화를 확인하는 방법이다. 이 경우 일반화의 확인은 먼저 제시한 일반화에 절대 반할 수 없다. 즉 일반화가 제시되면 수업 처음부터 끝까지 제시된 일반화에 위반되지 않은 내용들만 제시되어야 한다. 즉 제시된 일반화와 그 이후의 내용은 필연적으로 일치해야 한다.

---

106) 차경수, 2000:206; 차경수·모경환, 2008:222-225 참조

(2) **귀납법의 특성**

귀납법은 사례들을 살펴보고 그 사례들로부터 일반화를 도출하는 방법이다. 이 경우 일반화는 확률적 결론이다. 예컨대 연역적으로 백조는 모두 흰색이라고 하면 예외는 있을 수 없다. 그런데 귀납적인 경우에는 모든 백조가 흰색이라고 할 수 없다. 예외적으로 흑조가 나올 수도 있기 때문이다.

(3) **결론**

이상의 내용을 정리해 보면 동일한 일반화로 연역법과 귀납법의 수업 내용과 결론이 같을 수 없다. 연역법의 결론은 필연성의 성격을 띤다. 자연법칙과 유사하다. 하지만 귀납법의 결론은 확률적 결론, 개연성을 띤다.

03 일반화의 학습

1. 의미

일반화는 설명식 교수나 발견학습에 의해서 교수될 수 있다. 하지만 그 결론의 성격은 전혀 다른 것임을 이해해야 한다. 2가지 방법 중 지식의 구조를 강조한 브루너의 주장 취지에 따르면 학생들의 자주적인 학습활동을 위해서 귀납적인 방법으로 일반화를 도출하게 하는 것이 더 바람직할 것이다.

2. 연역적 수업과 귀납적 수업

구분	연역적 수업	귀납적 수업
의미	일반적인 명제에서 구체적인 사실을 학습하려는 것	구체적인 관찰에서 일반적인 원리를 발견하려는 것
특징	교사 주도, 체계적, 강한 내용 지향성, 시간의 효율성을 중시, 고도의 구조화, 부수적 학습기회가 적음	학습자 주도, 비체계적·구조적, 비효율성, 부수적 학습기회가 많음
장점	단시간 내에 효율적으로 개념이나 일반화를 교수하고자 할 때 유리	사고 기능 발달, 정의적 목표 달성에 유리, 풍부한 학습참여 기회 및 경험 제공
단점	학습자의 학습 참여 기회 및 경험 부족	비효율성, 학습 실패의 위험이 높음
절차	추상적 개념 제시 → 용어 명료화 → 본보기 제시 → 학생의 예 생성	본보기(예화)의 제시(교사) → 관찰촉구: 특성 열거 → 자료 분석(학생) → 일반화 추론 형성(학생)

04 일반화 교수-학습절차

1. 의의: 일반화의 학습 요소

일반화는 개념과 개념의 관계를 경험적으로 증명하여 보편적으로 서술하는 것이다. 일반화는 일반적으로 설명식 교수나 발견학습에 의해서 교수될 수 있다. 그 핵심은 구체적 사실과 일반화와의 관계를 경험적으로 증명하는 것이다.

2. 일반화 분석 : 일반화의 학습 요소

일반화는 개념과 개념 사이의 관계를 법칙과 같이 보편적으로 서술하는 것이다. 일반화가 진술되려면 관계가 있는 개념들이 있어야 하고, 이 개념들의 관계를 도출할 수 있는 자료들이 있어야 한다. 그리고 수집된 자료들의 검토를 통해서 일반화의 관계가 서술된다.

3. 자료인출도표

학생들의 능동적인 학습활동이 중요시되고 있으므로 귀납적인 방법으로 일반화를 도출하게 하는 것이 더 바람직하다고 할 수 있다. 이를 위해 사용될 수 있는 교수방법이 바로 타바(H. Taba)가 1969년에 제시한 자료인출도표이다. 자료인출도표는 일반화를 교수하기 위하여 구체적인 사례의 자료들을 기록한 표이다. 아래 표는 자료인출도표 사례이다(차경수·모경환, 2008:224-225).

관련 개념 \ 조사 사례	학생 1, 학생 2, 학생 3 [⋯] 학생 50
교육비 지출 월 평균 학원수강료 월 평균 개인교습비 월 평균 학습교재 구입비	
부모의 사회적 지위 부모의 학력 부모의 직업 부모의 월 평균 수입	

4. 일반화 학습절차

문제 제기 → 관련 개념 분석 → 자료인출도표의 구성 → 자료 수집 → 개념 간의 관계 분석 → 일반화 도출 및 결론

5. 일반화 학습 사례 및 지도안

⑴ **학습사례** : 부모의 사회 계층과 사교육비 지출 관계 《2007 기출

관련 개념 \ 조사 사례	학생 1, 학생 2, 학생 3 [⋯] 학생 50
교육비 지출 월 평균 학원 수강료 월 평균 개인 교습비 월 평균 학습교재 구입비	
부모의 사회적 지위 부모의 학력 부모의 직업 부모의 월 평균 수입	

(2) 학습지도안 : 90분

[고등학교 사회·문화 – Ⅳ. 계층과 사회 불평등]
[12사문04-02] 사회 이동과 사회 계층 구조의 의미를 설명하고 그 유형과 특징을 분석한다.

학습단계		교수–학습활동	자료 및 유의점	시간 (분)
전개 ①	문제 제기	• 교사는 '부모의 사회 계층과 사교육비 지출 관계'에 관한 신문기사를 제시한다. 통계청 조사에 따르면 2인 이상 가구의 한 달 교육비 격차가 5.9배에 달한다고 한다. 이 중 사교육비의 경우 상위 20%의 지출은 가구당 28만 2천 원, 하위 20% 계층은 4만 4천 원으로 6.4배 차이가 난다. 가계의 소비지출에서 사교육비가 차지하는 비중도 고소득층이 훨씬 높다. 고소득층은 소비지출에서 사교육비가 차지하는 비중이 약 7.6% 수준인 반면, 저소득계층은 3.6%로 약 4%p 만큼의 차이가 난다.	PPT	3
	관련 개념 분석	• 모둠별로 부모의 사회 계층 수준을 어떻게 측정할 수 있는지를 토의한 후 발표한다. 교사는 학생들의 발표를 토대로 사회·경제적 지위(SES) 개념을 설명한다. • 모둠별로 교육비 지출을 어떻게 측정할 것인지 토의한 후 발표한다. 교사는 모둠별로 결정한 교육비 지출 항목의 근거를 평가할 것임을 안내한다.	• PPT • 개념학습 • 평가기준표	12
	자료 인출 도표 구성	• 교사는 '관련 개념 분석'을 토대로 자료인출도표 양식을 제시한다. • 모둠별로 자료인출도표 양식의 항목을 채워 넣는다. 	관련 개념 \ 조사사례	학생 1	학생 2	학생 3	(……)	학생10
---	---	---	---	---	---
교육비 지출 월 평균 학원수강료 월 평균 개인 교습비 월 평균 학습 교재구입비					
부모의 사회·경제적 지위 부모의 학력 부모의 직업 부모의 월 평균 수입 부모의 재산							학습지	5
전개 ②	자료 수집	[활동 ①] 질문지 작성하기 • 모둠별로 자료를 수집하기 위한 질문지를 작성한다. – 교사는 질문지 작성 시 유의사항에 대하여 안내하고, 질문지의 내용을 평가할 것임을 안내한다.	• 질문지 작성 시 유의사항을 지도한다. • 평가기준표	15
		블록 타임 쉬는 시간을 활용하여 자료 수집		
	자료 수집	[활동 ②] 자료 수집하기 • 모둠별로 블록 타임 쉬는 시간을 활용하여, 다른 반 학생들을 대상으로 자료를 수집한다. • 수집한 자료를 자료인출도표에 기입한다.	자료 수집 시 유의사항을 지도한다.	5

전개 ③	개념 간 관계 분석	• 교사는 모둠별 자료인출도표를 종합하여 반 전체의 자료인출도표를 작성한다. • 모둠별로 자료인출도표를 활용하여 두 개념의 관계가 정의 관계인지 부정의 관계인지 분석한다.		10
	일반화 도출 및 결론	• 분석한 결과를 토대로 일반화를 도출한다. 예 부모의 사회·경제적 지위가 높을수록 교육비 지출액이 많다. • 모둠별로 그래프 등을 활용하여 효과적으로 발표를 준비한다.	일반화 도출 과정을 모둠별로 지도한다.	10
	발표 및 평가	• 모둠별로 발표하고 다른 모둠은 발표하는 모둠에 대한 동료평가를 한다. • 모둠별 발표가 끝나면, 자기평가를 한다. • 교사는 탐구의 과정, 탐구의 결과에 대한 모둠별 피드백을 제공한다.		10

Ⅳ 탐구수업모형

01 탐구수업모형[107]의 의미적 특성

1. 의미

탐구수업모형이란 사회문제를 인식하고 과학적 사고의 과정이나 방법을 거쳐 지식을 획득하고 합리적인 사회인식을 가질 수 있게 하는 탐구력 육성을 지향하는 수업모형을 말한다. 따라서 이 모형의 목적은 성숙한 민주 시민으로서 주위 사회현상을 어떤 보편적인 법칙에 의하여 설명할 수 있고, 그 법칙에 의하여 미래를 예측할 수 있는 능력을 함양하는 것이다.

2. 문제해결학습과의 비교

문제해결학습은 평소의 경험이나 지식으로 해결할 수 없는 일상생활의 문제를 해결하는 경험을 통해서 문제해결력을 높이려는 목표를 지닌 수업모형이다. 하지만 탐구수업은 일상생활의 문제가 아니라 사회과학적 문제를 다룬다. 문제해결학습은 문제해결 경험을 통한 배움을 중시한다면 탐구수업은 사회과학적 지식 획득을 중요시한다.

3. 탐구학습의 교수–학습전략

탐구수업은 사회과학적 지식 획득을 중요시한다. 따라서 탐구수업모형에서 가장 중시하는 교수–학습전략은 가치중립성을 전제로 사회과학적 연구 절차에 따른 교수–학습전략이다. 이런 탐구절차를 통해 과학적이고 체계적인 사고 과정을 학습한다.

---

107) 탐구수업에는 사회탐구, 가치탐구 등 다양한 학습모형이 있다. 여기에서 탐구수업은 신사회과 시기에 강조되었던 사회과학탐구수업을 의미한다. 사회과학탐구수업은 '사회탐구수업'으로 불리기도 한다.

02 교수-학습단계

1. 8단계 과정[108]

⑴ 문제 제기

문제가 무엇인지를 파악한 후 간결하고 과학적으로 연구 가능하면서 간결한 질문을 제시해야 한다.

⑵ 가설 설정

① 2가지 요소 이상의 인과관계 또는 상관관계를 표현하는 형태로 진술되어야 한다. 또한 경험적인 분석이 가능한 형태로 서술되어야 한다.

② 어디에 초점을 맞추어서 탐구활동을 진행해야 하는가를 알려줌으로써 탐구과정을 안내하는 역할을 한다.

⑶ 주요 용어 정의 : 주제와 관련된 개념을 탐색하는 과정이다.

용어를 사용할 때 연구자는 그것을 조작적으로 어떻게 정의하였는지, 이들 개념들의 예를 판단하기 위해 어떤 기준들이 사용되었는지 밝혀야 한다. 특히 개념이 가진 속성에 주의해야 한다.

⑷ 자료수집

실험, 표본조사, 사례 연구, 역사적 방법, 내용 분석 등을 통해 자료를 수집한다. 주의할 것은 표집방법에 편견이 들어가지 않도록 해야 한다. 또한 자료를 수집할 때는 1차적 자료와 2차적 자료를 구분하여 자료의 신뢰성과 타당도 등에 문제가 되지 않도록 정확하고 신중하게 해야 한다.

⑸ 자료의 분석

수집된 정보의 신뢰도와 유의미성을 판단해야 한다. 또한 통계적인 분석 방법에 의하여 엄격하게 진행되어야 한다.

⑹ 가설 검증

자료의 수집·분석을 통하여 가설이 증명될 수 있는지 판단해야 한다.

⑺ 결론 도출

가설 검증 결과에 따라서 결론을 내린다. 인용되었을 경우에는 가설의 확인으로 종료된다. 하지만 결론이 기각되었을 경우 새로운 문제에 대한 탐구가 시작된다.

⑻ 새로운 문제의 탐구

---

108) Woolever & Scott, 1988:287-292; Banks, 1990:74-86; 박상준, 2006:178-188 참조

2. 5단계 탐구수업절차

(1) 문제 제기

(2) 가설 설정

(3) 관련된 자료 수집

(4) 수집된 자료 분석

(5) 수집된 자료의 분석을 바탕으로 결론 도출

3. 6단계 탐구수업절차

(1) 학습절차

① 문제 제기 → ② 가설 설정 → ③ 자료 수집 → ④ 자료 분석 → ⑤ 종합·평가 → ⑥ 검증 및 결론 (일반화)

(2) **학습사례**   《2012 기출

① 한국 사회의 고령화 추세에 관한 흥미를 유발시키며 세계적 안목에서 이 현상을 파악하도록 한다.
② '국가의 경제 발전 정도와 고령화 정도'라는 주제를 풀어 가설을 설정하게 한다.
③ 총부양비, 유소년, 노년 및 노령화 지수 등의 개념을 탐색하는 과정을 갖게 한다.
④ 각 국의 인구 분포 및 연령 집단별 분포, GDP, 1인당 GDP, 노령화 지수 등과 관련된 자료와 정보를 수집하게 한다.
⑤ 국가별 경제 규모와 고령화 정도를 나타낸 자료를 비교하고 분석하여 가설을 검증하고 결론을 도출하게 한다.

03 탐구수업모형 학습사례

1. 5단계 탐구수업절차

(1) 학습절차

① 문제 제기

② 가설 설정

③ 관련된 자료 수집

④ 수집된 자료 분석

⑤ 수집된 자료의 분석을 바탕으로 결론 도출

(2) **학습사례** ≪2014 기출

① 교사가 문제를 제기한다.

② 선거제도와 의회의 민주적 대표성의 한계에 대한 가설을 설정한다.

③ 선거제도와 의회의 민주적 대표성에 관련된 자료를 수집한다.

④ 수집된 자료를 분석한다.

⑤ 수집된 자료의 분석을 바탕으로 결론을 도출한다.

(3) **학습지도안 : 45분 수업(전개 35분)**

[고등학교 정치와 법 – Ⅲ. 정치 과정과 참여, 2. 민주정치와 선거제도]

[12정법03-02] 대의제에서 선거의 중요성과 선거제도의 유형을 이해하고, 우리나라 선거제도의 특징과 문제점을 분석한다.

학습단계		교수–학습활동	자료 및 유의점	시간 (분)
전개 ①	문제 제기	• 교사는 <사례 ①>을 통해 어떤 국가에서 국민의 의사가 더 잘 반영될지 생각해보고 그 이유를 발표하게 한다. ⟳ **선거제도와 의회의 민주적 대표성 관련 자료** (단위 : %) _표 아래 참조_	PPT	
전개 ②	가설 설정	• 교사는 <사례 ②>를 통해 정치학자의 주장을 소개한다. 어떤 정치학자는 국민의 대의 기관인 의회는 전체 국민과 똑같이 생각하고, 느끼고, 사고하고, 행동해야 한다고 주장합니다. 이는 대표성을 가진 표본을 추출한다는 여론조사의 기본 원칙과 동일합니다. 만약 어떤 사회가 남성, 여성 50 : 50, 고소득층, 중간 소득층, 저소득층이 10 : 50 : 40의 비율로 구성되어 있다면, 이 비율을 정확히 반한 의회를 구성해야 하죠. 한 국민의 이념별 분포가 우 10, 중도 우 40, 중도 좌 30, 좌 20이라면, 이에 비례해서 4개 이념을 대표하는 정당 소속 의원들로 의회가 구성되어야 합니다. 이와 같이 국민의 구성 비율을 잘 반한 의회가 '민주 대표성'이 높다고 할 수 있습니다. 이 정치학자는 의회의 대표성을 높이기 위해서는 어떤 '선거제도'를 채택하는지가 가장 중요하다고 주장합니다. • 교사는 정치학자의 주장을 검증해 보는 수업을 안내한다. • 교사는 학생들과 문답을 통해 선거제도와 의회의 민주적 대표성의 관계에 대한 가설을 설정한다. 소선거구 단순다수제 의회의 민주적 대표성이(높 / 낮)을 것이다. 정당명부식 비례대표제는 의회의 민주적 대표성이(높 / 낮)을 것이다.	• PPT • 판서	

선거제도와 의회의 민주적 대표성 관련 자료 (단위 : %)

국가	구분	성		소득			이념			
		남성	여성	고 소득	중간 소득	저 소득	우	중도 우	중도 좌	좌
X국	국민	50	50	10	50	40	10	40	30	20
	의원	80	20	40	60	0	20	30	40	10
Y국	국민	50	50	10	50	40	10	40	30	20
	의원	50	50	10	50	40	10	40	30	20

| 전개 ② | 자료 수집 | • 교사는 선거제도와 의회의 민주적 대표성과 관련된 자료를 제시한다.
• 모둠별로 제시된 자료를 토대로 자료인출도표를 완성한다. | 학습지 | |

⊙ 〈선거제도와 의회의 민주적 대표성 관련 자료〉 (단위 : %)

선거 제도	국가	구분	성			소득		이념			
			남성	여성	고 소득	중간 소득	저 소득	우	중도 우	중도 좌	좌
소선거구 단순 다수제	A국	국민	45	55	10	30	60	20	30	30	20
		의원	90	10	60	20	20	0	55	45	0
	B국	국민	50	50	5	45	50	20	30	30	20
		의원	70	30	70	30	0	5	45	50	0
정당 명부식 비례 대표제	C국	국민	50	50	10	40	50	20	30	30	20
		의원	50	50	10	45	45	20	30	30	20
	D국	국민	45	55	5	50	45	15	35	35	15
		의원	45	55	5	55	40	15	35	35	15

*의원의 경우 소속정당의 이념을 나타내며, 모든 사례에서 각 이념을 표하는 정당은 1개만 존재함.

| | 자료 분석 | • 모둠별로 자료인출도표를 분석한다.

( )국의 선거제도는(소선거구 단순다수제 / 정당명부식 비례대표제) 이고, 의회의 민주적 대표성은(높다 / 낮다). | 모둠별로 분석과정을 지도한다. | |
| | 가설 검증 및 일반화 | • 모둠별로 자료 분석을 바탕으로 가설을 검증하고 결론을 도출한다.

소선거구 단순다수제 의회의 민주적 대표성이(높다 / 낮다).
정당명부식 비례대표제는 의회의 민주적 대표성이(높다 / 낮다).

• 모둠별로 선거제도와 의회의 민주적 정당성의 관계가 결론과 같이 도출된 이유에 대해서 생각해 보고 발표한다.
• 교사는 모둠별 결론과 그 근거에 대한 적절성을 평가한다. | | |

04 기능학습 [109]

Ⅰ 기능의 개념과 종류

01 기능의 의미와 가치

기능은 어떤 목표를 가지고 과제를 성취하기 위하여 지식이나 경험을 이용하여 사용할 수 있는 정신적 능력이다. 지식과 행동, 지식과 문제 해결이 별개로 존재하여 교육의 효율성이 비판받고 있는 상황에서 지식을 실제로 활용할 수 있는 기능이 강조되고 있다. 사회과 연구자들은 다양한 기능 목표를 제시하고 있다. 여기에서는 중요한 기능을 중심으로 간단하게 살펴보고자 한다.

02 기능의 종류

1. 기초기능

기능의 대표적인 종류로는 읽기, 쓰기, 도표 및 그림의 해석과 작성능력, 집단기능 들이 있다. 특히 최근 사회과에서 강조되는 기초기능들이다. 글 속에서 행간의 의미를 읽고, 실질적 의미를 파악하는 것은 매우 중요한 일이다. 이것은 쓰기와 관련된 기능 역시 자신을 표현하고 인격적인 성숙을 위해 중요한 기능이다. 이 쓰기 기능은 읽기 기능과 매우 밀접한 관련성이 있다. 표의 해석에서는 특히 통계를 분석하는 기능이 어느 때보다 중요한 시점이다. 집단기능은 잠시 뒤에 논의해 보도록 하고, 이 기초기능들에 대한 이야기는 다음 개정판에 체계적으로 정리해 보도록 하겠다.

2. 사회참여 및 고차사고력 기능

최근에는 민주주의의 발전, 제4차 산업혁명 등과 같은 급변하는 사회 변동 측면에서 사회참여와 고차사고력이 강조되고 있다. 사회참여가 강조되는 이유는 민주주의의 지속적인 발전을 위해서이다. 고차사고력의 경우에는 현대사회의 빠른 변동으로 인한 복잡성과 불확실성으로 인하여 강조되고 있다. 이 장에서는 사회참여학습과 고차사고력 학습을 중심으로 살펴보도록 한다.

---

109) 차경수・모경환, 2006:232-296 참조

3. 갈등해결 기능

최근에 강조되는 것 중의 하나가 '학교폭력' 문제에 대한 대응차원에서 갈등해결 기능이 강조되고 있다. 이지혜(2014)는 '또래조정'을 통한 해결절차를 통해 학생들 사이에 갈등을 해결하고 학교폭력을 예방하기 위한 갈등 해결 기능을 강조하고 있다.[110] 그에 따르면 갈등해결기능의 종류로 갈등인식기능, 의사소통기능, 쟁점규명기능, 대안모색기능, 실행·평가기능을 제시하였다.

Ⅱ 사회참여학습

01 의미 및 특징

1. 의미

사회참여란 개인이나 집단이 공적인 생활에 참여하여 문제를 해결할 수 있는 능력을 말한다. 주권자인 민주 시민으로서 사회문제 해결을 위해 필요한 기능과 태도를 모두 포함하는 개념이다.

2. 집단 기능과의 관계

(1) 차경수·모경환(2017:228)

차경수·모경환(2017)에 따르면 사회참여기능은 주권자인 시민 개인이 사회문제해결에 효과적으로 참여하는 데 필요한 사회적 기능을 의미한다고 하고 있다. 또한 사회참여기능이 개인과 집단의 관계를 원활하게 하면서 집단이 합리적으로 목적을 달성할 수 있도록 하는 기능을 의미하기 때문에 집단에 관한 기능 또는 집단 기능으로도 볼 수 있다고 서술하고 있다. 이런 서술만 보면 집단 기능과 사회참여기능은 동치되는 의미로 사용되고 있다. 그렇다면 이 의미를 뱅크스가 제시하고 있는 '집단기능'과 같은 의미일까? 같은 의미라고 한다면 뱅크스는 왜 시민행동의 하위 범주에 사회참여를 두고, 기능에 집단 기능을 따로 두고 있는지 궁금해진다. 그런데 그 다음 서술을 보면 동치적 의미로 사용하지 않고 있음을 알 수 있다. 우선 차경수·모경환(2017)은 인간의 집단생활과 갈등의 불가피성을 말하고, 그 다음 단락에서는 집단의 활동들에 필요한 기능들이 모두 사회참여기능에 속한다고 밝히고 있다.[111] 결론적으로 뱅크스의 분류와 큰 차이가 없는 결론이 되었다.

---

110) 이지혜, 또래조정의 사회과 시민교육 효과 연구, 서울대학교 박사 학위논문, 2014.
111) 차경수·모경환, 2017:239.

⑵ 뱅크스의 목표와 관련된 배경

모경환(2021, 238)은 "사회참여기능은 개인과 집단의 관계를 원활하게 하면서 집단이 합리적으로 목적을 달성할 수 있도록 하는 기능을 의미하기 때문에 집단에 관한 기능 또는 집단 기능으로도 볼 수 있다"라고 서술하고 있다. 일단 뱅크스의 주장을 전제로 해석한다면, 미국은 정치학 및 사회학에 따르면 '이익집단 중심의 사회이면서 이익집단이 정치의 주체'로 분석되는 나라이다. 사회를 정치와 사회로 분리하는 것이 아니라 정치, 시장, 시민사회로 분리되는 것을 전제로 할 경우 위 서술은 다시 고려할 필요가 있다. 집단기능은 이익단체와 시민단체를 모두 포괄하는 경우로 볼 수 있다. 그렇다면 집단 기능은 집단 그 자체의 생활과 관련되는 것으로 그 목적이 공적인지, 사적인지 여부와는 관련이 없다고 보아야 할 것이다. 하지만 시민 행동이라는 범주에 뱅크스가 위치시켜 놓은 것을 감안한다면 사회참여는 공적인 활동이다. 이 부분은 모경환(2023) 저에서도 인정하는 부분이다. 따라서 집단기능과 사회참여는 연관성은 있지만 같은 의미로 해석하는 것은 무리가 있어 보인다. 시민행동은 공적이고 정치적인 참여를 전제로 한다면 정치와 사회라는 이분법의 논리보다는 정치, 시장, 시민사회라는 3분법을 전제로 해석하는 것이 적절할 것이다. 따라서 시민행동을 전제로 한 사회참여와 집단기능은 구분하는 것이 적절할 것으로 보인다.

02 주요 내용[112]

사회참여의 주요 내용으로는 공공문제에 대해 숙고하기, 공공 정책 결정을 실행하기, 공공정책 결정에 영향력 행사하기, 공공 및 사적 이익을 위해 상호작용하기, 공공문제와 사건을 감시하기, 공적생활을 개선하기 위해 활동하기 등이 있다.

03 주요 학습방법[113]

사례연구방법, 공동체 문제 해결, 이슈와 핵심 개념을 연결하기, 신중한 토의, 모의재판, 세미나식 토의, 모의청문회, 대법원 및 헌법재판소 판결 찾아보기 등이 있다.

---

112) 차경수·모경환, 2017:230.
113) 차경수·모경환, 2017:230.

04 사회참여학습 사례

다음 사례는 일종의 정치적 의사결정을 사회참여 수업으로 구성하고 있다.

⊙ 사회참여 수업을 위한 활동 계획서

단계	구체적 활동	기간
원인 탐색	우리 학교 학생 300명을 대상으로 쓰기 분리수거에 관한 인식을 설문조사하기	2일
실천 활동	'분리수거를 잘 하는 방법'을 학생들에게 홍보하기	2일
결과 발표	실천 활동의 결과를 PPT로 작성하여 발표하기	1일

Ⅲ 고차사고력 학습

01 고차사고력의 의미

고차사고력은 '사회과 목표'에서도 이미 살펴본 바 있다. 주로 이 논의에서 다루어지는 내용들은 고차사고력 대표 연구자인 뉴먼에 따른 것이다. 고차사고력은 새로운 상황에 직면하였을 때 단순한 암기나 과거에 자기가 행동하던 방법을 넘어서 사용되는 도전적이고 확장적인 사고능력으로 탐구능력, 의사결정능력, 창의적 사고능력, 비판적 사고능력, 메타인지 등을 포함하는 종합적인 사고능력을 의미한다고 할 수 있다. 현재 고차사고력은 사회과 목표의 시민성 원리의 중요한 내용으로 민주 시민의 중요한 자질로 강조되고 있다.

02 고차사고력의 특징[114]

고차사고력은 문제해결을 위해 맥락과 상황에 따라 현재 가지고 있는 지식들에 대해 반성하며 그 타당성을 따져 새로운 기준과 새로운 내용으로 문제 해결에 적합한 방안을 제시하는 복잡하며 역동적인 정신적 과정을 거친다. 이런 과정에서 특징을 정리해 보면 비정형성, 복잡성, 모순적 결합, 맥락 적합성, 반성적 수정, 자율성과 자기 통제성 등 아주 다양한 특징이 나타난다. 레스닉과 리프만(Resnick & Lippman)은 고차사고력의 특징에 대해 체계적으로 정리하였다.

---

114) 이광성, 1997:18-19.

03 고차사고력의 유형 및 교수방법[115]

1. 탐구력(문제해결력)

(1) 의미 및 특징

탐구력은 지식을 그대로 받아들이지 않고, 문제가 무엇인지 확인하고 스스로 그 문제해결을 위한 가설을 설정하고 자료를 수집하고 분석하여 해결책을 찾는 사고력을 의미하는 것으로 일반적으로 과학적 탐구력을 의미한다. 이런 탐구력은 논리성이나 과학성을 중시한다.

(2) 향상전략 : 탐구수업모형, 문제해결학습모형

2. 창조적 사고력

(1) 의미 및 특징

창조적 사고력은 어떤 문제에 부딪히거나 자기가 경험하지 않은 새로운 상황에 직면하였을 때 과거와는 다른 새로운 방법으로 문제를 해결하거나 상황을 변화시키려고 하는 지적 작용이다. 그 특징은 새로운 것과 독창성이다.

(2) 향상전략 : 브레인스토밍

우선 자유로운 탐구 분위기를 조성해야 한다. 이런 학습 분위기를 전제로 토의 학습이 강조된다. 토의학습 중 대표적인 것이 브레인스토밍이다. 오스본(Osborne)이 만든 브레인스토밍은 아이디어 생산과 아이디어 평가를 분리하는 방법으로 자유분방하게 사고할 수 있는 분위기에서 스스로 아이디어를 만들거나 다른 사람이 만든 아이디어로부터 새로운 아이디어를 만들어내는 기법이다. 이 방법은 문제에 대한 가능한 많은 해법들을 도출하는 것으로 제한된 아이디어에 대한 비판 없이 열린 마음 혹은 자유로운 사고를 사용할 것을 강조한다.

3. 비판적 사고력

(1) 의미 및 특징

비판적 사고력은 어떤 사물, 상황, 지식 등의 순수성이나 정확성 여부, 어떤 지식이 허위인가 진실인가 등을 평가하는 이성적 판단을 의미하는 정신능력이다. 비판적 사고는 단순히 단점을 지적하거나 비난을 가하는 것이 아니라 완전성과 진리를 추구하고자 하는 것이다.

---

115) 차경수·모경환, 2017:247-265 참조

⑵ **향상전략** : 토론수업, 논쟁문제 수업모형, 의사결정 학습모형, 수행평가 등

논쟁문제 수업모형이나 의사결정 학습모형에 대해서는 후술하도록 하겠다. 서술형 평가에 대해서 간단히 살펴보자.

사회과 서술형 평가

학년 반 번 이름

금정산 터널 공사에 대한 여러 입장에서 근거로 제시한 내용의 타당성에 대하여 자신의 견해를 밝히시오.

---

4. 의사결정력

⑴ 의미 및 특징

의사결정력은 선택 가능한 여러 대안 중에서 각자가 추구하는 바람직한 목표에 적합하도록 어느 하나를 합리적으로 선택하는 능력을 의미한다. 의사결정은 과학적 탐구와 가치탐구의 과정을 거쳐 합리적으로 결정하는 사고과정을 의미한다. 즉 의사결정은 결정을 위한 충분한 정보의 획득 → 바람직한 가치탐구 → 대안 모색 → 대안 검토 및 결과 예측 → 대안 결정과 같은 과정을 통해 이루어진다.

⑵ **향상전략** : 의사결정 학습모형, 수행평가 등

서술형 평가

학년 반 번 이름

4대강 사업으로 인한 문제점에 대하여 자신이 생각하는 바람직한 해결 방안과 그 근거를 제시하시오.

---

5. 메타인지

⑴ 의미 및 특징

메타인지는 어떤 과제를 수행함에 있어 자신의 현재 상황을 진단하여 계획을 세우고, 계획에 따라 실천하는 과정에서 자신의 행동과 사고를 점검하고 수정해 나가면서 과제를 완수할 수 있는 능력을 말한다. 메타인지의 핵심은 자신의 사고에 대한 반성적 사고를 할 수 있는 능력에 있다. 이런 메타인지는 메타인지적 지식(자신의 사고과정에 대한 지식)과 메타인지적 자기조정(사고과정에 대한 반성적 통제과정)을 주요 내용으로 한다.

⑵ **향상전략**

① 의사결정의 기회 제공

㉠ 의사결정의 기회 제공

학생들이 스스로 어떤 문제에 대해 의사결정을 할 수 있는 기회를 많이 제공한다. 이 기회는 학생
들이 의사결정을 내릴 수 있는 계획과 그 계획 실천과정에서 자신의 사고 과정과 그 결과로 생긴
행동을 검토함으로써 이루어지는 의사결정 경험이어야 한다.

㉡ 계획의 수립과 실천 : 계획 → 실천 → 사고의 과정과 행동 검토 → 수정 → 실천

메타인지의 향상전략의 핵심 내용은 하나는 계획을 세우는 것이고, 다른 하나는 사고의 과정과
그 결과로 생긴 행동을 검토하는 일이다. 예컨대 학습이 시작되기 전, 중간, 그리고 끝난 후 등
여러 차례에 걸쳐 기회 있을 때마다 학습의 계획, 실시의 상황, 계획과 실시의 차이 여부 등을 점
검함으로써 학생들의 메타인지적 능력을 길러 준다.

② 반성적 기회

스스로 자신의 사고와 행동을 점검하기 위해 자신의 질문이 익숙해지도록 한다.

③ 교사의 평가 및 모델링

학생들의 사고와 그에 따른 행동에 대해 평가하고 격려하며, 때로는 학생들에게 모범적인 모델링을
제시하기도 한다.

⑶ **사례**

① 반성적 기회 제공, 평가 및 격려 《2014 기출

> **교사** : 계획서를 작성하느라고 수고하였어요. 활동의 절차와 방법을 반성적으로 검토해 보면 더 나은 계획서를 작성할
> 수 있어요.
> **학생** : 음……. 처음엔 선생님께서 가르쳐 주셨던 고차사고력의 유형인 탐구력, 비판적 사고력, 창의적 사고력, 문제해
> 결력, 의사결정력을 활용하여 훌륭한 계획서를 작성하였다고 생각하였어요. 그런데 다시 보니, 오류가 좀 보이네
> 요. 처음에는 설문조사 형식과 일정에 문제가 없다고 생각하였어요. 그런데 시험을 앞두고 있어서, 불성실한 응
> 답이 많이 나올 수 있겠네요. 300명을 대상으로 한 설문조사를 2일 만에 하는 것도 무리가 있을 것 같아서 100
> 명으로 줄이는 것이 더 좋을 것 같아요.
> **교사** : 그렇군요. 그 밖에 또 수정할 부분은 없을까요? 자신의 입장에서 한발 물러나 계획을 수립할 때 혹시 놓친 부분
> 이 없는지 생각해 보세요.
> **학생** : 음……. 학생들의 분리수거 인식에 문제가 있다고 생각해서 이를 설문조사로 물어보려 하였는데, 주제에 맞추어
> 다시 생각해 보니, 분리수거와 관련된 시설 여건이나 학생들의 행동에도 문제가 있을 것 같네요. 계획서를 새롭
> 게 작성해야겠네요.
> **교사** : 좋은 생각이에요. 그렇게 해 보세요.
> **학생** : 선생님, 그런데 왜 힘들게 계획서를 다시 검토해 보고 수정하라고 하신 거죠?
> **교사** : 그건 지금까지 학습하지 않았던 고차사고력의 하나인 메타인지를 기를 수 있기 때문이에요.

② 의사결정의 경험 기회 제공

    ⊙ 탐구과제를 지난 시간의 학습내용과 관련지어 해결하기

    ○ 자신이 해결 가능한 탐구과제의 수준 점검하기

    © 탐구과제 해결을 위하여 자신이 앞으로 어떤 노력을 기울여야 할지 생각하기

    ② 학습지를 제출하기 이전에 탐구과제의 수행 결과를 검토하기

04 고차사고력과 질문법[116]

1. 질문의 의의

(1) 질문의 의미

질문이란 수업의 목적을 달성하기 위하여 하는 학습활동의 하나로 교사의 질문과 학생의 답변으로 구성되는 수업기법을 말한다. 학생들의 사고력 증진과 관련해서는 낮은 수준의 질문에서 높은 수준의 질문으로 하는 것이 바람직할 것이다.

(2) 질문의 목적

    ① 주의 집중

    ② 전시 학습 확인

    ③ 학습동기 유발

    ④ 수업 전개를 위한 발문

    ⑤ 사고력 자극을 위한 발문

    ⑥ 감정 자극을 위한 발문

2. 질문의 유형과 전략

(1) 질문의 유형

    ① 고급 질문법: 개방적·확산적
    정답이 정해져 있지 않은 질문, 특정 지을 수 없는 해결책이나 결론에 관한 질문, 평가와 관련된 질문 등을 말한다.

    ② 저급 질문법: 폐쇄적·수렴적
    정답이 정해져 있는 질문, 암기나 회상, 이해 정도로 충분히 답할 수 있는 질문 등을 말한다.

    ③ 고급사고력 함양을 위한 질문형태: 인지적 목표와 직접적으로 연결

---

116) 차경수·모경환(2017), 사회과 교육론, p.266~276 참조

(2) **타바 모형**: 제1단계와 제2단계 둘로 나누어서 각각 구성

타바는 개념 발견 및 일반화 발견의 과정과 관련되는 발문을 단계적으로 제시하였다.

① 제1단계 질문: 회상, 열거, 분류, 개념화 등의 인지적 활동과 관련

    ㉠ 시작질문(열거하는 질문): 학생들의 주의를 집중하거나 기억을 불러오는 질문이다.

    ㉡ 분류하거나 묻는 질문: 학생들이 가지고 있는 기준을 가지고 유사성과 차이성을 발견하게 하는 질문

    ㉢ 이름 붙이기 또는 개념화하는 질문: 몇 가지 사건이나 상황을 제시하고, 이들의 공통성을 찾아서 이름을 붙여 보라는 질문

② 제2단계 질문: 학습한 사회과학적 내용의 자료를 요약하고, 결론과 일반화를 도출해 내기 위한 질문 (인지적 활동과 관계)

    ㉠ 시작질문: 정보의 회상, 토론에 적극적으로 참여하게 하기 위한 기능을 하는 질문

    ㉡ 해석하는 질문: 자료를 비교하거나 해석, 자료 사이의 관계를 서술하게 하는 질문

    ㉢ 결론을 내게 하는 질문: 결론과 일반화 등을 내게 하기 위한 기능을 하는 질문

(3) **블룸 모형**

① 인지적 목표 단계

    ㉠ 지식에 관한 질문: 과거에 학습한 것을 회상하거나 그대로 재생하는 것을 의미

    ㉡ 이해에 관한 질문: 어떤 상황을 자기의 생각이나 용어로서 서술할 수 있는 것 또는 어떤 상황의 의미를 알았다는 것을 의미

    ㉢ 응용에 관한 질문: 과거에 학습한 경험, 생각, 원리 등을 새로운 상황에 사용하는 것을 의미

    ㉣ 분석에 관한 질문: 기준을 정하고, 그 기준에 의해서 전체와 전체를 구성하고 있는 부분과의 관계를 확인하고 찾아내어 형식적으로 서술하는 것 ⇨ 연역적·귀납적 사고력 필요

    ㉤ 종합에 관한 질문: 여러 가지 원천의 자료에서 부분적인 요소를 도출하여 이들을 묶어서 구조화하거나 과거에 없었던 의미 있는 새로운 전체로 만들어 내는 것 ⇨ 창조적 사고력

    ㉥ 평가에 관한 질문: 어떤 기준에 따라서 자신의 생각, 사물, 상황, 자료, 방법 등에 관해서 좋다든지, 나쁘다든지 또는 바람직하다든지 등의 가치판단을 하는 것

분류	사용 용어	질문 수준
지식	정의하라, 말하라, 서술하라…	저차
이해,(번역, 해석)	비교하라, 구분하라, 추측하라, 추리하라…	
적용(응용)	응용하라, 구성하라, 만들어라…	고차
분석	분석하라, 분류하라, 찾아내라, 비교하라…	
종합	창조한다, 해결책을 제시한다, 발전시킨다…	
평가	선택하다, 평가하다, 결정하다…	

② 사례: (가)와 (나)의 각 문항과 관련된 인지적 목표는? 《2005 기출 변형

〈서술형 평가〉

• A의 주장: 회복이 어려운 환자 본인이나 그 가족들이 원할 경우에는 안락사를 허용해 주어야 합니다.
• B의 주장: 안락사를 법적으로 허용해서는 안 됩니다. 회복을 기대하기 힘들다고 사람의 생명을 포기할 수는 없습니다.

(가) A와 B의 주장이 합리적인지에 대하여 자신의 판단을 제시해 보자.

(나) A와 B의 주장이 담고 있는 가치들을 찾아내고, 그 차이점을 구별해 보자.

⑷ **길포드 모형**: 기억, 발견, 수렴적 사고와 확산적 사고, 평가

① 길포드(J. P. Guilford)의 사고 유형: 기억, 관계 또는 유형의 발견, 수렴적 사고, 확산적 사고, 평가

② 다음 서술형 평가에서 ㉠과 ㉡에 해당하는 사고유형

인터넷을 통하여 개인의 공적인 정보는 물론이고 사적인 정보까지도 집적될 수 있으며, 이렇게 모인 대량의 정보가 순식간에 송신될 수 있는 상황에서 개인 정보가 고가로 거래되기도 한다. 상품의 마케팅에 이용되는가 하면 선거에서는 후보자들의 홍보 수단이 되기도 한다. 더욱 심각한 것은 개인 정보가 범죄에 악용되기도 한다는 것이다.

㉠ 위의 제시문에 나타난 문제를 해결할 수 있는 방안을 서술하시오.

㉡ 옆의 친구가 제시한 ㉠의 답을 읽어 보고 그 타당성에 대한 견해를 서술하시오.

⑸ **터프 모형**

자기 옹호 또는 자기 유지, 다른 사람에 대한 지시, 보고, 논리적 추리, 예측, 다른 사람의 입장에서 추측하기, 상상

3. 저차인지질문과 고차인지질문(차경수)

⑴ 저차인지질문

① 블룸 모형의 지식과 이해

② 타바 모형의 시작하는 질문이나 열거하는 질문

③ 길포드 모형에서의 기억

④ 터프 모형에서의 자기 유지를 위한 질문

⑵ 고차인지질문

① 블룸 모형의 응용, 분석, 종합, 평가

② 타바 모형의 개념화와 결론

③ 길포드 모형의 발견과 평가

④ 터프 모형에서의 논리적 추리와 예측

4. 발문 유형의 시사점

발문 유형이 제시하는 시사점은 고차사고력 함양을 위해 발문의 단계적 전략이 필요하다는 것을 보여준다. 즉, 사고의 수준을 고려한 전략을 만드는 데 유용한 참고 자료가 된다. 더불어 발문의 형태도 포함시킬 필요가 있다. 발문의 형태적인 측면에서 본다면 ○, × 발문 또는 단답식 발문 ⇒ 선택형 발문 ⇒ 생각을 물어보는 발문의 전개 순서를 생각해 볼 수 있다. 이런 형태적 고려는 사고의 위계 차이 발생과는 관계 없이 발문을 유용하게 활용할 수 있는 방안을 제공해 준다는 것이다.

I 가치교육 개관

01 가치관의 의미와 가치교육의 필요성

1. 가치관의 의미 및 기능[117]

(1) 가치관의 의미 : 심리적 정향, 신념, 평가기준, 정의적 영역

가치관이란 각 개인이 사회의 각 영역의 제도와 규범을 포함한 문화, 사상 및 이념 등에 대해 가지는 지속적인 심리적 정향을 말하는 것으로, 이 정향에는 중요성에 대한 의미 부여 및 평가 기준 등과 인지·정의·행동의지와 관련된 것들이 포함되어 있다. 가치관은 사회과 교육에서 가치 및 태도의 목표 영역에 속한다.

(2) 가치관의 기능 : 선택의 원천, 방향 제공

가치관은 인간 행동의 선호에 영향을 미치며, 선택의 근거가 된다. 따라서 가치관은 인간의 행동과 선택의 원천임과 동시에 방향을 제공하는 기능을 한다.

2. 가치교육의 의미 및 필요성

(1) 사회과 교육의 내용으로서 가치교육

사회과 교육은 시민적 자질을 목표로 내세우고 있다. 사회과 교육의 목표 영역 중의 하나가 가치·태도이다. 사회과 교육은 사회과학적 지식만을 가르치는 것이 아니라 바람직한 민주 시민을 양성하기 위하여 사회생활에 필요한 기초적인 지식과 기능, 시민으로서의 바람직한 가치관 확립, 합리적인 의사결정력 함양 등을 목적과 내용으로 하는 시민교육이다. 따라서 가치교육은 사회과 교육의 목표인 가치 및 태도를 함양하기 위한 주요 방법이라고 할 수 있다.

(2) 가치교육의 의미

가치교육은 학생들이 여러 가지 가치 중에서 바람직한 가치를 선택하여 내면화함으로써 일상에서 가치 갈등을 반복적으로 해결하는 행위를 할 수 있도록 하는 것을 말한다. 즉 학생들이 스스로 바람직한 가치를 인격 속에 내면화하도록 지도하는 것이 가치교육이다.

---

117) 차경수·모경환, 2008:309-332 참조

(3) **가치교육의 필요성** : 가치의 혼란과 갈등 ⇨ 가치갈등을 해결할 수 있는 자질 필요

① 가치갈등문제의 상시화

가치 · 태도는 인간의 정신적 영역에 속하는 것으로 과연 교육적 대상이 될 수 있는지에 대한 문제가 먼저 제기된다. 자유주의가 심화되면서 정치공동체의 가치는 균열이 생겼고, 개인 스스로도 급변하는 사회변동의 상황에서 가치갈등의 상황에 직면하고 있다. 현대 사회는 민주주의의 발전, 가치의 다원성, 급격한 사회의 변화 등으로 인한 가치갈등의 현실에 직면하고 있다. 사회변동이 심한 상황에서 가치관의 갈등은 중요한 사회문제를 초래하고 있다. 예컨대 보수와 진보, 균형론과 갈등론, 중앙과 지역 간 갈등, 세대 간 갈등, 아노미 현상 등이다. 또한 경제적 성장과 함께 환경문제 등과 인류 생존의 위협 문제에 놓여있기도 하다. 이외에도 현대사회의 비인간화 현상이 심화되고, 청소년 문제가 사회문제화 되고 있는 현실이다. 이런 현대사회의 현실적 문제를 해결하기 위해서는 바람직한 가치를 근거로 가치갈등을 해결하고, 합리적 의사결정을 내려야 한다. 예컨대 물질적 가치만을 중시하고 탈물질적 가치를 중시할 때 비인간화 현상은 심화되어 개인과 정치공동체 전체를 파멸로 인도할 수 있기 때문이다. 이처럼 가치는 개인이나 정치공동체의 의사결정과 삶에 영향을 미친다.

② 가치갈등을 해결할 수 있는 시민적 자질 요구

가치의 혼란과 갈등을 해결할 수 있는 능력은 민주 시민에게 요구되는 중요한 자질이다. 이런 점에서 바람직한 가치를 학생들이 가질 수 있도록 하는 것은 사회과의 중요한 과제이다. 현대사회의 개방화 및 다양성, 급속한 변동에 따른 의사결정능력의 필요성, 가치갈등의 심각화 등으로 인한 가치문제를 해결할 수 있는 가치교육이 필요하기 때문이다.

(4) **가치교육의 어려움**

이와 같은 가치교육의 요구에도 불구하고, 가치교육을 실천하는 것은 쉽지 않다. 가치교육을 실천하는 것이 어려운 이유는 다음과 같다.

① 조작 및 구현의 어려움

가치관은 인간의 정신적인 심리적인 것이기 때문에 구체화시켜 일정한 방향으로 조작하기 어렵기 때문에 가치교육을 어떤 방향으로 할 것인지를 정하기 어렵다.

② 평가의 어려움

가치교육은 교수-학습, 평가를 실시하기 어렵다. 지식의 문제는 대개 참과 거짓인지를 밝혀 해결할 수 있고, 학생들이 지식의 진위를 구별할 수 있는지를 쉽게 평가할 수 있다. 하지만 가치문제는 진위의 문제가 아니라 믿음이자 선택의 문제이기 때문이다.

③ 강요할 수 없다는 점

개인이 어떤 가치관을 가질 것인지를 강요할 수 없다는 점과 교육적으로 바람직한 가치관을 형성해야 한다는 모순을 가치교육이 지니고 있기 때문이다. 가치교육은 경험적 자료를 통해 가치관은 개인 스스로 형성하는 것이 바람직하다는 점에서 가치와 관련된 교수-학습, 평가를 실시하기 어렵다.

02 가치교육의 구조

1. 가치교육의 목표

학생 스스로 바람직한 가치를 내면화하여 바람직한 가치를 선택하여 가치갈등을 해결할 수 있는 능력 함양을 목표로 한다고 볼 수 있다.

2. 가치교육의 내용

사회의 기본 가치 및 태도, 헌법 정신을 포함한 각종 규범, 사상 및 이데올로기뿐만 아니라 매우 다양한 상위가치부터 하위가치까지가 그 내용이 될 수 있다.

3. 가치교육의 방법

가치교육의 방법은 시민성 전달모형의 가치주입모형부터 등장하였다. 이 모형에 대한 반발로 가치탐구에 속하는 것들이 등장하였는데, 개인적 가치갈등에 초점을 둔 가치명료화 모형과, 사회적 가치갈등에 초점을 두고 보편적·객관적 가치를 전제로 한 법리모형이나 도덕성 추론모형 또는 이런 가치를 전제로 하지 않는 가치분석모형이 있었다.

03 가치교육모형의 전개[118]

1. 가치교육의 배제: 실증주의자들의 주장

(1) 가치의 문제는 교육의 대상이 아님

가치나 가치관은 개인의 정신적이거나 심리적인 선택의 결과이다. 그래서 가치와 관련해서 참과 거짓의 문제가 발생할 수 없다. 참과 거짓은 사실 판단의 결과이지 가치판단의 결과가 아니기 때문이다. 이런 이유로 실증주의자들은 가치교육의 배제를 주장한다. 가치의 문제는 순수하게 개인적인 것이기 때문에 교육의 대상이 아니며, 개인이나 가정에게 맡겨져야 한다는 것이 실증주의자들의 주장이다.

(2) 실증주의자들 주장의 시사점: 가치교육은 지식교육과 다른 차원의 것, 개인적 차원의 것

이들의 주장은 가치교육이 지식교육과 다른 방식으로 이루어져야 한다는 점, 개인이 스스로 가치를 선택할 수 있어야 한다는 점 등의 시사점을 제공하고 있다.

---

118) 차경수·모경환, 2008:313-329 참조

⑶ **가치교육을 부정하기 어려움** : 공유된 가치관, 바람직한 가치

이런 시사점에도 불구하고 국가적 요구나 사회적 인식을 감안할 때 실증주의자들의 주장을 받아들이기는 어렵다. 정치공동체가 유지되기 위해서는 시민들 사이에 공유하는 바람직한 가치관이 필요하기 때문이다. 또한 일반적으로 학교가 학생들의 바람직한 가치관 함양을 위해 노력해야 한다는 것이 사회적 인식이기 때문이다.

2. 가치교육의 전개

⑴ **언어적 교훈주의방법**(가치주입모형) : 사회의 기본 가치 및 태도 강조, 주입 강조

이런 가치교육의 필요성 차원에서 처음 등장한 것이 '언어적 교훈주의방법'(가치주입모형)이다. 이 방법은 공동체의 가치(사회의 기본가치 및 태도)를 전수하는 것을 중시하였다. 이 가치교육방법은 강의를 통해 특정 가치(사회의 기본가치)를 주입하였다. 동서양을 막론하고 가장 일반적으로 사용되어 온 방법으로 현재까지도 손쉽게 사용되는 방법이다. 하지만 이 방법은 선택의 자유를 박탈하고, 사회의 기본가치를 교사가 일방적으로 주입한다는 점에서 바람직하지 않다. 왜냐하면 가치교육은 스스로 바람직한 가치를 형성할 수 있도록 지도하는 것이 바람직하기 때문이다.

⑵ **가치탐구모형**

① 개인적 가치갈등 해결 방법으로서 가치 명료화 모형(1966년)
래스는 가치 주입에 반발하여 학생들이 스스로 가치를 명료화하는 것을 중시하는 모형을 제시하였다.

② 사회적 갈등 해결방법으로서 가치 탐구모형

㉠ 보편적 가치 내지는 객관적 가치를 전제로 한 가치탐구모형(1966년)
대표적인 모형으로는 근거확립모형 및 올리버 등의 법리모형(1966년)이다. 이들은 민주주의와 미국적 가치를 전제로 하고 가치교육적 방법을 구조화하였다.

㉡ 도덕성 추론모형(1971년)
콜버그의 도덕성 추론모형은 학생들의 발달단계에 따라 한 차원 높은 가치 경험을 해 볼 수 있는 기회를 제공하는 방법을 제시하였다.

㉢ 학생들의 가치 판단을 중시한 가치탐구모형(1974년)
뱅크스의 가치분석모형(1974년)은 보편적·객관적 가치를 전제로 하기보다는 학생들이 스스로 판단하는 과정에서 가치를 자유롭게 선택하도록 하는 방안을 제시하였다.

이상의 내용을 간략하게 정리하면 다음과 같다.

⊙ **인지적 가치교육 방법 비교**[119]

구분	목적	기본가치 전제 여부	방법
가치주입모형	공동체의 가치 전수	사회의 기본가치 및 태도	주입, 언어적 전달
가치탐구모형	개인적 가치갈등 해결	전제하지 않음	가치명료화 모형
	사회적 가치갈등 해결	전제함	법리모형, 근거확립모형
		전제하면서 학생의 도덕성 발달단계고려	도덕성 추론모형
		학생의 가치판단 중시	가치분석모형

(3) **대안적 가치교육 등장 : 1980년대**

1980년대 미국은 보수주의 경향이 강하게 나타났다. 이와 함께 콜버그의 '도덕성 추론모형'도 주목을 받았지만 새로운 것은 아니었다. 주목할 만한 가치교육의 등장은 인지적 측면이 아닌 정서와 행동을 강조하는 '배려와 감사의 윤리교육과 친사회적 행동교육'이었다.

모형		의미
인지적	가치주입모형	사회의 기본가치 전달을 중시하는 모형
	가치명료화모형	학생들 스스로 심사숙고해서 명백하게 가치를 선택하게 하는 모형
	도덕성 발달모형	학생들의 도덕성 발달단계에 따라 가치판단을 할 수 있는 판단능력을 길러주고자 하는 모형
	가치분석모형	논리성과 이유를 충분히 밝혀 가치를 명료화하여 선택하게끔 하는 모형
정의적	타인보호와 감사의 윤리, 친사회적 행동 모형	가치판단에 필요한 감정과 행동을 고려하여 타인을 보호하고 사랑하며 감사하게 생각하는 윤리를 함양함으로써 친사회적 행동을 유도하는 방법

---

119) 강대현·설규주(2014), 사회과 가치교육의 방법과 전략 – 가치교육 방법의 종합적 활용을 중심으로, 시민교육연구 제 46권 제3호, 6~8 내용 재구성 정리

Ⅱ 인지적 측면의 가치교육 방법

01 언어적 교훈주의 : 가치주입모형

1. 의미 및 특징

(1) 의미

가치주입모형은 기본적인 사회적 가치와 태도를 교사가 주로 언어적인 강의나 설교에 의해서 지도하는 방법을 말한다. 이 방법은 전 세계적으로 가장 많이 사용되어 왔고, 또 현재도 사용되고 있다. 전통적인 가치교육 접근법에서는 모범 보여주기, 설득하기, 양심에 호소하기 등의 방법을 활용하였다.

(2) 특징 : 보수주의적 경향

① 사회의 기본가치 및 태도 중시

이 모형은 바람직한 사회적 기본가치를 구별하고, 바람직한 가치를 함양하거나 그 가치에 따른 행동을 하도록 강조하고, 전통과 제도에 따르도록 요청한다는 것이 특징이다. 교육은 사회에서 전통적으로 내려오는 바람직하다고 생각되는 가치와 이들 가치들에 맞는 행동을 하는 것을 목적으로 생각하기 때문이다.

② 사회과 초기 강조 후, 1980년대 공동체주의 영향으로 다시 강조

이 모형은 사회과 초기에 많이 활용되었으나 1980년대 이후 공동체주의를 배경으로 인격교육 수단으로 다시 강조되었다. 사회적으로 인정된 가치를 교사가 주로 언어적인 강의나 설교에 의해서 지도하는 방법을 말한다.

③ 학생을 미성숙한 존재로 간주

가치주입모형은 학생은 아직 미성숙한 존재이므로 자신의 문제라 하더라도 충분히 심사숙고할 수 있는 능력이 부족하다고 전제한다. 이런 전제 때문에 '훈시적 방법(didactic method)'이 필요하며, 때로는 교훈이 감화될 수 있도록 해주어야 한다는 학습방법을 강조한다.

2. 평가

(1) 장점 : 쉽고 간단한 것으로 교사의 권위와 영향력이 높은 단계에서는 매우 효과적인 방법

① 효율적인 가치교육 가능

복잡한 학습과정 없이 교사의 주입 및 전달에 의해 진행되기 때문이다.

② 교사의 권위와 영향력이 높은 단계에서는 매우 효과적인 방법

③ 극단적인 가치상대주의 문제점 극복에 기여

(2) 단점 : 비효과적(무의미학습)이며, 고정관념이나 편견 등을 형성할 가능성이 높다.

① 무의미 학습

듣고 나면 곧 잊어버리기 쉽고, 그 결과 수업이 끝나면 실제의 행동으로 연결되기가 어렵다.

② 다원주의 사회에서의 가치혼란 및 갈등 해결 능력 함양을 위한 방법으로 부족

현대 다원주의 사회에서 학습자들이 가치갈등을 해결할 수 있는 능력을 기를 수 없다. 현실에서 가치갈등을 해결하기 위하여 어떤 가치를 선택하느냐 하는 것은 어려운 일이다.

③ 사회적 기본가치를 강조함으로써 고정관념이나 편견 등을 형성할 가능성이 높다.

02 가치명료화 접근법[120)

1. 의미 및 특징

(1) 의미

가치명료화 모형은 가치를 주입하는 방식에 반발하면서 등장하였다. 가치명료화 접근법은 학생 자신이 원하는 가치가 무엇이며 이와 관련된 대안들에는 어떤 것이 있는지를 검토하고, 그것들 사이에서 가치판단을 하도록 하는 방법이다. 자신이 진정으로 좋아하는 가치를 확인하여 선택하고, 그것에 대해 긍지를 갖고 행동하도록 돕는다. 즉, 가치명료화 접근법은 학생들이 자신의 가치가 무엇인지 명백하게 하여 자신이 선택한 가치를 소중히 여기며 가치와 일관성을 가지고 행동하는 것을 중요시하는 가치교육 방법이다. 이 모형은 개인의 자유와 가치를 존중하면서도 가치관의 확립, 가치관과 행동의 일관성 등을 지도하는 것을 특징으로 한다. 즉 선택의 단계, 선택을 소중히 여기는 단계, 행동의 단계를 통해 일관성 있는 가치관의 형성이 중요하다고 본다.

(2) 취지

① 가치 상대성을 전제로 가치 주입이 아닌 스스로 가치를 명료화하는 것

1960년대 이후 미국의 급격한 사회변동과정에서 스스로의 힘으로 가치관을 선택하고 정립하는 것이 쉽지 않았다. 가치명료화 이론은 다양한 가치가 갈등을 빚고 있는 사회적 상황에서 학생들이 자신의 불분명한 가치를 스스로 명료화하고 그 가치에 따라 살아갈 수 있도록 도와주는 데 목적을 두고 등장하였다.

② 가치에 따른 실천을 생활화·습관화하는 것

사회과 교실에서 사회현상과 관련된 가치 질문을 하는 경우 쉽게 대답을 하지 못하는 학생들이 있다. 가치명료화는 이렇게 가치가 불분명한 학생에게 자신의 가치가 무엇인지 분명하게 드러내도록 하는 것이다. 가치명료화모형은 자신의 가치를 드러내고 가치를 내면화하고 궁극적으로는 그 가치를 일상생활 속에서 실천을 통해 생활화·습관화하는 것을 목표로 한다.

(3) 특징

① 개인의 경험과 상대성 강조

가치 명료화 모형은 가치의 속성으로 개인의 경험과 상대성을 바탕으로 하며, 가치 속성의 보편성이나 절대성을 부정한다(정호범, 1997:66).[121)

---

120) Raths, Harmin & Simon, 1978.

② 개인적 차원의 가치갈등 및 혼란에 관심

　 이 모형은 가치를 학습자들이 직접 선택하고 평가해서 내재화시키는 데 주안점을 두며, 주로 개인적 갈등의 혼란에 주목한다. 즉 사회적 갈등 및 쟁점에 관심을 두지 않는다.

③ 가치화 과정은 일반적으로 선택, 존중, 행위의 과정으로 구성된다.

2. 가치명료화 모형의 수업절차

국내에 잘 알려진 가치수업모형은 래스(Rath)의 모형이다. 래스의 모형은 크게 선택 단계 – 존중 단계 – 행동 단계로 나누어 살펴볼 수 있다.

(1) 선택

선택 단계는 자유로운 상황에서 여러 대안들에 대해 심사숙고 한 후 가치를 선택하도록 한다.

(2) 존중

존중 단계는 자신이 선택한 가치를 소중하고 기쁘게 여기고, 자신이 선택한 가치를 친구들에게 기쁘게 발표하도록 한다.

(3) 행동

행동 단계는 자신이 선택한 가치에 따라 행동하고, 이 행동을 일상생활에서 반복함으로써 선택한 가치와 행동이 사람의 한 유형이 되도록 한다.

단계	과정	교수–학습활동
선택	가치갈등사태의 제시	• 예습적 과제의 검토 • 가치갈등 자료 제공 • 문제 사태 알기
	상반된 가치 개념의 명료화	• 이야기 줄거리 발표 • 상반된 가치 파악 • 학습 문제의 설정 • 가치 관련 개념의 명료화
	자유로운 선택	• 제시된 가치 자유로이 선택하기 • 선택한 이유 발표하기 • 선택한 가치 확인하기
	여러 대안으로부터의 선택 (심사숙고 후의 선택)	• 여러 측면에서 가치 파악하기(역지사지, 장단점) • 여러 측면을 고려한 후 선택하기 • 선택한 이유 발표
	결과를 고려한 후 선택	• 결과가 가져올 문제점 파악 • 결과를 예상한 후 선택하기 • 선택한 이유 발표하기

---

121) 정호범(1997), 가치명료화 모형의 듀이적 토대, 사회과 교육연구, 1997년 제4호, pp.63–91.

존중	선택한 가치의 존중	• 최종 선택 가치의 존중
		− 선택한 가치에 대한 자랑과 확신
	선택한 가치의 확언	• 가치선택의 정당성을 설득력 있게 발표하기
		− 여러 사람에게 자신이 선택한 가치를 말하기
		− 여러 사람에게 자신이 선택한 가치를 권유하기
행동	선택한 가치의 실행과 반복	• 자신의 가치 실천 계획 발표하기
		• 자신의 가치 실천 의지 발표하기

3. 평가

(1) 장점

① 비교적 가치를 쉽게 내면화할 수 있는 방법이다.

자기 스스로 출발점의 가치를 명백히 하고, 갈등해결을 통해 선택한 가치를 내면화하는 것을 돕는다. 즉 학생들이 자신이 가지고 있는 가치가 무엇인지를 명백히 하고 그것에 대해 긍지를 가짐으로써 효과적으로 가치관을 확립할 수 있다.

② 가치에 따른 선택과 행동을 가능하게 한다.

학생들이 선택한 가치에 따라 일관성을 가지고 행동함으로써 자신의 선택과 행동이 삶의 한 유형이 되도록 한다.

(2) 단점[122]

① 학생이 선택한 가치가 가치상대주의로 인한 문제를 야기할 수 있다.

학생들에게 자신들의 가치나 혹은 다른 사람의 가치에 대하여 비판적으로 평가할 기회를 충분히 제공하지 않는다.

② 학생이 사회적 가치, 객관적 가치, 보편적 가치를 존중하지 않을 수 있다.

학생들의 가치 선택이 정당한지를 판단할 수 있는 기본적 가치 또는 보편적 원칙을 제시하지 못한다는 한계를 지닌다. 물론 여러 대안들의 결과를 심사숙고하도록 강조한다. 하지만 합리적인 대안 평가를 위한 기준이 제시되지 않아 어떤 대안이 바람직한지 비교하기 어렵다.

③ 집단 간 윤리적 불일치 혹은 가치갈등을 해결할 방법을 학습할 수 없다.

사회에는 다양한 가치가 존재하고 그 중에는 갈등하는 가치가 공존하고 있으며, 학생들은 서로 상반되는 가치를 획득하기도 한다. 가치교육방법으로 가치명료화 모형은 이러한 상반되는 가치가 발생시키는 학생들의 내적 갈등과 불편을 다루는 어떤 방법도 제시하지 못하고 있다는 비판을 받고 있다(정호범, 1997). 결국은 학생 개개인의 자아 인식에 초점을 두고 있어 결과적으로 개인의 가치를 확증하는 과정에 지나지 않는다. 즉 사회적 가치에 대한 합의 도출을 고려하지 않는다.

---

122) 정호범(1999), 가치명료화 수업모형의 설정과 교수−학습활동, 진주교육대학교논문집 제41집, 1999년 12월, pp.63−85.

④ 교사의 역할이 소극적이다.

바람직한 가치를 갖도록 지도해야 하는 교사의 역할이 소극적이다. 가치상대주의를 전제로 하기 때문이다.

⑤ 학생의 자유를 침해한다.

학생들로 하여금 자신이 가지고 있는 가치를 학급에서 발표하게 하는 것은 자유로운 사상의 영역에 속하는 가치의 문제를 공표하게 함으로써 개인의 자유를 침해하는 것이라는 비판을 받고 있다. 더구나, 개인이 가치 선택을 공개적으로 확언하게 하는 것은 사생활을 공개해야 한다는 부담 때문에, 오히려 자유로운 가치화 과정을 저해할 수 있다.

4. 수업 사례 및 지도안

⑴ **학습내용**   《2009 기출

〈학생 활동지〉

주   제: 두발 길이 제한
유의점: '두발 길이 제한'과 관련된 가치 학습은 각 질문에 대한 여러분의 응답으로 대체할 것입니다. 선생님은 어떤 설명이나 학급 토의도 거치지 않을 것입니다. 따라서 충실히 생각해서 과제를 수행하기 바랍니다.

(가) '두발 길이 제한'에 대한 자신의 생각을 표시하시오.

| 매우 찬성 | 5 | 4 | 3 | 2 | 1 | 매우 반대 |

(나) 다음 질문에 대해 자신의 생각을 쓰시오.

- 여러분은 언제부터 이렇게 생각하였나요?
- 여러분은 이렇게 결정하기 전에 다양한 측면에서 생각해 보았나요?
- 이 선택의 장·단점은 무엇일까요?
- 이 선택이 여러분에게 왜 중요한가요?
- 이 선택이 만족스러운가요?
- 여러분 생각을 학급 친구들에게도 얘기할 수 있나요?
- 여러분과 같은 생각을 가지고 만들어진 모임이 있다면 가입할 건가요?
- 여러분은 자신의 선택에 따른 행동을 일관성 있게 행할 건가요?

---

(2) 학습지도안 : 45분 수업(35분 수업)

[중학교 사회② - Ⅰ. 인권과 헌법]

[9사(일사)06-02] 일상생활에서 인권이 침해되는 사례를 분석하고, 국가기관에 의한 구제 방법을 조사한다.

학습단계		교수-학습활동	자료 및 유의점	시간 (분)
문제 제기		• 교사는 '두발 자유화'와 관련된 찬·반 의견을 제시한다. 서울시교육청은 '서울 학생 두발 자유화'를 선언하고 길이, 염색, 파마 등과 관련된 모든 사항에 대해 자유화하겠다고 발표하였다. 〈찬성〉 좋은교사운동은 두발 규제는 학생의 기본권을 침해하는 것이었다고 비판하며, 두발 규제를 통해서 얻을 수 있는 학교 내 학습 분위기와 학교의 전통을 지키는 것보다 자신의 머리 모양과 색깔을 스스로 선택할 수 있는 기본적인 권리를 보장하는 것이 민주주의 사회에서 훨씬 중요한 가치라고 하였다. 〈반대〉 청와대 국민청원 게시판에 올라온 글에는 두발 자유화로 인해 학생 간 소득 격차가 드러날 것이라고 비판하였다. 이 청원인은 두발 자유화를 하면 비싼 염색, 더 비용이 많이 드는 파마 등을 하는 학생과 그렇지 못하는 학생 간의 소득 격차가 눈에 보이는 것으로 드러날 것이라고 주장하였다. 또한 외모 지상주의가 확산되고 자아정체성 확립의 기회가 줄어들 수 있다고 주장하였다.		5
전개 ①	선택	• 학생은 학습지를 통해 자신의 입장을 선택한다. 1. '두발 자유화'에 대한 자신의 생각을 표시하시오. 매우 찬성 　5　　4　　3　　2　　1　 매우 반대 2. 다음 질문에 대해 자신의 생각을 쓰시오. 2-1. 언제부터 이렇게 생각하였나요? 2-2. 자신의 결정을 다양한 측면에서 생각해 볼까요? ① 이 선택의 장·단점은 무엇일까요? 　장점　｜ 　단점　｜ ② 이 선택이 왜 중요한가요?	자유로운 분위기에서 가치를 선택할 수 있도록 지도한다.	10
	존중	• 학생은 학습지를 통해 자신의 선택을 존중한다. 3. 선택이 만족스러운가요? 4. 자신의 생각을 학급 친구들에게도 이야기할 수 있나요? • 학생은 자신이 선택한 가치와 그 이유를 다른 학생들 앞에서 발표한다.	다른 사람의 가치를 존중하는 분위기가 되도록 지도한다.	10
	행동	• 학생은 학습지를 통해 자신의 앞으로의 행동을 결정한다. 5. 같은 생각을 가지고 만들어진 모임이 있다면 가입할 건가요? 6. 자신의 선택에 따른 행동을 일관성 있게 행할 건가요? • 학생은 자신의 가치에 따라 행동하기 위해 어떤 실천을 할 것인지를 발표한다.	가치에 따라 지속적으로 행동할 수 있게 지도한다.	10

03 가치분석 접근법[123)]

1. 의미와 특징

(1) 가치분석 접근모형의 의미

가치분석 접근법은 학생 자신이 가치를 선택할 때 왜 그런 가치를 추구하는지 충분히 밝히고, 가능하다면 관련 근거로 제시하여 가치판단을 하는 방법이다. 왜 자신이 그런 가치를 선택하는가에 대한 충분한 이유에 근거하여 판단하도록 돕는다. 즉 가치분석 접근법은 개인이 어떤 가치를 선택할 때에 논리성과 이유를 충분히 밝히고 가능하다면 증거도 제시하도록 요청함으로써 가치관 형성을 도우려는 방법이다. 학습자로 하여금 논리적 추론과 같은 사고 기능을 습득하게 하고, 학습자는 하나의 가치가 형성되어 가는 과정·절차를 경험하게 한다. 학생들이 겪는 가치문제는 선악을 구분하지 못하기 때문이 아니라, 선한 가치들 중에서 어느 하나를 선택해야만 하기 때문에 발생한다. 그래서 가치분석 접근법은 학생들이 그 가치를 선택할 때 선택의 논리성과 이유를 충분히 밝혀주는 데 주안점을 두도록 한다.

(2) 가치탐구모형의 전개[124)]

① 헌트와 메트칼프(Hunt & Metcalf, 1968)의 방법
폐쇄적 영역에 대한 주제를 다루어야 한다고 주장하였던 헌트와 메트칼프의 방법도 가치분석모형에 속하는 것이다.

② 근거확립 모형 및 공공 쟁점 해결을 위한 법리모형

㉠ 의의
가치명료화는 자신이 스스로 결정하는 것에 어려움을 느끼는 사람들을 위한 것이다. 이 접근법은 우리가 직면하는 가치문제의 상당수는 개인 내부의 혼란에서 비롯되는 것으로, 자신의 가치를 명확히 하여 일관성 있게 행동하는 것만으로 충분히 해결할 수 있다고 본다. 그러나 우리가 경험하는 가치문제가 모두 개인의 자기 결정만으로 해소될 수는 없다. 특히 가치명료화는 명확하고 일관된 신념을 가지고 서로 다투는 개인이나 집단 간의 가치갈등을 해결하는 데는 한계가 있다. 그래서 가치명료화는 사회적으로 찬반이 나뉘고 사회의 다수와 관련되며, 선택 가능한 대안들 중 하나를 결정해야 하는 논쟁문제의 가치갈등을 해결하는 데 미흡하다. 올리버와 셰이버(D. Oliver & J. Shaver)에 따르면 이러한 논쟁문제에서는 개인 및 집단 간 대립되는 가치가 있을 때 법리(윤리적·법률적 원칙과 가치)를 기준으로 가치갈등을 해결한다. 하지만 가치명료화에서는 이를 제대로 다루지 않는다.

---

123) 차경수, 1997:144 참조
124) 차경수·모경환(2008)에서는 가치분석모형의 대표적인 경우로 법리모형과 뱅크스의 가치탐구모형을 제시하고 있다. 하지만 여기에서는 1990년대부터 진행된 사회과 교육연구자들의 연구 성과를 토대로 정리해 보았다. 임용시험과 관련해서는 어차피 법리모형과 뱅크스의 가치분석모형은 분리되어 출제가 된다. 따라서 차경수·모경환(2008)의 분류와 다르더라도 혼돈스러워 할 필요는 없다.

ⓛ 특징

사회과에서 가치탐구의 전통이 확립된 계기는 올리버, 셰이버, 뉴만(Oliver, Shaver & Newmann)의 법리모형에서부터이다(강대현·설규주, 2014:6)[125]. 이들은 인간의 존엄성과 미국의 민주주의적 가치를 최고의 가치로 두고 가치갈등을 해결하는 활동을 구성하였다. 근거확립모형의 경우도 민주 사회 내에서 교사의 역할과 가치의 본질에 이해하는 것을 강조하는데 역시 상위 가치를 전제로 하는 모형이다.[126] 더 자세한 내용에 대해서는 후술하는 논쟁문제 수업모형에서 살펴보도록 하겠다.

③ 콜버그의 도덕성 추론모형

콜버그의 도덕성 추론모형은 모든 문화에 있어서 도덕발달은 세 단계의 발달 과정을 거치는데, 기본적으로 자기중심적인 것에서 사회적인 것을 거쳐 세계적인 시각에 이르게 된다.[127] 이러한 발달단계 접근법의 핵심은 학생들이 각자의 수준보다 더 높은 수준의 도덕적 단계를 경험함으로써 가치갈등적 상황에 대해 더 깊이 성찰할 수 있는 기회를 제공한다는 것이다.

④ 가치분석모형

가치탐구의 모형 중 하나로서 뱅크스의 가치분석모형은 근거확립모형이나 법리모형과 마찬가지로 공공적 갈등 상황을 전제로 이성적 가치 판단을 내리는 학습과정을 제시하고 있다. 하지만 가치분석모형은 사회적 가치를 전제로 하지 않는다. 학생들이 그들의 가치의 뿌리와 다른 사람들의 가치의 뿌리를 인식하게 하고 가치들이 어떻게 충돌하는지 살펴보도록 한다. 그리고 가치들에 대한 대안을 인식하도록 하고 대안이 되는 가치의 결과를 예측한 후 그들이 인식 가능한 여러 가치들로부터 자유롭게 선택하도록 돕는다.[128]

⑶ 가치분석모형의 특징

① 논리적 추론 절차를 통해 가치 형성

이 모형은 학습자로 하여금 논리적 추론과 같은 사고 기능을 습득하게 하고, 하나의 가치가 형성되어 가는 과정·절차를 경험하게 한다.

② 정당화 절차 강조

가치 판단을 하는 과정에서 정당화 절차를 강조하는 모형이다.

③ 가치명료화 모형과 비교

가치명료화 모형은 가치를 명백하게 하는 것을 중시하는 반면에 가치분석모형은 가치의 논리성과 정당성을 충분히 변호하는 것을 중시한다.

④ 사회의 기본가치보다는 논리적으로 정당화시킨 가치를 학생들이 자유롭게 선택하게 한다.

---

125) 강대현·설규주(2014), 사회과 가치교육의 방법과 전략-가치교육 방법의 종합적 활용을 중심으로, 시민교육연구 제46권 3호, pp.1-35.
126) Hirsh et al., 1980; 이석호 외 역, 1989:58.
127) Hirsh et al., 1980; 이석호 외 역, p.137.
128) Banks et al., 1977; 최병모 외 역, 1987:439-440.

2. 가치분석 절차

가치분석 절차는 학생들이 선택한 가치의 원천을 조사하여, 가치의 원천에 대해 세운 가설을 증명할 수 있는 자료를 제시하도록 한다. 즉 대립되는 가치의 원천을 구체화하여 가치갈등을 확인하고, 갈등을 해결하기 위한 대안을 검토하며 그 결과를 예측하여 자신이 선택한 가치를 논리적으로 정당화하는 가치교육 방법이다.

⑴ 가치문제의 정의 및 인식단계(관찰-분별 단계)

가치문제의 정의 및 인식단계다(관찰-분별 단계). 가치에 관하여 지적으로 숙고하고 제기되는 문제를 해결하기 위해, 학생들은 문제의 가치 구성 요소를 인식하고, 또 가치의 정의와 사실적 문제를 변별할 수 있어야 한다.

⑵ 가치와 관련된 행동의 서술 단계(서술-분별 단계)

가치와 관련된 행동의 서술 단계다(서술-분별 단계). 이야기에 나오는 모든 행동을 요약할 필요는 없고, 토론 중인 문제의 핵심적 행동을 요약한다.

⑶ 요약 서술한 행동으로 예증된 가치들의 명명 단계(확인, 서술, 가설 수립 단계)

요약 서술한 행동으로 예증된 가치들의 명명 단계다(확인, 서술, 가설 수립 단계). 이 단계에서 학생들은 두 번째 단계에서 서술한 행동에 따라 예증된 가치들에 이름을 부여한다. 이러한 활동이 원활하게 이루어지도록 하기 위해 교사는 칠판 위의 한 항목(column)에 행동들을 나열하고 또 다른 항목에 행동과 관련된 가치들을 적어 볼 수 있다.

⑷ 서술된 행동에서 갈등이 되는 가치를 결정하기 단계(확인-분석 단계)

서술된 행동에서 갈등이 되는 가치를 결정하기 단계다(확인-분석 단계). 개인뿐만 아니라 우리 사회 안에도 많은 가치갈등이 존재한다는 것을 학생들이 깨닫도록 도와주기 위해, 교사는 특정 개인이나 상이한 사람들 간의 행동에서 예시된 상충되는 가치들에 대해 이름을 붙여 보도록 학생들에게 요구할 수 있다.

⑸ 분석된 가치의 원천(근거)에 대한 가설 수립 단계(가설 진술 단계)

분석된 가치의 원천에 대한 가설 수립 단계이다(가설 진술 단계). 이 단계에서 학생들은 세 번째 단계에서 확인한 가치의 원천에 관한 가설을 진술한다.

⑹ **관찰된 행동에 의해 예증된 대안적 가치의 명명단계**(회상 단계)

관찰된 행동에 의해 예증된 대안적 가치의 명명단계다(회상 단계). 이 단계는 학생들이 대안적 가치를 발견하는 것을 돕도록 계획되어 있다. 학생들은 우리 사회 내에 선택할 수 있는 많은 대안적 가치들이 있다는 것을 알아야만 한다.

⑺ **분석된 가치의 예상되는 결과들에 대한 가설 수립단계**(예측, 비교, 대조 단계)

분석된 가치의 예상되는 결과들에 대한 가설 수립단계다(예측, 비교, 대조 단계). 가치 탐구의 중요한 목표는 학생들로 하여금 첫째, 각각의 가치는 상이한 결과들을 초래한다는 것을 알도록, 둘째, 선택한 가치의 결과를 수용하는 것을 배우도록, 그리고 상이한 신념의 결과를 심사숙고하도록 도와주는 것이다.

⑻ **가치 선호를 선언하는 단계**(선택 단계)

가치 선호를 선언하는 단계이다(선택 단계). 학생들은 이야기, 사례 상황 속에 나오는 사람들의 행동을 서술하고, 나열된 가치들을 확인하고, 그와 같은 가치들이 어떻게 갈등을 일으키는지 확인하고, 가능한 결과들을 예측한 후, 학생들은 자신들이 선택한 가치를 공언해야 한다.

⑼ **가치 선택의 이유, 원천, 예상되는 결과의 진술**(정당화, 가설 수립, 예측 단계)

가치 선택의 이유, 원천, 예상되는 결과의 진술이다(정당화, 가설 수립, 예측 단계). 교사는 가치의 원천, 선택한 가치의 근거, 선택한 가치가 초래할 수 있는 결과 등을 학생들이 고려해 보도록, 아울러 자신들의 도덕적 선택을 평등, 정의, 인간의 존엄성 등과 같은 가치에 토대를 두고 옹호할 수 있도록 도와줄 책임이 있다.

⊙ **뱅크스의 가치 분석 단계**

4단계(9단계 요약)	9단계
문제 제기	문제 제기
가치갈등 및 가치원천 확인	가치관련행동의 서술
	행동과 관련된 가치의 확인 및 서술
	가치갈등의 확인
	가치의 원천 서술
대안의 검토와 결과 예측	대안적인 가치의 서술
	대안적인 가치의 결과에 대한 예측
가치의 선택과 행동	가치의 선택
	정당화 및 가치의 선택에 의한 행동

3. 평가

(1) 장점

① 논리적 가치를 선택하고 정당화함

가치를 분명히 하는 것에 그치지 않고 그 가치를 선택한 논리성과 이유를 밝힌다.

② 극단적인 가치 상대주의의 문제점 완화

지나친 가치상대주의에서 벗어나 개인이 선택한 가치의 정당성을 따질 수 있다.

(2) 단점

① 논리적인 가치탐구과정으로 인해 가치를 내면화하는 데 어려움

논리적으로 가치를 교육하는 방안을 통해 올바른 가치관을 형성시키거나 가치를 내면화하여 행동에 이르게 하기 어렵다.

② 학생의 자유 침해 우려 단점

가치의 공표로 인해 개인의 사생활이나 자유를 침해할 수도 있다.

③ 논리성에 치우치고 있어 인간의 사랑과 정서를 소홀히 한다.

4. 수업 사례 및 지도안

(1) **수업 사례** 《2003 기출

- **단원**: Ⅵ. 시민사회의 민주 시민
 3. 사회적 쟁점과 합리적 의사결정(차시: 2/3)
- **대상**: ○○고등학교 1학년 1반, 35명
 1. **학습목표**: 사형제도 존폐에 관한 가치갈등 문제를 합리적 절차를 적용하여 해결할 수 있다.
 2. **교수-학습방법**: 가치분석모형에 의한 소집단 학습
 3. **읽기 자료**:
  사형제도 폐지에 대한 여론이 형성되면서 국회의원 154명이 사형제도 폐지안을 국회에 제출하였다. 이에 법무부는 "1996년 헌법재판소에서 사형제도를 합헌이라고 결정하였다"는 입장을 밝혔다. 법조계에서도 국회가 제출한 사형제도 폐지안에 대하여 다양한 견해를 밝히고 있으며, 시민들의 여론도 여러 가지로 엇갈리고 있다. …(이하 생략)…
 4. **가치분석모형 절차**
  문제 제기(가치문제를 정의하고 인식하기) → 가치문제(갈등) 확인(가치 관련 행동 서술하기 → 서술된 행동과 관련된 가치에 이름 붙이기 → 서술된 행동에 포함된 가치갈등 확인하기 → 분석된 '가치의 원천'에 대해 가설 세우기) → 대안검토 및 결과 예측(갈등 상황과 관련된 다른 대안적 가치의 서술 → 분석한 가치와 대안적 가치들의 결과에 대한 예측 → 가치 선택 및 행동(가치의 선택 → 정당화 및 가치의 선택에 의한 행동)

(2) **학습지도안** : 45분 수업(전개 35분)

[중학교 사회② - Ⅰ. 인권과 헌법]

[9사(일사)06-02] 일상생활에서 인권이 침해되는 사례를 분석하고, 국가기관에 의한 구제 방법을 조사한다.

학습단계		교수-학습활동	자료 및 유의점	시간 (분)
문제 제기		**[가치문제를 정의하고 인식하기]** • 교사는 사형제도 존폐에 관한 신문기사를 제시한다. 사형제도 폐지에 대한 여론이 형성되면서 국회의원 154명이 사형제도 폐지안을 국회에 제출하였다. 이에 법무부는 "1996년 헌법재판소에서 사형제도를 합헌이라고 결정하였다."고 입장을 발표하였다. 법조계에서도 국회가 제출한 사형제도 폐지안에 대하여 다양한 견해를 밝히고 있으며, 시민들의 여론도 여러 가지로 엇갈리고 있다. • 교사는 학생들에게 갈등하고 있는 문제가 무엇인지 생각하고 발표하게 한다. • 교사는 생명권과 관련하여 '절대적 기본권설'과 '상대적 기본권설'이 있음을 설명하고, '상대적 기본권설'을 기준으로 가치갈등문제를 해결함을 안내한다.	상대적 기본권설을 이해한 후 활동을 하도록 지도한다.	3
전개 ①	가치 문제 (갈등) 확인	**[가치 관련 행동 서술하기]** • 학생은 신문기사 속 행위자들이 어떻게 행동하였는지 학습지에 서술한다. **찬성** ┃ • 법무부 사형제도는 1996년 헌법재판소가 합헌이라고 결정하였다는 입장 발표 **반대** ┃ • 국회의원 154명이 사형제도 폐지안을 국회에 제출 **[서술된 행동과 관련된 가치에 이름 붙이기]** • 학생은 신문기사 속 행위자들이 어떤 가치에 따라 행동하였을지를 생각하고, 행동의 원인이 되는 가치를 찾아 이름을 붙인다. **법무부** ┃ 예 범죄에 대한 응보, 범죄 일반예방, 사회방위, 질서유지 및 공공복리 **국회의원** ┃ 예 범죄자의 생명권, 국민주권주의, 범죄 특별예방, 인간의 존엄성 **[서술된 행동에 포함된 가치갈등 확인하기]** • 학생은 신문기사 속 행위자들의 행동에 포함된 가치 중에서 서로 대립하는 가치가 무엇인지 그리고 왜 서로 대립하는가'를 확인한다. **대립가치** ┃ 예 질서유지 및 공공복리 vs. 범죄자의 생명권 **대립이유** ┃ 예 중요한 가치에 대한 중요도 차이 때문에 대립하고 있다. 　　　　 **법무부** ┃ 질서유지 및 공공복리 > 범죄자의 생명권 　　　　 **국회의원** ┃ 질서유지 및 공공복리 < 범죄자의 생명권 **[분석된 '가치의 원천'에 대해 가설 세우기]** • 학생은 가치갈등 해결을 위한 잠정적 해결 방안(가설)을 만든다. ① 사형제도는(　　　　　　) 이유에서 유지되어야 한다. ② 사형제도는(　　　　　　) 이유에서 폐지되어야 한다.	• 학습지 • 개별학습이 원활하게 이루어지도록 시범을 보이고 개별지도 한다.	20

대안 검토 및 결과 예측	**[갈등 상황과 관련된 다른 대안적 가치의 서술]** • 학생은 사형제도와 관련된 다른 대안들과 가치를 찾는다. **예** 냉동형벌을 만들어서, 냉동인간으로 만들어 버린다. • 학생은 모둠원과 대안을 공유한다. • 교사는 대안의 창의성을 평가한다. **[분석한 가치와 대안적 가치들의 결과에 대한 예측]** • 학생은 모둠원과 공유한 대안과 자신이 분석된 가치와 대안적 가치들을 선택하였을 때, 각각 어떤 결과가 발생하는지를 예측하고, 각 대안들의 결과를 비교한다. {표} |**가치와 대안**|**결과 예측**| |냉동형벌|생명권을 빼앗지는 않지만, 사실상 빼앗는 것이 된다. 하지만 형벌의 비용이 많이 든다.| |…||	가치갈등을 해결하기 위한 다른 대안을 모색하도록 지도한다.	7
가치 문제 (갈등) 확인	**[가치의 선택]** • 학생은 분석된 가치와 대안의 결과들을 예측한 후에 자신이 선호하는 가치와 대안을 선택한다. • 학생은 자신이 선호하는 가치와 대안을 다른 학생들 앞에서 공개적으로 발표한다. **[정당화 및 가치의 선택에 의한 행동]** • 학생은 자신이 선택한 가치와 대안의 이유 또는 근거를 찾아 정당화한다.	• 학습지 • 개별학습이 원활하게 이루어지도록 시범 보이고 개별지도 한다.	5

PART 04

---

04 **발달단계 접근법** : 도덕성 발달모형, 추론모형(콜버그 박사학위논문, 1958)

1. 의미

도덕성 추론모형은 학생들의 도덕성이 발달하는 단계에 따라 가치판단을 할 수 있는 도덕적 판단능력을 길러주는 방법을 말한다. 이 모형은 사회적·도덕적 문제를 다루는 능력, 현대의 개인적 문제에서 도덕적 논점을 확인하는 능력, 그리고 도덕적 능력을 기르기 위해 꼭 해야만 하는 질문들에 대한 탐구 등을 돕는다.

2. 도덕성 발달단계 고려 : 콜버그

콜버그는 도덕성의 발달단계를 자기중심적인 전관습적인 단계, 다른 사람과 상호작용하는 관습적인 단계, 보편적인 원리에 따르는 후관습적인 단계 등 세 단계로 나누고, 이들 각각의 단계를 다시 두 단계씩으로 나누어 모두 여섯 단계의 모형을 제시하였다.

⑴ **전관습적이고 본능적인 단계**(6~8세 정도)

① 복종과 벌의 단계: 벌의 회피

② 남을 수단으로 이용하여 자기의 욕구를 충족시키는 단계: 쾌락 추구

⑵ **관습적인 단계**(10~12세 정도)

① 대인관계에서 다른 사람에게 동조하는 단계: 주위사람들에게 인정받는 것

② 법과 사회질서 등 사회에 동조하는 단계: 권위나 법과 질서에 대한 존경

⑶ **자기수락적인 도덕적 원칙을 가지고 행동하는 후관습적인 단계**(15~16세 정도)

① 사회계약적인 규범에 의한 행동의 단계: 합리성과 합법성

② 보편적인 양심과 원리에 의한 행동 단계: 정의

⊙ **콜버그의 도덕성 발달단계**

수준/단계		도덕적 행위의 동기
전관습적이고 본능적인 단계 (6~8세)	복종과 벌의 단계	벌을 피하기 위해 규율에만 복종한다.
	타인을 수단으로 이용하여 자기의 욕구를 충족시키는 단계	반환되는 이익이나 보상을 받는 데에 동조한다.
관습적인 단계 (10~12세)	대인관계에서 다른 사람에게 동조하는 단계	타인의 불인정이나 과오를 피하는 데에 동조한다.
	법과 사회질서 등 사회에 동조하는 단계	법적 권위와 그에 따른 죄책감에 의해 책망되는 것을 피한다.
자기수락적인 도덕적 원칙을 가지고 행동하는 후관습적인 단계 (15~16세)	사회계약적인 규범에 의한 행동의 단계	공동사회의 복지라는 관점에서 판단된 공명정대한 방관자의 존중을 유지하는 데 공헌한다.
	보편적인 양심과 원리에 의한 행동 단계	자기의 비난을 받지 않은 곳에 동조한다.

3. 평가

⑴ **긍정적 측면**

① 학생의 도덕적 수준 등을 고려하여 가치갈등에 대한 깊은 성찰기회 제공
학생들이 각자의 수준보다 더 높은 수준의 도덕적 단계를 경험함으로써 가치갈등적 상황에 대해 더 깊이 성찰할 수 있는 기회를 제공한다는 것이다.

② 자기중심적인 수준에서 벗어나 보편적인 수준에서 도덕적 시각을 가질 수 있도록 한다.

⑵ **부정적 측면**

① 도덕성 발달단계는 사람마다 다른 것으로, 선험적으로 정해지는 것이 아니다.

② 도덕성의 형식이나 수준을 단계화하여 위계를 구분하는 것이 적절하지 않다.

③ 가치갈등 상황의 사례를 통한 인지적 딜레마의 경험 제공이 도덕성의 발달을 반드시 가져온다고 할 수 없다.

④ 인지적 측면에서 보편적 원칙을 중시하고 도덕성이 사람과의 관계에서 필요한 감정과 정서 등을 필요로 한다는 것을 간과하고 있다.

Ⅲ 대안적인 가치교육 접근법 : 정서 및 행동 중심 접근법

01 대안적 가치교육 접근법의 등장 배경

1. 정서 및 행동 측면의 가치교육이 주목받음

1980년대에 들어 보수주의 진영에서 가치교육과 관련된 여러 방안들이 나오기 시작하였다. 특히 1980년대 후반에 들어오면서 정서적인 측면을 강조하는 가치교육과 행동 및 참여 능력 측면을 강조하는 가치교육이 주목받았다. 이런 정서 및 행동 측면의 가치교육이 주목받게 된 이유는 이전의 인지적 측면의 가치교육의 반성에서 비롯되었다고 할 수 있다.

2. 인지적 측면의 가치교육의 문제점(차경수 · 모경환, 2008:323)

가치 명료화, 가치분석, 도덕적 추론의 방법이 모두 가치결정과정의 논리적인 사고만을 너무 중요시하고, 주관적일 수 있는 가치판단에 필요한 감정과 행동을 적절하게 고려하지 못하였다. 이 중 가치명료화 및 가치분석 방법은 합리적인 의사결정을 강조하고 있으나 의사결정의 궁극적인 이념이 무엇인지 제시하지 않고 있다. 반면에 도덕적 추론의 방법은 정의와 공정성, 상호성이라는 궁극적인 이념을 제시하고 있으나, 이들 이념은 의무와 규칙, 공정성을 중시한 나머지 인간을 독립적이고 분리된 객관적인 존재로 봄으로써 인간 존재의 상황성과 반응성, 타인과의 관계 등을 소홀히 한 약점을 지니고 있다. 또한 참여와 사회복지를 증진시키는 행동에 있어서도 부족함을 지녔다. 이런 부족함을 인식한 콜버그는 1980년대 지역학교를 중심으로 한 행동 중심의 가치교육 방안을 제시하기도 하였다. 한편, 1980년대 후반에 오면서 교육현장의 관심을 끌기 시작한 배려와 감사의 윤리교육의 입장은 콜버그식 도덕교육이 너무 논리성만을 강조하여 인간적인 윤리, 정서와 감정을 소홀히 하였다고 비판하면서 다른 사람을 배려하고 사랑하며 감사하게 생각하는 윤리를 교육해야 한다고 주장하는 도덕교육의 한 방법이다. 그리고 최근에 친사회적 행동을 강조하는 가치교육이 등장하기도 하였다.

02 정의적 측면을 강조하는 배려와 감사의 윤리교육

1. 의미

배려와 감사의 윤리(ethics of caring and appreciation)는 다른 사람들을 배려하고 사랑하며 감사하게 생각하는 윤리를 교육해야 한다는 입장이다.129) 여기서 배려는 정서적·도덕적 개념으로 '실천'을 수반하는 사람의 행동이자 성향으로, 상대에게 진실한 관심과 사랑을 가지고 헌신하는 것이다.130)

2. 교수-학습방법

배려와 감사의 윤리교육을 위한 교수방법과 프로그램은 감정이입훈련, 역할놀이, 모의학습 등이 효과적인 것으로 평가되며, 문학, 예술교육 등 심미적인 내용이 더 적절한 것으로 여겨져서 이러한 것들이 교수-학습과정에서 강조된다. 이때 타인과의 만남과 관계 속에서 배려를 실천하는 것이 중요하며, 구체적인 교수-학습방법으로 배려자와 피배려자 간의 몰입, 공감, 수용과 같은 정서적인 방식을 강조한다.131)

03 행동과 참여를 강조하는 친사회적 행동 교육

1. 의미

최근에는 사회규범을 따르면서 타인의 복지를 증진시키는 친사회적 행동을 강조된다. 친사회적 행동은 사회 규범에 맞는 그리고 타인의 복지를 증진시키는 행위를 말한다.132) 친사회적 행동은 사회 학습 이론에 의하여 잘 설명될 수 있으며, 거기에는 생물학적 요인, 문화적 요인, 개인의 인성, 사회화 과정, 대중매체, 가족배경 등 다양한 요인이 관련되어 있다.133) 특히 감정이입과 모범 사례 학습이 친사회적 행동 증진에 효과적인 것으로 나타나고 있다.

2. 교수-학습방법

친사회적 행동을 유도하는 교육프로그램으로는 협동수업, 예절교육, 사회규범 이해, 지역사회 연대감, 친사회적 가치교육, 배려활동 등이 거론된다.

---

129) Lickona, 1991; 박장호 외 역, 1998:78.
130) 차경수 외, 2008:325-326.
131) 차경수 외, 2008:327.
132) 친사회적 행동은 타인 보호나 감사의 윤리의 결과로서 나타나는 행동으로 보았다.
133) 차경수 외, 2008:328.

06 논쟁문제 수업모형 134) : 종합모형 1

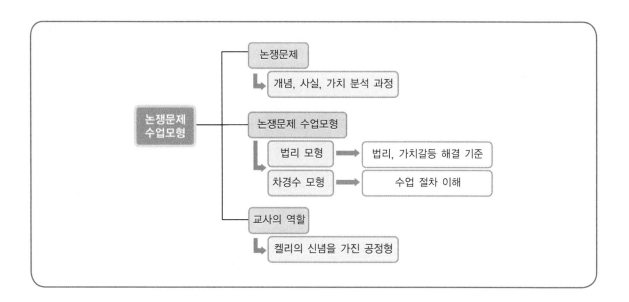

I 논쟁문제 수업의 의의

01 논쟁문제의 개념적 특성

1. 논쟁문제의 의미

자유주의와 민주주의가 심화될수록 사회의 다원성 수준은 높아진다. 다원성 수준이 높을수록 가치의 다양성으로 인한 갈등이 높아질 것이다. 이런 다원적 사회·다문화적 사회에서 일상적이면서 지속적으로 접하는 것이 논쟁문제이다. 논쟁문제는 갈등적 상황을 포함하고 있는, 즉 사람들의 의견이 찬반으로 나누어져 있는 문제이다. 또한 찬반으로 나누어져 있으면서 오랫동안 갈등을 해결하기 방안을 고심해 왔지만 그 해결책을 쉽게 찾지 못하는 문제이다. 예컨대 헌법불합치 결정을 받았던 간통죄 폐지 논쟁, 낙태죄 폐지 논쟁 등이 논쟁문제에 해당한다. 따라서 논쟁문제란 사회적으로 갈등의 해결 방안을 둘러싼 찬성과 반대의 의견이 나누어져 있고, 그 결정이 개인에게 영향을 주는 데 그치지 않고 사회의 다수에 관련되어 있으며, 여러 개의 선택 가능한 해결책 중에서 어느 하나를 결정해야 하는 문제를 말한다.

---

134) 차경수·모경환, 2006:339-368 참조

2. 논쟁문제의 요소

⑴ 논쟁문제의 3가지 요소

논쟁문제가 사회적으로 의견이 불일치한 갈등으로 쉽게 해결책을 정할 수 없는 상황에 직면한 이유는 의견이 불일치하기 때문이다. 여기서 말하는 의견의 불일치는 왜 발생하는 것일까? 이에 대해 올리버와 셰이버(1966:91-112) 그리고 뉴만은 각각 3가지 요소로 나누어 제시하였다. 올리버와 셰이버는 '개념 정의 문제, 가치문제, 사실문제'로, 뉴만은 '개념정의의 문제, 사실 설명의 문제, 윤리적-가치적 문제'를 각자가 제시하였다. 이 3가지를 해결하기 위한 학생들의 분석 활동은 논쟁문제 수업의 가장 핵심적 활동이라고 할 수 있다.

올리버와 셰이버	뉴만
개념정의문제	윤리적-가치적 문제
가치문제	개념정의의 문제
사실문제	사실 설명의 문제

⑵ 논쟁문제와 수업과제 사례

① 수업 사례 1: 인터넷 실명제 유지·폐지 논쟁

논쟁문제 분석 활동 과제	3가지 요소
인터넷 실명제란 무엇인가?	정의와 개념의 명확화
인터넷 실명제가 사이버 범죄율을 낮추었는가?	사실의 경험적 확인
사회질서가 중요한가? 개인의 권리가 중요한가?	가치갈등의 해결

② 수업 사례 2: 고교 평준화 유지·폐지 논쟁

논쟁문제 분석 활동 과제	3가지 요소
고교 평준화란 무엇인가?	정의와 개념의 명확화
고교 평준화가 학생들의 학업성취도에 어떤 영향을 미쳤는가?	사실의 경험적 확인
어떤 가치를 보다 우선적으로 고려해야 하는가?	가치갈등의 해결

02 논쟁문제 수업의 의미 및 필요성

1. 논쟁문제 수업의 의미

논쟁문제 수업은 현재 이슈가 되고 있는 논쟁문제를 올바르게 인식하고 합리적으로 해결하는 방안과 능력을 신장시키는 교수-학습방법을 말한다. 논쟁문제 수업은 학생들이 논쟁문제를 분석하고 갈등을 해결할 수 있는 과정을 중시한다.

2. 논쟁문제 수업의 필요성 : 논쟁문제를 해결할 수 있는 시민적 자질 함양의 필요성

⑴ 다원화되고 복잡한 사회 ⇨ 논쟁문제의 일상화

다원화되고 복잡한 현대 사회에서 갈등의 양상을 보여주는 것이 논쟁문제이다. 이런 논쟁문제는 현대사회의 다원성과 복잡성으로 인해 끊임없이 생산되고 있다. 예컨대 낙태문제는 단순히 한 임산부와 태아에 국한된 문제가 아니라 공동생활과 관련된 문제이기도 하다. 이런 문제를 둘러싸고 다양한 이해당사자들이 얽혀있다. 또한 사람마다 그 문제에 대한 인식과 가치가 다르기 때문에 다양한 의견이 제시될 수밖에 없다. 그로 인해서 사람들 사이에 갈등이 발생하고 있다.

⑵ 논쟁문제를 해결할 수 있는 민주시민적 자질이 요구되는 상황

현대사회에서는 일상적으로 다양한 논쟁문제에 직면하고 있다. 민주주의 사회에서는 그 사회가 당면하고 있는 논쟁문제를 시민들이 스스로 적극적으로 나서서 해결하려고 해야 하기 때문에 논쟁문제를 학교에서 교수하는 것은 더욱 중요하다. 이 문제를 해결하는 능력은 민주시민의 중요한 자질이기 때문이다.

⑶ 민주시민적 자질 함양에 적합

논쟁문제는 아직 사람들 사이에 이성적 합의가 이루어지지 않은 상태의 문제이다. 그래서 논쟁문제는 토의와 의사결정의 여지를 포함하고 있다. 이 점에서 논쟁문제 수업은 토의와 사실 및 가치에 대한 탐구를 통해 의사결정 및 대안을 선택하는 과정을 포함하고 있다. 이와 같이 논쟁문제 수업은 민주시민에게 요구되는 지식, 기능, 가치 및 태도를 종합적으로 다룰 수 있는 수업모형이다.

03 논쟁문제 수업의 교육적 효과

1. 추상적 지식 및 고차사고력 발달

논쟁문제 수업을 통해 학생들은 단순한 지식이 아니라 개념이나 일반화 등과 같은 추상적이면서 고차적 지식을 습득할 수 있다. 또한 학생들은 논쟁문제의 학습을 통해 지식뿐만 아니라 고차사고력을 발전시킬 수 있다. 논쟁문제를 합리적으로 해결하기 위해서는 사회탐구를 통해 만들어지는 지식을 선택, 종합, 적용해야 하기 때문이다. 따라서 논쟁학습을 통해 개념형성과 가치판단, 비판적 사고력, 의사결정능력, 반성적 사고능력 등의 고급사고력을 향상시킬 수 있다.

⑴ 바람직한 가치 및 태도 함양

학생들은 가치문제를 분석하고 명료화하여 자신의 가치를 선택하고 그것에 따라 대안을 결정할 수 있는 가치·태도를 발전시킬 수 있다. 논쟁문제는 가치의 불일치를 포함하고 있기 때문에 가치 분석을 필요로 한다. 가치 분석의 결과 명료화된 가치에 따라 대안을 결정하게 된다.

⑵ 참여 태도 및 사회적 소통 능력 함양

학생들은 문제해결을 위해 적극적으로 참여하는 태도, 토론과 합의 능력을 발전시킬 수 있다. 논쟁문제는 시민들의 적극적 참여를 통해 해결해야 하는 문제이고, 또한 찬반으로 나뉘어 쉽게 해결되기 어려운 문제라는 점에서 토론과 합의의 여지를 가지고 있다.

(3) 자기주도적 학습능력 향상

논쟁문제는 일상생활 속에서 실제로 부딪치는 것이라는 점에서 학습자의 흥미, 욕구를 반영하는 학습자 중심의 수업이 이루어 질 수 있다. 그 결과 자기주도적 학습능력을 향상시킬 수 있다.

(4) 정리

이상과 같이 논쟁문제 수업은 인지적, 정의적, 기능적 요소 등을 다룰 수 있는 종합적인 수업모형이다. 논쟁문제 수업은 사회가 당면해 있는 문제에 대해 시민들 스스로 적극으로 나서서 문제를 해결할 수 있는 능력을 기르는 데 기여할 수 있다. 구체적으로 살펴보면 논쟁문제 수업모형은 개념형성과 가치 판단, 비판적 사고력 등 지적 능력. 타인과 함께 토론하고 협력하면서 집단적으로 문제를 해결하는 기능과 태도를 향상시킬 수 있다.

Ⅱ 논쟁문제 수업의 유형[135]

논쟁문제 수업모형으로 가장 대표적인 것으로 올리버와 셰이버의 법리모형, 존슨 등의 논쟁협동토론 학습모형으로 프로콘 모형, 일반적 논쟁문제 수업모형으로 알려져 있는 차경수 모형(1994)이 있다. 이 외에도 스위니 파슨 모형, 주은옥 모형(2001) 등[136]이 있고, 의사결정 학습모형으로 알려진 뱅크스 모형도 논쟁문제 수업모형의 범주에 포함될 수 있다고 한다.[137] 오늘날 논쟁문제 수업모형과 의사결정 학습모형이 유사해졌다는 점을 근거로 들고 있다. 언급된 모형 중 법리모형, 차경수 모형을 중심으로 살펴보고, 프로콘 모형의 경우에는 협동학습모형에서 자세히 살펴보도록 하겠다. 뱅크스 등의 모형은 의사결정 학습모형에서 살펴보기로 한다.

01 법리모형(하버드 모형)

1. 법리모형의 의미

올리버(D. W. Oliver)와 셰이버(J. P. Shaver)가 1961년부터 5년 동안 하버드 대학교 대학원 사회교육 프로그램에서 추진한 연구에서 비롯된 논쟁 수업 모형이 일명 '하버드 모형'이다.[138] 이 모형은 올리버와 셰이버가 '고등학교에서 공공 문제 가르치기'에서 제시한 것으로 가치갈등해결기준으로 윤리적이고 법률적인 가치를 기준으로 제시해서 '도덕(윤리)-법률모형(ethical-legal model)' 또는 '법리모형(jurisprudential)'이라고 불린다. 올리버와 셰이버는 신사회과 시기에 사회적 쟁점에 대한 문제 제기가 단일 학문과 관련되는 질문보다 더 의미 있고 중요할 수 있다는 가정과 교육과정 구성의 학제적·통합적 구성을 정당화시키는 논리를 고수하며 학문중심 교육과정에 비판적 입장을 취하였던 올리버와 셰이버의 대표적인 사회과 수업모형이다.

---

135) 차경수, 1997:144-150; Johnson & Johnson, 1989.
136) 의사결정모형으로 알려진 엥글과 오초아 모형, 콜버그의 도덕성 모형도 논쟁문제 방법으로 활용될 수 있는 것으로 거론된다. 콜버그 모형은 이미 앞에서 살펴보았고, 엥글과 오초아 모형은 의사결정 학습모형에서 살펴보도록 한다.
137) 차경수 외, 2008:343.
138) 이 모형에 따라 5년 동안의 연구결과는 논쟁문제에 대한 자신의 입장을 선택하고 그 입장을 정당화하는 지적 분석력을 기르는 데 효과적이라는 결론을 도출하였다.

2. 법리모형의 목적 : 사회의 기본가치 공고화 → 갈등 해결 → 인간의 존엄과 가치 증진

이 모형을 제안한 이들은 우리 사회의 주된 임무가 '인간의 존엄과 가치를 증진하는 일'이라고 생각하였다. 이 모형은 사람들은 서로 다른 견해를 가지고 있기 때문에 사회적 가치들이 서로 충돌한다는 것은 당연하며 생산적인 사회란 이러한 갈등을 대화에 의해 성공적으로 해결할 수 있어야 한다는 가정에 기초하고 있다. 이 모형은 다원주의 사회에서의 다양성을 인정하면서도 사회의 기본 가치를 더욱 공고히 하는 것을 목적으로 한다.

3. 법리모형의 핵심적 특성 : 법리적 사고 과정

(1) 법리적 사고 과정

올리버와 셰이버는 공공 쟁점을 다룸에 있어서 개념의 명료화, 사실의 경험적 확인, 가치갈등 해결의 3가지 측면이 중요하다고 강조하면서 공공쟁점에 접근해 가기 위한 사고 과정을 '법-윤리적(legal-ethical)' 혹은 '법리적(jurisprudential)' 구조라고 칭한다. 이 과정에서 의미하는 사고가 바로 법리적 사고이다. 이 사고 과정은 법리에 근거한 명료화 과정이나 윤리적 가치판단에 더 비중을 두는 사고과정으로 파악된다.

(2) 핵심적 수업절차 : 가치갈등 해결

① 교수전략

법리모형에서 가치문제를 해결할 수 있는 교수 전략에는 어떤 특정한 가치와 그보다 높은 수준의 가치 사이의 관계를 밝히는 과정과, 개인적 입장에서 불일치점이 있기 때문에 발생하는 가치갈등을 해결하는 과정, 그리고 병존할 수 있는 가치들을 처리하는 과정들이 포함되어 있다.[139]

② 가치갈등에서 핵심적인 가치 파악

이 모형은 논쟁문제에 대하여 '개념의 명료화 → 경험적 증거에 의한 사실의 증명 → 가치갈등의 해결'의 과정을 거치도록 한다. 이 과정에서 가장 중요한 특징은 가치갈등에 초점을 둔다는 것이다. 그래서 갈등을 일으키는 핵심적인 가치가 무엇인지를 탐구하고, 이 탐구의 과정에는 사실 확인 및 정의를 명확화하는 과정이 필요하다는 것이다. 이런 핵심가치를 파악한 후에 가치갈등을 해결하게 된다.

③ 가치갈등의 해결 기준

㉠ 기준

가치갈등의 해결은 보편적 가치, 일반적 가치, 개인적 가치, 구체적 가치 등을 구분해 놓은 가치 위계(value degree)에 따라 민주 사회에서 더 중시되는 가치를 보전하는 방향으로 이루어진다. 기준 및 해결방안에 대해 구체적으로 살펴보면 가치갈등의 해결 기준으로서 인간 존중이라는 사회의 기본적 가치, 헌법에 제시된 여러 가지 민주적 원리, 가치의 위계적 차이, 가치의 보편성과 구체성 등을

---

139) Oliver, D. W. & Shaver, J. P., 1966:126-130.

제시하였다. 이와 같이 가치갈등의 해결 기준으로서 윤리적, 법률적 원칙과 가치를 제시하였다.[140] 이런 가치들을 적용해서 구체적으로 어떻게 해결할까? 예컨대 둘 이상의 가치가 충돌하는 경우 인간의 존엄성이라는 기본 가치를 가장 적게 침해하는 가치, 인간의 존엄성을 가장 많이 보장할 수 있는 가치를 선택하는 것이 가치갈등을 해결하는 방법이 될 수 있다.

ⓒ 사회의 기본가치 의미

이것은 하버드 모형이 제시하는 사회의 '기본가치'의 의미를 살펴보면 이해할 수 있다. 이들은 사회의 기본가치를 그 사회의 도덕적 가치를 의미하는 것으로 민주주의 사회에서의 자기실현, 자유, 타인에 대한 사랑과 이해 등을 내용으로 하는 인간의 존엄성과 그 이외에 가치분석의 기준이 되는 가치들이라고 하였다.[141]

4. 법리모형의 수업단계

(1) 8단계 해결 과정

현재로서는 법리모형에 대한 통일된 우리말 표현이 없다. 집단 지성의 차원에서 번역이 이루어지면 어떨까 하는 생각에 아래에 원문을 함께 제시하니, 학자마다 제안한 번역문과 원문을 비교해 보고 더 좋은 표현이 있으면 나름대로 정리해보자.

단계	Oliver & Shaver (1966:160-164)	전숙자 (2006:338)	차경수 외 (2008:336-338)
1	Abstracting General Values from Concrete Situations	구체적인 상황으로부터 일반적인 가치 추상화하기	구체적 상황에서 일반적 가치 추출
2	Using General Values Concepts as Dimensional Constructs	척도적인 구조로서 일반적인 가치 개념 사용하기	일반적 가치의 스펙트럼 이해
3	Identifying Conflict between Value Constructs	가치 구성 요소들 간의 가치 갈등 인식하기	가치갈등 이해
4	Identifying a Class of Value Conflict Situations	가치갈등 종류 상황 인식하기	가치갈등 상황유형 파악
5	Discovering or Creating Value Conflict Situations Which are Analogous to the Problem Under Consideration	고려 중인 문제와 유사한 가치갈등 상황 확인하기	가치갈등 상황 탐색/구상
6	Working toward a Qualified Position	적절한 입장으로 과정 유도하기	가치갈등 해결/결정
7	Testing the Factual Assumptions behind a Qualified Value Position	적절한 가치 입장 이면에 있는 사실적인 가정 검증하기	가치결정의 배경적 사실 확증
8	Testing the Relevance of Statements.	진술들의 관련성 검토하기	진술의 적합성 검토

---

140) Oliver & Shaver, 1966:141-143.
141) Oliver & Shaver, 1996:19-30.

(2) 8단계 해결과정 주요 내용

올리버와 세이버의 8단계의 명칭을 의역해 보았다.

① 구체적 상황에서 일반적 가치 도출하기

학생들은 구체적인 가치갈등 상황을 인식하고 이 상황을 윤리적, 법률적인 개념으로 인식할 수 있도록 한다. 예컨대 흡연자와 비흡연자가 싸우고 있는 상황에서 흡연권과 혐연권으로 인식한다. 즉 학생들은 주어진 구체적 가치갈등 사태를 보고 그 사태에 관련된 일반적 가치가 어떤 것들인가를 찾아낸다. 이 때 일반적 가치 용어를 법률적 의미나 윤리적 의미로 이해하고 있어야 하며, 이것을 구체적 사태에 적용하여 당면하고 있는지 문제 사태 속에서 어떤 가치가 위반되는지 또는 주장되고 있는지 등을 세밀히 분석한다.

② 일반적 가치 개념을 척도로서 사용하기

일반적 가치는 스펙트럼처럼 여러 가지의 기준과 위계를 가지고 있다. 예컨대 일반적 가치를 인간의 존엄성, 자유, 평등이라고 하자. 이 3가지가 범주라고 할 수 있다. 인간의 존엄성이 하나의 범주라고 한다면 인간의 존엄성 밑으로 다양한 층위의 가치가 존재한다는 것이다. 따라서 학생들은 범주적 의미의 일반가치를 이해하고, 다양한 수준과 양상을 지닌 일반가치들 간 갈등과 조정가능성을 이해해야 한다. 또한 학생들로 하여금 앞에서 추출한 가치 개념들을 각각 서로 다른 차원으로 차원화 하도록 해야 한다. 이 활동을 하는 것은 문제 사태에서 어떤 가치가 침해된 정도를 확인해 보게 하는 점에서 중요한 활동이라 할 수 있다.

③ 가치갈등 이해

공공의 쟁점과 같은 상황에서 가치의 충돌이라는 일반적 상황을 이해하고, 구체적인 상황에서 가치와 가치가 서로 충돌하는 상황을 이해한다. 예컨대 구체적 상황에서 일반적 가치와 대립되는 가치를 도출하고, 가치들이 상충한다는 점을 인식해야 한다.

④ 가치갈등의 종류를 유형화하기

쉽게 말하면 가치갈등의 종류에는 어떤 것들이 있는지를 확인하는 것이다. 즉 어떤 특수한 가치갈등을 그와 유사한 다른 가치갈등과 관련지어 그 사이의 유사성에 따라 당면하고 있는 사태를 유형화하는 활동이다. 이것은 구체적인 가치갈등 사례가 어떤 유형 내지는 종류의 가치갈등에 포함되는지를 이해하는 것이다. 예컨대 정신적 자유와 경제적 자유의 갈등 유형에 포함되는지, 신체의 자유와 생명권의 갈등 유형에 포함되는지, 사생활의 자유와 공익의 갈등 유형에 포함되는지, 공익과 공익의 갈등인지 등을 파악한다는 것이다. 이것을 파악해야 하는 이유는 가치갈등 상황을 유사한 다른 상황과 비교하고 인식하기 위해서다.

⑤ 가치갈등 상황 탐색/구성

구체적으로 인식한 문제 상황과 유사한 가치갈등 상황을 비교한다. 그리고 자신이 주장하는 가치의 수준이 어느 정도인지를 파악한다. 예컨대 성범죄자 신상공개 논쟁이 있다. 여기에서 공적 갈등을 이해하고, 사생활의 자유와 청소년의 성보호라는 가치가 충돌하는 상황이라는 것을 파악하였다. 이런 유사한 상황들을 살펴보았더니 미국의 어떤 특정 주를 제외하고 사생활의 자유를 우선하는 경우가 없다는 사실을 발견하였다. 이 발견을 통해서 자신이 선택한 가치의 수준과 정도를 파악할 수 있게 된다. 즉 이와 같이 비교될만한 유사한 상황을 만들어 자신의 입장을 변화시켜 정리해나가는 과정이다. 어떤 가치 입장을 고수하는 사람에게 자기 입장을 검토할 수 있는 기회를 준다는 점에서 매우 중요한 의미를 가지는 활동이다. 왜냐하면 특정의 문제 사태 속에서 어떤 개인이 주장하는 가치 입장을 자신이 다시 심사숙고해 보기 위해서는, 그와 유사한 다른 사태 속에서 그 개인이 주장하는 가치 입장이 어떤 위치에 있는가를 보게 해 주는 것이 중요하기 때문이다.

⑥ 가치갈등 해결/결정 : 자신의 입장을 정함

어떤 가치가 갈등을 이루고 있는지를 파악하고, 그 가치갈등 사태가 어떤 유형의 것인지를 검토하고 나면 학생들은 자기가 취해야 할 가치 입장을 결정할 수 있다. 즉 가치의 위계를 정하는 의사결정 단계이다.

⑦ 선택한 가치를 정당화시킬 수 있는 사실 검증(가치결정의 배경적 사실 확증)

자신이 선택한 입장을 뒷받침해 줄 수 있는 사실을 확인하는 단계이다. 어떤 가치를 선택한다는 것은 자기가 선택한 가치 입장을 지지하는, 또는 유리하게 해 주는 사실적 지식을 가정하고 있다고 볼 수 있다. 그래서 자기가 취한 가치 입장이 틀린 사실을 기초로 하고 있는지 점검하는 것이 중요하다.

⑧ 진술들의 연관성 검증하기(진술의 적합성 검토)

자기가 취하는 가치 입장을 정당화하기 위하여 사용한 여러 가지 진술이 그 가치 입장에 적합한가를 점검하는 활동이다. 즉 자신의 입장과 이 입장을 정당화시키는 탐구 과정의 타당성을 검토하는 단계이다.

5. 법리모형에 대한 평가

(1) 종합적 접근법

사회과학과 역사의 핵심 개념뿐만 아니라 민주시민으로서의 가치와 태도를 함양할 수 있는 종합적 접근법이라고 할 수 있다.

(2) 보수적이라는 비판과 진보적이라는 상반된 평가

① 보수적

사회 구성원이 합의하는 가치를 옹호하여 체제의 근본적인 문제를 적극적으로 다루지 못한다고 비판받기도 한다.

② 진보적

논쟁 과정에서의 사회의 부조리한 면과 사람들의 다양한 가치들이 드러나기 때문에, 어린 학습자에게는 진보적이라고 할 수 있다.

02 스위니 & 파슨(Sweeney & Parson) 모형(1975)

1. 특징

이 모형은 문제의 분석을 통해 학생 자신의 입장을 명료화하는 모형으로 학생들이 가치를 다루는 활동에 참여하도록 유도할 수 있으며 자연스럽게 종합적인 지식을 획득하고 다양한 자료를 수업시간에 활용할 수 있다. 하지만 명료화를 먼저 한 후에 쟁점이 되는 문제를 비교하고 분류하기 때문에 자기 합리화나 가치 상대주의에 빠질 수 있다. 즉 자신의 선택 수준을 판단하고 그 수준이 어느 정도인지에 대한 판단이 어렵다는 것이다.

2. 교수 학습과정

(1) **자료의 선택과 제시**: 토의 진행에 따라 필요한 자료 제시

(2) **자료 분석**: 자료의 내용 파악

(3) **명료화**: 가치와 신념체계에 대한 토의

(4) **분류와 비교**: 자료의 중요한 가치를 탐색하고 학생 자신이 선택한 가치와 비교

(5) **반성**: 교수-학습과정을 통해 자신의 생각과 가치판단 변화를 반성

(6) **적용**: 자신의 결정과 가치에 근거한 행동

03 찬반(pro-con)모형

1. 의의

존슨과 존슨(Johnson, D. W. & Johnson, R. T.)은 협동학습 구조에서 사용할 수 있는 논쟁 수업 모형을 개발하였다. 그들은 우선 논쟁의 과정에서 일어나는 논리적이고 심리적인 계기를 추론하고 이러한 추론에 충실한 논쟁 수업을 6단계로 구조화하였다.

2. 평가

이 모형은 협동학습을 통해 정보의 결여나 논리적 불완전성을 극복하여 문제를 해결할 것을 제안하는 모형으로서 증거와 논리로서 문제를 해결하고자 한다는 점이 특징이다.

Ⅲ 논쟁문제에 대한 교사의 역할[142]

켈리(T. Kelly)는 "교사가 다양한 정보를 제공하는가?, 교사 자신의 의견을 제시할 수 있는가?"를 기준으로 교사의 유형을 배파적 중립형, 배타적 편파형, 중립적 공정형, 신념을 가진 공정형으로 나누었다.

01 켈리의 유형

1. 배타적 중립형

⑴ **의의** : 학교는 가치와 관련해서 중립적이어야 한다.

학교는 오직 엄격한 과학적 탐구와 공동체에서의 폭넓은 합의를 통해 증명된 가치중립적인 지식과 기능을 가르치는 곳이다. 따라서 학교는 다양한 사회집단에 균형적으로 접근해야 할 암묵적인 의무가 있으므로 수업과정에서 논쟁적인 주제를 포함시켜서는 안 된다는 입장이다.

⑵ **한계(주의할 점)** : 가치중립적인 교육은 불가능하다.

가치는 어떤 과목이든지, 학교 내 어떤 곳이든지, 모든 교사에 의해 학습된다. 따라서 교사는 중립적 태도를 취하기보다 학생들이 논쟁문제를 통해 바람직한 가치를 가질 수 있도록 하는 것이 더 나은 일이다. 의미 있는 시민교육의 장으로서 학교와 교실에서 학생들은 활발한 논쟁문제를 토론함으로써 공정한 의견 청취와 의견 제시 기능을 습득할 수 있으며, 공정한 규범 학습이 가능하다. 따라서 교사의 배타적 중립형의 태도는 바람직하지 않다.

2. 배타적 편파형

⑴ **의의** : 내가 강조하는 가치만을 학습하면 된다.

하나의 입장만을 학습하고 다른 입장의 학습을 못하게 하는 유형이 배타적 편파형이다. 상충되는 시각의 제시를 막음으로써 논쟁문제의 어느 한쪽만을 일방적으로 제시하여 학생이 받아들이도록 유도하는 형태이다. 지식이 가치를 명료하게 하기보다는 혼란이나 타락에 빠뜨리는 상황에서는 이런 교사의 유형이 학생을 잠재적인 위험으로부터 보호할 수 있다.

⑵ **한계(주의할 점)** : 특정 관점만을 강조하고 학생들의 사고역량을 무시한다.

학생은 교화의 대상이 아니라, 자신의 신념과 행동을 조정할 능력과 자유가 있는 독립적 존재이기 때문에 교사가 내세우는 가치가 설령 바람직한 것이라도 가치의 맹목적인 강요는 교사에 대한 신뢰를 잃게 하고, 애초의 목표를 달성하는 데도 실패하게 된다. 따라서 도덕적으로 교사의 가치 강요는 학생의 자율적 의지를 무시하는 것이며, 학생을 교사가 지닌 이데올로기의 인질이 되도록 한다.

---

142) 이광성·문인화(2002), 초등학교 논쟁문제학습에서 교사의 역할에 따른 성취도 분석, p.37-39 인용

3. 중립적 공정형

⑴ **의의** : 논쟁과 여러 가지의 가치 경험을 제공하되 가치 선택은 너희들의 몫이다.

다양한 시각의 논쟁문제를 학습하되 교사가 어떤 입장을 취해서는 안 된다는 유형이 중립적 공정형이다. 이 유형이 배타적 중립형과 다른 점은 시민교육의 일부로서 논쟁적 가치문제를 중요하게 취급한다는 것 이다. 그리고 배타적 편파형과 다른 점은 논쟁문제를 다루면서 필요한 지식은 제공하되 자신의 견해를 밝히지 않는다는 점이다. 교사는 공정한 청취와 건설적인 비판이 이루어지도록 교실 분위기를 학생 스 스로 찾아내는 비판적 합리성을 중시한다.

⑵ **한계(주의할 점)** : 학생이 교사의 영향력에서 벗어날 수 없다는 잘못된 가정

교사가 자신의 견해를 밝히지 않아야 학생의 합리성을 고양시킬 수 있다는 가정은 경험적 증거가 없다 는 것이다. 학생은 사고력이 발전함에 따라 교사가 갖고 있는 견해를 듣고자 하며, 이를 피하는 교사를 불신하기도 한다. 따라서 교사의 침묵은 학생으로 하여금 자신의 견해와 비교해 볼 기회를 제한하게 된다. 또한 교사의 중립은 불가능하며, 교사의 의사표시는 피할 수 없다.

4. 신념을 가진 공정형

⑴ **의미** : 여러 가치들 중에서 바람직한 가치를 선택하고 수용해야 한다.

다양한 논쟁문제를 학습하되 교사가 교육적으로 바람직하다고 생각하는 방향에서 지도하는 유형이 신 념을 가진 공정형이다. 교사는 능동적이면서 동등한 조언자로서, 민주적 권위를 가지고 문제해결에 적극 적인 역할을 수행해야 한다. 또한 교사는 학생들에게 사고 과정을 알려주는 모델의 역할을 해야 한다. 그렇기 때문에 교사는 다양한 가치를 다루는 논쟁문제를 학습할 수 있도록 하면서 바람직한 가치가 무 엇인지를 알려주는 논쟁문제를 학습하는 것이 더욱 바람직하며, 민주적이라고 생각한다.

⑵ **평가 및 한계**

① 가장 바람직한 유형

차경수(1996)는 서양사회에 비해 보수성이 강한 한국의 문화적 전통과 현실 등을 종합해볼 때, 교사 는 논쟁문제에 관해서 다양한 시각을 학습할 수 있게 해야 하지만, 일정한 방향을 가지고 지도하는 것이 가장 바람직하다고 결론짓는다. 켈리는 네 유형 중 신념을 가지고 공정하게 지도하는 교사가 오늘날 우리 사회에서 가장 바람직하다고 보았다. 이러한 역할 유형은 학생들의 자주적인 사고를 격 려하면서도 교사가 학생을 교육적으로 지도하는 면을 존중한다는 것이다. 결론적으로 현대 사회에서 논쟁문제 해결이 가지는 중요성, 가치를 탐구하는 과정이 필요하다는 점, 교사의 적극적 역할이 필요 하다는 점, 학생의 주도적인 과정이 필요하다는 점 등을 고려해 볼 때 신념을 가진 공정형이 바람직 할 것이다.

② 주의할 점

다양한 정보를 제공하고 자신의 명확한 견해를 밝히되 자신의 견해를 반복하거나 강조하는 지나친 자기노출은 피해야 한다. 만약 그렇지 않을 경우 교사가 자신의 입장을 밝히는 것은 감정에 치우친 것이 되어 학생의 합리적인 판단을 방해할 수 있다.

02 하우드(D. Hawood)의 모형

교사가 자신의 의견을 얼마나 표현하느냐에 따라서 6가지 역할 유형을 제시하였다.

1. 유형

(1) 신념형

교사가 자유롭게 자기의 의견을 내세우는 유형

(2) 객관형

교사가 다양한 시각을 모두 서술하되 자기의 의견은 말하지 않는 유형

(3) 악마옹호형

자신의 의견과 상관없이 학생들의 의견에 반대 입장만 취하면서 좌충우돌 하는 유형

(4) 옹호형

다양한 시각을 다 제시하고 이를 종합하여 자신의 의견을 말하는 유형

(5) 공정한 의장형

교사와 학생이 다양한 시각을 토론하되 교사가 자기의 의견은 말하지 않는 유형

(6) 관심형

교사가 먼저 자신의 입장을 말하고 다양한 의견을 객관적으로 소개하는 유형

2. 정리

하우드는 이 중에서 공정한 의장형을 가장 바람직한 것이라고 보았다.

03 헤스(Hess)의 모형[143]

헤스는 교사의 정치적 견해에 따라 교사의 교수 활동이 달라진다고 보고, 논쟁문제 수업에서 교사의 역할 행동에 따라 네 가지로 구분하였다.

1. 유형

(1) 거부형(부인형)

특정 견해가 진실이라고 주장하면서 논쟁의 여지를 부인하는 유형

(2) 회피형

논쟁의 여지를 인정하지만 교육과정에 포함할 필요가 없다고 생각하는 유형

(3) 특권형

논쟁적 주제를 인정하면서 특정 관점에 권위를 부여하여 가르치는 유형

(4) 균형형

논쟁적인 주제를 다양한 입장에 따라 다룸으로써 균형을 추구하고자 하는 유형

2. 정리

헤스는 가장 바람직한 유형으로 '균형형'을 제시하였다. 거부형은 특정 견해를 진실이라고 주장한다는 점에서 가치를 내포하고 있는 논쟁문제를 다루지 않을 것이다. 또한 특정 견해를 전달하고 주입하고자 노력할 것이다. 특정 정치적 견해에 맹목적인 입장을 가지거나 극단적인 정치적 견해를 가지는 경우에 해당하는 유형이라고 볼 수 있다. 회피형은 논쟁문제를 인정하지만 교사의 정치적 중립성을 둘러싼 갈등과 다양한 비판에 직면하는 것을 피하는 방법을 선택하는 가운데 나타나는 유형이다. 특권형은 거부형과 유사해 보이지만, 논쟁을 인정한다는 점, 특정 정치적 관점을 특별한 의도를 가지고 지지한다는 점이 다르다. 그람시(A. Gramsci)의 주장을 고려한다면 교육영역에서 헤게모니를 획득하기 위한 진지전의 양상에 보여주는 행동 유형으로 볼 수 있다. 헤스의 주장대로 정치적 중립성과 균형이라는 관점에서 본다면 균형형이 가장 바람직할 것이다. 하지만 다양한 관점을 제시하는 것이 아이들의 관점과 가치에 어떤 영향을 미칠까? 사회는 변화해 가고 맥락은 달라진다. 한국 사회에서 실질적 의미의 균형을 모색하지 않고 균형형이 가장 바람직한 것인지 고민이 필요하다. 교사의 역할이라는 측면에서 균형의 목적은 '기울어진 운동장'을 바로 잡는 차원이라는 전제가 필요할 것이다. 또한 더불어 매번 사회적 문제로 거론되는 교사의 정치적 중립성과 정치적 자유의 문제를 의미 있는 개념 탐색, 권한과 기본권을 분리한 건전한 논쟁을 통해 해결함으로써 논쟁문제에서 한국 사회의 바람직한 교사 유형이 제시되기를 희망한다.

---

143) 모경환·차경수, 2021, 262 재인용

Ⅳ 논쟁문제 수업의 실천[144]

논쟁문제 수업 실천을 위해서 우선 논쟁문제 수업의 목표를 설정하고, 논쟁문제를 정하고, 그 다음 방법을 정하고, 평가를 모색하는 것이다. 여기서 다루어지는 수업모형의 절차는 일반적 논쟁문제 수업모형으로 알려진 차경수 모형(1994)을 근거로 한다.

01 목표 : 논쟁문제 해결 그 자체보다는 논쟁문제 지적분석능력 목표

논쟁문제의 교수목적은 문제가 된 사회문제 그 자체를 해결하는 것이라고 하기보다 그 문제를 해결하기 위한 지적 분석 능력을 기르는 데 있다.

02 교육과정 구성

교육과정 구성은 교사가 논쟁문제를 교수하기 위해서 주제나 문제를 선정하고, 그 내용을 조직하며, 자료를 구성하는 것을 말한다. 하버드 모형은 주제 접근법, 역사적 위기 접근법, 문제 중심 접근법 등의 3가지를 시사하고 있다. 이 중 문제 중심 접근법은 현대사회의 사회문제를 중심으로 구성하는 것으로 가장 많은 문제를 구성할 수 있고, 실제로도 논쟁문제의 가장 많은 부분을 차지한다.

1. 논쟁문제 선정 기준

논쟁문제를 선정할 때에는 학생 개인의 사적인 문제보다는 정책문제를 포괄하는 사회적 쟁점을 최대한 선정해야 할 것이다. 또한 교육적 유용성의 측면에서 본다면 현재 논의되는 것, 교육적 가치가 있는 것, 학생들의 흥미와 관심을 자극할 수 있는 것이어야 한다는 기준이 설정될 수 있다. 또한 사회적·국가적으로 생각할 수 있는 경우는 논쟁문제가 사회나 국가에 영향을 끼치는 정도, 중대성, 해결의 필요성 등이 될 것이다. 여러 연구자들이 이에 대해 많은 기준을 제시하고 있는데 여기에서는 2가지 정도의 기준만 살펴보도록 하겠다. 오노스코와 스웬슨(Onosko & Swenson)[145]은 "논쟁적인가?, 사회적으로 중요한가?, 학생들에게 흥미 있는가?, 효과적으로 탐구될 수 있는가?"를 제시하였다. 그리고 스위니와 파슨스는 "학생의 흥미를 반영하는가?, 시대적 문제 상황인가?, 학생생활, 지역사회, 사회와 관련되는가?"를 제시하였다.

---

144) 올리버와 셰이버(1966), 차경수, 2000:250 등을 참조
145) 차경수 외, 2008:352.

2. 하버드 모형의 3가지 접근법[146]

(1) 주제접근법

주제접근법은 인간의 존엄성, 정치발전, 자유, 평등, 인권 등 어떤 주제를 중심으로 내용을 조직하는 것이다.

(2) 역사적 위기접근법

역사적 위기접근법은 역사상의 여러 가지 위기를 중심으로 논쟁문제를 구성하는 것이다. 예컨대 해방정국, 혁명적 상황 등과 같은 정치적 변동, 사회변동 등을 중심으로 구성하는 것이다.

(3) 문제중심 접근법

문제중심 접근법은 현대사회의 사회문제를 중심으로 구성하는 것이다. 예컨대 환경문제, 양극화 문제, 차별 문제 등이 있다.

3. 교수-학습방법 측면

(1) 방법적 접근

존 듀이의 영향을 받은 문제 해결 접근법, 법리모형의 공공쟁점, 의사결정 모형의 의사결정 접근법, 콜버그의 도덕적 딜레마 접근, 협동학습모형 활용 등이 있다.

(2) 토론 활용

03 수업절차(차경수 모형, 1994)

1. 흐름

'헌법 개정을 통한 정부 형태 변경'을 쟁점으로 설정한 논쟁문제 수업을 실시하였다. 먼저 학생들에게 논의하고자 하는 논쟁문제가 무엇인지 설명한 후 사실과 가치문제를 확인하도록 하였다. 그 후 사실문제에 대해서는 자료를 수집·분석하여 이를 경험적으로 검증하도록 하였으며, 가치문제에 대해서는 대립되는 가치를 분석하여 가치갈등을 해결하도록 하였다. 다음으로 비슷한 다른 경우와 비교하고, 대안을 모색하여 결과를 예측한 후, 최종 대안을 선택하여 정당화하도록 하였다.

---

146) 차경수 외, 2008:351.

2. 절차

(1) 문제 제기 단계

여기에서는 이 문제가 말하고 있는 것은 무엇인가? 학생들은 이 문제에 대해서 어떻게 생각하는가? 이 문제가 제기된 의도는 어디에 있는가? 왜 이러한 문제가 일어났는가? 등을 생각해 보는 단계이다.

(2) 가치문제 확인 단계

이 단계의 핵심은 사실과 가치를 구분하고 가치의 원천이 무엇인가를 파악하는 단계이다. 논쟁학습에서는 관련된 논쟁문제에 포함된 가치갈등 문제를 명확하게 파악하기 위해 사실과 가치를 구분하는 것이 필요하다. 왜냐하면 사실과 가치에 관한 문제를 해결하는 방법이 서로 다르기 때문에 이들을 혼동하면 논쟁은 계속되기만 할 뿐 좀처럼 해결의 실마리가 열리지 않기 때문이다. 따라서 논쟁문제 분석에 들어가기 전에 가치문제의 확인 단계가 필요한 것이다. 가치문제를 확인하고자 할 때는 우선 사실과 가치를 확인·구분하고, 그 가운데서 가치갈등은 어떤 것인가를 명확히 하여 갈등을 일으키고 있는 가치의 원천이 무엇인가를 파악한다.

(3) 분석 단계

논쟁문제가 포함하고 있는 사실과 가치를 명확하게 확인한 후의 단계이다. 분석 단계는 논쟁문제의 가장 핵심적인 단계이며, 다시 다음과 같이 세분화된다.

① 정의와 개념의 명확화

논쟁문제에 대한 사실의 경험적 확인과 가치갈등을 해결하기 위해서는 탐구가 필요하고 탐구를 위해서는 논쟁에서 사용되고 있는 개념이나 용어의 정의를 명확히 해야 한다. 예컨대 '안락사' 문제에서 죽음을 심장사로 볼 것인지, 뇌사로 볼 것인지 명확히 하는 것이다.

개념이나 용어의 정의를 명확하게 하는 방법은 학문적 정의를 활용하거나 학습자들 상호 간에 합의하는 것이다.

② 사실의 경험적 확인

사회탐구과정과 유사한 단계를 통해 사실을 확인하여 경험적으로 증명한다. 이 증명을 통해 문제가 해결되지 않을 경우 가치탐구를 통해 문제를 해결한다. 이 단계는 '문제 제기 – 가설 설정 – 자료 수집 및 분석 – 결론'의 단계를 거치는 것이 바람직하다.

③ 가치갈등의 해결

④ 비슷한 다른 경우와의 비교

가치갈등의 문제가 어느 정도 해결되면 논쟁문제를 심도 있게 이해하기 위하여 비슷한 다른 경우와 비교한다. 예를 들면 미국 쇠고기 협상과 관련된 문제에서 일본 등은 어떻게 처리하였는지와 비교해 본다.

⑤ 대안모색과 결과의 예측

사실을 경험적으로 확인하고 가치갈등을 해결하는 과정을 통해 자연스럽게 대안을 모색하고 결과를 예측해 보는 단계이다.

⑷ 선택 및 결론 단계

가설적으로 제시된 여러 개의 대안과 그 결과 중에서 원하는 가치와 대안을 선택하고 정당화하는 단계
이다. 처음부터 마지막의 이러한 단계에 이르기까지 일관성이 있어야 하고, 학습자는 자기가 선택한 입
장을 명백하게 하면서 왜 그러한 입장을 선택하였는지 그 정당성을 밝힐 수 있어야 한다. 이와 동시에
자기가 선택한 가치의 원천, 그 결과 앞으로의 행동 등을 예측하고 선택한 판단과 앞으로의 행동 사이에
반복적으로 일관성을 갖도록 해야 한다.

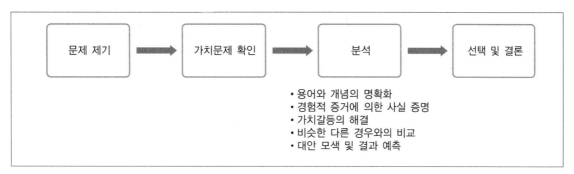

3. 사례

⑴ 수업 전개

단원	Ⅳ. 사회 계층과 불평등 4. 사회적 소수자			
학습목표	사회적 쟁점에 대하여 합리적 의사결정을 할 수 있다.			
단계	교수-학습내용			
도입	• 전시학습내용의 확인 • 동기유발: 장애인 차별과 관련한 동영상 시청 • 본시 학습목표의 확인 • 학습활동 안내			
전개	• 가치문제 확인: 장애인 차별과 관련하여 사실과 가치 문제를 구분한다. • 용어의 정의: '장애인', '차별' 등 관련 용어와 개념을 정의한다. • 사실 확인과 객관적 검증: 장애인 차별에 관련된 당사자들의 주장을 검증할 수 있는 객관적 자료를 수집하고 분석한다. • 가치갈등 해결: 장애인 차별과 관련한 쟁점에서 대립하는 가치 중 어떤 가치를 우선할지 선택한다. • 대안 모색과 결과의 예측: 대안을 모색하고 그것의 장단점을 분석하여 결과를 예측한다. • 대안 선택과 결론: 합리적 대안을 선택하고 이를 정당화 한다.			
정리	• 학습 정리 및 평가: 아래 평가 기준표에 따라 평가한다.			

평가 내용	우수	보통	미흡
1. 진술들 사이의 일관성과 모순을 확인한다.			
2. 주장이나 진술에 포함된 편견을 찾아낸다.			
3. 주장 뒤에 숨어 있는 가정을 확인한다.			
4. 서술한 주장이 사실과 일치하는지를 판단한다.			

(2) **수업지도안** : 45분 수업(전개 35분)

[고등학교 사회·문화 - Ⅳ. 사회 계층과 불평등]

[12사문04-03] 다양한 사회 불평등 양상을 조사하고 그와 관련한 차별을 개선하기 위한 방안을 모색한다.

학습단계		교수-학습활동	자료 및 유의점	시간 (분)
전개 ①	문제 제기	• 교사는 장애인 차별과 관련한 논쟁문제를 제시한다. 장애인의 놀이공원 이용 제한을 놓고 찬반 의견이 엇갈리고 있다. 장애인의 놀이공원 이용 제한을 찬성하는 입장에서는 장애인들의 안전을 위하여 필요하다는 주장을 하고 있다. 반면, 놀이공원 이용 제한을 반대하는 입장에서는 장애의 종류, 경중을 고려하지 않고 일괄적으로 이용을 제한하는 것은 권리 침해이자 장애인 차별이라고 주장하고 있다.	신문 스크랩	2
	가치문제 확인	• 교사는 학생들과 문답을 통해 주장은 어떤 가치를 배경으로 하고 있는지 설명한다. 	입장	가치
---	---
찬성	장애인의 안전
반대	행동의 자유 침해			3
전개 ②	용어와 개념의 명확화	• 모둠별로 각 주장에 포함된 개념을 확인한다. 예 장애인, 차별, 권리, 침해 • 모둠별로 주장과 관련된 용어와 개념의 사전적 정의를 찾는다. 	포함된 개념	정의
---	---
장애인	
차별	
…			국어사전	5
	경험적 증거에 의한 사실 증명	• 교사는 사실 자료를 제시한다. ① 한 해 놀이공원별 총 이용객 ② 한 해 놀이공원별 이용객 중 장애인의 비율 ③ 놀이공원별 장애인 이용객을 대상으로 한 불편사항 인터뷰 내용 ④ 놀이공원별 장애인 이용제한 규정 • 모둠별로 다음의 탐구 문제를 해결한다. ① 한 해 동안 놀이공원을 이용하는 장애인은 평균 몇 명인가? ② 놀이공원을 이용하는 장애인이 겪는 불편은 어떤 점이 있는가? ③ 장애인의 이용을 제한하는 놀이공원 규칙에는 어떤 것이 있는가?	사실 자료	10

전개 ②	가치 갈등의 해결	• 모둠별로 장애인 차별과 관련한 쟁점에서 어떤 가치를 우선할지 선택한다. **목적 / 허용 수준** 놀이공원의 안전보호 의무: 완전 허용 ├─┼─┼─┼─┼─┼─┤ 완전 금지 장애인의 놀이공원 이용의 자유: 완전 허용 ├─┼─┼─┼─┼─┼─┤ 완전 금지 • 모둠별로 가치 선택의 이유와 근거를 작성한다.	가치에 대한 합의는 다수결로 정한다.	5
	대안 모색 및 결과 예측	• 대안을 모색하고 그것의 장단점을 분석하여 결과를 예측한다. 예 장애인에 따라 안전을 위한 규칙을 다양하게 만든다. 장점 : 장애인의 놀이공원 이용이 원활해진다. 단점 : 장애의 기준을 명확하게 정할 수 없고, 장애를 확인하기도 어렵다.		5
	선택 및 결론	• 대안 중 하나를 선택하고 정당화한다. • 모둠별로 논의가 어떻게 진행되었는지를 정리하여 보고서를 제출한다.	보고서 양식	5

PART 04

07 의사결정 학습모형 : 종합모형 147)

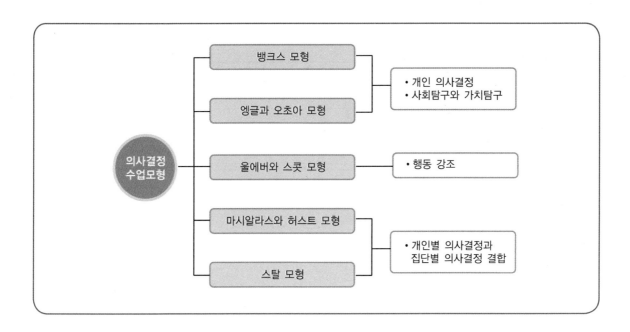

Ⅰ 의사결정 학습모형의 의의

01 의사결정의 의의 및 요소

1. 의사결정의 의미

의사결정이란 선택이 가능한 여러 개의 방안 중에서 자신이 추구하는 가치에 적합한 방안을 선택하는 것을 말한다.

(1) 선택적 의미

의사결정이란 선택이 가능한 여러 개의 대안 중에서 자기가 추구하는 목표에 적합한 어느 하나를 선택하는 것을 의미한다. 즉, 의사결정이란 어떤 문제 상황에 직면하였을 때 문제 해결을 위하여 최종적인 판단을 내리는 과정과 그에 따른 행위를 뜻한다. 이것은 목적의 달성을 위하여 여러 가지 대안 중에서 특정 대안을 선택하는 과정이라고 할 수 있다.

---

147) 최용규 외(2005); 송충진(2012), 사회과의 의사결정 모형에 대한 비판적 검토, 주은옥(2001), 집단의사결정수업모형에 관한 연구; 정연희(2009), 초등 사회과에서 의사결정 에피소드 협동학습 모형 적용에 관한 실행연구, 양해진(2003), 사회과에서 합리적 의사결정 학습모형에 관한 연구 등을 참조하여 진술

⑵ 비교 · 분석 · 평가 과정

의사결정의 과정은 개인이나 조직이 문제 해결이나 목표 달성을 위하여 문제를 확인 · 진단하여 정보자료를 수집하고 분석하며 여러 가지 행동 방안을 탐색하고 비교 · 평가하여 결정자가 의도하는 미래의 상황을 가져오기 위해 합리적인 판단에 의해 의식적으로 최적의 해결책을 선택하고 실행하며, 평가하는 일련의 과정이다.

⑶ 이성적 판단

이런 점을 감안할 때 의사결정은 이성적 가치판단에 의한 합리적 문제해결 과정이며, 이를 위해 이성을 바탕으로 하여 반성적으로 사고하는 과정이기 때문에 무엇보다 합리적이어야 함을 강조한다. 따라서 합리적인 의사결정은 효과성, 효율성, 안정성, 지지도, 준법성과 같은 조건을 충족해야 한다.

2. 의사결정의 요소

⑴ **지식**: 선택 · 종합 · 적용할 지식, 다학문적 지식

의사결정의 첫 번째 요소는 지식이다. 의사결정에 사용되는 지식은 미래를 예측할 수 있는 것이어야 한다. 미래를 예측할 수 있는 지식은 과학적인 지식이다. 따라서 의사결정에 필요한 지식은 학문적 지식이다. 의사결정은 이 지식을 위해 사회탐구를 하게 된다. 이 탐구의 목적은 지식의 생성이 아니라, 지식을 선택, 종합, 적용하는 것이다.

그리고 의사결정에 필요한 지식은 다학문적인 지식이다. 현대사회문제들은 복잡해지고 여러 측면의 이해관계가 얽혀있어 복잡하다. 어느 한 분야의 지식으로만 접근해서는 복잡한 사회문제에 대해 합리적인 의사결정을 내릴 수 없게 된다.

⑵ **가치**: 바람직한 가치

개인들이 건전하고 합리적인 결정을 내리고 현명하게 행동할 수 있으려면 그들의 상충되고 혼재된 가치들을 명료화하도록 도움을 받아야 한다.

지식은 건전한 의사결정의 필요조건이지만 충분조건은 아니다. 종종 사회행위자의 태도, 신념, 가치가 그의 행동 결정의 가장 중요한 결정 요소가 된다. 이와 같이 가치탐구는 의사결정 과정에서 지식과 함께 중요한 요소이다.

02 의사결정능력의 의의 및 필요성

1. 의사결정능력의 의미

⑴ 인지적인 영역과 정의적인 영역의 종합적인 능력 + 행동하는 능력

의사결정능력은 인지적인 영역과 정의적인 영역의 종합적인 능력으로써, 학습 주체 상호 간의 활발한 의사소통을 바탕으로 하면서, 어떤 문제를 해결하기 위하여 이를 정확하게 파악하고, 해결 방안으로 대안을 제시하며, 가치 판단에 따라 선택하고 선택된 결정에 따라 행동하는 능력을 의미한다.

(2) 민주시민의 중요한 자질

문제를 파악하고 해결책으로서 대안을 개발하고 선택하여 결정에 따라 행동하는 능력이라고 정의될 수 있는 의사결정능력은 인간을 특징짓는 고등 정신 능력 중의 하나이다. 현대 민주주의 사회에서는 시민이 공공의 정책 결정 등에 참여함으로써 발전할 수 있기 때문에 합리적인 의사결정능력은 중요한 민주시민의 덕목이 된다.

2. 의사결정능력의 필요성

(1) 사회문제 해결을 위해 필요한 능력

① 신사회과에 대한 비판
1970년대 이후 미국 사회과에서 의사결정능력의 함양을 강조하기 시작하였다. 당시 미국은 인권운동, 반전운동(베트남전), 빈곤과 흑인, 소수민족 문제 등 사회적·정치적 혼란을 경험하면서 사회과학 중심의 '신사회과'가 사회 문제의 인식 및 해결을 간과하는 것에 대해 비판이 제기되었다. 동시에 학생들로 하여금 시민으로서 공공문제를 인식하고 참여할 수 있는 능력의 함양을 사회과에서 강조해야 한다는 주장이 제시된 것이다.

② 시민으로서 공공 문제를 인식하고 참여할 수 있는 능력으로 의사결정력 강조
엥글과 오초아, 뱅크스 등은 사회 문제 해결에 사회과학의 지식을 적용하기 위해서는 지식과 가치의 진실성을 평가하는 탐구 능력과 민주시민으로서의 공적행위와 정책결정에 있어 반성적이고 책임 있는 결정을 내리는 능력인 의사결정능력이 중요하다고 주장하였다.[148]

(2) 능동적이고 주체적인 삶의 영위

다양한 개인 간, 집단 간 갈등이 증폭되고 있는 21세기를 살아갈 학생들에게는 문제를 주체적, 합리적, 도덕적으로 해결하면서 정보화, 세계화 사회의 변화에 능동적으로 대응할 수 있는 새로운 시민적 자질이 요구되므로, 객관적 정보와 가치 준거에 따른 합리적 판단과 문제해결 및 의사결정능력의 육성이 강조되고 있는 것이다.

03 의사결정 학습모형의 의의 및 특징

1. 의사결정 학습모형의 의의

(1) 의사결정문제 학습

민주시민의 중요자질이면서 사회과 목표인 합리적 의사결정능력 함양을 위해서 합리적인 과정과 절차에 따라 의사결정 문제를 학습하는 것이 의사결정 학습모형이다.

---

148) Engle & Ochoa, 1988:67.

⑵ 의사결정의 과정과 절차를 체험하는 학습

의사결정과정은 사회 탐구와 가치 탐구에 의해 이루어진다고 본다. 의사결정학습은 개인·사회문제의 해결이나 미래 문제의 학습 및 기타 합리적 결정을 필요로 하는 모든 문제를 다루는 수업모형이다. 사회과에서 의도하는 의사결정은 합리적 의사결정을 의미하며 합리적 의사결정은 이상과 현실 간의 최적 대안을 구하는 것으로써 지적 탐구과정과 가치판단의 과정이 동시에 고려된 종합적인 문제해결과정이라고 볼 수 있다. 민주시민의 중요 자질이면서 사회과 목표인 합리적 의사결정능력 함양을 위해서 합리적인 과정과 절차에 따라 의사결정문제를 학습하는 것이 의사결정 학습모형이다.

2. 의사결정 학습모형의 특징

⑴ 의사결정을 하기 위해서는 사실을 인식하기 위해 충분한 지식이나 정보를 필요로 함 ➪ 사회 탐구 과정을 통해 해결

⑵ 의사결정을 해야 하는 문제에는 선택해야 할 가치가 반드시 개입되어 있음 ➪ 가치 탐구 과정을 통해 해결

⑶ 의사결정은 이러한 사회탐구와 가치탐구의 상이한 성격의 과정을 거쳐 최종적으로 이루어짐

⑷ 가능한 대안을 모두 나열하고, 대안 선택 시 나타나는 결과를 예측하여 장·단점을 충분히 검토한 후 결정하고, 그것을 행동으로 실천

3. 의사결정수업의 교육적 효과

⑴ 사실탐구능력

학생들이 스스로 필요한 정보를 취사선택, 수집, 분석할 수 있는 능력을 향상시킨다. 의사결정과정은 의사결정에 필요한 사실적 근거를 필요로 한다. 이런 사실적 근거는 주로 사회탐구과정을 통해서 이루어진다.

⑵ 가치탐구능력 및 가치의 명료화

또한 의사결정 수업을 통해 가치탐구의 과정을 가르칠 수 있다. 가치가 의사결정에 큰 영향을 미치게 된다. 따라서 가치명료화를 위해 가치탐구를 실시한다.

⑶ 사회참여능력 등 함양

마지막으로 의사결정능력과 함께 사회참여능력 등 여타의 다른 중요한 기능을 함양할 수 있다. 개인적 의사결정문제보다는 사회적 차원의 의사결정을 요구하는 문제를 주로 다루기 때문에 시민의 의무가 무엇이며, 공동체를 위해 학생들이 할 수 있는 행동에는 어떤 것들이 있는지 등을 학습할 수 있을 것이기 때문이다.

4. 의사결정 학습모형의 종류

의사결정능력 함양을 목표로 하는 대표적인 의사결정모형으로는 뱅크스 모형, 뱅크스 모형의 사회탐구
과 가치탐구와 유사한 엥글과 오초아 모형, 의사모형 절차에 '행동'을 포함시킨 울에버와 스콧 모형, 개
인적 의사결정과 집단적 의사결정을 결합시킨 마시알라스와 허스트 모형 및 스탈 모형 등이 있다. 이 장
에서는 뱅크스 모형, 엥글과 오초아 모형을 중심으로 살펴보고, 울에버와 스콧 모형[149]은 절차만 간단히
살펴보겠다. 개인적 의사결정과 집단적 의사결정을 결합시킨 마시알라스와 허스트 모형 및 스탈 모형은
협동학습모형에서 살펴보도록 하겠다.

Ⅱ 의사결정 학습모형의 유형

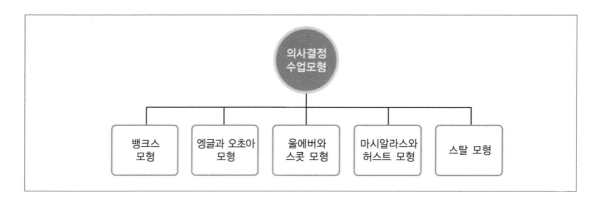

01 뱅크스 모형

1. 특징

1973년 뱅크스(J. Banks)는 '지적인 합리적 의사결정자의 육성'을 사회과 교육의 궁극적인 목적으로 설정
하고 합리적 의사결정모형을 제안하였다. 이 모형은 사회과학(지식) 탐구와 가치탐구를 통해 과학적 지
식과 바람직한 가치에 근거하여 합리적 의사결정을 체험할 수 있도록 고안된 것이다. 따라서 이 모형은
결과보다는 과정을 중시하는 입장으로, 일상생활 속에서 직면하게 되는 문제 해결에 필요한 지식과 가
치를 탐구하는 과정에서 시민적 자질이 육성된다고 강조한다. 듀이(J. Dewey)의 반성적 사고의 영향을
받아 학습자 개인에게 의미 있고 사회적으로도 중요한 문제를 다루면서 의사 결정력을 함양하는 데 초
점을 두고 있다. 뱅크스는 사회 탐구와 가치 탐구에 의해 합리적으로 의사 결정을 내리는 것을 강조하며
이러한 의사결정능력을 사회과의 목표로 삼아야 한다고 주장하였다.

---

149) 이 수업모형의 절차는 "문제인식 → 문제 정의 → 문제 진술 → 과학적 지식의 탐구 → 가치탐구 → 대안 개발 → 대안
평가와 최선의 대안 선택 → 행동 → 결과 평가"의 6단계로 제시하였다(Woolever & Scott, 1988:69).

2. 교수-학습단계(5단계)

뱅크스는 의사결정능력 함양을 위한 수업의 단계를 '의사결정문제의 확인 → 사회과학 탐구 → 가치 탐구 → 의사결정 → 행동'의 5단계로 제시하였다.[150]

(1) 1단계 : 문제 제기

현재 갈등하고 있는 문제가 무엇인지에 대해 파악하는 단계이다. 이 단계에서 사실과 가치를 구분하고 탐구를 위한 준비를 정리한다.

(2) 2단계 : 사회 탐구

① 내용

대안 마련과 그 결과 예측에 필요한 지식을 형성하는 단계이다. 이때 만들어진 지식은 다학문적 지식이나 간학문적 지식이다. 의사결정수업은 지식의 형성이 아닌 지식의 선택, 종합, 응용 또는 재조직을 강조한다. 즉 의사결정학습에서 다루어지는 지식은 지식 그 자체로서의 목적보다는 수단적인 성격을 가지고 있다. 문제해결학습, 탐구학습이 학습자 스스로의 반성적 사고과정에 의한 지식의 생성이나 발견 및 획득이 목적이라면, 의사결정학습은 지식의 생성이나 지식의 구조 차원에서 머무는 것이 아니라, 이러한 지식을 활용하여 학습자가 경험하는 개인적·사회적 문제의 해결까지 나아갈 것을 요구하고 있다. 또한 지식을 활용할 수 있는 능력을 민주시민이 가져야 할 자질로 보고 있다. 따라서 지식의 선택, 종합, 적용을 통한 지식의 유용성을 강조하며, 사회과학을 비롯한 여러 가지 지식들은 사회문제를 해결하기 위한 도구, 즉 수단적 위치에 머무르게 되는 것이다.

② 절차

문제 제기 → 가설 설정 → 용어의 정의 및 개념화 → 자료 수집 → 자료의 평가와 분석 → 가설의 검증 → 일반화와 이론 도출 → 새로운 탐구의 시작

(3) 3단계 : 가치 탐구

① 내용

가치 탐구 단계는 가치 분석을 통해 스스로 바람직한 가치가 무엇인지를 밝히고 이를 논리적으로 정당화한다. 가치탐구의 요소는 의사결정 과정의 매우 중요한 부분으로서, 이 책에서는 문제제기 단계에 이어 가치문제를 확인하는 과정을 가져야 한다. 사회적 행위자가 합리적인 의사결정을 하려면 주어진 문제에 대한 자신의 가치를 인식하고 분석, 명료화하며 가치를 자신이 습득한 지식에 관련시켜야 한다. 가치야말로 자발적인 선택에 근거할 때만 내면적 구속력을 지니게 된다. 그러므로 가치탐구의 목표는 특정한 가치를 주입하는 것이 아니라 학습자가 자신의 가치를 분석을 거쳐 명료화하고 신중하게 도출하도록 도와주는 것이다.[151]

---

150) Banks, 1999:31-33.
151) Banks, 1977:424.

② 절차

가치문제의 정의 및 인식 → 가치 관련 행동 서술 → 서술된 행동에 의해 예시되는 가치에 이름 붙이기(가치 명명화) → 서술된 행동에 포함된 대립 가치 확인(가치갈등 결정) → 분석된 가치의 원천에 대해 가설 설정 → 관찰된 행동에 의해 예시되는 가치의 대안적 가치에 이름 붙이기(대안적 가치 명명) → 결과에 대한 가설 설정 → 선택 → 가치 선택의 이유, 원천, 결과를 서술

⑷ **4단계 : 의사결정**

① 내용

일반화를 사용하여 대안들을 확인하고 각 대안이 어떤 결과를 만들어내는지에 대해 예측한 후 대안의 순위를 결정한다.

② 절차

대안 탐색 → 각 대안의 결과 예측 → 대안 선택(대안의 순위 결정)

⑸ **5단계 : 행동**

가치와 일치하는 방법으로 선택한다.

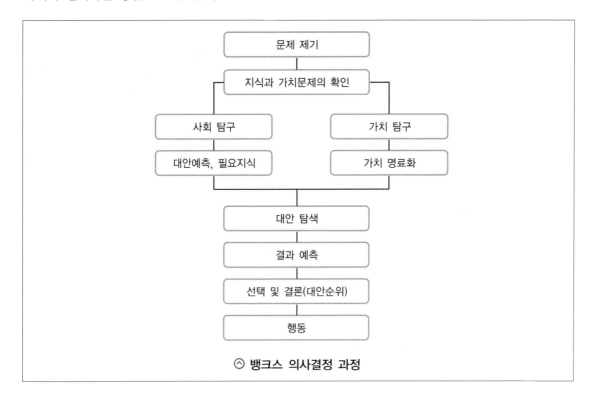

⊙ 뱅크스 의사결정 과정

3. 뱅크스 의사결정 학습모형의 한계

(1) 지식과 가치를 구별하기 어려운 의사결정문제

의사결정문제가 탐구의 대상으로 적합한지에 관한 문제이다. 이 문제는 학생들의 수준을 고려하여 문제를 선택한다면 해결할 수 있는 한계라고 볼 수 있다.

(2) 실제 시민들의 의사결정방법과의 괴리

일반 시민들의 의사결정과정은 모형처럼 복잡하지 않다. 따라서 현실적인 의사결정 방법과 수업의 의사결정방법 사이의 간극이 크다고 볼 수 있다. 이 둘의 관계는 결국 이상과 현실, 규범과 현실의 문제이다. 뱅크스의 의사결정 절차는 이상과 규범으로 볼 수 있다. 그렇다면 이 한계 역시 학생들의 수준에 맞추어 절차를 조정하거나 협동학습의 형태로 보완한다면 충분히 해결할 수 있는 부분이라고 할 수 있다.

02 엥글과 오초아 모형[152]

1. 특징[153]

현대 민주주의에서는 다양한 쟁점과 갈등이 존재하고 있다. 이와 같은 쟁점과 갈등을 다루는 것은 민주시민성을 함양하는 중요한 교육적 소재가 될 수 있다. 엥글과 오초아는 사회과 교수 학습에서 사회문제 중 교육과정의 주제와 관련되는 것을 선택하여 의사결정과정모형을 제시하였다. 이 모형은 의사결정의 유형을 '진리에 관한 의사결정'과 '공공정책에 관한 의사결정'의 2가지로 나누었다. 전자는 뱅크스의 사실탐구(사회탐구)과 유사하고, 후자는 가치탐구과정과 각각 유사하다.

2. 엥글과 오초아의 의사결정모형

(1) 진리에 관한 의사결정 : 사회탐구와 유사

이 모형은 '호기심 유발 → 진리 주장과 근거 제시 → 자료 수집 → 자료 평가 → 결론'의 5단계로 제시하였다.

(2) 공공정책 문제에 대한 의사결정 : 가치탐구와 유사

① 문제 인식 및 정의 단계 : 용어 정의 및 문제에 대한 명확한 인식

② 가치의 가정에 대한 확인
  문제해결을 위한 반성적 사고를 해야 하며 의사결정을 정당화하기 위한 가치들을 명확하게 인식한다.

③ 대안의 확인 : 대안들의 인식

---

152) Engle & Ochoa, 1988:67~76.
153) 이 모형은 논쟁문제 수업모형으로 언급되기도 한다.

④ 결과의 예측 : 대안들의 예측된 결과 확인

⑤ 의사결정

⑥ 결정의 정당화 : 이유, 논거, 증거 제시하여 결정을 강화한다.

⑦ 의사결정의 변경 가능

의사결정에 대해 회의적인 탐구를 하고 편견과 부적절한 증거에 의한 결정이라는 것이 입증되는 경우 의사결정을 바꿀 수 있다.

3. 사례   《2011 기출

(가) 진실에 대한 주장을 검증하는 의사결정	(나) 사회 문제 해결을 위한 의사 결정
호기심 자극 → 진실에 대한 주장과 근거 제시 → 증거 수집 → (㉠) → 결론 도출	(㉡) → 대안 모색 → 결과의 예측 → 결정의 도출 → 결정의 정당화 → (㉢)

4. 평가

이 모형은 정교한 절차를 제시하고 있지만 논쟁 문제에 대해 타인, 혹은 타 집단과 합의를 도출함으로써 문제를 해결하려 하지 않고, 가치 분석과 개인적인 의사 결정에 초점을 맞추고 있다는 점은 하버드 모형과 유사한 한계를 지닌다고 지적받을 수 있다.

03 의사결정 학습모형 지도안

[참고] 90분 블록 타임 수업(전개 70분)

[중학교 사회① – Ⅻ. 사회변동과 사회문제]

[9사(일사)12-03] 현대의 주요한 사회문제를 조사하고, 이에 대한 해결 방안을 탐구한다.

학습단계		교수–학습활동	자료 및 유의점	시간 (분)
전개 ①	문제 제기	• 교사는 고령 사회와 관련된 문제를 제시한다. 한국 사회는 2000년에 고령화 사회에, 2017년 고령 사회에 진입하였고, 2025년 초고령 사회로 진입이 예상된다. 이에 따라 고령화가 사회 문제로 부각되고 있다. 주요 사회 문제로는 노인 일자리문제, 노인의 주거문제, 노인 복지문제가 있다. 첫째, 노인 일자리문제와 관련하여, 어떤 사람들은 전체 취업자 중 노인 취업비율이 점점 줄어들고 있어 노인들의 수입유지를 위해 정년퇴직 시기를 늦추어야 한다고 주장한다. 둘째. 노인 주거문제와 관련하여, 지방자치단체에서는 서로 앞다투어 실버타운을 건설하려고 한다. 하지만 일부 시민단체에서는 실버타운을 건설하는 것만이 노인 복지를 향상시키는 것이 아니라며 이에 반대의견을 제시하고 있다. 셋째, 노인 복지문제와 관련하여, 젊은 세대에서는 노인 복지를 이유로 세금을 많이 내야 하므로, 자신들은 어떻게 노후를 대비하느냐는 불만이 나오고 있다. 이러한 불만은 자칫 세대갈등으로 이어질 수도 있어, 정부에서는 노인 복지 수당을 받는 연령을 조정하려고 하고 있지만, 이 또한 정부가 마음대로 정할 수 없어 곤란해 하고 있다. • 교사는 학생들과의 상호작용을 통해 문제를 해결하기 위한 탐구 주제를 도출한다. **일자리 문제** ① 노인 취업률은 감소하고 있는가? ② 노인들의 수입 유지를 위해 정년퇴직 시기를 늦추어야 할까? **주거 문제** ③ 주거가 없는 노인의 비율은 얼마인가? ④ 실버타운을 건설하는 것이 노인들의 복지에 도움이 될까? **복지 문제** ⑤ 20년 후 우리나라의 노인 부양비는 얼마나 될까? ⑥ 어느 연령부터 노인복지 수당을 받도록 해야 할까?	• PPT • 판서	5
	사실과 가치의 문제 확인	• 모둠별로 3가지 문제를 각각 사실탐구 문제와 가치탐구 문제로 구분한다. **문제 / 사실탐구 문제 / 가치탐구 문제** 일자리 문제: ① 노인 취업률은 감소하고 있는가? / ② 노인들의 수입 유지를 위해 정년퇴직 시기를 늦추어야 할까? 주거 문제: ③ 주거가 없는 노인의 비율은 얼마인가? / ④ 실버타운을 건설하는 것이 노인들의 복지에 도움이 될까? 복지 문제: ⑤ 20년 후 우리나라의 노인 부양비는 얼마나 될까? / ⑥ 어느 연령부터 노인 복지 수당을 받도록 해야 할까?	학습지	5

전개 ②	가설 설정	• 모둠별로 사실탐구 문제를 해결하기 위한 가설을 설정한다. (다음은 **예**) ① - 노인 취업률은 감소하고 있다. ③ - 인간다운 삶을 유지할 수 있는 주거가 없는 노인보다 있는 노인이 더 많다. ⑤ - 노인부양비는 증가할 것이다. • 교사는 가설의 적절성을 평가한다.	• 가설 설정을 모둠별로 지도한다. • 관찰 평가지	5
	자료 수집	• 모둠별로 태블릿 PC를 이용하여 가설을 검증하기 위한 자료를 수집한다. • 교사는 학생들이 자료에 접근할 수 있는 사이트를 소개한다.	태블릿 PC	10
	자료 분석	• 모둠별로 수집한 자료를 분석한다.		5
	가설 검증 및 일반화	• 모둠별로 가설을 검증하고 탐구한 내용을 정리한다. • 교사는 가설 검증의 과정과 그 결과를 평가한다.	관찰 평가지	5
전개 ③	가치 문제 (갈등) 확인	• 모둠별로 가치탐구 문제에 포함되어 있는 가치를 확인한다. | 문제	갈등하는 가치	
---	---	---
일자리 문제	노인들의 취업	청년들의 취업
주거 문제	노인들의 주거 문제 해결	주거 이외의 다른 복지 확대
복지 문제	노인들의 의료·복지 수당	젊은 세대의 노후 대비			5
	대안 검토 및 결과 예측	• 모둠별로 어떤 가치를 더 우선해야 하는지, 그 수준을 선택한다. 1. 일자리 문제 　노인들의 취업 ├──┼──┼──┼──┼──┼──┤ 청년들의 취업 2. 주거 문제 　노인의 주거안정 ├──┼──┼──┼──┼──┼──┤ 주거 이외의 복지 확대 3. 복지 문제 　노인 의료 복지 수당 ├──┼──┼──┼──┼──┼──┤ 젊은 세대의 노후 대비		10

| 전개 ③ | 대안 검토 및 결과 예측 | • 모둠별로 선택한 수준을 토대로 문제를 해결할 수 있는 대안을 만든다. 만든 대안이 현실이 되었을 때 사회의 모습을 상상하여 학습지를 완성한다.

1. 일자리 문제를 해결하기 위한 우리 모둠의 대안은 첫째,_____
_____ 둘째,_____
_____이다.
왜냐하면,_____
_____ 때문이다.
우리의 대안이 현실이 된 사회는 _____
_____모습일 것이다.

2. 주거 문제를 해결하기 위한 우리 모둠의 대안은 첫째,_____
_____
둘째,_____
_____이다.
왜냐하면,_____
_____ 때문이다.
우리의 대안이 현실이 된 사회는 _____
_____ 모습일 것이다.

3. 복지 문제를 해결하기 위한 우리 모둠의 대안은 첫째,_____
_____
둘째,_____이다.
왜냐하면,_____
_____때문이다.
우리의 대안이 현실이 된 사회는 _____
_____모습일 것이다. | | |

| | 가치 선택 및 행동 | • 모둠별로 2가지 대안 중 한 가지 대안을 선택한다.
• 모둠별로 대안을 현실화하기 위해 우리가 할 수 있는 일이 무엇인지 생각하여 정리한다.
• 교사는 대안의 논리성과 창의성을 평가한다. | 관찰 평가지 | 5 |

전개 ④ — 대안 제시 및 결과 예측 & 선택과 행동

• 모둠별로 사회 탐구와 가치 탐구의 내용을 토대로 하여, 처음에 제시한 문제의 해결책과 실천할 수 있는 방안에 대하여 보고서를 작성한다.
• 작성한 보고서를 토대로 하여 발표한다.
• 교사는 모둠별 보고서와 발표 내용을 토대로 평가를 한다.

항목	평가 내용	점수(0~5)
사회 탐구	탐구를 위한 가설을 잘 세웠는가? 충분한 자료를 수집하였는가? 자료를 분석하기 위한 방법은 적절하였는가?	
가치 탐구	문제에 포함된 가치를 잘 분석하였는가? 가치의 우선순위를 정하고 그 이유를 밝혔는가? 창의적인 대안을 만들었는가? 만든 대안과 결과가 논리적인가?	
결론	탐구를 토대로 하여 해결책을 제시하였는가? 해결책을 실천하기 위한 방안은 적절한가?	
보고서	탐구의 과정에서 활용한 자료들의 출처를 밝혔는가?	

• 보고서 양식
• 평가 기준표

5

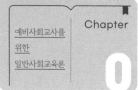
08 협동학습모형 154)

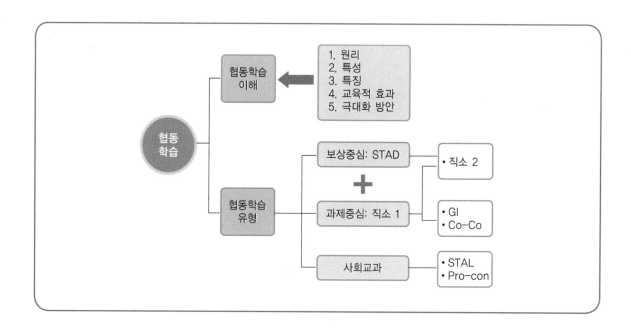

I ┃ 협동학습의 의미 : 협동 → 교육적 목표 달성 → 보상

01 의의 : 제4차 산업혁명의 시대에서 절실하게 요구되는 능력

과거 산업사회에서 생산 조직의 기본 형태는 '관료제에 의한 분업'이었다. 그런데 세계화, 정보화가 되면서 분업과 개인의 역량으로만 해결할 수 없는 문제가 많아지고 있다는 사실이다. 그래서 최근에는 사회·경제·정치·문화적 측면에서 조직의 생산 양식의 변화가 일어나고 있다. 관료제의 틀 속에서도 탈관료제의 흐름이 나타나고 있는 것이다. 그래서 등장하는 것이 프로젝트, 팀 과업 등이다. 그래서 탈관료제의 성격을 가진 조직이 만들어지고, 과업이 끝나면 새로운 과업을 위해 구성원이 바뀐다. 즉 협동과 유연성이 생산 양식에서 매우 중요한 가치가 되고 있다는 것이다. 이러한 요구에 부응할 수 있는 수업모형이 협동학습모형이다. 그렇다면 협동학습이란 무엇일까?

---

154) 정문성(1994), 사회과 학업성취에 대한 협동학습의 효과 연구; 정문성·김동일(1999), 협동학습의 이론과 실제; 정문성 (2006), 협동학습의 이해와 실천; 정문성(1994), 사회과협동학습연구의 동향과 과제; 김윤성(2012), 찬반논쟁협동학습모형을 활용한 사회과 국제이해교육의 수업설계연구; Johnson & Johnson(1989, 1994b) 등을 참조하여 발췌 정리

02 의미 및 특징

슬래빈(Slavin)은 협동학습이란 '공동의 학습목표를 달성하기 위해 이질적인 학생들이 학습집단을 통하여 함께 학습하는 방안'이라고 하였다. 학습능력이 각기 다른 학생들이 학생 자신과 동료들의 학습효과를 최대로 하기 위한 상황에서 협동을 위한 이질적인 소집단을 만들고, 소집단 구성원들이 긍정적이며 상호보완적인 학습활동을 통하여 공동의 학습목표를 달성하고 집단성적에 기초한 보상과 인정을 받는 방식으로 최대의 학습효과를 추구하는 학습방법이다. 다만 협동학습의 의미를 명확하게 이해하기 위해서는 우선 이것이 하나의 교수모형이라기보다는 학생들의 집단 활동을 구조화하는 방법이라는 점, 즉 특정한 내용을 가르치는 방법이 아니라는 점을 이해할 필요가 있을 것 같다. 예컨대 구조화된 또래 가르치기를 하면 단순한 모임 학습이 아니라 협동학습이 된다. 이런 협동학습은 어떤 원리로 근거를 두고 만들어지고 실천되는 것일까?

II 협동학습의 기본원리[155]

01 상호유기적 관계 : 모두는 하나를 위하여, 하나는 모두를 위하여

협동학습이란 소그룹이나 전체 학습 집단 안에 속한 학습자들이 협동을 통하여 '모두는 하나를 위하여, 하나는 모두를 위하여'라는 태도를 갖게 하고, 집단 구성원들의 성공적인 학습을 위하여 서로 격려하고 도움으로써 학습부진을 개선할 수 있도록 상호 유기적인 학습구조를 만들어 수업을 진행한다. 즉 협동학습은 학습목표에 도달한 결과보다 목표를 이루어 가는 과정을 중시한다.

02 4가지 기본원리

협동학습의 4가지 기본원리는 긍정적인 상호의존, 개인적인 책임, 동등한 참여, 동시다발적인 상호작용이다. 협동학습을 이해하는 데 있어서 가장 중요한 열쇠가 바로 다음에서 제시한 기본원리이다.

1. 긍정적인 상호의존(Positive Interdependence)

⑴ 긍정적 상호의존의 의의

협동학습에서는 학습 집단 구성원들이 자연스럽게 협동하여 학습목표를 달성할 수 있도록 한다. 왜냐하면 학습구조 자체가 학습 집단 구성원들이 협력하지 않으면 아무것도 할 수 없기 때문이다. 그래서 협동학습은 긍정적 상호의존을 가능하게 하는 것이다. 긍정적인 상호의존이란 '각자의 성과가 서로에게 도움이 되게 하여 각자가 서로 의지하는 관계로 만드는 것'을 말한다. 이런 긍정적 상호의존은 책임감과 공동체 의식을 가지게 한다.

---

155) 협동학습은 4가지 원리에 근거하고 있다(Susan Ledlow, 1999:4).

⑵ 긍정적 상호의존의 분위기를 형성하는 방법

우선 모둠 구성원들이 공동의 목표를 향해 학습할 수 있도록 학습목표를 모둠별로 제시한다. 다음은 모둠을 구성할 때 질적으로, 양적으로 적절하게 구성하는 것이 좋다. 예컨대 이질적 구성하되 그 수는 4~6명으로 구성하는 것이 좋다. 마지막으로는 모둠 구성원들에게 적절한 역할 분담을 정하는 것이 중요하다.

2. 개인적인 책임과 동등한 참여(Individual Accountability, Equal Participation)

⑴ 개인적 책임

① 의의

협동학습에서는 구성원 간의 협동을 중시함과 동시에 구성원 개인의 책임도 분명히 한다. 개인적 책임이란 학습과정에 있어서 집단 속에 자신을 감추는 일이 없도록 개인에 대한 구체적인 역할을 제시하고 그에 대한 책임을 묻는 것이다. 예컨대 자신의 역할을 제대로 수행하지 않으면 그 다음 단계로 넘어가지 못하게 하거나 평가에 있어서 불이익을 줄 수 있어야 한다. 이 원리는 '무임승차자'나 '일벌레'의 등장을 예방할 수 있다. '무임승차자'란 자신은 전혀 공동 작업을 하지 않았으면서도 모둠 점수를 덩달아 받는 사람이다. 반대로 '일벌레'란 자신의 분량보다 많은 과제를 하는 사람이다.

② 방법

개인적인 책임을 강조하기 위한 방법으로 보상을 할 때 팀 보상과 함께 개인 보상을 동시에 하는 것이다. 예컨대 보상카드를 줄 때 모둠 카드와 개인 카드를 나누고, 최종적 상황에서는 두 카드의 값을 합하여 최종적으로 보상하도록 한다.

⑵ 동등한 참여

① 의미

동등한 참여란 학습자 모두가 적극적으로 참여할 수 있도록 유도하면서 일부에 의해 독점되거나 반대로 참여하지 못하는 일이 없도록 하자는 것이다.

② 방법

동등한 참여가 이루어질 수 있도록 하는 방법 중의 하나가 동등한 참여가 이루어 질 수 있도록 구성원 모두에게 과제를 일정하게 분담시키는 것이다. 예컨대 사회자, 기록자, 관리자 등 모둠 구성원 개인의 역할을 고정적으로 운영하기보다는 일정기간마다 돌아가면서 역할을 바꾸어 운영할 수 있다. 그리고 교사가 수업하거나 평가할 때 특정 학생에게만 관심을 주지 않는다. 또한 참여를 하고 싶을 때 사용할 수 있는 카드나 쿠폰 등을 활용하는 방법도 있다.

3. 동시다발적인 상호작용(Simultaneous Interaction)

(1) 동시다발적 상호작용(참여)과 효율성

협동학습에서 제일 중요한 원리 중의 하나는 교사와 학생 모두가 동시다발적으로 교수-학습활동에 참여할 수 있어야 한다. 예컨대 어떤 주제에 대하여 발표를 하는 경우를 가정해 보자. 학생 인원은 20명이고, 수업시간은 45분이다. 순차적으로 발표하면 각자 2분씩 발표하면 40분이 소요된다. 그러나 동시다발적인 구조를 활용하여 두 명씩 짝꿍을 정하여 서로 발표하게 하면 4분이면 모든 사람이 발표하게 되고 모든 사람이 발표한 내용을 경청하게 된다(짝 토의). 그러므로 순차적 구조보다 동시다발적인 구조를 활용하게 되면 학습의 효율성을 높이고 학생들의 적극적인 참여를 유도할 수 있다.

(2) 동시다발적인 상호작용이 잘 이루어지기 위한 조건

① 동시다발적인 상호작용이 잘 이루어지기 위해서는 동시에 시작과 멈춤이 이루어져야 한다. 예컨대, 학습자료를 배분할 때, 토의를 시작하고 끝마칠 때, 모둠활동을 시작하고 마무리 할 때 등에 적용할 수 있다.

② 규칙이나 신호 활용하기
효과적으로 전체 집단을 통제하기 위하여 몇 가지 규칙이나 신호를 정해 놓는 것이 좋다. 예컨대 시간 신호, 시작 신호, 멈춤 신호, 침묵 신호, 반응 신호 등을 적절하게 활용하면 좋을 것이다.

Ⅲ 협동학습의 구조

위에서 살펴본 협동학습의 원리는 협동학습의 구조를 만든다. 구조는 기본적으로 지위, 역할, 역할행동의 규범화 내지는 제도화 등으로 이루어진다.

01 일제학습 구조 : 교사 중심

일제학습 구조란 교사가 전체 학급을 하나의 학습집단으로 만들어 한꺼번에 관리(통제)하는 구조를 의미한다. 예컨대 전통적 수업 방식으로 강의식 방법, 시청각 매체 수업 방법 등이 여기에 해당한다. 일제학습 구조는 많은 학습자를 동시에 교육할 수 있고 어려운 학습내용도 쉽게 전달할 수 있는 효율성 측면의 장점이 있다. 하지만 학생의 개별적 특성을 고려한 개별화 학습 부재, 학습동기의 자극 실패, 무의미 학습의 결과를 초래하는 문제점이 있다.

02 개별학습 구조 : 개별 학생 중심

개별학습 구조란 일제식 구조와 반대되는 형태로 교사가 학습자의 학습 수준에 따라 개별적으로 학습시키는 구조를 의미한다. 예컨대 수준별로 학생을 구성한 다음 학습지를 나누어주거나, 자율학습을 실시하는 방식이다.

학습자 개인의 특성에 맞게 수업할 수 있으므로 학생들의 흥미나 요구가 수업에 많이 반영될 수 있다는 점, 학생들의 개별 역량을 강화시킬 수 있다는 점 등은 장점이다. 그런데 사회적 기능과 협동하는 가치 및 태도와 같은 사회성 함양에는 한계가 있으며, 무엇보다 지속가능성이 떨어진다. 교사가 모든 학습자의 수준을 파악하고 그에 맞춰 수업을 진행시켜야 하는 수업부담이 크기 때문이다.

03 경쟁학습 구조 : 경쟁적 구조

경쟁학습 구조란 학습 집단 내에 승패나 게임, 서열, 보상 등과 같은 장치를 통해 모둠이나 개인 간에 경쟁을 유발시키는 구조를 의미한다. 일반적으로 경쟁을 촉진하는 방법으로 보상 제도를 적절히 운영한다. 예컨대 먼저 학습목표를 이룬 모둠에게 점수나 선물 등 다양한 보상을 하여 적절히 전체 집단을 통제하는 것이다. 또한 선착순의 방법을 사용하여 점수나 보상을 부여하기도 한다. 경쟁학습 구조는 학생들에게 적극적으로 참여할 수 있는 동기를 부여하고, 수업 분위기를 활기차게 만든다. 그러나 모둠이나 개인 간의 경쟁이 지나칠 경우 갈등이 커지고 수업분위기가 산만해질 수 있다. 또한 모둠간이나 집단 간의 격차가 벌어진 상태에서 학습이 종료될 수 있는 문제점이 있다.

04 협동학습 구조 : 교사와 학생의 유기적 역할 및 협동적 구조

협동학습 구조란 학습자 상호간의 활발한 긍정적 상호작용과 협동을 통해 학습목표를 이루는 구조를 의미한다. 이를 위하여 전체 학습 집단 안에 모둠을 조직하고 모둠 구성원 간, 모둠 집단 간의 협력이 이루어 질 수 있도록 하는 것이다. 따라서 이 구조에서 '협동'은 선택이 아니라 '필수'이다. 협동 방식은 모둠 구성원 간의 협동을 강조할 수 있고 전체 학습 집단 내에 속한 모둠들끼리 협동을 해야만 학습목표를 이룰 수 있다.

05 실제 수업에서 바람직한 구조

위에서 살펴본 수업의 구조들은 이념형에 가까운 것이다. 물론 실천 여부에 따라 이념형 구조를 현실 구현을 위한 구조로 쓸 수도 있다. 현재 저 위의 구조 중에 한 가지만을 선택하여 수업을 하는 교사를 찾아보기란 어려울 것이다. 수업 상황에 따라 그 비율을 정해 여러 가지 구조를 조합해서 수업을 디자인해야 할 것이다.

교사 연수 강의나 교사들을 대상으로 하는 특강에서 주로 내가 설명하는 방식이다. 예컨대 협동학습을 기본 구조로 하되, 일제는 10%, 개별은 5%, 경쟁은 10%로 수업을 디자인하는 것이다. 그렇다면 협동학습은 75% 정도가 될 것이다. 어떤 구조나 방법도 완벽한 것은 없다. 상황과 맥락에 따라 적절한 조정을 할 수 있는 수업전문적 지식이 필요하다. 특히 이 지식은 교육학적 지식이나 교과 내용적 지식으로만 할 수 없다. 가르치는 지식, 즉 수준 높은 교수내용지식(PCK)이 요구된다.

Ⅳ 협동학습의 특징[156)

위에서 살펴본 협동학습의 원리 및 구조를 통해 협동학습이 어떤 특성을 가질 수 있을 것인지에 대해 추론해 볼 수 있다. 위의 학습 구조의 비교를 통해 가장 대표적인 협동학습의 특징은 무엇일까? 협동학습은 긍정적 상호작용을 극대화하여 학습목표를 달성하도록 한다는 것이다. 정문성 외(1999)는 여러 학자들의 견해를 종합적으로 정리하여 11가지를 제시하고 있다.

(1) 이질적인 집단으로 구성된다.

(2) 구체적인 수업 목표의 제시로 학생의 목표 인식도가 높다.

(3) 집단 활동의 과정을 중요시한다.

(4) 구성원의 과제를 세분화한다.

(5) 개별적 책무성이 존재한다.

(6) 집단 구성원의 협력을 강조한다.

(7) 긍정적 상호의존성이 존재한다.

(8) 대면적 상호작용이 존재한다.

(9) 집단목표와 집단 보상이 이루어진다.

(10) 균등한 성공의 기회를 가진다.

---

156) 정문성 · 김동일, 1999:39-40.

Ⅴ 협동학습에 대한 평가[157]

협동학습이 어떤 의미를 지니고 어떤 특징이 있는지를 살펴보았다. 그렇다면 왜 우리는 협동학습에 주목하고 실천해야 하는 이유는 무엇일까? 협동학습은 완벽한 것일까? 문제점은 없을까? 문제점이 있다면 극복해야 할 방안은 없을까? 하는 질문이 생긴다. 협동학습의 교육적 효과와 장점을 살펴보면 왜 해야 하는지에 대해 답할 수 있다. 하지만 현실적으로 협동학습의 경우에도 문제를 야기하고 한계를 보이기도 한다. 이런 점들을 어떻게 극복해야 하는지가 더 중요할 것이다.

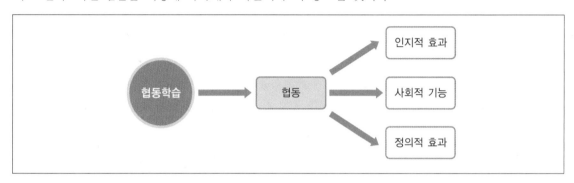

01 교육적 효과

1. 인지적 능력과 정의적 영역의 발달에 큰 효과

초기에 협동학습은 협동보다는 인지적 측면의 발달에 더 효과가 있는 것으로 강조되었다. 이후 많은 연구를 통한 검증이 있었고, 검증을 통해 정의적 측면에 효과가 있음이 알려졌다. 구체적으로 살펴보면 학생들의 동기와 흥미를 자극하고 학습활동에 참여를 유도한다. 참여를 통한 협동학습을 통해 개념 및 일반화와 같은 고차적 지식을 이해하고, 타인을 배려하고 협동하는 태도 등을 함양할 수 있다.

2. 고차사고력 등과 문제해결력 향상

협동학습은 문제해결, 판단 능력 등 과제 해결의 경험을 제공하고, 이 경험은 고차사고력뿐만 아니라 자존감 향상에도 기여한다.

3. 사회적 기능 및 가치·태도에 긍정적 영향

협동학습에 참여함으로써 협동능력, 사회성 발달, 정신 건강, 자아 존중감, 동료에 대한 긍정적 태도를 함양할 수 있다. 즉 긍정적 상호의존성은 학생들 상호 간에 신뢰감 및 유대감을 형성할 것으로 기대된다. 개별적 책무성과 집단목표는 책임감과 협동심 함양을 기대할 수 있다.

---

157) 정문성·김동일, 1996:46-53; 정문성, 1995:269-270; 1990:140-145.

02 협동학습의 장점 및 교육적 시사점

위와 같은 교육적 효과를 통해 협동학습은 "학습동기를 높여 학생들의 학습 참여를 높인다. 학업성취도를 높일 수 있다. 대인관계에 필요한 사회적 기술 및 상대방을 존중하는 태도를 발달시킬 수 있다. 협동에 필요한 능력과 태도를 함양할 수 있다. 긍정적인 자존감을 형성시켜준다" 등과 같은 장점이 있음을 정리할 수 있다. 따라서 협동학습은 '협동의 중요성 인식, 즐겁고 재미있는 학습경험 제공, 교육 경쟁력 향상' 등의 교육적 시사점이 있다.

03 협동학습의 문제점(한계, 단점)

협동학습은 집단 활동과 관련되는 문제점, 학생 측면의 문제로 나누어 생각해 볼 수 있다.

1. 집단 활동 측면

⑴ 집단 목표나 보상에 치중할 경우 과정보다 결과를 중시하는 경향이 생길 수 있다.

⑵ 집단 내의 친근감과 인간적 교류가 강하게 나타날 경우 집단 목표를 달성하기 어려울 수 있다.

⑶ 경쟁으로 인한 갈등 등은 집단 내의 호감은 강화시키고, 집단 간 적대감을 일으킬 수 있다.

2. 학생 측면

⑴ 학습자 중 교사나 또래에게 의존하는 경향이나, 무임승차자 심리가 커질 수 있다.

⑵ 우수한 학습자는 과제 수행에 대해 과중한 부담을 느낄 수 있으며, 모둠을 지배하려고 한다거나, 일부러 동참하지 않거나 기여하지 않는 행동 등을 할 수 있다.

⑶ 소외된 학습자는 심리적 모멸감과 수치심으로 인해 자신을 방어하고 보호하는 전략과 기능만을 키울 수 있다.

⑷ 협동학습활동을 끝까지 거부하는 학생들이 있을 경우 학급 전체에 부정적인 영향을 끼치게 된다.

04 협동학습의 교육적 효과를 높이기 위한 방안

1. 이질적 집단 구성 추구

협동학습은 지식의 습득은 물론이고 긍정적인 상호작용과 의사소통 기술과 같은 사회적 기능의 향상, 협동심, 관용 태도와 같은 정의적 측면에 이르기까지 종합적인 목표달성이 가능한 것으로 기대된다. 이를 위해서는 모둠을 동질적으로 구성하기 보다는 성별, 학업 성적, 가정배경 등이 서로 다른 이질적인 구성원들이 한 모둠을 구성하도록 하는 것이 보다 효과적이다.

2. 개별적 책무성(과제)과 집단적 책무성(보상)의 균형 및 조화 추구

협동학습은 협동을 위한 이질적인 소집단을 만들고, 소집단 구성원들이 긍정적이며 상호보완적인 학습 활동을 통하여 공동의 학습목표를 달성하고 집단성적에 기초한 보상과 인정을 받는 방식으로 최대의 학습효과를 추구하는 학습방법이다.

3. 평가 측면

평가와 관련해서는 각자 연구한 주제만 평가하는 것이 아니라 집단 전체 과제에 대해 평가를 치른다. 보상과 관련해서는 평가를 치른 후 개인별 점수와 함께 모둠별 향상 점수를 반영하도록 한다. 이와 같은 평가와 보상의 방법을 통해 무임승차자의 부작용을 최소화하고 모둠 구성원들 간의 협동이 동기화 될 수 있도록 한다.

Ⅵ 협동학습의 유형

정문성(2002)은 협동학습을 크게 3가지 기준으로 나누어 살펴보고 그 외의 모형을 '기타'로 분류하여 크게 네 종류로 나누었다.

01 과제중심 협동학습

과제중심 협동학습에는 직소(Jigsaw) 모형, GI 모형, Co-op Co-op 모형이 속한다. 이 모형들은 기본적으로 개별적 책무성, 즉 역할분담에 따른 과제 수행을 중시하는 모형들이다.

02 보상중심 협동학습

보상중심 협동학습에는 STAD 모형, TGT 모형이 있다. 이 모형들은 집단목표 및 집단 보상과 같은 집단적 책무성을 중시하는 모형들이다

03 교과중심 협동학습

교과중심 협동학습에는 수학과를 위한 TAI 모형과 국어과를 위한 CIRC 모형, 사회과를 위한 의사결정 모형인 에피소드 모형이 있다. 그 외에 기타 협동학습으로 LT 모형, Pro-Con 논쟁수업모형, 시뮬레이션 협동학습모형, 온라인 협동학습모형, 짝 점검 모형을 들고 있다.

04 슬래빈(Slavin)의 분류[158]

슬래빈은 동기론의 입장에서 모든 협동학습유형이 반드시 경쟁학습과 개별학습보다 높은 학업성취를 보이는 것은 아니며 긍정적인 성취효과는 두 요소, 즉 집단목표와 개별적 책무성에 달렸다고 주장하였다. 발달론자들은 협동학습에서 구성원들의 상호작용 그 자체만으로도 학업성취의 효과를 줄 수 있다고 주장하나, 동기론자들은 상호작용만으로는 부족하며 집단의 공동목표가 주어져야 적극적인 상호작용을 촉진할 수 있다고 주장한다.

유형 〳 특징	집단목표	개별적 책무성	성공기회의 균등성	집단경쟁	전문화	개별화적용
STAD	○	○	○	△	×	×
Jigsaw	×	○	×	×	○	×
Jigsaw Ⅱ	○	○	○	×	○	×
GI	×	○	×	×	○	×

※ 교실조직 측면 기준(정문성, 1994) : 과제구조와 보상구조
슬래빈의 주요 분석 척도(1983) : 개별적 책무성과 집단의 공통목표

05 정문성의 분류[159]

구분	모형 종류
과제중심 협동학습	• 과제분담학습모형(직소(Jigsaw) Ⅰ, Ⅱ, Ⅲ) • 모둠탐구모형(Group Investigation) • 협동을 위한 협동학습모형(Co-op Co-op)
보상중심 협동학습	• 모둠성취분담모형(Student Teams Achievement Division) • 모둠게임토너먼트모형(Teams Games Tournaments)
교과중심 협동학습	• 모둠보조개별학습모형(TAI) : 수학 • 읽기 쓰기 통합모형(CIRC) : 국어 • 일화를 활용한 의사결정모형(DME) : 사회
구조중심 협동학습	• 암기숙달, 사고력 신장, 정보교환구조, 의사소통기술, 과제전문화 설계
기타 협동학습	• 함께 학습하기 모형(Learning Together) • 찬반논쟁 협동학습모형(Pro-Con) • 시뮬레이션 협동학습모형 • 온라인 협동학습모형 • 짝 점검 모형

---

158) Slavin, 1989:136; 정문성・김동일, 1999:41 재인용
159) 정문성, 2004:173-389.

Ⅶ 사회과 교육에서 중시하는 협동학습모형

사회과 교육에서 중시하는 협동학습모형은 STAD 모형, 직소(Jigsaw) 모형, 에피소드 모형, Pro-Con 논쟁수업모형, 시뮬레이션 협동학습모형 등으로 볼 수 있다. 여기에서는 STAD 모형, 직소 모형, 시뮬레이션 협동학습모형을 중심으로 살펴보고자 한다.

01 보상중심과 과제중심형

협동학습을 형식적으로 분류해 볼 때 보상을 중심으로 조직하는 것과 개별 과제를 분담하는 구조를 중심으로 조직하는 유형으로 파악되었다. 하지만 협동학습의 중요한 가치 중 하나가 집단 성공 기회의 제공이다. 따라서 개별 과제의 분담을 중요시함과 더불어 집단 보상이 결합된 협동학습의 실천이 일반적이다.

보상중심형	과제중심형
STAD 모형	Jigsaw Ⅰ 모형
Jigsaw Ⅱ 모형	

02 사회과 주요 협동학습모형

⑴ **프로콘 모형**: 찬반논쟁 협동학습모형

⑵ **스탈 모형**: 집단의사결정 학습모형

⑶ **시뮬레이션 게임 협동학습모형**

　◈ Jigsaw모형, GI 모형, Co-op Co-op 모형

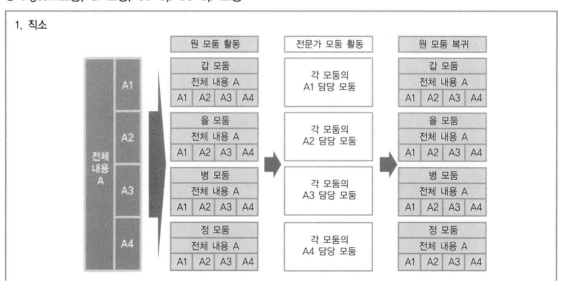

2. GI

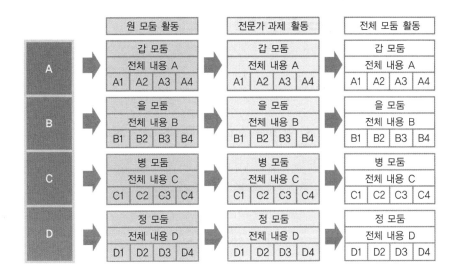

3. Co-op Co-op

09 협동학습 유형

I STAD(Student Teams Achievement Division) 모형[160] : 보상 중심

01 의의 및 특징

1. 보상체제의 균형

보상에는 크게 3가지 방식이 있는데, 가장 기여도가 크거나 점수를 많이 얻은 학습자에게 최상의 보상을 해주는 형평체제, 학습자의 기여도나 점수의 높고 낮음에 관계없이 모든 학습자에게 동일한 보상을 주는 평등체제, 학습자에게 차별적 보상을 하지만 학습자의 능력에 따라 보상하는 것이 아니고 학습자의 필요에 따라 보상하는 필요체제이다. 이러한 3가지 보상체제를 적절히 조화시켜 학습동기를 유발시키는 데 성공하고 있는 대표적인 협동학습모형이 STAD(Student Teams-Achievement Division)이다. 이 모형은 협동학습모형 중에 가장 오래되고, 널리 사용되며, 간단해서 협동학습을 처음 시작하는 교사에게 가장 적합한 모형이라고 알려져 있다.

2. 소집단의 성공을 강조하는 모형

STAD는 존스 홉킨스 대학에서 연구 개발된 STL(Student Team Learning) 프로그램 중의 하나이다. STL 프로그램의 기본적 아이디어는 학생들이 함께 학습하고, 자신뿐만 아니라 서로의 학습에 책임을 지게 하며, 모든 소집단 구성원이 주어진 학습목표를 달성함으로써 얻을 수 있는 소집단 목표(소집단의 성공)를 강조하는 특징을 가지고 있다. 여기서 소집단 목표의 달성, 즉 소집단의 성공은 소집단 보상을 받는 것을 의미한다. 따라서 이 모형은 다양한 교과에서 활용되었고 일반적으로 정답이 확실하고 학습목표가 명확히 제시될 수 있는 내용들을 다룰 때 유리하다.

3. 주요 활동 : 이질적 집단 구성 → 협력적 학습 → 평가 → 보상

이 모형에 따르면 교사가 소집단을 구성하고 각 집단은 학업성적, 흥미, 성별, 성격 등에 따라 이질적으로 구성된다. 수업 전개는 교사가 어떤 주제에 대해 수업을 하고 다음에 학생들이 배운 내용을 소집단 활동을 통해 서로 도와가며 확실하게 지식을 습득하고 마지막으로 모든 학생들이 개별적으로 주어지는 형성평가를 받게 된다. 이 모형은 다양한 교과에서 활용되었고 일반적으로 정답이 확실하고 학습목표가 명확히 제시될 수 있는 내용들을 다룰 때 유리하다.

---

160) 박상준, 2006:232-237; 정문성 · 김동일, 1999:183-192.

02 수업절차

1. 교사의 수업안내/자료 제시

수업 안내 단계로 교사가 주도적으로 전체 수업 내용을 개략적으로 강의한다. 수업이 시작되면 교사는 우선 단원의 전체 개요를 직접 교수한다. 이는 구체적 학습을 하기 이전에 전체 학습내용의 대강을 파악하여 학습활동의 기본방향을 제시하여 주려는 것이다. 교사는 직접 강의를 할 수도 있으나 다양한 학습자료를 동원하는 것이 바람직하다.

교사는 전체 학급을 대상으로 도입, 전개, 연습의 순으로 이번 수업에 대한 안내를 하게 된다. 이는 교사에 의한 직접 교수나 강의 및 토의식으로 하는 단계인데 소집단 활동이 끝난 뒤 치를 퀴즈 시험의 중요한 힌트를 얻기 위해 학생들은 전통적인 수업에 비해 더 집중하게 된다. 또한 교사는 단순히 설명하기보다 다양한 시청각 교재를 활용한다.

2. 소집단 학습활동

학습활동지를 가지고 퀴즈에서 목표를 달성할 수 있도록 동료끼리 서로 가르치고 배운다.

3. 퀴즈 : 개별적 형성평가

단원수업이 끝나고 적절한 준비시간을 준 뒤에 개인별로 퀴즈를 치르게 된다. 퀴즈는 소집단 구성원끼리 서로 도와줄 수 없다. 퀴즈를 치른 후에는 짝과 답안지를 서로 교환하여 채점을 한 다음, 다시 교사가 회수한다.

4. 개별 및 소집단별 향상점수 : 개별보상, 집단보상

STAD 모형의 가장 독특한 특징은 점수 계산에 있다. 일단 퀴즈를 치른 것으로 수업은 끝나지만 교사는 그 퀴즈점수를 수합해서 소집단점수를 계산한다. 소집단점수는 그 구성원의 향상점수의 산술평균이 된다.[161] 과거성취도를 바탕으로 한 기본점수를 각 개인별로 정하고, 이 기본점수를 초과한 점수에 대해 소집단 점수를 부여한다. 예를 들어 기본점수가 60점이고 기본점수에서 10점 이상 상승을 한 경우에 향상점수 기준표에 20점을 부여한다고 하는 경우 기준표에 따라 70점 이상 받은 학생이 있다면 향상점수를 20점 받게 된다. 따라서 학업능력과 상관없이 과거보다 더 열심히 공부를 하게 되면 누구나 소집단에 기여할 수 있게 되는 성공기회 균등이 보장된다. 소집단의 평가는 향상점수의 평균으로 구한다.

---

161) 개인의 향상점수의 총합에 소집단 구성원 수를 나눈 것이다.

5. 소집단에 대한 보상

한 단원의 수업이 끝났을 때 최대한 빨리 점수를 발표하는 것이 바람직하다. 교사는 2가지 방식으로 보상을 주게 되는데 하나는 소집단에 대한 보상이고, 또 하나는 소집단 점수를 게시판에 공고하는 일이다. 소집단에 대한 시상은 보통 일정 기준을 넘은 소집단에게는 칭호를 주거나, 칭찬을 해 주거나, 스티커를 주는 등의 방법을 사용한다. 가능한 많은 소집단을 시상하는 것이 바람직하다. 점수기준도 교사가 적당히 정해서 소집단간의 경쟁을 유도하되, 절대평가를 하는 것이 바람직하다.

이러한 시상과 칭찬 외에도 게시판이나 학급신문 등을 이용해서 대개 일주일 단위로 게시판에 퀴즈 결과와 우수한 소집단에 대한 내용을 공고할 수 있다. 뿐만 아니라 공고문에는 각 소집단의 활약상과 수업에 대한 반성과 여러 가지 조언이나 칭찬을 곁들일 수도 있다.

03 STAD 모형의 유용성

1. 장점

수월하게 실천 가능하여 협동학습의 효과를 쉽게 얻을 수 있다.

2. 단점

⑴ 가르치는 대상 학생 수가 너무 많거나 주당 수업 시수가 적은 교과에서는 STAD 모형을 적용하기 힘들다.

⑵ STAD 모형은 모둠 안에서는 협동이 이루어지지만 엄밀하게 모둠 간에는 경쟁 학습 구조이기 때문에 잘못 하면 모둠 간에 경쟁이 과열될 수 있다.

⑶ 점수에 지나치게 치중할 경우 학습내용이나 활동에 포함되어 있는 가치들을 잃어버릴 수 있다.

04 사례

⊗ A 교사의 교수-학습과정

단계	내용
1	성적과 성별 등을 고려하여 이질적인 5명으로 이루어진 소집단을 구성한다.
2	소집단 구성원들에게 학습지를 1부씩 배부한다.
3	1명씩 차례대로 학습과제를 읽고, 자료를 참조하여 학습과제를 공동으로 해결한다.
4	소집단 학습 후 퀴즈 문제를 통해 개별적으로 형성 평가를 실시한다.
5	개인별 향상 점수를 집단별로 산정하여 결과에 따라 보상한다.

Ⅱ 직소(Jigsaw) 모형[162)]

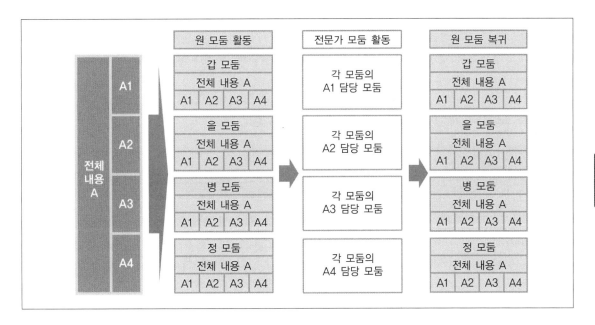

01 직소(Jigsaw) 모형의 전개

1. 직소 모형의 의미

직소 수업 모형은 전문가 협력 학습 혹은 소집단 협동학습법이라고도 불리는데, 둘 다 협동을 강조한다는 점에서 직소 수업 모형의 특성을 이해할 수 있다.

2. 아론손의 직소 Ⅰ 모형

아론손(Aronson, 1978)은 전통적인 경쟁학습 구조의 교실 환경을 협동학습 구조로 바꿈으로써 집단 구성원들 서로가 주된 학습자료원이 되게 하였고, 성공은 오직 소집단 내에서 협동의 결과로만 얻을 수 있게 하였다. 또한 동료들과 협동학습을 할 때, 어느 누구도 집단 내 다른 동료의 도움 없이는 학습[163)]이 불가능하게 하여 각 개인은 집단 구성원의 성공에 결정적 기여를 하게 되는 직소 모형을 만들었다.

3. 슬래빈의 직소 Ⅱ 모형

슬래빈(Slavin, 1987)은 학습 결과에 대한 집단 보상이 없기 때문에 학생들이 적극적으로 학습하지 않음을 지적하며 직소 Ⅱ 모형을 개발하였는데, 즉 직소(Jigsaw) 모형에 보상 구조와 성공 기회의 균등을 보완한 것이다.

---

162) Aronson et al., 1978; Slavin, 1990.
163) 주어진 전체 학습목표 달성을 의미한다.

4. 직소 III 모형

직소 III 모형은 직소 II 모형이 모집단 학습을 마친 후 곧바로 퀴즈를 보기 때문에 충분한 퀴즈에 대한 학습의 정리나 마음의 준비를 할 여유가 없음을 지적하며 학습이 끝난 후에도 일정 시간 퀴즈를 대비한 모집단의 학습 기회를 줘야 한다는 주장에 따라 이 과정을 첨가한 것이다.

02 직소 모형의 특징 : 과제중심 ⇨ 개별적 책무성

직소 모형의 가장 핵심적인 특징은 집단 구성원들 서로가 주된 학습자료원이 되게 하였고, 성공은 오직 소집단 내에서 협동의 결과로만 얻을 수 있게 하였다. 또한 동료들과 협동학습을 할 때, 어느 누구도 집단 내 다른 동료의 도움 없이는 학습이 불가능하게 하여 각 개인은 자신의 과제를 잘 수행하여 집단 구성원들의 성공에 결정적 기여를 하게 되는 학습모형이다. 직소 수업 모형을 활용한 수업은 근본적으로 학습 집단 구성원 간의 상호 의존을 바탕에 깔고 이루어짐으로써 구성원 상호 간에 책임도 나누고, 격려와 애정도 느낀다. 각 학습자는 학습 단원의 일부분만 학습자료로 제공받지만 학습 단원 전체로 평가받는다. 그러므로 소집단 구성원은 학습 단원 전체를 공부하기 위해 다른 구성원들의 도움을 받지 않을 수 없다. 그 결과 자신의 과업뿐만 아니라 집단의 과업을 중시해야 하기 때문에 집단 과정이 필수적이고 그 안에서 여러 가지 사회적 기능을 발휘하고 습득할 수 있다.

⊙ 직소모형의 기본 절차

단계	활동내용
원래 모둠 활동	교사가 학습내용에 대한 소주제를 정리하고 과제 분담학습자료를 준비한다. 교사는 학생들에게 전반적인 수업 안내와 절차를 설명한다. 그리고 모둠원들에게 각각의 과제 분담 학습자료를 배부하고 학습할 수 있도록 지도한다.
전문가 모둠 활동	각각 모둠에서 동일한 주제를 맡은 학생들끼리 전문가 모둠을 만들어 각자 학습한 내용을 나눈다. 전문가 모둠 활동 단계에서 교사가 적절하게 개입하여 학습을 도와주면 좋다.
원래 모둠의 재소집	전문가 학습활동이 마치면 교사의 지시에 따라 원래 모둠으로 이동한다. 그리고 각자가 전문가 모둠에서 학습한 내용을 다른 학생들과 나눈다.
평가 및 보상	교사가 개인 내지 모둠 평가를 통하여 학습내용을 어느 정도 이해하였는지 점검하고 이에 따라 긍정적인 보상을 실시한다. 이때 자기가 학습한 내용이 아니라 다른 학생들에게 배운 내용을 대상으로 테스트하는 것도 좋은 방법이다.

03 직소 Ⅰ 모형

1. 고안

1978년 텍사스(Texas) 대학의 아론손(Aronson)과 동료에 의해 개빌된 학습모형

2. 의미 및 특성164)

⑴ **소집단 협동학습 구조**

직소 Ⅰ 수업 모형은 한 교사와 다수의 학생들로 되어 있는 학급을 4~6명 정도로 구성된 소집단 협동학습 구조로 바꾼다.

⑵ **집단의 각 학생이 특정 과제에 대하여 집중적으로 학습하여 다른 학생을 가르칠 책임**

이 모형은 집단의 각 학생이 특정 학습과제에 대하여 집중적으로 학습하여 다른 학생을 가르칠 책임을 진다. 집단 목표와 동일하게 팀의 학생들이 교재를 분할하여 한 부분씩 깊이 있게 공부하여 그 분야의 전문가가 되어 동료들에게 가르쳐 주는 것으로서 과제 상호 의존성에 기초하고 있다. 교사는 개개 학습자에게 전체 학습자료 중 일부분을 떼어 나누어주지만 요구되는 학습은 모든 자료를 전부 학습해야 하는 것이다. 따라서 학습자들은 다른 부분을 떼어 받은 다른 학습자들로부터 그 부분에 대하여 배우지 않으면 안돼서 협동이 필연적으로 일어날 수밖에 없도록 하는 모형이다.

⑶ **개인의 책무성을 극대화하는 수업 형태**

⑷ **극단적인 상호 의존적 관계 유지**

보상구조가 아니라 과제 분담 구조를 통해서 상호의존성을 높임

3. 수업과정

⑴ **모둠 구성**

성별, 학업 성적, 가정 배경 등이 서로 다른 이질적인 5명이 한 팀이 되도록 학급을 소집단으로 나눈다.

⑵ **모집단 활동(계획 단계)**

처음에 교사는 한 단원을 수업 주제로 선택하여 이번 수업 계획의 대강의 설명을 해 준다. 그런 다음 4~6명으로 구성된 모집단에 몇 가지의 하위 주제가 질문의 형식으로 적혀있는 전문가 용지를 배포한다. 이 하위 주제들을 소집단 구성원 각자에게 하나씩 할당되게 하며, 각 주제를 맡은 구성원은 그 하위 주제에 한하여 전문가가 된다. 모집단에서 학생들은 하위 주제 외에 각자가 소집단 내에서 해야 될 역할들을 해야 한다.

---

164) 정문성·검통일, 1999:150-152.

(3) 전문가 활동(전문가 탐구)

전문가 모둠에서는 과제를 수행하기 위해 특정 주제에 관한 심도 있는 협의와 토론 활동을 진행한다. 각각의 소집단에서 동일한 주제를 맡은 각 소집단의 전문가끼리 따로 전문가 소집단을 형성하여 함께 전문가 학습지를 중심으로 학습활동을 한다. 전문가 활동은 주로 그 하위 주제를 공부하며 의사 결정을 통해 합의 된 내용을 각자의 모집단에 돌아가서 모집단의 동료들에게 어떻게 핵심 내용을 전달해 줄 것인가를 중심으로 토론하게 된다.

(4) 모집단 재소집(상호 교수)

전문가 집단의 활동이 끝났으면 다시 모집단으로 돌아와서 자기의 전문적 지식을 소집단내의 다른 동료들에게 전수한다. 이 때 학생들이 동료의 가르침을 적극적으로 수용할 수 있는 분위기 조성이 필요하다. 다른 동료들은 자기가 전문으로 선택한 것 외에는 전혀 학습을 하지 않았기 때문에 자신이 전공하지 않은 영역은 전적으로 동료 전문가의 지식에 의존할 수밖에 없다. 따라서 동료의 가르침을 적극적으로 수용하게 된다.

(5) 개별 평가

원래 모둠으로 재소집해서 상호교수가 끝나면 전체 과제를 범위로 개인 평가를 받는다.

4. 평가

(1) 긍정적 평가

① 학습 결과 공유
직소 Ⅰ 수업 모형은 학교에서 행하는 과제가 학교 밖에서 행하는 과제와 성질이 흡사하여 구성원 각자가 자신의 일을 한가지 씩 부분적으로 맡고, 그 결과를 서로 나누어 갖는 이점이 있다.

② 구성원 간의 상호 의존성과 협동심도 유발
또한 개인의 합보다는 전체가 더 큰 의미를 지닌다는 차원에서 교과에 대한 지식이 증대되고, 이는 구성원 간의 상호 의존성과 협동심도 유발할 수 있다.

③ 타인의 자원 활용
구성원 서로서로가 상대방에 대하여 학습 모형이 되어줌으로써 학습 기능도 터득할 수 있고, 학습자들은 구성원들을 통해 다른 사람의 자원(능력, 성향, 기질, 태도, 기능, 시간 등)을 활용하는 것을 배우게 된다.

④ 역할분담과정에서 자신과 타인에 대한 이해 확장
직소 Ⅰ 모형은 구성원들이 서로 힘을 합쳐 분담해서 수행하는 작업을 소중히 여김으로써 자기 자신에 대한 이해는 물론이며 타인에 대한 이해도 확장시킬 수 있다. 그 결과 직소 Ⅰ 모형을 경험하게 되면 학습자들은 각기 자신의 자원을 스스로 관리하고 통제할 줄 알게 된다. 학습자들은 과제에 대한 도전을 하는 데 있어서 필요한 적절한 기질, 성향, 태도 등을 개발함으로써 기꺼이 도전하는 동기 또한 형성된다.

(2) 부정적 평가

① 형식적 집단 목표가 없음

직소 I 모형은 과제 해결을 위한 상호 의존성은 높으나 개별 점수가 집단 점수에 기여하지 못하기 때문에 근본적인 상호 의존성은 낮으며, 집단으로 보상받지 못하기 때문에 형식적인 집단 목표가 없다.

② 학습실패

어떤 일에 있어서 그 일의 과정보다는 결과를 중시하는 버릇이 생겨날 수도 있으며 어떤 학습자가 잘못 이해한 것을 다른 구성원들이 옳은 것으로 받아들일 우려도 있다.

③ 또래의존도 높아짐

학습보다는 그저 집단 과정만을 더 소중히 생각하는 경향도 초래할 수 있으며, 학습자가 과제를 해결함에 있어서 교사에게 의존하는 일은 적어진다 하더라도 그 대신, 또래에게 의존하는 성향이 강해질 수 있다는 단점이 있다.

---

04 직소 II 모형

1. 의의

1983년 슬래빈(Slavin)이 직소 I 모형에 보상구조와 성공기회의 균등을 보완하여 만든 모형이다. 직소 I은 개별적 책무성을 극대화하고 집단적 책무성을 간과한 나머지 협동학습의 효과가 반감되었다. 이를 해결하기 위해 집단 보상방안의 도입이 필요하였었다. 모둠의 구성원이 전문가 집단에서 학습한 내용을 원 모둠의 다른 구성원에게 가르치면서 학습을 하고 단원 수업이 끝난 후 수업 내용에 대한 평가를 실시하는데 향상 점수에 근거하여 모둠에 대한 보상이 이루어진다. 이때 보상은 STAD 모형의 경우처럼 과거 점수에 비해 향상된 정도에 근거하여 향상점수를 주고 개인의 향상점수의 총합을 모둠의 구성원수로 나눈 모둠의 점수를 근거로 보상을 하게 된다. 따라서 직소 II에서 평가와 관련해서는 각자 연구한 주제만 평가하는 것이 아니라 주제 전체에 대해 평가를 치른다. 보상과 관련해서는 평가를 치른 후 개인별 점수와 함께 모둠별 향상 점수를 반영하도록 한다. 이와 같은 평가와 보상의 방법을 통해 무임승차자의 부작용을 최소화하고 모둠 구성원들 간의 협동이 동기화될 수 있도록 한다.

2. 특징

(1) 집단의 공동 목표 제공 ⇨ 구성원 간의 토의가 잘 이루어짐

(2) 성공 기회의 균등 배분 ⇨ 집단의 성공은 개개인의 성공의 합

(3) 자신이 선택한 주제를 전체적인 맥락에서 이해할 수 있음

3. 평가

(1) 직소 II 모형의 장점과 단점

직소 II 모형은 각 구성원의 책무성이 뚜렷하며, 학생들 각자는 자기가 맡은 주제에 대하여 전문가가 될 수 있기 때문에 자신감과 긍지를 가질 수 있는 장점이 있다. 또한 개별 학습자나 팀은 자신들이 좋아하거나 원하는 주제를 할당받을 수 있다. 성·능력·계층 등의 이질적인 학습 구성원으로 교우관계 증진에 효과적이며, 직소 II 모형은 직소 I 모형의 개별 보상에 집단 보상이 추가된 것으로 보상 상호 의존성과 과제 상호 의존성이 함께 포함되어 있다. 따라서 직소 I 모형과 달리 인지적·정의적 학업 성취의 영역에서 효과적이라는 장점이 있다.

반면, 과제에 대한 고도의 지적 능력을 필요로 할 경우 부진한 학생은 곤란을 겪을 수도 있으며, 교사가 팀 구성원 수에 맞게 하위 주제를 분할하기 위해 고심하고 또한 분할된 소주제의 수에 맞게 정확하게 팀을 구성하는 것도 용이하지 않은 단점이 있다.

(2) 직소 II 모형과 직소 I 모형의 비교

직소 II 모형이 직소 I 모형과 다른 점을 간략하게 요약하자면, 직소 II 모형이 모든 학생에게 단원 전체를 접할 수 있는 기회를 제공한다는 점에서 학습자 간의 상호 의존성이 약화되는 단점도 있지만, 직소 I 모형과 같이 학습내용을 재조직할 필요 없이 기존의 교과 단원을 그대로 이용할 수 있어서 실용적이고 경제적인 장점이 있다. 또한 STAD의 평가방법을 사용하고 집단 보상을 하는 것도 구별되는 점이다. 소집단 리더를 임명하지 않고 소집단의 조직과 훈련의 과정을 생략함으로써 소집단 구성원의 자율성도 강조한다.

4. 수업절차[165]

(1) 성별, 학업 성적, 가정 배경 등이 서로 다른 이질적인 5명이 한 팀이 되도록 학급을 소집단으로 나눈다.

(2) 각 소집단에게 탐구과제에 따른 '빈부 격차 문제, 지역 격차 문제, 노동 문제, 여성 문제, 가족해체 문제'의 주제를 제시해 준다. 각 소집단이 구성원들은 어떤주제를 선택할 것인지 스스로 의논해서 결정하게 한다.

(3) 같은 주제를 맡은 학생들끼리 만나서 공동으로 그 주제를 연구한다. 예를 들면, 여성 문제를 맡은 학생들은 그들끼리 만나서 집단을 구성하고 연구한다.

(4) (3)에서 구성된 집단에서 주제 연구가 끝나면 본래 모둠으로 돌아가서 자신이 연구한 내용을 다른 구성원들에게 전달하여 공유한다.

(5) 팀의 구성원 모두 이 학습을 기초로 하여 자기가 맡은 주제뿐만 아니라 탐구과제에 대해서 형성평가를 치른다.

(6) 개인별 향상 점수를 집단별로 산정하여 결과에 따라 보상한다.

---

165) 정문성, 2002:182-184.

5. 수업지도안 : 45분 수업(전개 35분)

[9사(일사)12-03] 현대의 주요한 사회문제를 조사하고, 이에 대한 해결 방안을 탐구한다.

학습단계		교수-학습활동	자료 및 유의점	시간 (분)
전개 ①	문제 제기	• 교사는 사회문제의 개념을 설명하고, 탐구하게 될 과제들에 대해 간략한 소개를 한다. 사회문제란 발생원인이 사회에 있고, 사회 구성원 대다수가 문제라고 인식하고 있으며, 사회 구성원의 노력으로 해결 가능하다고 생각하는 사회 현상을 의미한다.	PPT	5
	원 모둠 활동 ①	• 교사는 모둠별로 탐구해야 할 과제를 제시한다. ① 소득 불균형 문제, ② 지역 불균등 문제, ③ 노동 문제, ④ 환경 문제 • 모둠 구성원 간 어떤 주제를 선택할 것인지 의논해서 1인 1주제를 선택한다.	PPT	5
	전문가 모둠 활동	• 같은 주제를 맡은 학생들끼리 만나 전문가 모둠을 구성한다. • 교사는 전문가 모둠 학습자료를 배부한다. 〈소득 불균형 문제〉 1. 소득 불균형이 문제인 이유 소득 부족으로 인해 인간다운 삶을 살지 못하는 사람들이 증가할 수 있다. 사회 전체의 부가 일부 계층 사람들에게만 집중되어 상대적 박탈감의 문제가 발생할 수 있다. 궁극적으로 갈등이 심화 되어 사회가 불안정해지는 원인이 되어, 사회통합을 저해할 수 있다. 2. 우리나라의 소득 불균형 정도 ① 세계 주요 국가의 지니계수, ② 우리나라 연도별 지니계수 ③ 세계 주요 국가 상위 10% 소득 집중도 〈지역 불균등 문제〉 1. 지역 불균등 문제란 지역 불균등은 분리된 공간을 어떤 기준에 따라 비교하였을 때 그 사이에서 드러나는 차이를 의미한다. 2. 지역 불균등 정도 ① 지역별 인구 현황, ② 지역별 인구 밀도, ③ 경제 및 행정 기능의 수도권 집중 현황 〈노동 문제〉 1. 노동 문제의 종류 노동 문제는 일자리를 구하지 못하는 실업 문제, 노동자와 사용자 간의 갈등인 노사 갈등문제, 청년 실업 문제, 비정규직 문제 등 다양한 문제들이 복합적으로 나타난다. 2. 노동 문제 현황 ① 실업률, ② 노사 갈등, ③ 정규직과 비정규직의 임금 격차	전문가 학습지	10

		〈인구 문제〉 1. 저출산 고령화 문제 　－ 저출산은 합계 출산율이 2.1명 이하로 지속되는 현상을 말하고, 초 　　저출산은 합계 출산율이 1.3명 이하인 현상을 말한다. 　－ 전체 인구 중 65세 이상 노인 인구 비율 7% 이상일 때에는 고령화 　　사회, 14% 이상일 때에는 고령 사회, 20% 이상일 때에는 초고령 　　사회로 분류한다. 2. 우리나라의 저출산·고령화 현황 　　① 우리나라 출산율 변화, ② 우리나라 노령 인구 비율 변화 • 전문가 모둠은 학습자료를 토대로 하여 각 문제의 해결방안을 탐구한다.		
전개 ②	원 모둠 활동 ②	• 전문가 모둠은 탐구를 종료하고, 자신의 원 모둠으로 돌아간다. • 모둠별로 전문가 모둠에서 탐구한 내용을 다른 모둠원들에게 전달하여 공유한다. • 모둠별로 공유한 내용을 토대로 학습내용을 정리한다.		10
	평가 및 보상	• 교사는 전체 주제에 대해 형성평가를 한다. • 교사는 모둠별로 형성평가 점수가 향상된 정도에 따라 보상을 한다.	형성 평가지	5

6. 수업 사례

⑴ 수업 전개

> **가. 주제** : 고대문명의 형성과 도시의 기원 및 발달
>
> **나. 수업목표** : 고대도시를 비교하여 초기 고대문명 발생의 지역적 공통점과 차이점을 파악한다.
>
> **다. 수업절차**
> ① 이 주제에서 중심이 되는 4가지 하위 주제를 추출한다.
> ② 흥미와 능력을 고려하여 4~5명으로 소집단을 구성하고, 구성원들이 집단명을 정하여 소속감을 갖도록 유도한다.
> ③ 각 소집단에 4가지 주제와 관련된 과제가 질문의 형식으로 적혀있는 '전문가 용지'를 배포 한다.
> ④ 이 질문들을 소집단 구성원 각자에게 할당한다.
> ⑤ 단원 전체를 읽고, 자신이 맡은 과제를 재인식한다.
> ⑥ 소속된 소집단을 떠나 각자가 맡은 과제에 따라 전문가 집단으로 모여서 집중적으로 탐구하고 토론한다.
> ⑦ 전문가 토론이 끝나면 자신의 소집단으로 가서 각 과제별로 소집단 구성원들에게 교수하는 방식으로 주제 전체를 학습한다.
> ⑧ 평가는 개인별로는 출발점의 성취를 기준으로 평가하고, 소집단별로는 집단평가를 실시한다.

III Pro-Con 모형(찬반협동학습모형, Johnson & Johnson)

01 의미 : 논쟁의 과정을 근거로 하여 만든 찬반토론 중심의 협동학습모형

존슨과 존슨(Johnson, D. W. & Johnson, R. T.)은 협동학습 구조에서 사용할 수 있는 논쟁 수업 모형을 개발하였다. 그들은 우선 논쟁의 과정에서 일어나는 논리적이고 심리적인 계기를 추론하고 이러한 추론에 충실한 논쟁 수업을 다음의 6단계로 구조화하였다. 이 모형은 협동학습을 통해 정보의 결여나 논리적 불완전성을 극복하여 문제를 해결할 것을 제안하는 모형으로서 증거와 논리로서 문제를 해결하고자 한다는 점이 특징이다.

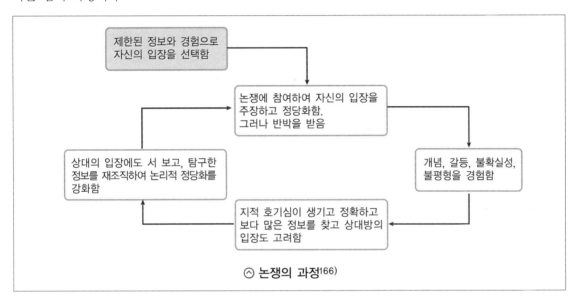

△ 논쟁의 과정[166]

02 수업단계

1. 1단계 : 수업 준비 및 모둠 구성

수업 준비 단계로서 단원과 관련된 논쟁 주제와 그 주장에 대해 상반되는 두 입장을 정한다. 각 입장에 대한 정보와 자료를 준비하고, 한 소집단을 4명으로 구성한다.

2. 2단계 : 모둠 내 미니 모둠 구성 및 자신의 입장 정리

소집단 내에서 각각 2명으로 미니 소집단을 구성한다. 각 미니 소집단은 상반되는 입장을 선택하고 주어진 정보와 자료, 제한된 경험과 자신의 관점에 의해 입장을 정리한 후, 이를 뒷받침할 자료와 이론들을 조직한다.

---

166) Johnson, D. W. & Johnson, R. T. (1987), Creative conflict, MN : Interaction Book co.

3. 3단계: 미니 모둠 내 자신들의 입장 발표

소집단 내에서 미니 소집단이 각각 자신들의 주장과 근거를 발표한다.

4. 4단계: 미니 모둠별 토의 단계, 개념갈등과 불확실성 체험 및 지적 호기심 고조

소집단 내에서 미니 소집단별로 토론을 벌인다. 이때는 상대방의 주장을 분석·비판하고 자신의 주장에 대한 상대방의 비판에 반박을 가하기도 한다. 이 과정은 상대방의 주장에 대해 관심을 가지게 하고 새로운 인지적 분석을 자극하며 새로운 대안을 창조할 수 있게 한다. 이 단계에서 학습자는 개념 갈등과 불확실성을 체험한다. 특히 협동학습 구조에서의 이러한 지적 갈등은 그 불확실성을 해결하기 위해서 서로가 더 많은 정보를 탐색하도록 유도함으로써 학습자의 지적 호기심을 고조시킨다.

5. 5단계: 미니 모둠에 입장을 바꿔 토의하는 단계, 상대방이 간과한 주장 제시

두 미니 소집단은 입장을 바꾸어 상대방을 위하여 상대가 주장하지 못하였던 자료나 논리를 제시한다. 이 과정은 협동학습 구조이기에 가능하며, 찬반 모형의 독특한 단계라고 할 수 있다.

6. 6단계: 소집단 의견 종합·발표, 재개념화와 합의 단계

두 미니 소집단은 소집단 의견의 합의점을 도출한다. 이 과정은 여러 대안 중 하나를 선택하는 것이 아니라, 이제까지 나타난 여러 관점과 주장을 하나의 주장으로 종합하는 과정이다. 이 단계에서 학습자는 기존의 정보들을 재개념화하고 조직하여 그들의 합의안을 만든다. 이 합의안은 창조적 작업에 의한 것이며 개연성이 강한 내용을 포함한다.

03 수업 사례

1단계	4명으로 구성된 이질적인 소집단을 구성하고 논쟁문제를 제시하였다.
2단계	소집단을 다시 '양심적 병역 거부'에 대하여 찬성 또는 반대의 입장을 지닌 2개의 미니 소집단으로 나누었다.
3단계	두 미니 소집단은 양심적 병역 거부에 관한 제한된 경험과 정보를 이용하여 최초의 자기 입장을 각각 정리하였다.
4단계	두 미니 소집단은 각각의 주장과 이유를 발표하고 지지를 얻고자 하였다.
5단계	이들은 다른 관점을 지닌 학생들의 주장을 경험하고 상대방의 주장을 비판하며 토론을 벌였다.
6단계	이들은 개념 갈등과 불확실성을 경험하며, 양심적 병역 거부에 관한 정보를 더 많이 탐색하고자 노력하였다.
7단계	미니 소집단은 입장을 바꾸어 토론하면서 상대가 생각하지 못하였던 근거를 제시하였다.
8단계	두 미니 소집단은 재개념화를 통해 의견을 종합하였으며, 그 학급 전체 앞에서 발표하였다.

04 **수업지도안**: 90분 블록 타임 수업(전개 70분)

[중학교 사회② - Ⅰ. 인권과 헌법]
[9사(일사)06-01] 인권 보장의 중요성을 이해하고,
우리나라 헌법에서 보장하고 있는 기본권의 종류, 기본권 제한의 내용과 한계를 탐구한다.

학습단계		교수-학습활동	자료 및 유의점	시간 (분)
전개 ①	문제 제시	• 교사는 모둠 구성을 확인한다. • 교사는 '양심적 병역 거부'와 관련된 논쟁문제를 제시한다. 〈찬성의견〉 '양심적 병역 거부'를 찬성하는 사람들은 병역의 의무가 개인의 신념, 사상에 따라 행동할 수 있는 양심의 자유를 과도하게 침해한다고 주장한다. 국가가 병역의 의무를 대체할 다른 수단을 만들지 않고, 자신의 신념에 반하는 행위를 강요한다는 것이다. 〈반대의견〉 '양심적 병역 거부'를 반대하는 사람들은 특정 종교를 믿는 이유로 병역 거부를 인정하게 되면, 다른 종교를 믿는 사람들을 역차별하는 것이고 병역기피 수단으로 그 종교를 활용할 수 있다고 주장한다.	• PPT • 토론 주제를 이해하고 토론을 하도록 지도한다.	5
	찬반 미니 모둠 구성 & 입장 정리 및 발표	• 모둠별로 모둠을 '양심적 병역 거부'에 대하여 찬성 또는 반대의 입장을 지닌 2개의 미니 모둠으로 나눈다. • 미니 모둠은 양심적 병역 거부에 관한 제한된 경험과 정보를 이용하여 최초의 자기 입장을 각각 정리한다. 〈토론 전 정리 노트〉 나는 '양심적 병역 거부'에 대해 (찬성 / 반대) 한다. 왜냐하면, _____ _____ • 미니 모둠은 서로 주장과 이유를 발표한다.	토론 노트	10
전개 ②	1차 토론	• 미니 모둠은 상대방의 주장을 비판하며 토론을 한다. 토론의 과정에서 '양심적 병역 거부'에 관해 더 필요한 정보가 무엇인지를 탐색한다. 〈토론 중 정리 노트(1차 토론)〉 토론 중에 _____ _____ _____에 대한 근거가 부족하다고 느꼈다. 〈토론 후 정리 노트(1차 토론)〉 '양심적 병역 거부'를 (찬성 / 반대) 하는 상대 모둠의 근거는 ____ _____. 만약 내가 상대방이라면 이 근거 이외에 _____ _____근거를 제시할 것이다. 왜냐하면, _____ _____때문이다. • 교사는 토론의 태도를 평가한다.	• 토론(10분) 정리(5분) • 관찰평가지	15
	입장 바꾸기	• 두 미니 모둠은 입장을 바꿔 '부족하다고 생각한 근거'와 '상대방이라면 제시하였을 근거'를 정리하여 2차 토론을 준비한다.		5

| | 2차 토론 | • 상대방을 위하여 상대가 주장하지 못하였던 자료나 논리를 제시하며 2차 토론을 한다.

〈토론 후 정리 노트(2차 토론)〉
토론 중에 '양심적 병역 거부'를 (찬성 / 반대)하는 상대 모둠은 1차 토론에서 우리 모둠이 생각하지 못한 근거를 제시하였다. 그 내용은
_____
_____
_____이다.

• 교사는 토론의 태도를 평가한다. | • 토론(10분)
정리(5분)
• 관찰평가지 | 15 |
| 전개
② | 전체
의견
종합
&
발표 | • 두 미니 모둠은 토론의 내용을 종합·정리하여 학급 전체 앞에서 발표하였다.

〈모둠의 의견을 종합한 정리 노트〉
1. '양심적 병역 거부' 찬성의 근거에는
　①
　②
　③
이 있었다. 이 중 가장 중요한 근거는
_____
라고 생각한다.
2. '양심적 병역 거부' 반대의 근거에는
　①
　②
　③
이 있었다. 이 중 가장 중요한 근거는
_____
라고 생각한다.
3. 우리 모둠은 토론을 통해 '양심적 병역 거부'에 대해 (찬성 / 반대)의 입장을 정하였다. 그 이유는
_____
_____
_____
_____때문이다.

• 교사는 발표한 근거의 논리성을 평가한다. | • 가장 중요한 근거를 정할 때 만장일치를 통해 결정하도록 지도한다. 단, 결정이 어려울 때만 다수결을 사용한다.
• 관찰평가지 | 20 |

Ⅳ 마시알라스(Massialas)와 허스트(Hurst)의 집단의사결정모형

01 의미

이 모형은 합리적인 선택 이론에 따라 합리적인 개인을 전제로 해서, 합리적인 개인의 집단적 의사결정 역시 합리적일 수 있다고 가정하고 있다. 이와 같은 가정에 따라 개인이 대안을 선택하고 행동으로 끝나는 것이 아니라 개인이 대안을 선택한 후 집단과정에 참여하고 행동하는 민주적 집단 문제해결과정의 경험을 강조하는 모형이다. 따라서 이 모형은 사회문제나 논쟁적인 공적 문제 해결과 집단적 의사결정 과정을 학생들이 경험할 수 있는 기회를 제공하고자 하는 의사결정 학습모형이다.

02 의의

학생들은 집단 의사결정의 경험을 통해 개인의 결정과 집단의 결정 간의 관계를 이해하게 되고, 민주주의적 절차와 방법을 학습하게 될 것이다.

03 교수-학습과정[167]

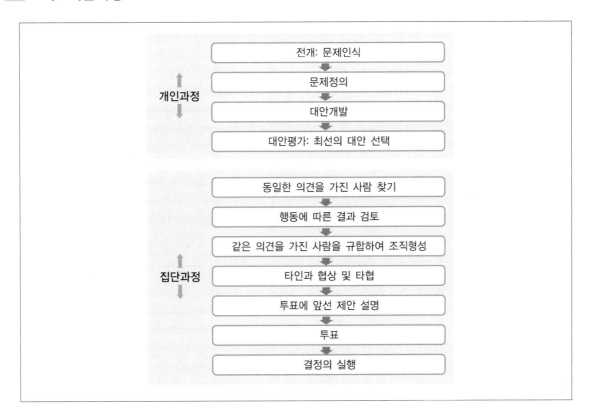

---

167) Woolever & Scott, 1988:79-81.

04 한계

(1) 집단의사결정과정을 거시적인 관점에서 흐름을 제공하고 있으나 구체적으로 집단 내에서 어떤 과정을 거쳐 집단 합의 내지는 선호가 결집되어 도출되는 정보가 없다.

(2) 다수결에 의한 결정은 다수에 의한 횡포에 의해 소수집단의 불만을 야기하여 잠재적 갈등이 내재되는 경우가 많고 충분한 논의가 부족할 우려가 있다.

05 교수-학습과정에서 한계 극복을 위한 권장사항

(1) 문제해결을 위해 집단 구성원 간의 활발한 의견교환을 통해 사회적 기능과 타협정신의 신장을 강조한다.

(2) 다수 결정방식보다는 만장일치제를 활용하고 활발한 토론을 조장한다.

Ⅴ 스탈(Stahl)의 의사결정 학습모형

01 의의

1. 집단적 의사결정의 훈련

민주사회에서 개인의 의사결정만큼 중요한 것이 집단적 의사결정이다. 집단의 선택은 집단 문제를 해결하기 위한 결정이다. 만약 이 결정이 잘못되거나 특정 집단만을 위한 것일 경우 민주사회는 위기에 처할 수 있다. 따라서 집단의사결정을 위한 교육 역시 사회과 교육이 담당해야 하는 중요한 역할이다.

2. 마시알라스와 허스트 모형의 한계(문제점)

다수결의 원리를 반영한 집단의사결정 교수방법이 마시알라스(Massials)와 허스트(Hurst) 모형이다. 마시알라스와 허스트의 집단의사결정과정은 거시적인 관점에서 집단의사결정의 흐름만 보여 줄 뿐이며 구체적으로 집단 내에서 어떤 과정을 거쳐 집단 합의가 도출되는지에 관해서는 아무 정보도 제공해주지 못한다. 또한 다수결에 의존한 집단의사결정방식은 항상 소수 집단의 불만 속에서 다수의 횡포로 잠재적 갈등이 내재되어 있는 경우가 많고 충분한 논의가 결핍될 가능성도 많다. 특히 교육적 상황에서는 다수결에 의한 집단의사결정과 승복정신보다는 집단적 문제 해결을 위한 구성원 간의 활발한 의견 교환을 통한 사회적 기능과 타협 정신의 신장이 강조될 필요가 있다. 구성원 각자의 다양한 관점의 표현과 수용경험은 창의력과 자신의 분명한 태도설정 및 관용적 태도를 가지게 하며 정확한 지적 표현과 판단 등은 비판적사고력을 신장시킬 수 있다. 이를 위해서는 다수결 원리보다는 만장일치제의 집단의사결정 과정을 통해 활발한 토론을 조장하는 방식이 필요하다.

3. 스탈 모형

마시알라스-허스트의 모형이 지닌 한계를 극복하기에 적합한 모형이 스탈(Stahl)의 의사결정 학습모형이다. 스탈 모형은 다수결의 결정을 내릴 때와는 달리 개인들이 충분한 논의를 거친 후 만장일치로 집단의 의사를 결정하는 수업절차를 제시하였다.

◈ **마시알라스-허스트모형과 스탈 모형 비교**

마시알라스와 허스트 모형	스탈 모형
다수결에 기한 집단의사결정모형	만장일치에 기한 집단의사결정모형

02 스탈 모형

1. 스탈 모형의 의미

스탈 모형은 사회과의 특성을 고려하여 개인적 의사결정과 집단적 의사결정의 통합을 통해 의사결정능력을 향상시키기 위한 의사결정 학습모형이다. 가장 합리적인 의사결정을 내리기 위하여 의사결정문제에 대해 가장 합리적인 판단을 도출해 나가며, 구성원 간의 적극적이고 긍정적인 상호작용을 강조하는 집단모형이다.

2. 스탈 모형의 특징

(1) 열린 에피소드 활용

학생 스스로 의사결정을 할 수 있는 실질적 기회를 제공한다.

(2) 개인적 의사결정 경험과 집단적 의사결정 경험

개인적 의사결정과 집단적 의사결정의 관계를 인식하고, 민주 사회에서의 타협과 협상을 통한 의사결정 과정을 이해할 수 있다.

(3) 의사결정전략

합리적인 의사결정능력을 향상시키기 위한 구체적인 4가지의 의사결정전략을 포함한다.

① 서열화전략(Ranking-order decision strategy)
  여러 선택 가능한 대안이 있을 때, 모든 대안을 서열화하는 것

② 강제선택전략(Forced-choice decision strategy)
  일단 하나를 선택하고 나면 다른 대안들은 모두 포기해야 한다는 것

③ 협상전략(Negotiation strategy)

여러 대안들을 개인적으로 가장 선호하는 대안, 개인적으로 기꺼이 포기할 수 있거나 첫 번째 범주를 선택하기 위해서 버릴 수 있는 대안, 차후에 선택할 수도 있는 대안의 3가지로 범주화하는 것을 말한다. 이는 대안간의 관계를 분명히 해주고 타협의 능력을 향상시켜준다.

④ 창안결정전략(Invention decision strategy)

주어진 상황에서 가장 최선의 대안을 만들어 보게 하거나 주어진 대안들을 버리기도, 결합하기도, 더할 수도 있게 하는 것을 말한다.

⑷ **다수결의 원리보다 만장일치제를 권장**

교육적 상황에서는 다수결에 의한 집단 의사결정과 승복 정신보다는 집단적 문제 해결을 위한 구성원 간의 활발한 의견 교환을 통한 사회적 기능과 타협 정신의 신장이 강조될 필요가 있기 때문이다.

3. 스탈 모형의 교육적 효과

구성원 각자의 다양한 관점의 표현과 수용 경험은 창의력과 자신의 분명한 태도 설정 및 관용적 태도를 가지게 하며, 정확한 지적표현과 판단 등은 비판적 사고력을 신장시킬 수 있다. 이런 지적인 사고 능력의 발달과 더불어 구성원 간의 활발한 의견 교환을 통한 사회적 소통능력 및 협상능력과 같은 사회적 기능 및 관용 및 타협정신과 같은 태도 등의 향상을 기대할 수 있다.

4. 수업단계

⑴ **1단계 : 수업목표의 설정**

의사결정함양이라는 목표를 달성하기 위해 구조화된 열린 에피소드를 만든다. 이때 열린 에피소드란 문제를 제기하는 시작부분만 있고 완결되지 않은 상태로 학생들이 만들어가는 에피소드를 의미한다.

> **예** 경부고속철도가 천성산을 통과함으로써 천성산의 환경 훼손이 심각해져 마을 주민들과 시민단체는 대책회의를 열고 건설공사에 반영되어야 하는 원칙들을 제시하였다. 일부 원칙에는 정부가 합의를 하였지만 나머지 원칙에 대해서는 합의를 추후에 하기로 하였다. ⇨ 학생들은 회의체의 일원으로서 생각하고 의사결정을 내려보게 된다.

⑵ **2단계 : 교사의 배경설명**

교사는 수업 내용과 관련된 기본적인 배경설명과 용어 등을 설명한다.

⑶ **3단계 : 학습과제지 배포**

교사는 만든 에피소드를 학생들에게 배포하고 필요한 정보들을 학습하고 집단 토론 등을 통해 정보들에 대한 검토와 구성원들 모두가 이해하고 있는지를 확인한다.

(4) **4단계 : 예비결정지 배포(개인의사결정단계, 소집단 활동 시작)**

집단결정을 하기 전에 개인적인 의사결정을 미리 하기 위해 예비결정지를 배포하여 대안들을 검토하고 대안들의 결과를 예측해본다. 그리고 집단토론을 통해 다른 사람의 생각을 나눔으로써 수정 보완하여 상반된 의견의 종합을 합리적으로 시도해 본다.

(5) **5단계 : 집단의사결정단계**

개인적인 의사결정과 집단 의사 결정지를 배포한다. 개인적인 의사결정이 끝났으면 각자의 의사결정지를 가지고 소집단 토론을 하면서 구성원의 합의 도출에 들어간다. 이때 의사결정 방법은 다수가 아닌 만장일치제로 한다.

(6) **6단계 : 각 집단의 발표**

각 소집단의 의사결정이 끝났으면 전체에 대해 소집단의 집단 의사결과를 발표하고 교사는 미흡한 부분이 있는 경우 보완을 해준다.

(7) **7단계 : 평가**

학습과제에 대한 개인적 평가와 팀별 평가를 한다.

이상의 단계를 표로 정리하면 다음과 같다.

단계 \ 구분	과정	내용
1	수업 목표의 설정 (열린에피소드 제공)	• 교사는 수업 목표에 따라 교과내용을 구조화된 열린 에피소드로 제작한다.
2	교사의 배경 설명	• 교사는 수업 하고자 하는 내용에 대해서 기본적인 배경 설명을 한다.
3	학습과제지의 배포	• 교사는 에피소드가 적혀있는 학습과제지를 배포한 후, 학생들에게 이를 읽게 하고 더 필요한 정보들을 공부하게 한다. • 그리고 집단 토론을 통해 그 정보들에 대한 충분한 검토와 모든 구성원이 다 이해하고 있는지를 확인한다.
4	예비 결정지의 배포	• 집단에서 예비결정을 하기 전에 개인적인 의사결정을 미리 하기 위해 준비된 것이다.
5	의사결정지의 배포	• 개인적 의사결정지와 집단 의사결정지를 배포한다. • 개인적인 의사결정이 끝났으면 각자의 의사결정지를 가지고 소집단 토론을 통해 전체 구성원의 합의 도출에 들어간다. 이 때 만장일치제로 단일한 의사결정을 해야 한다.
6	각 집단의 발표	• 소집단의 의사결정이 끝났으면 전체 학급에서 간단하게 각 소집단의 집단 의사결정 결과를 보고하고 교사는 미흡한 부분을 보완해준다.
7	평가	• 한 단원이 끝난 다음 개인적 평가 및 팀별 평가를 한다.

5. 수업 사례

(가)

소년소녀 가장들의 정부와의 협상 방향 모색

소년소녀 가장들은 생활보조금이 너무 적어 인간다운 생활을 누리지 못하고 있다. 정규 학교 수업 외에 사설 학원 교육을 받기 어려우며, 대학 진학마저 여의치 않다. 그리하여 이들은 인간다운 생활 보장과 교육의 기회 균등을 주장하며 정부에 협상안을 제출하게 되었다.

협상 대안 6가지

1. 정부는 대학 진학을 희망하는 경우 대학 교육비를 지원한다.
2. 정부는 방과 후 활동 프로그램을 무상으로 받을 수 있도록 지원한다.
3. 정부는 컴퓨터 교육이나 각종 기술 교육을 지원하며 취업을 알선한다.
4. 정부는 소년소녀 가장들의 생활보조금을 인상하여 기초 생활을 보장한다.
5. 정부는 소년소녀 가장들에게 자매결연 가정을 연결하여 정서적 안정을 돕는다.
6. 정부는 소년소녀 가장들에게 임대 주택을 우선적으로 공급하여 주거 안정을 돕는다.

(나)

1단계	김 선생님은 의사결정 수업의 목표를 설정하였다.
2단계	김 선생님은 소년소녀 가장들의 삶의 질 문제와 관련하여 현황을 소개하였다.
3단계	김 선생님은 (가)를 포함한 학습과제지를 배포하였다.
4단계	학생들은 개인적으로 6가지 협상 대안에 대하여 가장 우선적으로 선택할 대안과 차선의 대안들을 선정하고, 그 이유와 장·단점을 분석하였다.
5단계	학생들은 개인적인 의사결정이 끝났으면 각자의 의사결정지를 가지고 소집단 토론을 통해 전체 구성원의 합의 도출에 들어간다.
6단계	소집단들은 그 학급 전체 앞에서 선택한 대안들의 우선 순위 결과를 발표하였다.
7단계	소년소녀 가장들의 삶의 질을 개선하기 위한 의사결정 수업을 정리하고 평가하였다.

6. 수업지도안 : 90분 블록 타임 수업(전개 70분)

[중학교 사회① - X. 정치과정과 시민참여]

[9사(일사)04-01] 정치과정의 의미를 이해하고, 정치과정에 참여하는 다양한 정치 주체의 역할을 설명한다.

학습단계		교수-학습활동	자료 및 유의점	시간 (분)
전개 ①	문제 제기	• 교사는 수업의 목표를 설정하고 열린 에피소드를 제시한다. 소년소녀가장들은 생활보조금이 너무 적어 인간다운 생활을 누리지 못하고 있다. 정규 학교 수업 외에 사설 학원 교육을 받기 어려우며, 대학 진학마저 여의치 않다. 그리하여 이들은 인간다운 생활 보장과 교육의 기회균등을 주장하며 정부에 협상안을 제출하게 되었다.	PPT	5
	학습지 배포	• 교사는 에피소드가 적혀있는 학습지를 배부하고, 모둠별로 에피소드에서 더 필요한 정보들이 있는지를 탐색하게 한다. 〈소년소녀가정들의 정부와의 협상 방향 모색〉 소년소녀가정들은 생활보조금이 너무 적어 인간다운 생활을 누리지 못하고 있다. 정규 학교 수업 외에 사설 학원 교육을 받기 어려우며, 대학 진학마저 여의치 않다. 그리하여 이들은 인간다운 생활 보장과 교육의 기회균등을 주장하며 정부에 협상안을 제출하게 되었다. • 협상 대안 6가지 1. 정부는 대학 진학을 희망하는 경우 대학 교육비를 지원한다. 2. 정부는 방과 후 활동 프로그램을 무상으로 받을 수 있도록 지원한다. 3. 정부는 컴퓨터 교육이나 각종 기술 교육을 지원하며 취업을 알선한다. 4. 정부는 소년소녀가장들의 생활보조금을 인상하여 기초 생활을 보장한다. 5. 정부는 소년소녀가장들에게 자매결연 가정을 연결하여 정서적 안정을 돕는다. 6. 정부는 소년소녀가장들에게 임대 주택을 우선적으로 공급하여 주거 안정을 돕는다.	학습지	5
	개인 (예비) 의사 결정	• 교사는 개인별 의사 결정지를 배포한다. • 모둠별로 모둠 안에서 '정부 측'과 '소년소녀가정 측'으로 입장을 나눈다. • 학생은 자신이 속한 입장을 고려하여 개인별로 협상안의 순위를 정한다. 자신과 같은 입장의 모둠원과 토론을 통해 입장별 협상안 순위를 정한다. 1. 자신이 중요하다고 생각하는 순서대로 협상 대안의 순위를 정해보세요. ① ② ③ ④ ⑤ ⑥ ▶ 이렇게 순위를 정한 이유는 무엇인가요? _____ _____		

		2. 같은 입장에 속한 모둠원과 토론을 통해 공동의 협상안 순위를 정해보세요. ① ② ③ ④ ⑤ ⑥ ▶ 이렇게 순위를 정한 이유는 무엇인가요? _____ _____	개인 의사결정지	10
		• 교사는 학생들이 서열화 전략과 강제선택 전략을 활용하도록 안내한다.		
전개 ②	집단 의사 결정	• 교사는 집단 의사 결정지를 배포한다. [1차 토론] • 모둠별로 개인 의사 결정지를 토대로, '정부 측'과 '소년소녀가정 측'이 가장 중요하다고 생각하는 협상 대안을 3가지를 토론을 통해 선정한다. (단, 충분한 토론을 통해 반드시 만장일치로 선정한다.) 3. 모둠별로 중요하다고 생각하는 협상 대안 3가지를 선정하세요. ① ② ③ ▶ 선정한 이유는 무엇인가요? _____ _____ _____ • 교사는 학생들이 서열화 전략과 강제선택 전략, 협상 전략을 활용하도록 안내한다. • 교사는 토론 태도를 평가한다. [2차 토론] • 모둠별 토론을 통하여 협상 대안 3가지의 순위를 결정한다. (단, 충분한 토론을 통해 반드시 만장일치로 결정한다.) 4. 모둠별 협상 대안 3가지를 중요한 순서대로 나열해보세요. ① ② ③ ▶ 이렇게 순위를 정한 이유는 무엇인가요? _____ _____ _____ • 교사는 학생들이 협상 전략과 창안 결정 전략을 활용하도록 안내한다. • 교사는 토론 태도를 평가한다.	• 집단 의사 결정지 • 관찰 평가지 •1차 토론 (15분) •2차 토론 (20분)	35
	발표	• 모둠별로 학급 전체 앞에서 선택한 대안들의 우선순위 결과를 발표한다. • 교사는 발표의 내용의 논리성과 적절성을 평가한다.	관찰 평가지	15

Ⅵ 시뮬레이션 게임 협동학습모형[168)

01 시뮬레이션의 의미

시뮬레이션은 사건이나 문제, 상황 등을 실제로 재연하거나 새로 만들어서 실제의 상황처럼 진행하는 특징이 있으므로, 학생들은 흥미를 가지고 적극적으로 참여할 수 있고, 또 실제의 어려운 상황을 모의적으로 체험하도록 하여 문제를 해결하는 능력을 키울 수 있도록 하는 것이 시뮬레이션수업의 장점이다. 결국, 시뮬레이션수업은 가상적인 상황을 설정하여 학습자의 문제해결능력을 함양하려는 데 그 목적이 있다.

02 협동학습과의 관련성 : 협동적 해결책이 더욱 바람직함 ⇨ 개별학습에 비해 효과적

시뮬레이션은 의사결정능력을 향상시키기 위한 수업이므로 고급사고력을 필요로 한다. 따라서, 복잡한 문제해결력을 요구하는 시뮬레이션수업에서는 혼자서 문제를 해결하는 개별학습방법에 비하여 동료 간의 협력, 다양한 의견 제시와 갈등 및 토론 등이 이루어지는 협동학습방법이 학습효과가 높을 수밖에 없다.

03 수업절차

1. 시뮬레이션 교수-학습단계

⑴ **오리엔테이션**

시뮬레이션의 전체 주제와 개념 설명, 게임방법의 설명

⑵ **참가자 훈련**

역할의 분담, 단축된 연습기회 갖기

⑶ **시뮬레이션 전개**

게임의 전개, 의사결정 결과에 대한 평가 및 피드백

⑷ **게임결과에 대한 참가자들의 논의**

---

168) 조성태 외(2010), 「협동학습」, 230-236; 박건호(1997), 「경제교육에서 시뮬레이션의 효과적인 수업방법 탐색」, 이자영 (2001), 「사회과경제학습에서 토의형 시뮬레이션게임의 적용효과」 등

2. 협동학습 실천 단계

(1) 문제 파악 및 문제 확인

① 전시 학습한 내용을 간단하게 상기시킨 후 이번 차시에 해결해야 할 과제와 관련된 개념, 일반화를 설명한다.

② 문제에 대해 분석한 후 명료화한다.

(2) 준비

① 이질적으로 모둠을 구성한다.

② 게임에 대한 규칙 및 절차를 안내한다.

③ 각 모둠으로 하여금 목표 및 전략을 세우도록 한다.

(3) 게임 실시

① 게임을 정해진 기간 동안 진행되고 게임 중간에 미션을 수행하여 경제정책에 대한 의사결정을 하게 한다.

② 각 모둠은 미션 수행 결과에 따라 5~10점의 점수를 부여한다.

(4) 결과 토의

① 각 모둠은 최종점수를 구하고 그 성과에 대해 평가한다.

② 성과에 나타난 경제적 원인과 결과에 대한 의사결정에 대해 분석하여 문제점을 발견하고 이를 극복하기 위한 대안을 모색한다.

(5) 정리

각 모둠의 활동을 정리하고 수행과제를 부여한다.

04 수업 사례

1. 학습자료
5개 국가(중국, 프랑스, 미국, 이집트, 호주)의 자연 환경과 인문 환경에 관한 소개 자료

2. 학습활동
① 학습자의 흥미와 능력을 고려하여 4인 1모둠을 구성하고, 1모둠이 1국가가 되도록 한다.
② 5개 국가의 자연 환경과 인문 환경을 집중 탐구한다.
③ 모둠별로 방문 대상 국가의 순서와 방문 대상 국가별 여행자 및 토론 소재를 정한 후 순서에 따라 해당 국가를 방문한다.
④ 여행객은 방문 대상 국가의 문화 요소 중 하나를 선택하여 자국 문화의 관점에서 비판한다.
⑤ 방문 대상 국가의 구성원은 여행객이 자국 문화의 특수성을 이해할 수 있도록 설명한다.

3. 규칙
① 방문 순서는 제비뽑기로 정한다.
② 토론 소재는 반드시 방문 대상 국가의 문화와 관련성을 지녀야 한다.
③ 한 모둠의 구성원은 서로 다른 국가를 방문한다.
④ 여행자와 방문 대상국의 구성원은 교대로 이야기하며, 방문 대상국 구성원의 발언은 1인당 1회로 한정하고 최대 4인까지 할 수 있다.
⑤ 방문 대상국의 구성원이 인간 존엄의 가치를 경시하는 주장을 하면 경고를 받으며, 2번 받으면 패한 것으로 한다.
⑥ 15초 이내에 상대방 의견을 논박하지 못하면 설득 당한 것으로 간주하며, 1회 발언 시간은 2분 이내로 한다.
⑦ 5분 이내에 승부가 나지 않을 경우 교사가 승부를 판정한다.
⑧ 한 모둠의 방문이 종료된 후에는 다른 모둠의 방문이 시작된다.
⑨ 한 모둠이 상대방을 설득한 횟수를 합하여 서열을 정한다.

05 수업지도안

[중학교 사회① – Ⅷ. 문화의 이해]

[9사(일사)02-02] 문화를 바라보는 여러 가지 태도를 비교하고, 다른 문화들을 이해하기 위한 바람직한 태도를 가진다.

학습단계		교수–학습활동	자료 및 유의점	시간 (분)
전개 ①	문제 제기	• 교사는 상황을 제시한다. 대학생이 된 여러분은 처음으로 세계 배낭여행을 떠나게 되었습니다. 여행할 국가는 중국, 프랑스, 이집트, 호주, 미국 다섯 국가가 있습니다. 여행 준비를 위해서 각 나라의 자연환경과 문화에 대해서 공부를 하게 되었고, 여행하면서 만난 다른 여행자들과 토론하는 것이 다른 나라를 이해하는 데 아주 큰 도움이 된다는 사실을 알게 되었습니다. 그래서 여러분은 게스트 하우스에서 숙식을 해결하면서, 매일 저녁 새로운 여행자들을 만나 나의 느낀 점을 이야기하고 토론하며 정보를 교환해야겠다고 생각하였습니다.		1
	시뮬 레이션 절차 안내	• 교사는 시뮬레이션 절차·방법 설명한다. 〈절차〉 ① 5인 1모둠을 구성하고, 1모둠이 1국가가 되도록 한다. ② 모둠별로 5개 국가의 자연환경과 문화를 탐구한다. ③ 탐구한 내용을 바탕으로, 개인별로 방문 국가의 순서와 방문 국가의 문화 요소 중 하나를 선택하여 자국 문화의 관점에서 비판할 점을 정한다. ④ 모둠의 호스트만 남고 나머지 모둠원은 여행자가 되어 다른 국가를 방문한다. ⑤ 여행자는 자신이 준비해온 비판점을 테이블에 쓰고, 여행자 간 자유롭게 토론을 시작한다. ⑥ 호스트는 여행자 간 토론 시 내용을 정리하며, 발언시간을 조정한다. 때에 따라 자국 문화의 특수성을 이해할 수 있도록 설명한다. ⑦ 토론시간이 끝나면, 여행자는 다른 국가로 이동한다. ⑧ 새로운 여행자가 모이면 호스트는 이전 토론의 내용을 요약해서 설명해준다. ⑨ 도착한 여행자는 자신이 준비해온 비판점을 테이블에 쓰고, 여행자 간 자유롭게 토론을 시작한다. 이때, 이전 여행자가 남기고 간 내용에 덧붙이거나, 비판할 수 있다. ⑩ 여행자가 모든 국가를 방문할 때까지 이동과 토론을 계속한다. ⑪ 여행자는 모든 국가를 방문한 후, 원 모둠으로 돌아온다. 모둠별로 테이블에 작성된 토론 내용을 정리하여 발표를 준비한다. 〈규칙〉 ① 비판할 점은 반드시 방문 대상 국가의 문화와 관련성을 지녀야 한다. ② 한 모둠의 구성원은 서로 다른 국가를 방문한다. ③ 여행자 간 토론 시 발언 시간은 최대 1분으로 한다. 여행자가 국가에 머무는 시간은 10분으로 한다. ④ 호스트는 여행자가 인간 존엄의 가치를 경시하는 주장을 하면, 여행자의 이름과 국가, 주장 내용을 테이블에 작성한다.		4
	시뮬 레이션 준비	• 교사는 5개 국가의 자연환경과 문화에 관한 자료를 제시한다. • 학생은 5개 국가의 자연환경과 문화에 대해 탐구한다. • 모둠별로 여행자와 호스트의 역할을 정한다.		15

예비 사회교사를 위한

일반사회교육론

Chapter 01   사회과 평가 이해
Chapter 02   사회과 평가 방안

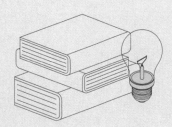

Part

05

사회과 평가

1. 사회과 평가원리

사회과 평가는 사회과 교육의 목표 달성 여부를 확인하는 것이다. 이런 평가는 평가결과를 토대로 학습자의 개선방향, 교수-학습의 개선, 교육과정의 개선 등을 위한 중요한 근거가 된다. 이런 사회적 평가는 타당성, 객관성, 공정성, 신뢰도, 유용성을 지닌 것이어야 한다.

2. 사회과의 목표 및 평가관의 변화

사회과의 목표는 민주 사회에 바람직한 시민적 자질의 육성에 있다. 따라서 사회과의 평가는 민주적 사회생활을 바로 영위할 수 있는 종합적 인간 형성의 제 요소 즉 지적, 정서적, 신체적, 사회적 능력 및 태도 등을 균형 있게 진단 측정해야 한다.

전통적인 사회과 평가는 절대주의적 진리관에 따라 객관적 지식의 습득 여부를 확인하는 결과 중심의 평가, 양적 평가 등의 특징을 지니고 있었다.

하지만 현재 상대주의적 진리관이 등장하면서 학습자가 능동적으로 지식을 구성하는 능력이 강조되고 있다. 그 결과 평가는 결과뿐만 아니라 과정을 중시하는 평가, 양적 평가뿐만 아니라 질적 평가가 강조되고 있다.

3. 수행평가

우리나라의 중등학교에서는 전통적으로 학습자의 성취도를 지필 검사 결과물을 중심으로 평가하였었다. 이러한 평가방법을 지양하고 최근 학습관과 평가관의 변화를 반영하여 등장한 것이 참평가, 수행평가이다. 참평가는 실제 맥락 속에서 발휘되는 학생들의 인지, 정서, 행동 등을 평가하는 것을 말한다. 수행평가는 실제적인 맥락뿐만 아니라 그렇지 않은 상황에서도 학생들의 인지, 정서, 행동 등을 평가하려는 방법이다. 포트폴리오법, 관찰법, 연구 보고서법, 면접법, 실험 실습법 등 다양하게 평가하는 방법이 도입되었다.

4. 수행평가의 유형

이런 수행평가로는 실습, 관찰, 면접, 구술평가, 토론, 포트폴리오, 연구보고서, 개념도 등 다양한 방법들이 있다.

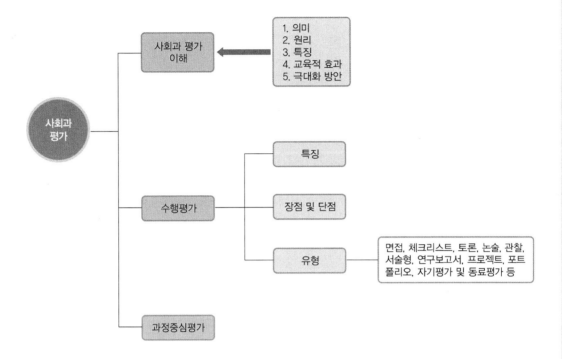

01 사회과 평가 이해

I   사회과 평가의 의의 및 원리

01 교육평가의 의미

1. 협의적 의미 : 학생들의 개별적 성취도

교육과정에서 이루어지는 사회과 평가란 학습의 결과로 나타나는 학생들의 개별적 성취도 내지는 진보 상태를 평가하는 것이다. 사회과 평가는 학생의 학습에 대하여 테스트나 관찰, 기타 방법 등으로 측정한 자료를 바탕으로 사회 현상의 이해 정도, 학업 성취 정도, 수행 능력 정도, 사고력의 신장 정도, 가치·태도를 비롯한 민주 시민의 자질 함양 정도 등 사회과의 목표 달성 정도를 판정하는 과정이다.

2. 광의적 의미

교육평가는 교육목표의 달성 정도나 교육과정의 효율성을 판단하기 위하여 학습자의 행동 변화 및 학습 과정에 관한 정보를 수집하여 이용하여 교육적 의사결정을 하는 데 도움을 주거나 의사결정을 하는 과정이다. 이런 교육평가는 교육목적의 달성 정도를 판단하고, 일정한 기준을 가지고 교육활동의 효율성을 가늠하여 나타난 결과에 대한 가치를 판단하는 체계적인 과정이라고 할 수 있다.

02 사회과 평가의 의의 : 사회과 교육과정 반성적 분석과 학생들의 성취기준 달성 측정

사회과 평가란 사회과 고유의 교수-학습활동을 통해 학생들로 하여금 사회과의 목표를 얼마만큼 성취하였는가를 진단하고 측정할 뿐만 아니라 사회과의 목표와 내용, 방법이 실제 수업에서 얼마나 잘 실현되고 있는지에 대한 반성적 분석을 토대로 교수-학습의 개선 및 교육과정의 개선을 도모하고자 하는 일련의 교육활동을 말한다. 즉 사회과의 평가는 사회과의 목표와 내용, 방법이 실제 수업에서 얼마나 잘 실현되고 있는지에 대한 반성적 분석과 또한 학생들이 사회과의 성취기준을 얼마나 달성하였는지에 대해 측정하고 이를 반영해서 사회과 교육과정 개선을 위한 것이라고 할 수 있다.

03 사회과 평가의 원리[169)]

사회과 평가 원리란 사회과의 평가를 하기 전에 고려해야 할 점을 의미한다.

1. 일관성의 원리

사회과의 평가는 목표, 내용, 교수-학습방법과 일관성 있게 이루어져야 한다. 사회과의 평가는 목표, 내용, 방법과의 일관성을 유지해야 한다. 즉, 성취기준으로서의 목표와 이를 바탕으로 한 내용에 대해 학습한 과정과 결과를 평가해야 하므로 목표·내용·방법·평가가 동일선상에서 이루어져야 한다. 일반적으로, '평가'라고 하면 중간고사, 혹은 학기말 고사를 연상하게 되는데, 이것은 평가를 교육활동의 종착점으로 생각하기 때문이다. 그러나 평가는 종착점도 아니고 시작도 아니며, 일련의 순환적인 교육의 한 과정이다. 교육은 목표 설정과 교수-학습활동, 평가의 과정을 거치는데, 이것은 한 번에 완결되는 것이 아니라 순환적이다. 따라서 평가는 다음 목표 설정과 교수-학습의 밑거름이 되어야 하며 이 3가지 사이에는 일관성이 있어야 한다.

2. 계속성의 원리

학생들은 교육의 과정에서 지속적으로 변화한다. 학습의 성취도를 측정할 때 한 시점에서만 측정하는 것은 바람직하지 못하다. 따라서 평가는 결과에 대한 평가만 강조되어서는 안 되고 수업계획을 수립하는 단계부터 결과평가와 과정 평가 모두 고려되어야 한다. 따라서 수업 전 진단평가, 수업중의 형성평가, 수업 후의 총괄평가를 고려해 볼 수 있다. 수업 전 진단평가는 학생들의 흥미, 능력, 적성 등을 파악하고 사전지식을 제공하는 기능을 수행할 수 있다. 또한 진단평가의 결과에 따라 학생들에게 적절한 목표와 교수방법을 정할 수 있게 된다. 또한 필요한 학습자료 배부와 모둠학습의 경우에는 모둠을 구성하는 것과 같은 학습자의 분류와 배치에 활용할 수 있다. 형성평가는 수업이 얼마나 효과적으로 진행되었는지, 학생들이 얼마나 수업 내용을 소화하고 있는지 등을 확인하게 함으로써 교사가 무엇을 해야 하는 지와 관련된 지침이 된다. 수업 후에 시행하는 총괄평가는 학생들의 전체적인 목표달성 여부를 종합적으로 판단하게 함으로써 다음 수업에 반영하게 된다.

3. 포괄성의 원리

사회과의 목표는 민주시민성의 함양이고, 이를 달성하기 위해 필요한 지식, 기능, 가치 및 태도 등 매우 다양하다. 사회과의 평가는 이런 목표들을 포괄적으로 균형 있게 진단 측정해야 한다.

교수-학습과정과 평가과정의 괴리가 일어나지 않기 위해서는 무엇을 위해 평가하는지, 즉 평가목적을 확인해야 한다. 사회과 평가의 목적으로는 교육과정 및 수업 계획을 세우기 위한 기초자료 확보, 학생의 개별적 고려를 위한 정보 확보, 학습 촉진, 교육의 성과와 목표달성 등에 관한 자료 제공, 반 편성 및 수준별 집단 편성, 모둠 구성 등이 있다.

---

169) Parker & Jarolinek, 1997; 전숙자, 2006:532-538; 이양우(1989), vol.22, pp.77-102 등 참조

4. 융통성의 원리

사회과의 목표가 다양한 만큼 그 목표 달성을 위한 평가 역시 다양해야 한다. 교육적 상황도 매우 다양하다. 따라서 이 다양한 상황에 적합한 다양한 평가방법을 유연하게 사용해야 한다. 학습 주제와 목표 등을 중심으로 다양한 평가방법을 생각해 봄으로써 학생들이 무엇을 알고 무엇을 할 수 있는지를 정확하게 알려줄 수가 있다. 우리나라의 중등학교에서는 전통적으로 학습자의 성취도를 지필 검사 결과물을 중심으로 평가해 왔다. 그러나 최근 이러한 평가방법을 지양하고 포트폴리오법, 관찰법, 연구보고서법, 면접법, 실험실습법 등 다양하게 평가하는 방법이 도입되고 있다.

5. 객관성의 원리

객관성은 평가방법의 양호도를 결정짓는 중요한 요인이다. 교사는 독단적인 편견이나 선입견을 배제하고 보편 타당한 사회과학적인 척도와 합리적인 분석방법으로 측정하여야 한다. 지도하는 사람에 따라 평가의 관점이나 기준이 달라지면 안 될 것이다.

6. 실용성의 원리

사회과 평가는 사회과 교육의 개선과 발전을 하는 데 공헌하도록 자료를 진단·분석할 수 있는 실용성을 갖춰야 한다.

Ⅱ 사회과 평가의 주요 변화

01 평가관과 학습관의 변화

산업시대 교육의 중심적 가치였던 절대적 진리관과 객관적 지식관은 학생들에 대한 평가에 있어 객관식 평가를 주로 사용하였다. 이 객관식 평가가 평가 도구의 기준이 되는 객관성과 공정성, 그리고 신뢰성과 투명성을 보장할 수 있는 가장 적합한 평가방법이라고 인정받았기 때문이었다. 하지만 현재 사회 변동으로 절대적 진리관은 상대적 진리관으로 객관적 지식관은 간주관적 지식관으로의 변화가 발생하였다. 이러한 관점은 지식은 인간 존재의 외부에 객관적으로 존재하는 것이 아니라 인간의 내부에서 경험을 통해 구성되는 것이고, 각 개인은 동일한 현상에 대해서 다른 의미를 부여하고 달리 해석할 수 있으며, 그 결과로 각 개인이 구성하는 지식은 다를 수 있다는 것이다. 또한 연구 현장에서 직면하는 다중의 구성 실제에 역동적으로 대응할 수 있는 도구는 인간뿐이다. 연구 도구로서의 연구자는 연구 반응자들의 목소리와 관점을 중시하고 현상들 간의 동시적 상호 작용의 의미를 파악하며, 현상에 담긴 미묘한 의미와 차이를 감지해내고 통찰력을 통해 해석과 판단을 내릴 뿐이라고 주장한다. 이런 관점과 구성주의 철학이 강조되면서 교육에서도 학습관과 평가관에 영향을 주었다. 이런 변화의 과정에서 객관식 중심의 평가를 하였던 전통적 평가방식에 대한 비판을 하면서 등장한 것이 수행평가, 참평가 등이다. Herman, Aeschbacher와 Winter(1992)는 선택형 문항에 의한 평가방법을 전통적인 평가방법이라 하고 이에 대응되는 평가방법을 대안적 방법이라 하여 2가지 방법을 비교하였다.

⊙ **전통적 평가방법 대 대안적 평가방법 비교**

구분	전통적 평가방법	대안적 평가방법
진리관	절대적	상대적
지식관	객관적	간주관적
학습자관	수동적 관점	능동적 관점
학습관	교사의 전달과 학습자의 암기 ⇨ 학습결과에 관심	학생이 능동적으로 정보를 이해하고 의미를 구성함 ⇨ 학습과정과 결과에 관심
평가내용	분리된 지식 및 기술 등 단일 속성(단편적)	통합적 지식, 고차사고력, 다원적 속성(다차원적 측면)
평가형태	선택형, 표준화, 부분적 평가, 지필평가	수행평가, 참평가
평가 대상	개인 평가 강조	집단 평가 강조
교사역할	지식의 전달자	학습의 안내자, 조력자
학생역할	지식의 수용과 회상	지식의 능동적 이해·구성·창조

02 평가방식의 변화 주요 내용[170]

1970년대 이후 사회과의 목표 영역은 인지적, 정의적 목표 영역을 포함하는 것임에도 불구하고 개념, 일반화 등을 중심으로 평가가 주로 이루어졌다. 하지만 1990년대 중반 이후 고차사고력이 더욱 강조되었다. 그 결과 사회과학의 개념과 일반화에 따른 지식의 구조 및 고차사고력을 향상시키고 평가하는 것이 강조되었다. 이런 경향이 우리나라의 경우에는 6차 교육과정부터 나타나기 시작하였다.

1. 행동적 표현, 성취기준(절대기준)

정확한 평가를 위한 목표의 행동적 표현과 더불어 절대기준, 절대평가 등이 강조되었다.

2. 종합적이고 균형 있는 평가

지식, 기능, 가치·태도를 종합하는 평가가 이루어져야 한다. 단편적인 지식의 암기를 요구하는 종래의 평가관에서 벗어나 지식은 물론 기능과 가치·태도를 종합하여 평가에 반영하도록 노력해야 한다.

---

170) 차경수, 1997:344-348.

(1) **지식뿐만 아니라 고차적 지식 평가 강조**

　지식 목표에서는 고차사고력보다는 낮은 수준의 사고력, 개념이나 일반화보다는 단편적인 사실 위주로 평가하는 것은 문제이다. 한편, 따라서 사회과는 지식, 기능, 가치·태도의 세 영역이 합쳐져 하나의 큰 목표를 이룬다고 할 수 있으므로 이 세 영역이 균형 있게 평가되어야 한다.

(2) **가치 및 태도 평가 강조**

　가치·태도 영역도 강조되기는 하지만, 학생들의 가치 목표 달성도를 측정하는 것이 너무나 어렵다는 벽에 부딪혀 있다고 할 수 있다.

(3) **고차사고력을 포함한 고차적 사고 평가 강조**

(4) **기능 영역의 평가**

　평가의 영역 중에서도 비교적 소홀히 하기 쉬운 것이 기능 영역이라고 할 수 있다. 기능 영역은 실제로 해 보이는 것을 평가해야 하므로 평가하기가 어렵기 때문이다.

3. 과정과 수행을 중시하는 수행평가[171]의 강조

(1) **수행평가의 의의**

　평가는 교육의 한 과정임을 고려하여 학습과정과 성취 수준을 이해하고 발달을 돕는 차원에서 실시하여야 한다. 아울러, 탐구 지향적 수업 또는 사고력 신장을 위한 수업의 과정과 그 결과에 대한 평가가 실효를 거두기 위해 수행평가 또는 질적 평가의 방법도 도입되어야 한다. '수행평가'는 기본적으로 '평가방법'에 관련되는 것으로, 그 이론은 지금까지 많이 실시해 온 지필평가가 실제의 능력을 제대로 평가할 수 없다는 데에서 출발한 것이다.

(2) **수행평가의 활용**

　수행평가는 일반적으로 기능과 가치·태도 영역에서 많이 활용되고 있다. 또한, 지식 영역에서도 암기 이상의 인지 작용을 측정하려고 할 때에는 객관식 지필평가방법으로는 제대로 평가하기 어려우므로 수행평가를 활용할 수 있다. 고도의 정신 작용은 겉으로 잘 드러나지 않는 성격이 있기 때문이다. 그리고 수행평가는 주로 질적인 자료에 의존하는데, 질적 자료란 지필평가에 의한 자료가 아닌 관찰, 면접 등에 의한 자료를 말한다. 양적 자료는 숫자로 표시되기 때문에 처리하는 데에는 편리하지만, 사고의 과정, 기능 영역, 가치 영역 등을 평가하기에는 미흡하다. 수행평가의 기본은 실제 상황과 가장 근접한 상황에서 목표를 성취하였는지를 평가하자는 것이다.

---

171) 수행평가가 아직 객관식 평가나 지필평가를 완전하게 대체할 수 없다.

4. 조화로운 평가

최근 평가는 결과 중심의 평가가 아니라 결과와 과정을 모두 중시하는 평가, 양적 평가 중심이 아닌 양적 평가와 질적 평가의 조화를 추구하는 방향이 제시되고 있다.

5. 성취기준에 의한 평가

교육활동이란 목표를 지향하는 활동으로 평가의 기준은 한 학생이 그 목표에 도달하였는지가 되어야 한다. 교육의 목적은 학생을 목표에 도달시키는 것이므로, 평가에서는 학생이 집단 내에서 어떤 위치에 있는가를 알려고 하는 것보다는 정해진 목표를 얼마나 성취하였는가를 알고자 해야 하는 것이다.

성취 수준은 평가를 하는 데에 필수적인 것이 잘 분석되고 체계화된 기준이다. 이때, 교육과정이 그 기준이 되어야 함은 두말할 필요가 없다. 그러므로 사회과에서의 평가는 성취 수준을 근거로 설정된 평가 기준에 따라 평가하여야 한다. 성취 수준은 교육과정의 목표 혹은 내용으로 제시된 내용 기준과 수업의 결과로 나타나는 행동의 변화를 의미하는 행동 기준으로 구성되는데, 평가 기준 역시 이에 따라 설정된다. 행동 기준은 주로 학습 기능, 사고력의 신장과 가치·태도의 변화에 주목한다. 따라서 평가 기준이란 성취 기준을 좀 더 구체화해 평가에 도입해야 할 요소와 그것의 범위 및 심화의 정도를 명시한 것을 말한다. 그러나 교육과정의 목표는 평가의 기준으로서는 다소 추상적이라고 할 수 있으므로 더욱 상세한 평가 기준이 필요하며, 이러한 평가 기준을 만들려면 구체적인 작업이 이루어져야 한다.

6. 다양한 평가방법의 활용

사회과의 평가는 지식, 기능, 가치·태도를 종합적으로 평가함과 동시에 학습이 총체적인 과정이라는 관점에서 개인 수준에 맞는 평가를 지향하므로 평가의 주안점에 따라 다양한 평가방법을 고려해야 한다. 전통적으로 지식을 평가하는 데 주로 사용한 지필평가에서 더 나아가 기능 및 가치·태도를 평가하고 학습과정을 평가하기 위해서 관찰 평가, 작품 분석법, 면접법, 상호 평가, 자기평가 등의 다양한 질적 평가방법도 활용해야 한다. 객관식 평가방법은 많은 비판을 받고 있지만, 중요하고 편리한 평가방법임은 틀림없다. 객관식 중에서도 선택형(선다형)이 많이 이용되는데, 이를 적용할 때에도 단순한 암기력보다 사고력을 측정하도록 노력해야 한다.

Ⅲ 사회과 평가 기준 및 형태

지금까지 사회과 평가가 어떤 철학을 배경으로 어떤 원리에 따라 시행되어야 하는지, 평가의 방향은 무엇인지 등에 대해 살펴보았다. 그렇다면 이런 이론적, 철학적 배경을 가진 사회과 평가는 어떤 기준에 따라 제작되어야 하는지, 어떤 형태가 있는지를 살펴보겠다.

01 사회과 평가도구의 조건

현실적으로 모든 평가는 간접적이다. 따라서 사회과에서도 평가 도구를 제작하는 데 많은 시간과 노력을 아끼지 않는다. 이런 시간과 노력을 투입할 때 적절한 기준이 필요하다. 이 기준이 마련되지 못하면 교육과정은 그 취지와 상관없이 훼손당하고, 학습자들에게도 상처와 혼란을 줄 수 있다. 유용한 평가방법의 일차적인 기준은 타당도와 신뢰도이며, 이차적인 기준으로 객관도와 실용도, 적합도라고 할 수 있다. 이 외에도 요즘 공정성, 투명성 등이 거론된다.

1. 타당도

평가도구는 타당도를 만족시켜야 한다. 즉 측정하고자 하는 목표나 내용을 제대로 측정하는 것이어야 한다. 수행평가를 개발할 때 특히 신경 써야 하는 것이 타당도이다. 타당도가 낮은 수행평가는 수행평가라고 할 수 없다.

2. 신뢰도

평가도구가 측정하려고 하는 것을 안정적으로 일관성 있게 측정하고 있는지 여부를 신뢰도라고 한다. 이 신뢰도는 일관성과 안전성을 말한다. 예컨대 크롬바 값은 문항의 신뢰도값을 말한다.

3. 객관도

객관도는 평가자나 채점자의 일관성 정도를 말한다.

4. 적합도

적합도는 학생들의 발달 수준, 학습형태, 수업 방식에 부합하는 평가인지를 말한다. 즉 학생 상황을 고려한 정도를 의미한다.

5. 공정성

공정성은 사회 정의적 관점으로 학생의 능력 이외에 다른 요소가 평가에 영향을 미치지 못하도록 하는 시험의 시행과 과정에 대한 만족도를 말한다.

6. 투명성

성적 및 평가 관리 등과 같은 과정이 공개되는 것에 대한 만족도를 말한다.

7. 실용성

실용성이란 평가가 진행되는 과정, 즉 모든 제작, 시행, 분석 , 결과 정리를 하는 데 있어서 시간과 비용이 적게 들뿐만 아니라 효과적으로 교육과정을 개선하는 것에 대한 만족도를 말한다.

02 사회과 평가형태

1. 원리 측면

원리 측면의 대표적인 평가형태는 규준지향평가와 준거지향평가로 나눌 수 있다. 일반적으로 규준지향평가는 흔히 상대평가로, 준거지향평가는 절대평가로 이해하고 있다. 제7차 교육과정부터 성취기준을 도입하고, 절대평가를 강화하려는 노력은 현재까지도 지속되고 있다. 과거에는 절대기준과 절대평가라는 표현을 사용하기도 하면서 용어 사용에 혼란과 어려움이 있었으나 현재는 성취기준과 수행평가로 주로 사용하고 있다.

2. 기능 측면

기능 측면의 평가형태에는 진단, 형성, 총괄 평가가 있다. 과거보다 특히 그 중요성이 부각되는 것이 형성평가이다. 과정으로서의 수행평가, 형성평가로서의 수행평가라는 그 의의와 의미를 잘 이해해야 할 것이다.

⑴ 진단평가

진단평가는 학습자들의 학력 수준, 수업 결손 부분, 흥미, 성격, 적성 등을 바르게 파악하여 교육적 활동을 이론적으로 체계화하려는 일련의 평가 활동으로서, 예전적 평가라고도 한다. 이러한 평가 활동은 필연적으로 앞으로 이루어지는 교수 활동에 반영될 것을 전제로 하고 있다.

⑵ 형성평가

형성평가는 학습과정 중의 평가로서, 최종의 교육 목표를 향하여 학습이 진행되는 과정에서의 평가 활동을 의미한다. 이는 학습 효과의 극대화와 더불어 교육과정의 질적 관리를 위한 노력으로서 교수-학습이 전개되는 유동적인 상태에서 학습자에게 피드백(feedback)의 효과가 있으며, 사회과 교육과정의 운영을 개선하고, 수업 방법을 개선하기 위하여 실시하는 평가이다.

PART
05

⑶ **총괄평가**

총괄평가는 주어진 학습과제 또는 한 교재가 끝났을 때, 설정·진술된 사회과 학습목표의 달성도를 알아보기 위한 평가 활동을 의미하는 것으로서, 학업성취도 검사 등이 이에 해당한다.

3. 방법 측면

양적 평가와 질적 평가로 나누어볼 수 있다. 양적 평가의 대표적인 방법이 객관식 선다형이고 질적 평가의 대표적인 방법이 서술형이다.

구분		의미
수업전개 과정에서 평가기능	진단평가	수업 전 학생의 현재 위치를 파악하는 평가
	형성평가	수업 도중 수업 개선에 필요한 정보를 수집하는 평가
	총괄평가	수업 후 학생의 목표달성 여부를 판단하는 평가
원리 측면	규준지향 (참조)평가	상대평가: 학생의 목표달성 여부를 다른 학생들과 상대적으로 비교하는 평가로, 최고점에서부터 최하점까지의 결과의 범위에 따라서 학생들을 분류할 수 있다.
	준거지향 (참조)평가	절대평가: 학생의 목표달성 여부를 학습목표를 기준으로 확인하는 평가를 의미한다.
평가 방법	양적 평가	test(시험, 검사) 등을 사용하여 수량화된 자료를 얻는 평가
	질적 평가	관찰, 면접, 실기평가 등을 통해 수량화되지 않은 다양한 형태의 자료를 얻는 평가

02 사회과 평가 방안

I 수행평가에 대한 이해

01 수행평가의 개념적 특성[172]

1. 수행평가의 의미 : 과정과 결과를 보여주는 평가

전통적인 선다형 필답고사의 문제점을 보완하기 위해 개발된 대안적 평가방식을 포괄하는 개념이다. 여기서 수행이란 구체적 상황에서 실제로 행동하는 과정이나 결과를 의미한다. 따라서 '수행평가'는 학생이 자신의 지식 및 기능에 대한 습득 여부를 나타내기 위해 산출물을 만들어 내거나 실제 수행을 통해 학생의 학습을 평가하는 것으로 교수-학습의 결과뿐만 아니라 교수-학습의 과정을 중시하는 평가 방식이다. 교육부도 훈령을 통하여 "수행평가는 교사가 학습자들의 학습과제 수행 과정 및 결과를 직접 관찰하고 그 관찰 결과를 전문적으로 판단하는 평가방법이다"라고 하였다. 이를 위하여 선택형 지필평가 및 단순 지식 암기식의 평가를 지양하고 핵심역량을 기르기 위한 다양한 평가방법을 활용하도록 안내하고 있다.

2. 수행평가와 참평가 : 실제 상황에서 이루어지는 평가 요구 여부

수행평가는 결과보다는 과정을 평가하는 것으로 지식뿐만 아니라 가치, 고차사고력 등을 실제로 평가할 수 있는 방법이다. 수행평가는 전통적인 선다형 필답고사의 문제점을 보완하기 위해 개발된 대안적 평가방식을 포괄하는 개념이다. 여기서 수행이란 구체적 상황에서 실제로 행동하는 과정이나 결과를 의미한다. 참평가는 수행평가 중에서 실제 맥락 속의 성취를 측정하는 실제적 평가이다. 하지만 수행평가는 반드시 실제 맥락을 요구하지 않는다.

3. 수행평가의 교육적 의의[173]

⑴ **미래 사회과 요구하는 고등 정신 능력 함양**

⑵ **실제 평가를 통한 교육의 본질 추구**

---

172) 차경수·모경환, 2008:382-396; 박상준, 2006:269-284; 전숙자, 2006:469-489; Wiggins, 1998; Newmann, Secade & Wehlage, 1995 등을 참조
173) 경기도교육청(2018), 2018 중등평가지원단 연수자료집, p.58.

⑶ 교육 상황 개선과 암기 위주 교육의 해소

⑷ 새로운 교수-학습 패러다임 추구

⑸ 학습자의 능동적 학습활동 유도

⑹ 조화로운 전인교육의 추구

4. 수행평가의 특징

⑴ **교수-학습의 결과뿐만 아니라 교수-학습의 과정도 함께 중시하는 평가방식**

　수행평가는 학생들이 주어진 선택지에서 정답을 고르는 것이 아니라 스스로 답을 구성하도록 하거나 행동으로 나타내도록 유도한다. 또한 학습자들이 교육의 목표인 고차사고력이나 문제해결력 등의 습득 여부를 관찰 가능한 행동이나 산출물로 보여주도록 요청하는 평가이다.

⑵ **추구하는 교육목표의 달성 여부를 가능한 한 실제 상황에서 파악하고자 하는 평가방식**

⑶ **전인적 평가 및 고차사고력 평가 중시**

　① 전인적 평가 중시
　　학생의 인지적인 영역 창의성이나 문제해결력 등 고등 사고기능을 포함뿐만 아니라 학생 개개인의 행동발달 상황이나 흥미 태도 등 정의적인 영역 그리고 체격이나 체력 등 심동적인 영역에 대한 종합적이고 전인적인 평가를 중시하는 평가방식이다.

　② 고차사고력 평가 중시
　　기억 이해와 같은 낮은 사고능력보다는 창의 비판 종합과 같은 고등 사고능력의 측정을 중시하는 평가방식

⑷ **학생의 변화 발달과정을 종합적 · 지속적으로 평가하는 방식**

　단편적인 영역에 대해 일회적으로 평가하기보다는 학생 개개인의 변화 발달과정을 종합적으로 평가하기 위해 전체적이면서도 지속적으로 이루어지는 것을 강조하는 방식이다.

⑸ **개개인에 대한 평가와 더불어 집단에 대한 평가도 중시하는 평가방식**

　① 개별학습 촉진
　　학생의 학습과정을 진단하고 개별 학습을 촉진하려는 노력을 중시하는 평가방식

　② 협동학습 촉진
　　협동학습을 수행평가로도 평가 가능하다. 수행평가는 협동학습을 촉진시키고 가능하게 하는 평가방식이라고 할 수 있다.

02 수행평가에 대한 평가

1. 수행평가의 장점

⑴ **총체적 평가방법**

　　수행평가는 인지적 능력, 정의적 특성, 행동적 의지 및 행동을 모두 평가할 수 있는 총체적 접근이다.

⑵ **다양한 사고능력 평가방법**

　　개방형 형태의 평가방법으로 다양한 사고능력을 함양한다.

⑶ **협동학습과 전인교육에 기여**

　　과제 성격상 협동학습을 유도하므로 전인교육을 도모한다.

⑷ **결과뿐만 아니라 과정평가방법**

　　검사결과뿐 아니라 문제해결과정도 분석할 수 있다.

⑸ **학습동기 및 흥미 유발**

　　검사 불안이 적고, 학습동기와 흥미를 유발한다.

　　① 지식 위주의 평가에서 벗어나 평가 영역이 확대될 수 있다.

　　② 학생들의 다양성이 평가 과정에서 고려 대상이 될 수 있다.

　　③ 평가와 교수 학습이 통합된 형태로 운영될 수 있다.

　　④ 교육목표의 실제 상황에서의 달성 여부를 확인할 수 있다.

2. 수행평가의 단점(문제점)

⑴ **수행평가의 효율성 문제**

　　장시간의 평가 시간이 필요하다. 그래서 철저한 준비와 지속적인 평가가 수반된다. 즉, 준비과정이 길고, 활동의 전체 과정을 평가하기 때문에 많은 시간과 비용을 요구한다.

⑵ **타당성 확보의 어려움**

⑶ **평가 도구의 신뢰도 부족 문제**

　　명확한 채점 기준표를 개발해야 할 필요가 있다. **예** 체크리스트와 평정척도 등

⑷ **평가자의 객관성 문제**

　　평가자의 오류 가능성이 있다는 점을 고려하여 채점 기준표를 명확하게 만들 필요가 있다.

⑸ 성적 처리 과정에 있어서 평가의 공정성 및 투명성 문제

⑹ 실용성 측면의 부족

    ① 실시하기가 어렵고 인적 물적 자원이 많이 소요된다.

    ② 많은 학생들에게 시행하기 어려운 점이 있다.

    ③ 교수 학습목표를 포괄적으로 평가하기 어렵다.

    ④ 타당성과 신뢰성 공정성 확보가 쉽지 않다.

03 수행평가와 평가도구 기준과의 관계

1. 타당도와의 관계

타당도는 수행평가 문항을 개발할 때 가장 염두에 두어야 하는 평가 도구 기준이다.

2. 수행평가의 정착 및 지속적 실시를 위해 필요한 기준

수행평가는 객관성과 신뢰도의 부족에 대한 지적을 많이 받는다. 평가자의 주관성이 개입될 여지가 많기 때문이다. 그래서 학생들과 학부모는 교사와 채점자들의 주관성과 편견의 개입 가능성 때문에 수행평가의 객관성·공정성·신뢰성·투명성 확보를 요구하며 수행평가에 저항한다. 따라서 객관성·공정성·신뢰성·투명성 확보를 위한 수행평가 개발이 필요하다. 또한 루브릭 등과 같은 척도 개발과 사용이 요구된다. 루브릭은 학생들의 과제 수행 과정과 결과를 분석할 수 있도록 안내해주고, 작품의 질을 판단하기 위해 학생들이 이해하기 쉬운 언어로 준거와 수행 수준을 제시한 준거척도이다. 루브릭을 사용하게 되면 수행평가에서 점수의 일관성을 증진시키고, 다양한 능력을 평가하는 데 타당성을 제공한다.

3. 좋은 수행평가의 조건

⑴ 높은 내용 타당도

⑵ 타당성·신뢰도·객관성·공정성·투명성·전문성 등을 통해 평가권위 확보

⑶ 수행 중시

⑷ 정답의 개방성 및 확장성

⑸ 실용성

04 수행평가의 시행[174)

1. 평가계획서 작성

학습지도안과 더불어 평가계획서를 수립할 필요가 있다. 우선 상황에 따라 평가 계획서의 틀을 만들어 작성한다.

2. 성취기준 확인 및 성취 수준 설정

교육과정에 적합한 수행평가가 이루어지기 위해서는 성취기준과 성취수준의 논리적 일관성이 요구된다. 성취기준은 교육과정 목표가 달성된 상태에 대한 진술이며, 성취수준은 성취기준에 도달한 정도를 판단하는 기준이다. 성취기준과 성취수준을 설정한다는 것은 무엇을 어떻게 가르치고 어떻게 확인할 것인가에 판단이다.

3. 교수-학습과 평가의 연계

학습지도안에 포함되는 평가활동은 과거와 같이 마무리 단계에서 이루어지는 것이 아니라 교수-학습활동이 전개되는 가운데 동시에 진행될 수 있도록 작성해야 한다.

4. 평가방법의 선정 및 평가 도구의 제작

우선 수행평가 목적을 확인하고, 수행평가의 내용을 결정하고, 수행평가방법을 설계하고, 마지막으로 수행평가 채점 계획을 수립한다.

5. 평가 결과의 보고와 활용

교수-학습의 수정 및 개선을 위해 작성하되 평가 과정과 결과 보고 방법은 단순하고 명확해야 한다. 다만 학습자에 대한 특성 등이 기술될 수 있어야 한다.

05 수행평가 기록 방법

1. 체크리스트

(1) 의미

특정 행동이 일정수준에 도달하였는지의 여부를 기록해 가는 방법으로 좀 더 자세하게 분석하여 각 항목에 도달하였는지, 도달하였다면 어느 정도인지를 점검하는 기법이다. 체크리스트는 관찰하려는 행동 단위를 미리 자세히 분류하고, 이러한 행동이 나타났을 때 체크하거나 빈도로 표시하는 방법이다.

---

174) 경기도교육청, 2018:58-64 참조

(2) **사례**

학습에 대한 흥미, 욕구, 문제의식, 학습계획, 조사 및 보고 능력, 토의 능력, 종합 및 응용능력, 실천 등의 행동으로 분류하고 체크를 한다.

관찰대상행동	타인의 존중에 관련된 태도를 보여준 횟수			
	1차시 수업	2차시 수업	3차시 수업	4차시 수업
학습친구의 의견에 대한 존중을 보인다.				
과제수행을 방해하는 요소를 제거한다.				
소집단에서 과제분담을 공정하게 나눈다.				
교실 안과 밖에서 삶의 과정 중 발생할 수 있는 부정의에 민감함을 보인다.				
집단 구성원에 의해 만들어진 규칙을 준수한다.				

2. 척도법 : 평정법, 리커트 척도 등

(1) **의미**

척도법은 학생의 행동발달을 몇 단계로 구분하여 기록하는 방법이다. 이 중 평정법은 평정자가 어떤 범주나 숫자를 연속적으로 의미 있게 배열하고 평정대상이 선택한 숫자나 범주를 통해 평가대상의 속성이나 가치를 평정하는 방법을 말한다.

(2) **사례**

내용	아주 잘함 (5점)	잘함 (4점)	보통 (3점)	못함 (2점)	아주 못함 (1점)
토론에서 의견 발표					
타인의 의견 존중					

3. 일화기록법

일화기록법은 교사가 학생들을 관찰한 사실을 있는 그대로 기술한 다음 해석을 기록하는 방식이다. 일화기록법은 체크리스트나 척도법을 보완해 줄 수 있는 방식이다.

4. 행동기록법

행동기록법은 기록할 행동들을 기록지에 기술한 다음 그 행동이 일어날 때마다 기록하는 방식이다. 빈도를 기록하는 경우도 있고, 행동의 지속시간을 기록할 수도 있다.

Ⅱ 교육과정과 수행평가

01 창의 인성 교육을 위한 평가방법으로서의 수행평가

학교교육에서 창의력 및 인성 교육을 위한 평가방법으로 적합한 것은 그 특성상 서술형 평가와 수행평가라고 말할 수 있기 때문에 학교교육에서 창의력 및 인성 교육을 제고하기 위한 평가 방안으로는 서술형 평가[175]의 확대와 수행평가의 내실화로 접근될 수 있다. 본 연구에서도 이러한 2가지의 방안에서 창의력 및 인성 교육을 위한 수행평가 활성화 방안을 마련하였다.

02 과정중심평가로서의 수행평가

1. 과정중심평가[176]의 의미

과정중심평가는 결과중심평가와 대비되는 개념으로 교육과정 성취기준에 기반을 둔 평가계획에 따라 교수-학습과정에서 학생의 변화와 성장에 대한 자료를 다각도로 수집하여 적절한 피드백을 제공하는 평가라고 할 수 있다.[177]

2. 과정중심평가의 도입 배경[178]

과정중심평가는 미래사회 변화에 대응하기 위한 것으로 현재 교육평가의 문제점에서 출발한다. 이는 '과정중심평가' 용어가 사용된 초기 출처들을 통해 알 수 있다. 초기 출처들 중 창의 인재 육성을 위한 학생평가 정책 연구(김순남 외, 2013)에서 '과정 중심적 평가'라는 용어가 사용되었다. 이 연구에서 '과정 중심적 평가'는 창의적인 인재 양성을 위해서는 암기 위주나 정답 찾기 등 결과 중심의 평가 방식에서 문제해결 과정을 중시하는 평가로 전환해야 한다는 의미를 담고 있다. 이는 학생이 지식을 알고 있는지에 대한 여부를 평가하는 것을 결과 중심적인 평가로 본 데 비해, 학생의 문제해결과정에 중점을 두는 것을 과정중심적 평가로 본다.

PART 05

---

175) 서술형 평가는 이론적으로 수행평가의 한 방법이기도 하나 우리나라 학교에서 주로 시행되는 서술형 평가의 적용 상황을 고려하여 볼 때 문항 유형 중 하나로 다루어진다. 중간고사 혹은 기말고사 등과 같은 정기 고사에서 선택형 문항과 서답형 2가지로 분류한다. 서답형은 다시 단답형, 완성형, 논술형으로 분류된다. 따라서 서술형 평가는 단답형과 완성형을 제외한 서답형이라고 할 수 있다. 이런 점에서 서술형과 논술형의 구별이 크게 의미가 있을까? 에세이를 번역하는 과정에서 오해가 있었을 것으로 추측된다.
176) 과정중심평가는 현재 학문적으로 정리된 개념이 아니라 정책과 현상을 통해 사용되는 현실적 용어이다.
177) 교육부(2017), 한국교육과정평가원; 행복한 교육 https://happyedu.moe.go.kr
178) 행복한 교육 https://happyedu.moe.go.kr

3. 과정중심평가의 특징

(1) 학습평가에 학습과정에 대한 평가를 포함

과정중심평가는 학생들이 학습내용을 알아가는 과정을 포함시킴과 동시에 평가 결과 활용범위를 확장하고 평가를 학습의 도구로 사용하겠다는 방안이다.

(2) 교육과정 － 교수 － 학습 － 교육평가의 연계성 강화

과정중심평가에서 특히 강조하는 것은 '성장'을 위한 평가이다. 성장을 위한 평가는 결과평가로 부족하다. 결과평가로는 성장의 위치와 수준을 알 수 없다. 오로지 성적을 산출할 뿐이다. 학생들의 변화와 성장을 확인하기 위해서는 학습과정에서 다양한 자료가 수집되고 피드백하는 과정이 필요하다. 즉 학습과정과 평가가 따로 작동해서는 안 된다는 것이다. 과정중심평가는 성취기준으로 평가계획을 세워 교육과정과 교수-학습과 교육평가가 연계될 수 있도록 한다. 나아가 학생의 변화와 성장에 대한 인지적 정의적 자료를 교수-학습과정에서 다각도로 수집하여 적절한 피드백을 산출하여 교수-학습의 질을 개선할 수 있도록 한다.

4. 과정중심 평가로서 수행평가

(1) 과정중심평가에 대한 적합한 실천 방법

과정중심평가에 가장 적합한 평가 방식이 수행평가이다. 앞서 살펴본 바와 같이 '수행평가'는 교수-학습의 결과뿐만 아니라 교수-학습의 과정을 중시하는 평가 방식이다. 평가의 대상을 수행의 결과물뿐만이 아니라 수행의 전 과정으로 확대한다는 것을 강조하기 위해 수행평가에 '과정 중심'이라는 수식어를 붙인 것으로 이해할 수 있다. 그리고 수행평가가 수업과 연계하여 수업 중에 실시된다는 점을 나타내는 것이다. 이런 점에서 수행평가는 학교 현장에서 과정중심평가의 의미를 가장 잘 실현시킬 수 있는 평가 방법이라 할 수 있다. 따라서 과정중심평가에 대한 적합한 실천 방법이 수행평가이다.

(2) 교육과정의 제시문

> 1. 지필평가 외에 면접, 체크 리스트, 토론, 논술, 관찰, 활동 보고서, 포트폴리오 등을 통한 다양한 평가가 이루어질 수 있도록 한다.
> 2. 선택형 평가를 실시하더라도 단순한 결과적 지식 습득의 여부보다는 기본 개념 및 원리의 이해와 아울러 이러한 지식 및 정보의 획득 과정과 활용 능력이 평가되도록 한다.
> 3. 사고력 신장이나 가치, 태도의 변화를 평가하기 위하여 양적 자료와 더불어 질적 자료를 수집하여 평가하도록 한다.

(3) 교육과정 해설

① 평가의 대상은 과정과 결과를 포함한 활동 전체

선다형 지필평가든, 수행 중심의 평가든 어떠한 방법으로 평가하더라도 단순한 결과적 지식 습득의 여부보다는 기본 개념 및 원리의 이해와 아울러 이러한 지식 및 정보의 획득 과정과 활용 능력이 평가되도록 한다. 이것은 곧 교수-학습활동의 평가로서, 학습과정의 평가를 말한다. 지금까지 평가라면 결과만을 대상으로 하는 관행이 지배적이었으나, 평가의 대상은 교육활동 전체가 되어야 한다는 것이다. 즉 학생들의 학습활동 내용이 어떠하든 결과만 좋으면 된다는 생각은 버려야 하며, 결과와 마찬가지로 과정도 교육활동으로서 중요시되어야 한다.

② 수행평가 중심의 평가

학습 과정과 결과를 종합적으로 고려한 평가에는 지필평가 외에 면접, 체크리스트, 토론, 논술, 관찰, 활동 보고서, 포트폴리오 등이 있다.

03 성취기준에 근거한 수행평가

1. 의의

교육의 본질을 추구하고, 학생의 진정한 의미의 성장을 도모하는 평가를 시행하기 위해 절대기준, 절대평가의 논의가 시작되면서 절대기준이라고 할 수 있는 성취기준이 제7차 교육과정에 도입되었다. 그리고 절대평가의 방법으로 수행평가가 강조되었다. 하지만 제7차 교육과정에 성취기준을 도입한 이후 용어정리와 개념정리, 수행평가에 대한 저항 등 많은 착오와 노력의 과정이 있었다. 이런 혼란과 노력의 과정을 통해 성취기준, 평가준거로서 성취기준, 평가기준, 성취수준이라는 체계가 2015 개정 교육과정에서 정리되었다. 이런 2015 평가기준에서 강조하는 것을 '성취평가제'라고 부르기도 한다. 이 성취평가제에서 주요 평가방법으로 수행평가가 그 역할을 하고 있다.

2. 성취기준, 성취수준, 평가기준

성취기준은 학생들이 학습을 통해 학습해야 할 내용과 이를 통해 학습 결과로서 할 수 있거나 할 수 있기를 기대하는 능력을 결합하여 제시한 수업 활동의 기준을 말한다. 즉 성취기준은 학생들이 학습을 통해 성취해야 할 지식, 기능, 가치 및 태도 등의 특성을 진술한 것이다. 성취기준은 교수·학습 및 평가의 실질적인 근거가 된다. 교육과정 평가원(2016)은 교육과정 성취기준을 평가준거로 사용하기에 적합하도록 재구성한 '평가준거 성취기준'을 개발하였다. '평가기준'이란 평가 활동에서 학생들이 어느 정도의 수준에 도달했는지를 판단하기 위한 실질적인 기준 역할을 할 수 있도록 각 평가준거 성취기준에 도달한 정도를 상/중/하로 구분하고 각 도달 정도에 속한 학생들이 무엇을 알고 있고, 무엇을 할 수 있는지를 기술한 것을 의미한다[179].

---

179) 성취기준 단위의 성취수준을 '평가기준'이라 칭하다가, 2009개정 교육당시 성취기준이 가리키는 내용에 더 부합하는 학문적 용어인 '성취수준'으로 명칭을 변경하기도 하였다. 2015개정교육과정에서 다시 개념의 혼란을 해결하기 위해 개별 성취기준 달성정도를 의미하는 성취수준을 평가기준으로, 단원별/영역별 성취기준 달성정도를 성취수준으로 용어를 변경하였다.

3. 루브릭(Rubric)

(1) 루브릭의 의미

루브릭은 학습자가 학습활동을 할 때 나타나는 활동과 학습물을 평가하기 위해 항목별, 수준별 표를 만들어 실제적인 점수 산정이 가능하도록 하는 평가 가이드라인과 평정척도를 포함하는 평가 기준 내지는 가이드라인이라고 말할 수 있다.

(2) 루브릭의 의의

첫째, 구성주의적 관점이 반영된 수행평가를 실시할 때 타당성, 객관성, 공정성 등의 문제를 해결하기 위한 방안으로 주목받고 있다.

둘째, 교사들에게는 평가를 할 때 다양한 평가 항목에서 제시하고 있는 수준의 특징에 대한 정보를 명확하게 제공한다.

셋째, 학습자에게는 자신들의 어느 정도의 수준인지에 대한 분명한 피드백을 제공하여 앞으로 어떤 점을 개선할 필요가 있는지를 분명하게 인식할 수 있도록 한다. 또한 학습자들 스스로 평가 과정에 참여할 수 있게 함으로써 학습과제를 명확하게 인식하고 자기 주도적인 학습을 가능하도록 한다.

Ⅲ 수행평가의 유형

◇ 수행평가 유형 및 구현 정도[180]

구분	평가방법	수행평가 본질의 구현 정도
일반적으로 사용되는 수행평가 방법	실제 상황에서의 평가	매우 높음
	실기시험, 실험, 실습법, 관찰법	↑
	면접법, 구술평가, 토론법	
	자기평가 및 동료평가 보고서법	
	포트폴리오	
	연구보고서(프로젝트법)	
	논술형	
	서술형	
일반적으로 수행평가에 포함시키지 않는 방법	단답형	
	완성형(괄호형)	↓
	선다형	
	연결형(줄긋기형)	
	진위형(○, ×)	매우 낮음

01 실기시험

1. 의미

실기시험이란 학생들의 지식이나 기능을 직접 행동하는 것을 평가하는 것이다. 주로 체육 교과에서 농구공 패스하기, 숫 넣기 등으로 많이 활용되었다.

2. 자연스러운 상황에서 실시

과거와 달라진 점은 실기 시험이 강요된 상황이 아니라 자연스러운 상황에서 시행되어야 한다는 점이다.

3. 사회과에 적용

사회과의 경우에는 읽기, 쓰기, 그리기 등과 같은 기초 기능에 활용할 수 있다. 조금 더 수준을 올리게 되면 통계 읽기, 그래프 작성하기 등이 될 것이다.

---

180) 백순근, 2002:62 재구성

02 실험 실습법

1. 의미

실험 실습법은 주로 자연과학분야에서 많이 활용된다. 교사는 주로 학생들을 관찰하고, 학생들이 제출한 결과 보고서를 함께 평가한다.

2. 사회과의 적용

사회과의 경우에도 사회과학을 배경으로 하는 만큼 많은 사회과학적 연구들에서 실험 실습법을 쓸 만한 소재와 주제를 만들어 볼 수 있다. 예컨대 경제의 합리적 선택, 시장의 수요와 공급 등의 학습에 활용해 봄 직하다. 또한 문화인류학적 연구방법을 익히기 위한 실험 실습법의 적용도 가능할 것이다. 사회과의 경우도 보고법, 자료조사 학습 등과 연계하여 시행될 것이다. 하지만 실험 실습법은 사회과의 교실 여건 상 쉽지 않다.

03 연구보고서

1. 의미

연구보고서법은 학습자의 능력이나 흥미에 적합한 주제를 선택하여 그 주제에 대해 자기 나름대로 자료를 수집하고 분석, 종합하여 보고서를 작성하고 제출한 것을 가지고 평가하는 방법이다.

2. 사회과 적용

사회과는 사회과학을 배경으로 하는 만큼 사회조사방법을 통해서 손쉽게 활용할 수 있는 방법이다. 사회문화영역, 정치영역, 경제영역에 특히 유용한 방법으로 개념을 만들거나 확인하는 경우, 일반화를 만들거나 검증하는 방법으로 활용할 수 있다.

3. 평가요소 사례

평가요소 및 평가관점		점수		
		상	중	하
자료수집능력	얼마나 다양한 자료를 수집하였는가?	3	2	1
자료분석능력	수집한 자료를 잘 분류하고 분석하였는가?	3	2	1
결론도출능력	분석한 자료를 바탕으로 일반화를 잘 시켰는가?	3	2	1
보고서정리능력	보고서 작성방법에 따라 포함되어야 하는 내용들을 체계적으로 잘 정리하였는가?	3	2	1
협력적 태도	보고서 완성까지 적극적으로 참여하였는가?	3	2	1
발표능력 및 태도	적절한 표현을 사용하여 명확하게 발표하고, 자신있게 발표를 하되 개방적인 태도를 가지고 있는지 여부	3	2	1
합계				

04 역할놀이

1. 의미

역할놀이는 특수한 상황이나 장면에서 자신이 맡은 특정 역할을 수행함으로써 상대방에 대해 공감과 이해를 통해 문제를 해결할 수 있는 실천적인 방안이다. 수업 중에는 역할놀이를 준비하는 과정과 역할놀이 수행 결과에 대한 평가를 중심으로 이루어진다. 이 경우 자기평가, 동료 평가, 면담 및 상담 등의 방법과 함께 평가할 수 있다.

2. 사회과 적용

사회과에서는 주로 갈등 문제의 상황, 기능을 익히기 위한 상황 등에서 사용할 수 있다.

05 자기평가와 동료평가

1. 의미

⑴ **자기평가의 의의**

자기평가는 자기 스스로 행하는 학습과정 및 결과에 대한 평가보고서를 제출하면 그것을 이용하여 교사가 평가하는 방법이다. 이러한 자기평가보고서는 학습자로 하여금 자신의 학습 준비도, 학습동기, 성실성, 만족도, 다른 학습자들과의 관계, 성취수준 등에 대해 스스로 생각하고 반성할 수 있는 기회를 제공할 뿐만 아니라, 교사로 하여금 교사가 시행한 해당 학습자에 대한 관찰이나 수시로 시행한 평가가 타당하였는지를 비교분석해 볼 수 있는 기회를 제공한다.

⑵ **동료평가의 의의**

동료평가란 동료학생들이 학습과정 및 결과에 대하여 평가한 것을 이용하여 교사가 평가하는 방식이다. 교사 혼자의 힘으로 모든 학생들을 제대로 평가하기 어렵다고 판단될 때나, 교사가 일일이 관찰할 수 없는 부분에 대해서 학생 상호간의 평가를 일정 부분 반영할 수도 있다. 예컨대 학생중심수업, 협동학습 등의 상황이라고 할 수 있다. 이 경우 학생 수가 많아서 담당 교사 혼자의 힘으로 모든 학생들을 제대로 평가하기 어렵다고 판단될 때, 동료평가 결과와 합하여 학생의 최종 성적으로 사용한다면 교사의 주관성을 배제할 수 있을 뿐만 아니라 성적처리 방식에 대한 객관성 및 공정성을 높일 수 있다.

2. 자기평가 사례

고려할 수 있는 평가항목의 기준으로 학습활동의 준비도, 학습동기, 만족도, 다른 학습자들과의 관계, 성취수준 등을 제시할 수 있다.

평가요소 및 평가관점	점수		
	상	중	하
주제를 학습하기 위해 성실하게 준비를 하였는가?	3	2	1
주제와 탐구에 대하여 흥미를 가졌는가?	3	2	1
학습활동을 통해서 많이 배우고 만족스러운가?	3	2	1
스스로 참여하고 협력하려는 노력을 하였는가?	3	2	1
열린마음으로 가치를 수용하고 자신의 가치를 명료화하였는가?	3	2	1
문제해결을 위해 노력하였는가?	3	2	1
대안을 도출하기 위한 활동을 충실히 하였는가?	3	2	1
합계			

06 서술형 평가와 논술형 평가[181]

1. 논술형 평가와 서술형 평가의 의미

(1) 논술평 평가의 의미

논술형 평가는 자신의 의견, 주장을 객관적 사실에 근거하여 논리적으로 기술하는 평가 방식을 말한다. 논술형 평가를 시행하면서 서술형 평가도 함께 포함시켜 시행할 수 있다.

(2) 서술형 평가의 의미

서술형 평가는 주제나 질문에 대하여 사실을 근거로 기술하는 평가 방식을 말한다.

2. 논술형·서술형 평가의 장점

학생의 생각이나 주장을 직접 서술하도록 하기 때문에 학생의 다양한 사고 기능 및 정보수집 처리 기능 등을 쉽게 평가할 수 있다.

---

181) 주관식 평가, 서술형 평가와 논술형 평가, 서술형과 논술형을 구별할 필요 없이 서술형 평가로 쓰면 된다는 다양한 주장이 있다. 미국의 에세이를 토대로 한 것이라면 서술형 평가로 써도 무방할 것 같다. 다만 그동안 사용한 시간들을 생각한다면 분리해서 쓰는 것이 적절한 듯하다. 경기도 교육청은 서술형 평가와 논술형 평가를 나누어 쓰고, 논술형 평가로 통일시켜 사용하기도 한다.

3. 평가 사례

(1) 서술형 평가 기준표

대통령제의 장점과 단점을 200자 이내로 쓰시오.

평가요소	채점기준(20점 만점)	
대통령제의 장점	4가지 이상 제시	4점
	3가지 이상 제시	3점
	2가지 이상 제시	2점
	1가지 이상 제시	1점
대통령제의 단점	3가지 이상 제시	4점
	2가지 이상 제시	3점
	1가지 이상 제시	2점

(2) 논술형 평가

다음은 2015년 대한민국의 경제동향과 관련된 글이다. 경제법칙과 다른 내용을 찾아 쓰시오. 아래에서 제시된 글에서 나타나는 주장을 반박할 수 있는 주장을 500자 이내로 쓰시오.

평가 기준	점수		
	상	중	하
요약능력	3	2	1
비판적 사고력	3	2	1
창의적 해결력	3	2	1
작성능력	3	2	1
합계			

(3) 사례   ≪2001 기출

다음과 같은 상황에서 누구의 입장에 설 것인지, 그리고 왜 그러한 입장을 선택하였는지를 300자에서 500자 이내로 기술하시오.

> 정△△ 씨는 ○○지역에 대규모 장애인 복지 시설을 건설하고자 ○○군청에 부지 사용허가신청을 냈다. 해당 지역의 주민들이 대규모 장애인 복지 시설의 설립을 반대하는 민원이 제기된 상태에서 군청으로서는 주민들의 반대를 무릅쓰고 설립을 허가할 수 없었다. 정△△ 씨는 법적으로 결격 사유가 없는데도 단순히 주민들의 반발이 두려워 허가하지 않는 것은 공익성을 외면한 처사라고 분노하고 있다. 주민들은 이 시설이 들어서면 당장 땅값이 폭락하는 데도 군청이 무시하고 설립허가를 내주는 것은 사유권 침해라고 주장한 바 있다.

07 토론법

1. 의미

토론법은 특정 주제 또는 문제에 대하여 학생들이 서로 토론하게 한 다음 사전에 준비된 자료의 다양성이나 충실성, 토론 내용의 충실성, 반대의견을 존중하는 태도, 토론 진행방법 등을 총체적으로 평가하는 방법으로 교수-학습활동과 평가활동을 종합적으로 수행하는 대표적인 방법이다. 주로 관찰법과 함께 쓸 수 있다.

2. 장점과 단점

논술·서술형 평가 및 구술 시험을 통해 얻을 수 있는 정보를 충분히 얻을 수 있는 장점이 있다. 하지만 개별 학생들이 충분히 자신의 의견을 주장할 수 있는 시간과 기회를 갖지 못하는 단점도 있다.

3. 평가문항 사례

⑴ 준비도, 이해력, 조직력, 표현력, 의사소통능력, 토론 태도 등을 평가할 수 있다.

평가요소 및 평가관점		점수		
		상	중	하
준비도	토론을 위해 많은 관련 자료를 수집하고 토론을 준비하였는가?	3	2	1
이해력	상대방의 의견을 잘 이해하여 토론하는가?	3	2	1
표현력	주장할 때 주장과 적절한 근거를 가지고 표현하는가?	3	2	1
토론태도	열린 마음으로 상대방의 주장을 경청하고 다른 의견을 존중하여 토론에 참여하는가?	3	2	1
합계				

⑵ 메타인지를 활용한 평가문항 사례 《2010 기출

평가문항	점수
1. 학습자에게 가설 검증을 위한 자료 수집 계획이 타당하고 효과적이었는가를 검토하게 하여 자료 수집을 새롭게 계획할 수 있는 기회를 제공하였는가?	1 2 3
2. 학습자에게 기각된 가설이 왜 오류였는지를 검토하게 하여 새로운 가설 설정을 할 수 있는 기회를 부여하였는가?	1 2 3
3. 최종적으로 수용된 결론이 문제를 해결할 수 있을 만큼 생산적인 것인가를 음미하도록 학습자에게 기회를 부여하였는가?	1 2 3
4. 앞으로의 수업에서 오류를 범하지 않기 위해 유의하여야 할 요소를 학습자에게 도출하도록 하였는가?	1 2 3

4. 사례 《2007 기출

패널토론에서 다음 패널들의 주장을 평가하는 기준을 쓰시오.

> **형진** : 학교에서는 우리에게 지각이나 결석을 하지 말라고 하고, 선생님께 예의를 갖추고 권위에 복종해야 한다고 해. 또 교직에 따라 머리 모양을 해야 하고 옷도 마음대로 못 입게 해. 담배도 못 피우게 하고 불필요하다고 여기면 개인 소지품을 뺏기도 해. 이건 너무 부당하다고 생각해. 우리가 왜 보호대상이어야 하지? 이건 청소년에 대한 보호라기보다 규제라고 생각해.
>
> **성만** : 우리 청소년은 미성년자이잖아. 보호 대상이기 때문에 좋은 점도 많아. 표현의 자유를 제한하기도 하지만 유해한 환경으로부터 우리를 보호해 주고 안전하게 생활하도록 해 주잖아. 그래서 우리는 부모님의 보호를 받아 학교에 안전하게 다니고 유흥업소 출입이나 흡연도 자제하게 되잖아. 규제도 알고 보면 보호해 주려고 그러는 거야.

08 구술시험

1. 의미

구술시험이란 종이와 붓이 발명되기 전부터 시행되어 오던 가장 오래된 수행평가의 한 형태로서 특정 교육 내용이나 주제에 대해서 자신의 의견이나 생각을 발표하도록 하여 학습자의 준비도, 이해력, 표현력, 판단력, 의사소통능력 등을 직접 평가하기 위한 방법이다.

> **예** 다음 문제에 관한 자신의 생각이나 주장을 5분 이내로 발표하시오.

2. 평가기준

주요 평가기준은 이해력, 조직력, 표현력, 의사소통능력, 창의력, 조절능력, 발표태도 등이다.

09 관찰법

1. 의미

관찰법은 인위적이지 않은 자연적인 상황에서 학생의 행동을 지속적으로 보고 어떤 교육목표가 달성되었는지를 평가하는 방법을 의미한다. 관찰법은 학생들을 이해하고 그들의 학습에 피드백을 통해 조정해 줄 수 있는 장점을 지닌 방법이다. 다만 관찰자의 편견 및 오해가 개입될 여지를 주의할 필요가 있다.

2. 일화기록법과 체크리스트 등과 함께 사용

객관적이고 정확한 관찰을 하기 위해서는 관찰 대상을 그대로 기술하는 일화기록법이나 체크리스트 등을 이용하기도 하고 경우에 따라서는 비디오녹화를 한 후 분석하기도 한다.

10 프로젝트법

1. 의미

프로젝트법은 학생들에게 특정한 연구 과제나 개발 과제 등을 수행하도록 한 다음, 그 과제를 수행하기 위한 계획서 작성 단계부터 완성된 결과물(연구보고서)에 이르기까지 전 과정을 포함한 결과물에 대한 평가방법을 말한다.

2. 사례 《2003 기출

> • 단원 : V. 현대 사회와 사회 문제, 2. 현대 사회 문제와 대책
> • 대상 : ○○고등학교 2학년 1반, 35명
> 1. **학습목표**
>   − 현대 사회의 문제를 해결할 수 있는 방안을 제안할 수 있다.
>   − 프로젝트를 수행하여 그 결과를 체계적으로 발표할 수 있다.
> 2. **지도상의 유의점**
>   − 소집단 활동 과정에서 소외되는 학생이 없도록 지도한다.
>   − 다른 모둠의 발표 내용을 경청할 수 있도록 지도한다.
> 3. **교수−학습절차**

단계	교수−학습활동	교수−학습방법	차시
도입	• 전시 학습 확인	문답법	1/4
	• 학습목표 제시		
	• 현대 사회 문제의 성격과 유형에 대한 개괄적 소개	강의식	
	• 프로젝트 수행을 위한 과제 제시 − 모둠별로 현대 사회 문제 중 하나를 선정하여 해결 방안을 모색하고, 그 결과를 연구 보고서로 작성하기		
전개	• 프로젝트 수행을 위한 절차 및 평가방법 안내 • 프로젝트 수행 • 모둠별로 현대 사회 문제의 대책에 대한 연구 보고서 작성	프로젝트법	2~ 4/4
	• 연구 보고서 발표 • 발표 내용에 대한 질의 및 답변	발표 학습	
정리	• 평가		
	• 차시 학습 예고		

11 포트폴리오법

1. 의미

포트폴리오법이란 일정 기간 동안 목적에 따라 계획적으로 학생이 직접 쓴 글, 연구보고서, 실험실습의 결과 보고서, 작품 등을 지속적이고 체계적으로 모아둔 개인별 작품집 등을 이용하여 학습자의 향상 정도와 그 결과물을 평가할 수 있는 방안을 말한다.

2. 특징

포트폴리오법의 특징은 포트폴리오 작성 시 학생들과 협의하여 자유롭게 작성할 수 있다. 또한 장기간에 걸쳐 학생의 작품을 평가한다는 점에서 학생의 성장 정도를 반영할 수 있다. 중간점검을 통해 학생들의 강점과 약점을 확인하여 피드백을 해 줄 수 있어 발전과정이 제시된다. 더불어 뒤쳐진 학생에게 능력을 발휘할 수 있는 기회를 제공할 수 있다. 또한 다양한 자료수집능력과 고차사고력을 평가할 수 있다.

3. 장점 및 단점

포트폴리오법은 장점은 자유롭게 학생들이 능력을 발휘할 수 있도록 한다. 또한 타당도가 표준화 검사보다 높은 방법이다. 하지만 채점 시간이 많이 걸리고, 객관성과 신뢰도가 표준화 검사보다 낮다는 문제점이 있다.

4. 평가 사례

평가요소 및 평가관점		점수		
		상	중	하
자료수집능력	다양한 자료를 수집하였는가?	3	2	1
자료분석능력	자료를 적절하게 분석하였는가?	3	2	1
내용구성능력	적절한 내용으로 구성하고 조직하였는가?	3	2	1
효율성	완성된 자료가 다른 사람의 이해에 도움이 되는가?	3	2	1
합계				

12 면접법

1. 의미

평가자와 학생이 서로 대화를 통해서 얻고자 하는 자료나 정보를 수집하여 평가하는 방법으로 심도 깊은 정보의 획득은 물론 사전에 예상할 수 없었던 자료를 얻을 수 있다는 장점이 있으며, 진행상의 융통성을 발휘할 수 있다는 특성을 지닌 평가도구이다. 이 방법은 가치 및 태도의 확인과 자극, 문제해결능력과 같은 고차사고력 평가에 많이 쓰인다.

2. 구술시험과의 차이

교사와 학생이 질문하고 대답하는 과정을 평가한다는 점에서 유사하지만 구술시험은 주로 특정 주제나 문제에 대한 인지적 능력을 평가하는 방법이고, 면접법은 주로 정의적인 영역이나 행동적 영역을 평가하는 방법이라는 점에서 차이가 있다.

3. 평가 사례

탐구력, 가치명료화, 창의적 사고력, 비판적 사고력, 문제해결태도 등을 기준으로 하였다.

평가요소 및 평가관점		점수		
		상	중	하
탐구력	문제해결을 위한 다양한 방법을 찾아보았는가?	3	2	1
가치명료화	바람직한 가치를 명료화하고 있는가?	3	2	1
창의적 사고력	창의적인 대안을 제시하고 있는가?	3	2	1
비판적 사고력	쟁점과 대안을 비판적 관점에서 이해하는가?	3	2	1
문제해결태도	최선의 대안을 정하기 위한 합의의 노력을 하고 있는가?	3	2	1
합계				

13 개념도 작성

1. 의미

개념도는 학생들의 개념 이해력과 관계성 파악 능력을 확인하기 위하여 사용되는 평가도구를 말한다. 개념들 간의 관계에 대한 학생의 이해가 어떻게 변해 가고 있는지, 어떤 수준에 도달하였는지 등을 평가하는 데 유용하다.

2. 개념도 평가기준표

노박과 고윈, 메이슨의 준거 중 일부를 가지고 구성하였다.

평가요소 및 평가관점		점수		
		상	중	하
핵심개념	핵심개념이 모두 제시되었는가?	3	2	1
개념들의 수	개념들의 수가 몇 개인가?	3	2	1
위계 및 연관성	연결의 수직적 또는 수평적 흐름이 타당한가?	3	2	1
연결의 의미론적 범주	연결이 개념의 범주에 맞는 흐름으로 제시되었는가?	3	2	1
실례	개념과 관련되는 다양한 실례가 제시되었는가?	3	2	1
연결의 수	몇 개의 연결선이 있는가?	3	2	1
합계				

3. 사례 : 인권 개념도 작성 《2006 기출

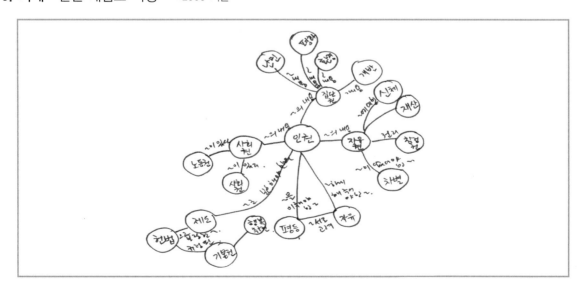

Chapter 01　사회과 교사의 전문성

Chapter 02　범교과 주제

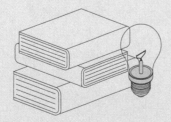

Part

06

사회과 교육의
새로운 쟁점

이 파트에서 다룰 사회과 교육의 쟁점은 새롭게 등장한 것이 아니다. 그동안 계속 논의되어 왔던 것이다. 여기서 '새롭다'라는 것은 현실적인 필요성으로 많은 관심을 받게 되었음을 뜻한다. 이런 점에서 범교과 주제인 통일교육도 중요한 쟁점이 된다. 하지만 워낙 많은 교과들에서 다루고 있다는 점을 감안하여 이 교재에서는 생략한다.

1. 교사의 수업 전문성

(1) 교사의 역량 문제 제기

교사의 전문성에 대한 논의는 사회적 변화의 맥락에서 사회가 요구하는 교사의 능력을 함양하기 위한 교사에 대한 평가와 연동되어 전개되어왔다. 사회적 요구를 반영하는 교사를 만들기 위해서는 적절한 교사교육이 필요하다. 이 교사교육은 다시 교사교육의 목표·내용·방법·평가로 조직화되어 실천될 것이다. 그렇다면 교사교육을 위해서 일차적으로 필요한 것은 당연히 교사에게 요구되는 능력이 도대체 무엇인지에 대한 구체적 상이 만들어져야 한다. 예컨대 학생들에게 요구되는 가장 궁극적인 상은 '민주 시민성'인 것처럼 말이다.

(2) 교사 전문성에 대한 논의의 전개

이런 필요성에 따라 제시된 것이 '교사의 전문성'이다. '교사의 전문성'이 '수업능력'이라는 점에 대해서는 동의할 수 있으나 이 전문성이 구체적으로 무엇을 의미하는 것인지에 대한 합의는 쉽게 이루어질 수 없다. 따라서 교사의 전문성의 의미와 내용은 미국에서 어떻게 역사적으로 전개되어 왔는지를 참고로 하여 앞으로 만들어나가야 할 사회과 교육연구의 주요 과제이기도 하다. 사회과 교사의 수업 전문성은 크게 교과내용지식, 교수법 지식, 학생 이해 지식, 상황 지식 등이라고 할 수 있다.[182]

(3) 교육과정 실행에 있어서 교사의 역할

교육과정 실행의 핵심주체는 교사이다. 교사의 교육과정 실행에 있어서 로스(ROSS)는 교육과정 전달자로서의 교사, 교육과정 재구성자로서의 교사, 교육과정 이론가로서의 교사로 나누어 제시하고 있다. 교육과정 전달자로서의 교사는 교육과정을 충실하게 전달하는 교사라면, 교육과정 재구성자로서의 교사는 교실과 학생의 수준을 고려하여 교육과정을 재구성하여 교육과정을 실현하는 교사이다. 마지막으로 교육과정 이론가로서의 교사는 교육과정의 실행뿐만 아니라 교육과정의 개발 및 개정에 참여하는 교사를 의미한다. 현재 교육과정은 교사의 역할이 확장되어 있다. 이런 측면에서 교사의 전문성이 강조되고 있다.

---

182) 한국교육과정평가원(2007), 교육과정 개정에 따른 사회과 내용 교수 지식 연구, p.28.

⑷ **사회과 내용교수지식(PCK)과 반성적 실천**

　　교사의 전문성, 수업능력과 관련되는 중요한 논의가 PCK와 반성적 실천이다. PCK는 내용교수지식
으로 교사가 가져야 할 전문적 지식이라고 한다면, 전문성을 증진시키기 위한 교사의 태도라고 볼
수 있다.

2. 범교과 주제

⑴ **다문화교육**

　　미국, 캐나다, 유럽 각국 등은 외국인들의 이주를 허용하면서 다문화사회로 변하기 시작하였다. 현
재 우리나라도 빠른 속도로 다문화사회로 변화하고 있다. 다문화사회로의 변화는 토착민과 이주민
의 갈등을 포함한 다문화 집단들 간 갈등 문제를 야기한다. 그 결과 과거와는 다른 사회통합의 관점
에서 다문화주의를 다문화사회로 진전한 대부분 국가들은 정책의 방향으로 잡게 된다. 이런 다문화
주의는 초기에는 강한 통합을 지향하였다. 하지만 이런 정책방향은 이주민들의 문화를 존중하지 않
으며, 이주민들을 차별적 대우하고 소외시킨다는 비판에 직면하게 되었다. 그 결과 다문화주의는
강한 통합을 지향하는 정의와 평등의 관점에서 느슨한 통합의 방향으로 전환되었다. 이런 경향은
다문화정책에도 반영된다. 다문화 정책 중의 하나가 다문화교육이다. 이런 다문화교육도 목표, 교
육과정(내용), 교수-학습방법 등의 구조를 가지고 있다. 또한 이런 구조를 지닌 다문화교육을 실천
함에 있어서 제일 핵심적인 주체는 교사이다.

⑵ **세계시민성 교육, 양성평등교육, STS 교육**

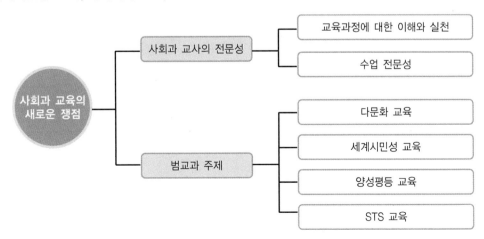

01 사회과 교사의 전문성

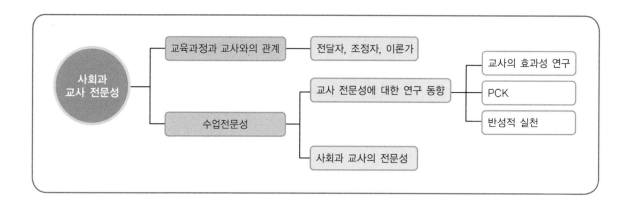

I 사회과 교사의 교육과정에 대한 이해와 실천[183]

01 교육과정과 교사의 역할에 대한 문제 제기

1. 문제의 핵심

이론과 현실의 괴리를 해소하고 교실과 학생 수준에 맞춰 교육과정을 실천할 수 있는 핵심적인 주체는 교사이다. 교사는 교육과정을 실행하기 위해 교육과정을 이해하고, 교육내용, 교수-학습방법, 교육평가에 대한 방안을 계획하고 수립하여 실천한다. 이런 일련의 과정에서 교사는 과연 "어떤 역할을 가지며, 이 역할 수행에 필요한 능력은 무엇일까?"하는 것이다.

2. 교사의 역할과 능력에 대한 논의

교사를 전문적인 지위로 인정하지 않았던 시대, 즉 권위주의적이거나 중앙집권적인 교육 정책을 펼치는 경우에 교사는 교육과정을 충실히 이행하고, 그 이행에 필요한 교육학적인 교수-학습방법을 잘 활용해서 수업을 하면 되었다. 여기서 요구되는 교사의 역할은 교육과정의 전달이며, 필요한 능력은 교육과정을 읽을 수 있는 능력, 그리고 교수-학습방법을 사용하여 교육 내용을 전달할 수 있는 능력만 있으면 족하다.

---

183) 박상준, 2009:171-175; 차경수 외, 2008:121-152 참조

하지만 중앙집권적인 교육 정책이 완화되어가면서 교사는 이런 단순한 전달자에 머무를 수 없다. 정부와 사회는 교사에게 교육과정을 비판적으로 읽고 해석하여 교육과정을 재구성하는 능력을 요구한다. 수업에서는 교과내용지식 뿐만 아니라 교수 내용지식까지도 형성할 것을 요구하게 된다.

만약 중앙집권적인 교육정책의 완화를 넘어서 교사가 직접 교육과정을 만들어야 하는 상황이라면 교사는 교육과정을 기획할 수 능력과 교육과정을 실천할 수 있는 능력 모두를 요구받게 된다.

이상으로 3가지 역사적 단계에 따라 거칠게 정리해 보았다. 이것보다 훨씬 정교하고 세밀하게 조사할 수도 있다. 정교하고 세밀한 조사는 다음 기회로 한다. 다시 문제의 핵심으로 돌아가서 현재 우리는 교사에게 어느 정도와 수준을 요구하고 있을까? 연구자료 들을 보면 2009 개정 교육과정 전후부터 중앙집권이 완화된 상태의 역할 수행 수준을 요구하고 있는 것으로 보인다. 교육과정을 기획할 수 있는 능력부터 교육과정을 실천할 수 있는 능력을 갖춘 교사는 아직은 이상적인 모습으로 보인다. 가장 현실적인 수준으로 두 번째 유형에 초점을 두고 있는 것으로 보인다. 이런 논의들에 대해 국내에서는 로스의 분류에 따라 교육과정과 교사의 역할에 대해 논의하고 있다.[184] 로스의 분류에 따라 내용들을 정리해 보고자 한다.

02 교육과정 실행에 있어서 교사의 유형(Ross)[185] 및 시사점

1. 교육과정 전달자로서의 사회과 교사

(1) 의미 및 특징

교육과정 전달자로서 사회과 교사는 국가차원에서 제정된 교육과정을 수용하여 그대로 실천하는 경우를 말한다. 이때 교육과정 제정에서 사회과 교사는 배제된다. 다만 교육과정에 제시된 목적과 교과내용을 충실하게 학생들에게 전달하는 교수-학습방법만을 선택한다.

(2) 교육과정의 실천과 역할

교육과정운영은 하향식으로 이루어지며, 교사는 교육과정과 학생들을 연결하는 수도관 역할을 하게 된다. 교사의 역할은 교육과정에 따라 교과서의 내용을 충실하게 전달하는 것이다. 교사의 철학과 입장이 학생들에게 영향을 줄 가능성은 극히 적다.

---

184) 박상준, 2009:171-175; 차경수 외, 2008:121-152.
185) 박상준, 2009:171-175; 차경수 외, 2008:121-152.

⑶ 교사의 전문성 수준

교육과정에 대한 이해 능력, 수업 전문성과 관련되는 지식은 거의 없는 유형으로 볼 수 있다.

⑷ 평가

국가의 교육과정을 학생들에게 전달하는 수동적 전달자라는 비판을 받게 된다. 또한 시민성 전달모형에서 나타났던 문제점을 야기할 수 있는 교사 유형이다.

2. 교육과정 조정자로서의 사회과 교사

⑴ 의미

교육과정 조정자로서의 사회과 교사는 기존의 교육과정을 소화하여 재구조화하는 경우를 말한다. 이때 교사는 능동적 실행가로서 교육과정을 능동적으로 재조직하여 실천한다. 하지만 교육과정개발에서 여전히 소외되는 경우이다. 이 유형의 교사는 현실적으로 많이 발견되는 유형이기도 하고, 또 현실적으로 교육당국이 많이 요구하는 수준의 유형이기도 하다.

⑵ 교육과정의 실천과 역할

교육과정 조정자로서 교사는 교육과정을 비판적으로 해석하여 자신의 철학에 따라 목표, 내용, 평가 등을 재구성하여 수업을 하는 능동적 실행가로서의 역할을 수행한다.

⑶ 교사의 전문성 수준

교육과정과 관련해서는 어느 정도의 문해력을 갖추고, 수업 전문성과 관련해서는 어느 정도 수준의 교수 내용적 지식도 갖췄다고 볼 수 있지만, 박상준(2009)의 역사적 배경 설명에 따르면 교육학적 지식을 중요 지식으로 갖춘 유형이라고 할 수 있다. 자신의 수업에 대한 반성적 실천의 능력은 교사에 따라 그 수준과 양상이 다양하게 나타날 수 있지만 그 의지를 파악하기 어려운 유형이라는 점에서 반성적 실천가의 모습을 찾기는 어렵다. 즉 교육과정 구성에 참여하고, 기존의 교육과정을 변화시키고자 하는 반성적·성찰적 실행 능력과 의지는 파악할 수 없는 유형이다.

⑷ 평가

교육과정을 재구성하는 능동적 실행가로서의 의미는 있지만, 반성적 실천 의지는 부족한 유형이다. 여전히 하향식의 교육과정 운영 방식에 머물러 있다. 그래서 교육과정을 개발하거나 기존의 교육과정을 변화시키는 역할은 수행하지 못하는 한계를 가진다.

3. 교육과정 이론가로서의 사회과 교사

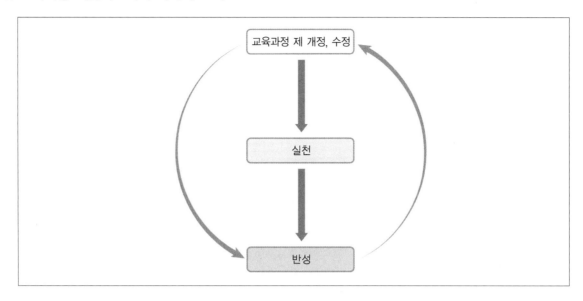

⑴ 의미

교육과정 이론가로서의 사회과 교사는 교육과정을 개발하는 경우를 말한다. 이 경우 사회과 교사는 자신이 만든 교육과정을 직접 수업해 보고 그 결과를 성찰적으로 인식하여 교육과정을 발전시키는 데 기여하게 된다. 이 유형은 성찰적 실행가, 반성적 실천가로서의 역할을 수행한다.

⑵ 교육과정의 실천과 역할

교육과정을 개발하거나 수정하고 자신의 수업에 교육과정을 적용한 것을 반성적으로 성찰한 후 다시 교육과정의 개발과 개정에 반영하는 역할을 한다.

⑶ 교사의 전문성 수준

교육과정을 개발하고 기획하는 능력, 높은 수준의 문해력, 체계화된 교수내용지식, 반성적 실천가로서의 역량을 갖춘 이상적인 형태이다.

⑷ 평가

이 유형은 현실적인 유형이라기보다 당위이며 이데아라고 할 수 있다. 다만 교사들이 자신들의 전문성 향상의 노력을 어떤 기준에 따라 해야 하는지를 보여주는 유형이라고 할 수 있다. 이상적이라서 비판적 평가를 받을 이유는 없다. 이런 이유로 비판하는 것은 적절하지 않다. 논쟁의 층위가 다를 뿐인 것이다. 당위와 현실은 항상 구분되기 때문이다.

4. 로스(Ross)가 제시한 교사 유형의 시사점

⑴ 교사의 전문성에 포함된 능력의 구체화

오랫동안 교사의 교육과정과 관련된 능력에 대해서는 별로 관심이 없었고, 수업 전문성과 관련된 부분에 주로 논의가 많았다. 위 논의는 교사의 교육과정과 관련된 다양한 능력을 구체화시키는 단초가 될 수 있다. 교사의 교육과정에 대한 능력의 범주를 간단히 제시하면 다음과 같다.

⑵ 교사의 전문성 수준의 목표 및 지표 제시

교사의 전문성 수준의 목표나 지표를 설정하는 데 시사점을 준다. 그 결과 예비교사의 교육, 교사들의 연수 등이 궁극적으로 어떤 목적을 가지고 있어야 하는지 그 방향점을 제공해 줬다는 점에 의의가 있다.

교사와 교육과정의 관계에 대한 연구 모델		Ross의 분류
교육과정과 관련해서 교사가 어떤 역할을 수행해야 하는가?	상향식	이론가
	하향식	전달자, 조정자
교사는 교육과정을 어떻게 실행하는가?	충실도 측면	전달자
	상호적응	조정자
	교육과정 생성	이론가

Ⅱ 사회과 교사의 수업 전문성에 대한 이해

01 교사의 수업 전문성에 대한 연구 전개

1. 수업 전문성의 의미[186]

교실 내에서 이루어지는 성공적인 수업의 열쇠는 궁극적으로 교사의 수업 전문성이며, 이러한 수업 전문성은 크게 교과 내용 지식, 방법 지식, 상황 지식(학생이해지식과 수업환경지식)과 이러한 3가지 지식이 종합되어 나타나는 내용 교수 지식으로 구성되어 있다고 볼 수 있다. 그러나 무엇보다도 교사의 수업 전문성의 핵심은 교과 내용 지식과 방법 및 상황 지식이 종합되어 나타나는 내용 교수 지식(PCK)이라고 할 수 있다.

---

186) 한국교육과정평가원, 2007:31

2. 교사의 효과성 연구

(1) 연구내용

교사의 효과성 연구는 교사의 성격 특성과 학생의 학업 성취 간의 관계 탐색에서부터 교사 수업 행동과 학생의 학업 성취 간의 관계에 초점을 맞춘 과정-산출 연구로 이어졌다. 그리고 이후 교사의 질적 향상과 교사 효과성 개선을 위한 효과적인 대안으로서 마이크로 티칭 기법 등을 활용한 소위 CBTE(competence-based teacher education) 혹은 PBTE(performance-based teacher education)로 불리는 연구들이 진행되었다.

(2) 문제점

① 연구방법의 문제점
학생의 성취에 영향을 미치는 요인은 다양하다. 그런데 교사만을 요인으로 가정하고 분석하였다.

② 학습 맥락을 고려하지 않음
연구방법의 문제점을 통해서 학습자의 심리적 상황, 교실과 수업의 맥락 등을 고려하지 않았음을 알 수 있다.

3. PCK[187]에 대한 논의[188] : 1980년대, 슐만의 주장

(1) 초기 모델 : 교과 내용지식, 교수법 지식, 교육과정 지식

1986년 슐만(Shulman)은 전문직으로서 교사가 지닌 교수에 대한 고유한 지식 기반에 대해 본격적인 논의를 제기하였다. 슐만은 초기 모델에서 교사의 교과 내용 이해와 그것이 수업 실천에 미치는 영향에 초점을 두고, 교과내용 지식, 교수법 지식, 교육과정 지식 등 3가지 유형에 대한 연구가 필요하다고 주장하였다.

(2) 수정 모델 : 교과내용지식, 교육과정지식, 교과교육학적 지식

이후 수정된 모델에서는 교과내용지식, 교육과정지식, 교과교육학적 지식(pedagogical content knowledge : PCK)로 명명하였다.

(3) PCK의 의미

슐만은 PCK의 예를 '가장 유용한 형태, 가장 강력한 비유 및 유추, 예화, 사례, 설명, 실연 등'으로 제시하였다. 그리고 내용 교수 지식을 '교과 내용을 학생들이 잘 이해할 수 있도록 표현하고 공식화하는 방법'이라고 기술하고 있다(Shulman, 1986). 이후 슐만은 내용 교수 지식을 교사 전문 지식의 고유한 형태이며, 교사들만의 고유 영역으로 내용과 교수법의 혼합물이며, 교수활동을 위한 고유한 지식체라고 주장한다(Shulman, 1987).

---

187) 현재 PCK(내용교수지식)은 교육학적 내용 지식, 교수학적 내용 지식, 교수 내용적 지식, 교수법적 내용 지식, 교수 내용 지식 등으로 번역되어 사용되고 있다(한국교육과정평가원, 2007:33).

188) 민윤, 사회과 역사수업에서 초등교사의 교수내용지식에 대한 이해, 한국교원대학교 교육대학원 사회과교육 박사학위논문, 2003; 최승현 외, 교과별 내용교수지식(PCK) 연구(II)-중등 초임교사 수업컨설팅을 중심으로-, 한국교육과정평가원 연구보고 RRI 2008-2, 2008:19~23 참조

(4) 그로스만(Grossman, 1995)의 주장

그로스만은 교사 전문성의 핵심으로 일반 교수법 지식, 교과 내용 지식, PCK, 상황 지식 등으로 정의하였고, 이러한 4가지 지식 기반 중에 PCK가 교사의 수업 행동에 가장 강력한 영향을 끼친다고 하였다. 이 측면에서 전문성을 갖춘 교사는 교과 내용을 학생들이 이해할 수 있는 형태로 변환시킬 수 있다. 이때 교사는 구체적인 교과내용 맥락에 맞추어 교수 지식을 변경함으로써 고유의 PCK를 개발하게 된다. 따라서 PCK는 교과 내용 지식, 교수법 지식, 상황에 대한 지식 등 교사 지식을 구성하는 다른 영역 지식들이 변형된 결과라고 할 수 있다. 이러한 PCK는 주로 교사 자신들이 전공한 교과 측면에서 구축된다.

4. 반성적 실천을 강조하는 연구 동향

(1) PCK 연구의 한계

교사 전문성 PCK의 연구의 경우 수단적, 기술적 합리성의 측면에서만 교사의 전문적 지식을 다루고 있다는 점을 비판할 수 있다. 그 결과 최근에는 교육 현장의 맥락 속에서 반성적 실천을 강조하는 연구가 진행되었다. 대표적인 연구자가 쉔(Schön)이다.

(2) 쉔(Schön)의 주장

① 실천적 지식 강조

쉔은 교사 자질을 고정된 것으로 보지 않았고, 교육현장 맥락 속에서 교사에 의해 끊임없이 재구성될 수 있는 것으로 보았다. 쉔은 교사의 전문적 지식을 실천 문제 적용으로 보는 기술적 합리성 패러다임의 한계를 비판하고, 실천 상황에서 발휘되는 전문적 실천 행위 기저에 있는 앎에 주목하였다.

② 행위 중 앎

쉔은 전문적 실천가의 앎은 행위 속에 녹아 있는 암묵적 앎 즉 '행위 중 앎'이라고 주장하였다. 이 '행위 중 앎'은 무의식적으로 존재하여 실천되는 지식이라는 특징을 지닌다. 이 지식은 즉 행위 중 지식 즉 실천 지식이 된다. 이런 '행위 중 앎'은 '행위 중 반성' 행위에 의해 형성된다고 주장한다. '행위 중 반성'이 이루어지는 과정을 살펴보면 '행위 중 앎'에 따라 교사는 일상화된 행위를 한다. 그러나 일상화된 행위가 예상하지 못한 결과를 초래하는 경우가 있는데, 실천가로서 교사는 이를 새로운 지식을 구성할 수 있는 학습의 기회로 받아들인다. 그 결과 문제를 바라보는 기본적 틀을 비판하고 재구성한 후, 즉각적인 실험을 통해 이를 확인한다. 이와 같이 실천가로서 교사는 '행위 중 반성'을 통해 연구자가 된다.

③ 쉔 주장의 의의

이런 쉔의 주장은 교사 전문성의 위상을 단순한 실천가가 아니라 이론적 실행가로 높였다는 점에서 의의가 있다. 하지만 교사 전문성의 구체화 노력을 반성적 실천이라는 역동적 과정으로 대체해 버리면서 '교사 전문성'에 대한 논의는 다시 벽에 부딪히게 되었다.

구분	1960년대 이후~ 1970년대 중반까지	1970년대 후반 이후	1980년대 이후
연구 초점	교사 효과성 연구	PCK 강조	반성적 실천을 통한 실천적 지식
연구 초점	교육 목적을 효과적으로 달성하기 위해 필요한 교사의 특성 파악	교육과정상의 교과내용을 수업내용으로 전환할 때 활용 하는 교사의 전문적인 지식	교사 스스로의 성찰을 통해 획득한 이론과 실제가 통합된 실천적 지식
강조점	교사의 자질 항목, 능력(성과)중심 교사교육	교과교육학 지식	실천적 지식, 반성적 실천가의 역할
교사 전문성의 정의	교사 효과성	교과교육학 지식	실천적 지식

02 사회과 교사의 수업 전문성

1. 사회과 교수내용 지식

(1) **사회과 교수내용 지식의 의미** : 기초지식 + 내용 교수 지식

사회과 내용 교수 지식은 다른 교과와 마찬가지로 내용, 교육, 학생, 상황 지식의 영향 하에 형성되지만, 이와는 독립적으로 존재하는 사회과 교사의 실천지로서 사회과 수업의 배경 지식이 되는 사회과 목표, 사회과 내용, 사회과 교수 방법, 사회과 평가, 사회과 학습에 대한 학생 이해, 사회과 수업 환경 지식 등의 구성 요소로 이루어지고 동시에 이러한 요소들이 서로 결합된 지식이라고 볼 수 있다.

(2) **PCK 이론을 사회과에 적용하는 경우**(강대현, 2005) ⇨ 사회과 교사의 PCK

① **내용지식** : 사회과의 목표 및 내용(지식과 기능, 가치·태도)

② **방법지식** : 사회과 교수-학습방법(의사결정모형, 논쟁문제모형 등)

③ **상황지식** : 학생과 학부모, 학교, 지역사회, 현대사회

PART
06

(3) 사회과 PCK[189]

	세부 영역		세부내용
사회과 PCK	내용 지식	사회과 목표	교사의 신념과 가치관이 추구하는 교육의 방향
		사회과 교육내용	사회과 교육과정의 내용, 교사가 가지고 있는 지식의 양과 구조
	교수법 지식	사회과 교수방법	사회과 수업실행을 위한 표현, 활동, 방법, 전략
		사회과 평가	사회과 평가의 대상, 방법, 도구, 원리, 실행
	학습자 지식	사회과 학습자	사회수업에 임하는 학생의 개념에 이해에 대한 지식, 선행학습 정도, 오개념, 학습하기 어려운 내용, 학습동기, 지적·신체적 발달 수준, 학습 전략, 학습자의 흥미·관심·필요성
	상황 지식	사회과 수업환경	수업 시간, 계절, 교실 및 특별실 여건, 기타 수업에 영향을 줄 수 있는 제반 여건

2. 효과적인 수업을 할 수 있는 교과 수업 전문성을 갖춘 교사

사회과에서는 교과 전문성 논의와 관련해서 효과적인 교사, 교과전문성을 갖춘 교사, 반성적 실천을 하는 교사 등 다양한 갈래로 전개되었다. 특히 국가 수준에서 교사 전문성 혹은 교과 수업 전문성 기준을 개발하여 활용하는 노력이 이루어지면서 '효과적인 수업 행동을 할 수 있는 교과전문성(PCK)을 갖춘 교사'라는 주장들이 활발하게 전개되었다. 그 결과 반성적 실천가로서의 교사 전문성 논의의 핵심이라고 할 수 있는 이론과 실천의 경계 상에서 실천을 통해 배우고, 배운 것을 토대로 다시 실천하는 교사의 역동적인 지위와 성격, 교사의 주체적인 전문성 개발의 중요성이 제대로 부각되지 못한 측면이 있다.

3. 지식적인 차원의 전문성 + 행동적 차원의 전문성 = 내용은 PCK + 수업활동은 반성적 실천가

최근 들어 교사 전문성 관련 연구자들은 대체로 교사가 효과적인 수업 행동들을 배우는 것도 중요하지만 그런 행동이 자연스럽게 수업에 나타나기 위해서는 PCK를 가져야 한다는 점과 반성적 이론가 및 실천가로서의 전문성을 가져야 한다는 점에 공감하고 있다.

---

189) 최희정(2012), 중등 사회과 교사의 PCK 형성에 관한 근거이론적 분석

I 다문화교육[190]

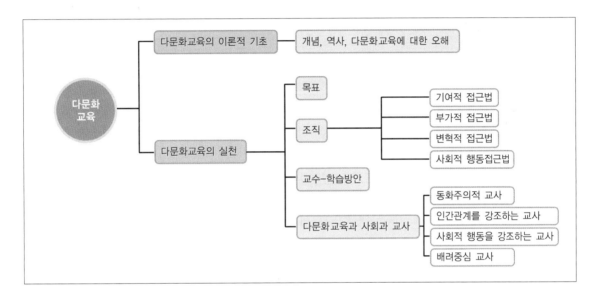

01 다문화교육의 이론적 기초

1. 다문화교육의 개념

다문화교육의 개념과 정의에 대한 견해는 다문화교육에 대한 관점에 따라 매우 다양하게 제시되고 있다. 뱅크스(Banks, 2006)는 다문화교육을 다양한 인종적, 민족적, 사회 계급 집단 출신의 학생들이 교육적 평등을 경험할 수 있도록, 학교, 대학 등 교육기관을 변혁하는 것이라고 정의하였다(이신동 등, 2017). 이 외에 다양한 견해들을 종합적으로 고려해서 정의해 보면 다문화교육은 민족, 인종, 계층, 성별, 지역 등의 문화적 차이로 인한 다양한 갈등과 문제를 해결하고, 인간의 존엄성과 평등을 증진하기 위한 교육적 방안이라고 할 수 있다.

---

190) 최충옥 외, 2010:13-57 참조; 차경수 외, 2008:421-435 참조

2. 다문화교육의 역사적 전개(미국)

(1) 용광로 이론의 전개(동화주의)

다문화교육은 1960년대와 70년대 초 미국의 인권운동(civil rights movement)에서 출발하였다. 미국은 19세기말 20세기 초에 걸쳐 많은 이민이 이루어졌으나 문화적 다양성을 인정하기보다는 인종의 용광로이론(melting pot theory)에 의해 백인 청교도문화(WASP)로의 동화정책을 추구하여 왔다. '용광로 이론'에 입각한 다문화교육은 소수집단의 동화를 통한 주류 문화의 정체성을 유지하고자 한다. 이에 따라 미국의 공교육은 이민자들의 다양성을 포기하고 미국의 주류문화에 용해되어 새로운 미국인으로 새로 태어나도록 하는 역할을 담당하였다.

(2) 샐러드그릇 이론으로의 전환(다문화주의)

그러나 1960년대 이후 민권운동, 베트남 반전운동, 여성해방운동 등이 전개되면서 강요된 동화주의에 대한 비판과 새로운 다문화주의 이론의 등장으로 용광로이론에서 샐러드그릇 이론(salad-bowl theory) 방향으로 정책이 바뀌기 시작하였다(최충옥 외, 2009:31). '샐러드그릇 이론'적 관점에서 다문화교육은 문화적 다원주의를 기반으로 하며, 교육 불평등 해소와 사회정의 실현을 목표로 한다. 또한 소수 집단과 다수 집단 모두를 대상으로 한다. 이런 경향은 1980년대에 들어 유색인종과 저소득계층의 학생뿐 아니라 여성, 종교, 장애인, 사회계층적 다양성 배경을 지닌 학생들이 가지고 있는 교육문제를 해결하고 이들을 고려한 교육적 변화를 추구하려는 다문화교육(multicultural education)이 자리 잡게 되었다.

3. 다문화교육에 대한 오해와 반론

(1) 소수자만을 위한 교육

⇨ 다문화사회의 민주주의 실현을 위한 다수자와 소수자 모두를 위한 교육

(2) 공통문화를 거부하고 사회통합을 저해하는 것

⇨ 공통문화를 거부하는 것이 아니라 동화주의 방식을 거부하고, 불평등의 감소를 통해 사회통합을 이루고자 하는 교육

(3) 구조적 불평등을 제거하는 데 부족한 것

⇨ 다문화 집단에게 사회를 변화시킬 수 있는 용기와 지식, 지혜를 갖도록 하는 교육

4. 한국에서의 다문화교육의 필요성

21세기 한국사회도 다문화에 대한 관심이 증가하였다. 외국계 주민들이 증가함에 따라 부당한 대우, 인권 침해, 문화적 격차, 경제 문제 등의 문제 야기로 그들에 대한 보호정책과 사회통합의 필요성이 증대되었기 때문이다. 이를 위한 대책 중의 하나로 다문화교육이 대두하게 되었다.

02 다문화교육의 실천

1. 다문화교육의 목표

다문화교육은 문화적 다양성의 존중과 이해를 위한 일련의 교육과정을 통해 문화적 차이에서 오는 사회적 차별을 해결하여 민주주의 가치를 실현하는 것을 목표로 한다. 이를 위해서는 다양한 사회적·문화적 배경을 지닌 학생들이 평등한 교육의 기회를 가질 수 있도록 교육과정을 운용해야 한다.

2. 다문화 교육과정 접근 방안[191]

뱅크스는 4가지 수준의 다문화교육과정 방안을 제시하였다.

(1) 제1수준, 기여적 접근법(The contribution approach)

① 의미 및 특성

기여적 접근법은 주로 다문화 교육이 요구되는 초기 상황에서 소수집단의 영웅, 축제, 국경일, 전통, 음악 등 개별적 문화 요소들을 수업에서 활용하는 것이다. 예컨대 인도의 카스트 제도와 힌두교, 카레 등에 대해 소개하는 것이다. 이 방안의 목적은 소수집단들이 주류 사회에 기여한 점을 부각시켜서 그들의 자긍심을 길러주고자 하는 것이다.

② 평가

비교적 쉽고 빠르게 다문화 내용을 제시할 수 있지만 인종차별, 억압, 불평등과 같은 사회구조적인 문제를 제시하지는 않는다.

(2) 제2수준, 부가적 접근법(The addictive approach)

① 의미 및 특성

부가적 접근법은 교육과정의 기본적인 구조, 목표, 특성을 변화시키지 않으면서 소수집단과 관련된 내용, 개념, 주제, 관점 등을 교육과정에 추가하는 것을 말한다. 예컨대 다문화 집단 관련 영화를 사회수업의 특정 단원에 첨가하는 방식이다.

② 평가

기여적 접근법에 비해 다문화적 내용 학습시간이 증가하고 현존하는 교육과정에서 쉽게 다문화교육을 실행할 수 있다. 또한 다문화주의적인 태도를 가진 교사가 이 접근을 실행할 경우에 다문화교육의 실현 가능성이 높아질 것이다. 부가적 접근법은 기존 교육과정의 기준에 준하여 교육 내용을 선택하는 방안이다. 다양한 소수 집단을 인식하지 못하고, 주류문화와 비주류문화의 연관성을 파악하기 어려운 접근법이다.

---

191) Banks,J.A(2008), 다문화교육 입문(아카데미프레스), 69~72

(3) 제3수준, 변혁적(개혁적) 접근법(The transformative approach)

① 의미 및 특성

개혁적 접근법은 교육과정의 근본적인 목표, 구조, 관점의 변화가 수반되는 방안이다. 다시 말해, 새로운 관점을 반영하여 교육과정을 변혁적으로 재구성하는 접근법이다. 이 접근법은 소수집단을 사회의 예외적 부분이 아니라 필수적인 부분으로 인정하고 교육과정을 구성하고, 비판적 사고와 분석능력을 기르는 것을 핵심으로 한다. 또한 사회적 현상 이면에 내포된 차별과 사회적 문제를 조명할 수 있도록 교육과정을 재구성하는 데 중점을 둔다. 예컨대 유럽의 탐험가가 아니라 신대륙 원주민의 관점이 단원 내용으로 제시된다.

② 평가

이 접근법은 주류문화와 비주류문화를 동일한 입장에서 볼 수 있도록 하고, 소수집단이 학교에서 자신들의 문화를 배울 수 있는 권리를 인정한다. 하지만 교육과정과 교재를 개발하는 어려움이 많이 따르고, 이런 교육과정을 잘 수행할 교사 훈련의 필요성과 같은 현실적인 문제를 야기할 수 있는 방안이다. 사회통합에 기여할 수 있는 방안이지만 많은 한계를 극복하기 위한 노력이 필요하다.

(4) 제4수준, 사회적 행동(실행적) 접근법(The social action approach)

① 의미 및 특성

사회적 행동 접근법은 개혁적 수준에서 한 걸음 더 나아가 사회 문제와 쟁점을 다뤄 학생들의 의사결정, 실천과 행동을 촉구하는 방안이다. 이 접근법의 목적은 비판적 사고, 의사결정력, 사회 변화 추구 태도 등을 함양하는 것이다. 사회 변화에 필요한 지식, 가치, 역량 등을 함양하고, 소외받는 다문화집단들에게 참여기회를 부여함으로써 더욱 민주적인 사회를 건설하고자 하는 방안이다. 예컨대 인종차별을 공부하고, 이를 개선하기 위한 행동을 한다.

② 평가

그동안 억압과 차별의 대상이었던 다양한 다문화집단의 삶을 돌아보고 함께 소통하고 일하는 역량을 함양할 수 있는 방안이며, 또한 정치적 효능감과 같은 것을 획득하는 데 기여할 수 있는 방안이다. 하지만 교육과정 설계와 자료 개발 등에 많은 시간과 노력을 요하는 방안이기도 하다.

3. 다문화교육 수업 설계 구성요소[192)

뱅크스는 다문화교육 수업 설계 구성요소로 다섯 가지를 제시하고 있다. 첫째, 수업을 할 때 다양한 문화적 요소를 가진 집단들과 관련된 자료와 정보를 모두 가져와서 활용하는 내용통합을 고려해야 한다. 둘째, 학자들이 지식을 구성하는 과정에서 어떤 문화적 관점, 편견 등이 포함되어 있는지를 고려한다. 셋째, 학생들이 가진 편견을 감소하는 전략을 활용해야 한다. 넷째, 다양한 다문화 집단의 학생들이 학업 성취도를 달성할 수 있도록 공평한 교수법을 전제해야 한다. 다섯째, 모든 집단의 학생들의 역량을 강화할 수 있는 학교문화의 조직 재구성을 고려해야 한다.

---

192) Banks, J.A(2008), 다문화교육 입문(아카데미프레스), 69-72/ 최충옥 외(2010) 재인용

4. 교수-학습방안

베넷(Bennett)은 다문화교육이 민주주의 신념과 가치에 기초를 두고, 상호의존성이 높은 세계, 문화적으로 다양한 사회 안에서 문화다원주의를 지지하는 교수-학습방법으로 다음과 같은 것들을 강조하였다.

첫째, 평등지향운동 혹은 평등교수법

둘째, 교육과정 개혁 혹은 다양한 관점에서의 교육과정 재검토

셋째, 다문화적 역량 혹은 문화 간 상호작용의 기초로서 자신의 문화적 관점뿐만 아니라 타인의 문화적 관점도 이해하게 되는 과정

넷째, 사회정의를 지향하는 가르침 혹은 모든 유형의 차별과 편견, 특히 인종차별주의, 성차별주의, 계급 차별주의에 대한 저항

03 다문화교육과 사회과 교사

1. 다문화교육과 사회과 교사의 역할

다문화사회의 시민교육을 위해서 교육의 주체인 교사의 인식이 무엇보다도 중요하며, 교사의 이해와 인식 없이는 다문화교육은 소기의 목적을 달성하기 어렵다. 즉 교사가 다문화적 인식을 가지고 있지 않다면 다문화교육은 성공을 거둘 수 없을 것이며, 많은 연구들이 다문화교육에 교사가 중요한 요인임을 밝히고 있다. 다문화사회에서 학교의 다문화교육은 매우 중요하며 이를 담당하는 교사의 역할은 무엇보다 중요하다. 그랜트(Grant, 2008)는 교사를 '문화의 중재자'로 표현하였다. 또한 가이(Gay, 2000)는 다문화교육 프로그램을 실행하는 교사의 역할을 세 가지로 제시하였다. 첫째, 다양한 다문화 교육을 내용을 포함하여 조직하는 문화조직자, 둘째, 학습과정에서 서로 다른 문화집단 학생들 상호간에 효과적인 의사소통이 가능하도록 하는 문화중재자, 셋째, 다문화 교육에 효과적인 다양한 학습환경을 조성하는 사회적 맥락의 조정자로 구분하였다[193].

2. 다문화 수업을 진행하는 교사의 유형(V. Pang)

팽(Pang)은 다문화 수업을 진행하는 교사의 유형을 분류하여 다문화교육에 바람직한 교사의 모습을 제시하고자 하였다.

(1) 동화주의적 교사

주류사회로의 동화를 강조하고, 지식을 전수하여 학생들이 기존의 사회정치적 체제에 순응하도록 하는 것을 목적으로 하는 교사

---

193) Gay, G.(2000). Culturally Resopansive Teaching: Theory, Research, and Practice. New York: Teachers College Press.

(2) 인간관계를 강조하는 교사

모든 학생들이 서로 존중하는 것을 목적으로, 다른 나라 의상들을 전시하고 체험하게 함으로써 다양성을 인식할 수 있는 프로그램 등을 제공하는 교사

(3) 사회적 행동을 강조하는 교사

학생들에게 비판적으로 사고하는 법을 가르치며, 학생들이 사회적 불평등에 도전하여 변화의 주체가 되는 것을 목적으로 교수-학습활동을 전개하는 교사

(4) 배려 중심 교사

정의, 자유에 기초한 다문화사회 건설을 목적으로 하며, 학생들이 상호 존경하고 배려하는 분위기를 통하여 평등의 가치를 공유하도록 힘쓰는 교사

Ⅱ 세계시민교육

01 세계시민교육의 등장 배경

세계화, 지구촌 사회라는 구호 속에 냉전 이외의 새로운 갈등과 문제들이 등장하기 시작하였다. 이런 갈등과 문제들은 국가라는 틀에서 벗어나 함께 문제를 해결하고, 함께 살아가는 방법을 모색하는 가운데 세계시민교육이 주목받기 시작하였다. 즉 지구적 거버넌스, 국제레짐 등과 관련되는 논의 속에서 등장하였다고 볼 수 있다. 하지만 그렇게 간단하지 않다. 이 세계시민교육은 강대국과 주변국의 관계, 국제정치를 보는 시각 등에 따라 다양하게 제기되고 있기 때문이다. 이렇게 복잡한 배경 속에 주목받고 있는 한국의 세계시민교육은 국제이해교육에서 기인하였다.

02 세계시민교육의 목적 및 목표

세계 시민성이 무엇인지에 대해서는 여전히 많은 다툼이 있다. 시민성을 바탕으로 결합된 것인지, 아니면 국가를 전제로 한 시민성과는 분리된 새로운 것인지 등이다. 세계 시민성의 의미가 무엇인지에 대한 다양한 접근에도 불구하고, 세계 시민성은 법적 지위를 수반하지 않으면서 세계 차원에서 연대감, 집단 정체성, 소통 능력과 인류 공동 번영의 가치를 지지하는 공통점을 지닌다.[194] 유네스코가 발간한 『글로벌시민교육: 21세기 새로운 인재 기르기(Global Citizenship Education: Preparing Learners for the Challenges of the 21st Century)』는 세계시민교육을 '더 정의롭고, 평화로우며, 관용적이고, 포용적이며, 안전하고, 지속가능한 세상을 만드는 데 앞장설 수 있도록 필요한 학습자의 지식과 기술, 가치와 태도를 계발'하는 것을 목표로 삼는 교육 패러다임으로 정의하고 있다.[195]

194) 한경구 외, 2015:37.

03 세계시민교육의 교수–학습방법의 방향

1. 능동적 학습 주체

우선 능동적인 학습 주체를 전제로 한다. 학습자가 지구적 거버넌스 등에 참여하여 적극적으로 문제를 해결하는 역할을 기대하기 때문이다.

2. 변혁적인 미래 교육

세계시민교육은 학습자가 자신의 권리와 의무를 깨닫고 더 좋은 세상과 미래를 열어가기를 기대한다.

3. 과정 중심 및 문제 해결 중심 교육

문제를 해결하는 과정에서 창의적이고 바람직한 해결 방안을 제시할 수 있는 능력 함양을 강조한다.

4. 참여 및 실천적 행동 강조

세계시민교육은 문제 해결 과정에 적극적으로 참여하고, 그 문제를 해결하기 위한 다양한 참여적 행동을 할 수 있는 능력을 지향한다.

5. 모든 교육과정의 전개 내용

학교의 공식적 교육과정과 잠재적 교육과정 모두를 통해 전개되어야 하는 교육을 넘어 '평생교육적 접근'을 요구한다.

PART
06

---

195) 유네스코, 2014:17.

Ⅲ 양성평등교육[196]

01 양성평등교육의 필요성

성차별적 문화와 관행을 극복하기 위하여 양성평등교육이 도입되었다. 현재는 이런 성차별적 문화와 관행뿐만 아니라 페미니즘을 둘러싼 논쟁의 격화로 남성과 여성 간의 성 대결 또한 양성평등교육의 필요성을 다시 한 번 강조하도록 하는 부분이라고 할 수 있다. 또한 성희롱 사건을 포함한 학교 '미투' 사건 등이 부각되면서 양성평등교육의 필요성은 계속 강조되고 있다.

02 양성평등교육의 의미

성차별적 교육을 근간으로 하는 양성평등교육은 양성 중 어느 특정 성에 대하여 부정적인 관념이나 고정관념, 차별적 태도를 갖지 않고, 생물학적 차이를 사회 문화적 차이로 직결시키지 않으며, 남녀 모두에게 잠재되어 있는 특성을 충분히 발현하여 자신의 자유의지로 삶을 계획하고 세상을 볼 수 있도록 촉진하는 교육을 말한다.[197] 즉 양성평등교육이란 기본적으로 남·여가 동등한 인권을 가진 인간이라는 것을 인지하는 과정으로 기존사회의 성역할 교육과정(gender curriculum)을 타파하고 타고난 성별에 관계없이 자신의 소질과 능력을 충분히 개발할 수 있도록 도와줌으로써 교육에의 접근기회뿐 아니라 학업성취 등 교육의 과정이나 결과에 있어서 성간 격차가 없도록 하는 것이다(정해숙, 2001).

03 양성평등교육의 목표

1. 궁극적 목표

양성평등교육의 개념은 교육현장에서보다 실질적으로 다음과 같은 목표를 달성하기 위해 구체화된다(교육부, 1999). 첫째, 개성과 능력의 발휘를 통하여 자아실현을 이루고자 한다. 남·여가 타고난 개성과 능력을 자연스럽게 발현할 수 있도록 보장함으로써 궁극적으로 진정한 자아실현을 도모할 수 있을 것이다. 둘째, 자립적·자주적 정신을 기르고, 그러한 태도를 정립시키고자 한다. 급격한 사회 변화 속에서 스스로 뚜렷한 목표와 가치관을 지니고 자립적인 남성, 여성으로 성장해 나아갈 수 있도록 교육이 이루어져야 할 것이다. 셋째, 타인의 특성과 개성을 존중하는 평등의식을 함양하고자 한다. 성별에 관계없이 서로를 존중할 수 있는 자세를 기름으로써 나아가 평등사회를 구현할 수 있을 것이다. 마지막으로, 사회·국가적으로 잠재되어 있는 성차별적 장애에 막혀 있는 인력의 참여와 활동을 보장하기 위함이다.

---

196) 교육부(1999), 양성평등 학교문화 선생님이 만듭니다, 교육부; 교육인적자원부(2004), 유아를 위한 양성평등 교육활동 지도자료, 교육인적자원부 참고
197) 교육부, 1999:22.

2. 양성평등교육의 기본 방향 및 목표[198]

양성평등교육의 기본방향은 인간의 기본적인 권리인 생존권과 평등권 보장의 현실을 이론과 체계적인 분석을 통해 이해하고 인간다운 삶과 남녀평등 실현에 장애가 되는 우리 사회 각 영역의 문제점을 인식하도록 하며 이를 해결하기 위한 다양한 실천방안을 모색케 함으로써 보다 공평하고 평등한 사회를 이루도록 하는 것이다.

이를 위해서 박은혜, 김희진, 곽삼근, 김정원(2004)은 양성평등교육의 목표를 인식, 분석, 실천전략의 세 측면에서 선정하였다. 구체적 교육목표는 현대 사회 변화와 양성평등교육의 중요성 이해, 양성 불평등의 현황 인식 및 원인 분석, 양성평등사회 구현을 위한 전략학습 및 실천이다. 교육목표를 달성하기 위한 교육내용은 생애주기별로 차이가 있을 수 있다.

따라서 양성평등교육의 목표는 우리 사회의 성차별적 관행과 문화를 해소하고, 이 관행과 문화를 해소하기 위해 참여하고 실천 방안을 제시하는 능력 함양을 요구한다고 할 수 있다.

04 양성평등교육의 실천 방안[199]

양성평등교육을 실제적으로 접근함에 있어 학자들마다 다양한 방안을 제시하고 있다. 아르노(Arnot, 1985)는 교육에서 성불평등 문제를 접근하는 2가지 방법으로, 기존의 사회구조 속에서 나타나는 성차별을 지양하는 평등주의적 접근법(equal opportunity approach)과 가부장적 권력 구조에 도전하는 여성주의적 접근법(feminist approach)을 들고 있다.

휴스턴(Houston, 1985)은 성 중립적 양성평등교육을 주장하며 그 의미를 3가지로 분석하고 있는데, 첫째, 교육영역 내에서 생기는 성별 차이를 제거하는 적극적 교육, 둘째, 성에 주의를 기울이지 않는 소극적 교육, 그리고 성 편견으로부터 자유로운 성을 고려하는(gendersensitive) 교육으로 분류될 수 있다고 보았다. 김재춘과 왕석순(1999)은 양성평등교육을 '양성평등한 교육'과 '양성평등의식 교육'의 2가지 의미로 분류하고 있는데, 전자는 교과의 목표를 달성하기 위해 교육활동에 성차별적 요소, 성불평등 요소가 포함되지 않도록 하는 것을 의미하고, 후자는 이에 한 발 더 나아가 양성 평등한 사회를 건설하기 위해 요구되는 가치관을 기르는 교육을 의미한다. 이런 내용들을 정리하여 교육부는 성차를 무시하는 양성평등교육, 성차를 제거하는 양성평등교육, 성차를 고려하는 양성평등교육을 제시하고 있다.

이상의 내용들을 토대로 학교 현장에서는 토론 등을 활용하고 실천적 행위를 강조하는 수업, 반성적 사고, 대화식 방법, 사회문화적 비판, 맥락적 분석 및 해체, 문제해결, 비판적 사고 그리고 사회적 행동 등의 방법을 사용할 필요가 있다.

---

198) 교육인적자원부, 2004:14 인용
199) 교육인적자원부, 2004:15 인용

Ⅳ STS 교육

01 STS 교육의 의미 및 배경

1. 의의

STS 교육은 '과학·기술·사회'에 대한 교육이다. 사회과로 하면 신사회과 시기에 등장하여 지금까지 과학교육에서 주로 주목을 받고 있다. 하지만 현재 창의 융합인재 양성 교육과정이라는 틀 속에서 본다면 사회과 역시 관심을 가질만한 영역이다. 한때 이 분야에 관심을 가진 사회과 연구자들이 있었으나 어느 순간부터 이 부분에 대한 관심이 잘 보이지 않는다.

2. 사회과 교육에서 다루어질 필요성

⑴ **국가 사회적 요구 : 창의융합인재 양성**

우선 창의융합인재 양성이라는 국가 사회적 요구에 대해 사회과 역시 자유로울 수 없다.

⑵ **교육의 본질적 측면**

과학과 기술 역시 사회와의 상호관련성, 인간의 경험적 맥락과 무관할 수 없다. 과학기술 사회 역시 종합적이고 통합적인 사회이다. 이 사회를 통합적으로 이해하고 책임 있는 의사결정을 할 수 있는 시민을 양성하는 것 역시 사회과의 역할이라고 할 수 있다.

02 STS 교육의 목적 및 목표

STS 교육의 목적은 과학적으로 교양 있는 사람을 길러내는 것이며, 이는 과학교과를 중심으로 하는 목적이다. 만약 통합적 차원으로 정의한다면 이 교육의 목적은 '사회적으로, 과학적으로 통합적 교양을 가지고 합리적인 의사결정을 내리는 시민 양성'이라고 정의할 수 있다. 이를 위해서 사회과가 함께하는 STS 교육의 목표는 사회과학과 과학의 원리를 깨닫고, 이 지식을 토대로 사회현상을 올바르게 이해하며, 문제를 해결하는 데 참여할 수 있는 능력을 함양하는 것이라고 할 수 있다.

03 STS 교육의 교수-학습방법

1. 교수-학습전략

과학지식 위주의 STS 교수-학습, 기술 위주의 교수-학습, 사회문제 위주의 교수-학습, 역사적 접근법 등이 거론된다. 이 중 사회과와 통합적으로 할 수 있는 전략은 사회문제 위주의 교수-학습과 역사적 접근법이라고 할 수 있다.

2. 교수-학습방법

사회와 일상생활에서 선정하여 학생들에게 비교적 친숙한 소재를 문제로 다루는 것이 적절하다. 현장과제연구, 가치명료화 모형, 도덕성 추론모형, 실험 실습법, 토의, 역할놀이, 문제해결모형, 의사결정모형 등의 교수-학습방법이 있다.

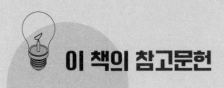
이 책의 참고문헌

- 강대현 외(2007), 교육과정개정에 따른 사회과 내용 교수 지식 연구, 연구보고, RRI 2007-3-1.
- 강대현(2008), 시민교육과 사회과교육과정, 사회과교육, 47(3), pp.165-188.
- 강대현(2015), 한국 사회과 교육과정의 변천과 양상; 교수요목 기에서 2009 개정 교육과정까지, 사회과교육, 54(1), pp.63-89.
- 강대현 · 모경환(2013), 한국 사회과교육과정 개정의 과정과 양상: 2007, 2009 개정 교육과정을 중심으로, 교육연구와 실천, 79, pp.1-23.
- 강대현 · 설규주(2014). 사회과 가치교육의 방법과 전략; 가치 교육 방법의 종합적 활용을 중심으로, 시민교육연구, 46(3), pp.1-35.
- 강용옥(1993), 사회과 교육에 있어서 가치명료화 전략의 효과 에 관한 연구, 시민교육연구, 17(1), pp.215-237.
- 강환국(2002), 사회과교육학, 서울: 학연사.
- 경기도교육청(2018), 2018 중등평가지원단 연수자료집, 경기 도교육청.
- 교육과정 · 교과서연구회 편(1990a), 한국 교과교육과정의 변 천(국민학교), 서울: 대한교과서주식회사.
- 교육과정 · 교과서연구회 편(1990b), 한국 교과교육과정의 변 천(중학교), 서울: 대한교과서주식회사.
- 교육과정 · 교과서연구회 편(1990c), 한국 교과교육과정의 변 천(고등학교), 서울: 대한교과서주식회사.
- 교육과학기술부(2012), 사회과 교육과정, 교육과학기술부 고시 제2012-14호 [별책 7].
- 교육과학기술부(2009a), 사회과 교육과정, 교육과학기술부 고 시 제2009-10호 [별책 7].
- 교육과학기술부(2009b), 사회과 선택과목 개정 내용, 교육과 학기술부 고시 제2009-41호.
- 교육과학기술부(2009c), 초 · 중등학교 교육과정 총론, 교육과 학기술부 고시 제2009-41호.
- 교육과학기술부(2010), 역사과 교육과정 부분 개정 내용, 교육 과학기술부 고시 제2010-24호.
- 교육과학기술부(2011), 사회과 교육과정, 교육과학기술부 고시 제2011-361호 [별책 7].
- 교육과학기술부(2012a), 사회 과목 교육과정, 교육과학기술부 고시 제2012-3호.
- 교육과학기술부(2012b), 사회과 교육과정, 교육과학기술부 고 시 제2012-14호 [별책 7].

- 교육부(1992a), 국민학교 교육과정, 교육부고시 제992-16호 1992년 9월 30일 공포.
- 교육부(1992b), 중학교 교육과정, 교육부고시 제992-11호.
- 교육부(1992c), 고등학교 교육과정(Ⅰ), 교육부 고시.
- 교육부(1997a), 사회과교육과정, 교육부 고시 제997-15호.
- 교육부(1997b), 고등학교 사회과교육과정 해설, 교육부 고시 제992-19호.
- 교육부(1999), 양성평등 학교문화 선생님이 만듭니다, 교육부.
- 교육부(2015), 초 · 중등학교 교육과정 총론: 교육부 고시 제 2015-08호(별책 1), 교육부.
- 교육부(2015), 사회과교육과정, 교육부 고시 제2015-74호 별책.
- 교육부(2015), 2015개정교육과정 Q&A.
- 교육부(2015), 2015개정교육과정총론(중, 고) 해설서개발연구 (최종보고서), 교육부.
- 교육부(1997), 사회과 교육과정, 교육부 고시 제1997-15호 [별책 7].
- 교육부(2014), 2015년도 교원 연수 중점 추진 방향, 교육부 정 책자료.
- 교육부(2015a), 사회과 교육과정, 교육부 고시 제2015-74호 [별책 7].
- 교육부(2015b), 2015 개정 교육과정 총론 및 각론 확정 · 발표, 교육부 2015년 9월 23일자 보도자료.
- 교육부(2016), 2016년도 교원자격검정 실무 편람, 교육부 교원 복지연수과.
- 교육인적자원부(1999), 초등학교 교육과정 해설(Ⅲ), 교육부 고 시 제1997-15호.
- 교육인적자원부(2007), 사회과 교육과정, 교육인적자원부 고 시 제 2007-79호 [별책 7].
- 교육인적자원부(2004), 유아를 위한 양성평등 교육활동 지도 자료, 교육인적자원부.
- 교육인적자원부(2009), 교육과정 부록 "사회과 교육과정의 변 천", 교육인적자원부.
- 교육인적자원부(2007), 사회과 교육과정: 교육인적자원부 고 시 제2007-79호(별책7), 교육인적자원부.
- 교육부 · 한국교육정책연구소(2014), 문이과 통합형 교육과정 개편 등에 대응한 교원정책 방향 탐색, 2014년 교육부 정책연 구과제 2014-4.

• 구정화 외(2015), 2015 개정 교과 교육과정 시안 개발 연구 Ⅰ-통합사회 교육과정. 한국교육과정평가원 연구보고 CRC 2015-5.

• 군정청 문교부(1946), 초·중등학교 각과 교수 요목집(4), 초등학교 사회생활과.

• 곽영순·이양락·동효관·이인호·이재봉·김현정(2016), 2015 개정 교육과정의 '통합과학' 도입에 따른 중등 과학과 현지교사 역량 제고 방안-현직교사 재교육내용 구안, 2016 KICE 이슈페이퍼, 한국교육과정평가원 연구자료 ORM 2016-26-4.

• 권오정 외(1992a), 제6차 사회과 교육과정 개발 연구, 한국교원대학교 제6차 교육과정(사회과) 개발연구위원회.

• 권오정 외(1992b), 제6차 사회과교육과정이 방향과 과제: 개발연구시안을 중심으로, 교원교육, 8(1), pp.3-53.

• 권오정·김영석(2006), 사회과교육학의 구조와 쟁점, 증보판, 서울: 교육과학사.

• 권오정(2006), 사회과교육학의 구조와 쟁점, 교육과학사.

• 권오정·김영석(2006), 사회과교육학의 구조와 쟁점, 교육과학사.

• 권오현(2012), 한국 사회과 교육과정에서 시민성 교육의 변천; 초등학교 사회과목표를 중심으로, 한국사회교과교육학회 한일교류 학술대회 발표자료집, 2012, pp.63-76.

• 길현주(2005), 인지발달론적 가치교육의 한계와 보완적 접근 모색: 도덕적 실천력 제고를 위한 방안으로, 시민교육연구, 37(4).

• 김경모(2000), 사회적 역할 모형에 근거한 중등학교 경제교육과정의 시안 연구, 시민교육연구, 31, pp.19-40.

• 김만곤 외(2005), 사회과교육의 실재, 대한교과서.

• 김순남·강이회·김병찬·박삼철·유진은·이은송·전명남·조훈희(2013), 창의인재 육성을 위한 학생평가 정책 연구: 국제 사례를 중심으로, 한국교육개발원.

• 김용만(1987), 사회과교육의 변천과 전망, 사회과교육, 20, pp.61-93.

• 김영석(2013), 제6차 사회과교육과정 개정 과정에 대한 기억의 재구성: 국민에서 시민으로, 사회과교육연구, 20(2), pp.13-28

• 김윤성(2012) 찬반논쟁협동학습모형을 활용한 사회과 국제이해교육의 수업설계연구, 단국대학교 석사학위논문.

• 김왕근(1999), 세계화와 다중시민성 교육의 관계에 관한 연구, 시민교육연구, 28, pp.45-68.

• 김왕근(2000), 사회과 교육과정 및 교과서 내용의 적정화에 관한 비교 연구, 시민교육연구, 31, pp.41-82.

• 김일기 외(1997), 제7차 사회과 교육과정 개정 시안 연구·개발, 한국교원대학교 사회과 교육과정개정연구위원회, 1997년도 교육부 위탁연구과제 답신보고서.

• 김정호 외(2005), 사회과 교육과정 개정(시안) 연구 개발, 한국교육과정평가원 연구보고 CRC 2005-9.

• 김정인(2008), 초등사회과 역사영역 교육과정의 편제와 내용 변천 한국사회교과교육학회 연차 학술대회 발표 자료집, pp.63-76.

• 김재춘·왕석순(1999), 제7차 교육과정에서의 양성평등교육 실현방안연구: 5개 교과양성평등수업 지도방안 개발을 중심으로, 한국교육과정평가원.

• 김진영(2009), 중등 사회과(일반사회 영역) 교육과정내용 체계 보완을 위한 교육과정 개정(안), 사회과 교육과정 개정(안) 공청회 자료집.

• 김현숙(1999), 교육실습 협력교사의 자질과 필수요건, 사회과교육, 32, 한국사회과교육연구학회, pp.371-392.

• 김현숙(2000), 미국 교사교육의 오늘: PDS교사교육을 중심으로, 사회과 교육학연구, 4, 한국사회과교육연구학회, pp.186-203.

• 김해성(2003), 시민교육에 있어 인지발달론적 가치·도덕 교육의 공헌과 한계: '정의' 원칙을 중심으로, 시민교육연구, (35)1, pp.4-88.

• 김혜성(2016), '통합사회 교사 연수 프로그램-현직 교사 대상' 토론문, 통합사회 현장 적용 준비 워크숍 자료집, 한국교육과정평가원 연구자료 ORM 2016-76.

• 노은희·서민원(2016), 창의·융합형 인재 양성을 위한 수행평가 시행의 과제와 현장 안착 방안, 창의·융합형 인재 양성을 위한 학생 평가 및 기록 개선 방안 토론회, 한국교육과정평가원.

• 남호엽·류현종(2009), 사회과 교육 목표에 나타난 교과의 성격; 교육과정 변천사를 중심으로, 사회과교육, 48(1), pp.81-91.

• 모경환·신정엽·김영순·조성욱·임정수(2012), 2009개정 사회과 교육과정 개선방향연구; 중학교 사회를 중심으로, 중등교육연구, 60(2), 585-614.

• 모경환·강대현·김정인·박병기·신정엽·이상수(2015), 통합사회 전문교원 연수 프로그램 개발 연구, 서울대학교 사범대학 교육연수원.

• 모경환·황혜원(2007), 중등 교사들의 다문화적 인식에 대한 연구, 시민교육연구, 49(3).

- 문교부(1986), 초·중·고등학교 교육과정(1946-1981), 사회과 국사과.
- 문교부(1955a), 국민학교 교과과정, 문교부령, 제4호.
- 문교부(1955b), 중학교 교과과정, 문교부령 제5호 별책.
- 문교부(1955c), 고등학교 및 사범학교 교과과정, 문교부령 제6호 별책.
- 문교부(1963a), 국민학교 교육과정, 문교부령 제19호 별책, 1963년 2월 15일 공포.
- 문교부(1963b), 중학교 교육과정, 문교부령, 1963년 2월 28일 공포.
- 문교부(1963c), 고등학교 교육과정, 문교부령 제21호.
- 문교부(1973a), 국민학교 교육과정, 문교부령 제10호 별책, 1973년 2월 14일 공포.
- 문교부(1973b), 중학교 교육과정, 문교부령 제25호, 1973년 8월.
- 문교부(1974), 인문계 고등학교 교육과정, 문교부령 제50호 별책, 1974년 12월.
- 문교부(1981a), 국민학교 교육과정, 문교부 고시 제42호 별책, 1981년 12월 31일 공포.
- 문교부(1981b), 중학교 교육과정, 문교부 고시, 1981년 12월.
- 문교부(1981c), 고등학교 교육과정, 문교부 고시, 제42호 별책, 1981년 12월.
- 문교부(1987a), 국민학교 교육과정, 문교부 고시, 제7-9호, 1987년 6월 30일 공포.
- 문교부(1987b), 중학교 교육과정, 문교부 고시, 제7-7호, 1987년 3월 31일 공포.
- 문교부(1988), 고등학교 교육과정, 문교부 고시, 제8-7호별책, 1988년 3월.
- 문용린(1992), 도덕·윤리교육의 문제와 개선방향, 철학사상 제2집.
- 민윤(2000), 사회과 역사수업에 나타난 내용의 변환과 교수내용지식, 사회과교육, 33.
- 박건호(1997), 금융정책 시뮬레이션의 효과적인 수업방법 탐색: 협동학습과 개별학습의 비교를 중심으로, 서울대학교 석사학위논문.
- 박상준(2006), 사회과교육의 이론과 실제, 교육과학사.
- 박상준(2011), 사회과 교육의 이론과 실제, 제4판, 교육과학사.
- 박선미(2009), 사회과 평가론, 학지사.
- 박승배(2007), 교육과정학의 이해, 학지사.
- 박영무(1986), CBTE에 의한 초등교사 양성과정 편성을 위한 준거설정, 경북대학교 대학원 석사학위논문.
- 박윤경(2003), 사회과 수준별 교육과정 실행에 대한 연구. 시민교육연구. 35(1), pp.143-172.
- 박은아 외 8인(2015), 2015개정 교육과정에 따른 중등 사회과 교사 역량 개선 연구—통합사회 연수 프로그램 개발을 중심으로, 연구보고 CRC 2016-3.
- 박은아·서민철·박주현·김상범·김명정·강대현·강선주·김남준·조철기(2016), 통합사회 교사 연수 프로그램-현직교사 대상 통합사회 현장적용 준비 워크숍자료집, 한국교육과정평가원 연구자료 ORM 2016-76, pp.3-26.
- 박은종(2008), 한국 사회과 교육과정 탐구: 분석 및 모형 개발 탐색, 경기: 한국학술정보(주).
- 박은종(2009), 사회과 교육학 핸드북, 한국학술정보.
- 박은혜, 김희진, 곽삼근, 김정원(2004), 생애주기별 남녀평등의식 교육의 기본 방향 연구 및 유아기 평등의식 프로그램 개발, 여성부 연구보고서 2004-08.
- 박진동 외(2006), 사회과 교육과정 개정 시안 수정·보완 연구, 한국교육과정평가원 연구보고 CRC 2006-8.
- 박철웅·박병기·모경환·조철기·박병석·최정순·김재준·이영호·김남준·이철훈·박주현(2015), 2015 개정 교과 교육과정 시안 개발 연구 II—통합사회과 교육과정, 한국교육과정평가원 연구보고 CRC 2015-25-6.
- 변창진(1984), 교사 Competence의 평가기준과 평가방법의 개발, 경북대학교 논문집 제37집, pp.257-276.
- 배영민(2014), 법리적 교육과정의 학문적·심리적 토대 상고: 문과·이과 통합형 사회과 교육과정개정에 즈음하여, 사회과교육, 53(2), pp.101-121.
- 백순근(2002), 수행평가의 이론과 실제, 원미사.
- 서재천(2003), 제6차 초등사회과교육과정에 대한 초등학교교사들의 의견과 그에 대한 논의, 사회과교육, 42(3), pp.23-48.
- 설규주(2007), 초등사회과 교육과정 개정의 주요 특징과 의의 교원교육, 23(1), pp.79-87.
- 설규주(2013), 교과서 속 사회적 소수자에 대한 스테레오타입 연구: 2009 개정 교육과정에 따른 중학교 사회 교과서를 중심으로, 다문화교육연구, 6(3), pp.55-83.
- 송성민(2013), 사회과 교육과정 연구의 동향 분석, 시민교육연구, 45(2), pp.123-159.
- 송충진(2013), 사회과의 의사결정 모형에 대한 비판적 검토, 강원대학교 박사학위 논문.

- 신통철(1982), 초등교사 교육에 CBTE 이론 도입가능성 탐색, 공주교대 논문집 제18집, pp.311-319.
- 양해진(2003), 사회과에서 합리적 의사결정 수업모형에 관한 연구, 전남대학교 교육대학원 석사학위논문.
- 옥일남(2007), '정치' 교육과정의 내용 체계의 적합성에 대한 분석 연구, 시민교육연구, 39(2), pp.93-136.
- 옥일남(2016), 2015 개정교육과정기 '통합사회' 개발 과정의 쟁점, 교육과정평가연구,19(2), pp.49-75.
- 옥일남(2017), 한국 사회과교육과정의 시기별 특징 고찰; 초 · 중 · 고 교수요목기에서 2015 개정교육과정기까지, 교육과정평가연구, 20(1), pp.57-86.
- 유네스코(2014), 글로벌 시민교육: 21세기 새로운 인재 기르기, 유네스코아시아태평양 국제이해교육원.
- 은지용 · 모경환(2006), 사회 · 문화 교육과정의 문제점과 개선 방향에 대한 연구, 시민교육연구, 38(3), pp.97-130.
- 이경섭(1996), 교육과정 내용조직에 있어서의 주요 쟁점, 교육과정연구, 14, p.224
- 이광성(1996), 사회과수업에서 고급수준질문의 활용에 관한 연구, 사회과교육, 22, pp.41-58.
- 이광성 · 문인화(2002), 초등학교 논쟁문제학습에서 교사의 역할에 따른 성취도 분석, 초등교육연구 17(1), pp.31-52.
- 이동원(2011), 교육과정 이행기 초등사회과 교육과정 재구성과 수업실천 양상: 2011학년도 6학년을 중심으로, 사회과교육연구, 18(4), pp.49-60.
- 이병호(1999), 가치교육과 덕의 윤리, 시민교육연구, 28(1), pp.247-266.
- 이수경(2012), 가치분석 수업이 초등학생의 가치판단력 신장에 미치는 효과, 한국사회과교육학회 2012 연차학술대회 자료집.
- 이양우(1989), 사회과평가론, 사회과교육, 22, pp.77-102.
- 이율 외(2019), 교사연습: 교사, 수업을 디자인하다, 박문각.
- 이자영(2001), 사회과 경제학습에서 토의형 시뮬레이션게임의 적용효과, 서울교육대학교 석사학위논문.
- 이정이(1995), 개념도 활용이 과학수업에 대한 태도와 학업성취도에 미치는 영향, 이화여자대학교 석사학위논문.
- 이종원(2007), 공통사회 부전공 자격연구 프로그램의 현황과 분석, 사회과 교육, 46(4), pp.5-24.
- 이종일(2001a), 주제중심토의학습과 학습자료 개발, 과정중심 사회과교육, 교육과학사.
- 이종일(2001b), 학습자 주도적 사회과 탐구수업의 실제, 과정
- 중심 사회과 교육, 교육과학사.
- 이종일(2001c), 사회과 교사자질에 대한 CBTE적 접근, 과정중심 사회과 교육, 교육과학사.
- 이진석(1992), 해방 후 한국사회과의 성립과정과 그 성격에 관한 연구, 서울대학교 대학원 박사학위논문.
- 이진석(2001), '신사회과'가 우리나라 사회과교육 과정에 끼친 영향에 대한 연구: 제3차 사회과 교육과정을 중심으로, 시민교육연구, 32, pp.227-247.
- 이진석(2003), 한국과 일본의 미군정 초기교육정책과 사회과 도입에 관한 연구, 시민교육연구, 35(2), pp.95-118.
- 이진석(2008), 사회과 교육과정 변천에 따른 '닫혀진영역'에 대한 기술내용 분석; 고등학교교육 과정을 중심으로 시민교육연구, 40(2), pp.135-159.
- 이혁규(2001), 제7차 사회과 교육과정 개정과정에 대한 문화기술적 연구: 7-9학년을 중심으로, 시민교육연구, 32, pp.249-292.
- 전숙자(2006), 고등 사고력 함양을 위한 사회과교육의 새로운 이해, 교육과학사.
- 전숙자(2006), 사회과교육의 새로운 이해, 교육과학사.
- 정문성(2006), 협동학습의 이해와 실천, 교육과학사.
- 정문성(1994), 사회과 학업성취에 대한 협동학습의 효과 연구, 서울대학교 박사학위논문.
- 정문성 · 김동일(1998), 열린 교육을 위한 협동학습의 이론과 실제, 형설출판사.
- 정문성(2004), 협동학습의 이해와 실천, 교육과학사.
- 정세구(1979), 가치 · 태도 수업의 전략, 사회과교육, 12, pp.17-19.
- 정연희(2009), 초등 사회과에서 의사결정 에피소드 협동학습 모형 적용에 관한 실행연구, 경인교육대학교 교육대학원 석사학위논문.
- 정원규(2011), 사회과 가치교육 접근법들에 대한 비판적 고찰: 가치교육의 네 가지 배경원칙을 중심으로, 시민교육연구, 43(4), pp.93-116.
- 정호범(2008), 가치교육에 있어서 가치판단의 정당화, 사회과교육연구, 15(4), pp.25-44.
- 정문성 · 김동일(1999), 협동학습의 이론과 실제, 형설출판사.
- 정문성(2016), 'Why-Why-How-How 분석' 방법으로 본 2015 통합사회 학교현장안착 방안모색, 통합사회 현장적용준비 워크숍 자료집, 한국교육과정평가원, 연구자료 ORM 2016-76, pp.29-36.
- 정호범(2014), 자유주의 철학과 가치관 형성 교육, 교육과학사.

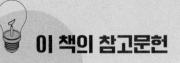

- 정해숙(2001), 지식 기반 사회로의 진입을 위한 과제-양성평등교육, 서울교육, 43(3), pp.12–16.
- 조영달(1994), 사회과 교육의 성격과 동향, 교과교육학 탐구, 이돈희 외 저, 서울: 교육과학사.
- 조영달 외(2006), 다문화가정의 자녀교육 실태 조사, 교육인적자원부.
- 조성태 외(2010), 함께 해서 즐거운 협동학습, 테크빌교육, pp.230–236.
- 주은옥(2001), 집단의사결정수업모형에 관한 연구, 시민교육연구, 33(1), pp.311–332.
- 진시원·이종미(2008), 2007 개정 사회과 교육과정에 대한 비판적 평가와 통합 사회과의 미래, 시민교육연구. 40(2), pp.223–243.
- 차경수(1997), 현대의 사회과교육, 학문사.
- 차경수·모경환(2008), 사회과교육, 동문사.
- 차경수·이미나·최충옥(1995), 교육사회학의 이해, 양서원.
- 최승현 외(2006), 고등학교 수학과 선택중심 교육과정 개선방안 연구, 한국교육과정평가원연구보고 RRC 2006–6.
- 최용규 외(2005), 사회과, 교육과정에서 수업까지, 교육과학사.
- 최충옥 외 9명(2010), 다문화교육의 이해, 양서원.
- 차경수(1994), 사회과 논쟁문제의 교수모형, 사회과교육, 19(1), pp.225–240.
- 차경수·모경환(2021), 사회과교육 제3판, 동문사.
- 차조일(1998), 사회과 통합교육과정모형에 대한 연구: 기존 논의의 문제점 해결을 위한 이론적 기반의 탐색, 시민교육연구, 27, pp.125–148.
- 차조일(1999), 사회과 개념수업모형의 이론적 문제점과 해결방안: 개념수업을 위한 일반모형의 개발을 중심으로, 시민교육연구, 29, pp.227–249.
- 추정훈(2005), 가치화의 과정과 가치교육의 문제, 사회과교육연구, 12(2), pp.237–261.
- 최병모(1993), 제6차 중·고등학교 사회과 교육과정의 특징, 사회과교육, 26, pp.411–443.
- 최용규(2005), 초등 사회과교육 60년: 변천과 전망, 사회과교육연구, 12(1), pp.229–256.
- 최용규 외(2014), 사회과, 교육과정에서 수업까지, 2차 수정판, 서울: 교육과학사.
- 한국교육과정평가원(2009), 고등학교 도덕/사회 선택 과목 교육과정 개정 시안 공청회 자료집, 한국교육과정평가원 연구자료 ORM 2009–39.
- 최의창(1998), 학교교육의 개선, 교사연구자 그리고 현장개선 연구, 교육에서의 질적 연구, 이용숙·김영천 편, 서울: 교육과학사.
- 한경구·김종훈·이규영·조대훈(2015), SDGs 시대의 세계시민교육 추진 방안, 유네스코아시아태평양 국제이해교육원.
- 한기선(2016), '통합사회 현장 적용 준비' 워크숍에서(토론문), 통합사회 현장 적용준비 워크숍 자료집, 한국교육과정평가원 연구자료 ORM 2016–76, pp.55–62.
- 한관종(2009), 사회과 교과교육론, 에듀메카.
- 한면희(2001), 새로운 패러다임에 기초한 사회과교육, 서울: 교육과학사.
- 한춘희·신범식(2009), 핵심역량을 통한 사회과교육과정개발의 가능성과 한계 사회과교육, 48(4), pp.123–144.
- 함종규(2003), 한국교육과정변천사연구: 조선조 말부터 제7차 교육과정기까지, 서울: 교육과학사.
- 행복한 교육 https://happyedu.moe.go.kr
- 허경철(2005), 초·중등학교 교육과정 총론 개정(시안)연구 개발, 한국교육과정평가원 연구보고서, 국가교육과정정보센터: http://ncic.re.kr
- 허수미(2014), 통합교육과정이 요구하는 사회과 수업전문성 의미 고찰, 사회과학교육연구, 16, pp.100–117.
- 홍남기(2013), 듀이의 반성적 탐구와 가치재구성으로서 가치탐구, 시민교육연구,45(1), pp.147–170.
- Armento, Beverly J. (1996), The Professional Development of Social Studies Educators, Handbook of Research on Teacher Education (2nd), John Sikula (Senior Ed), NY: Simon & Schuster Macmillan, pp.485–502.
- Aronson, E. et al., (1978), The Jigsaw Classroom, CA: Sage.
- Arnot, A. (1985), Current Development in the Sociology of Women's Education, British Journal of Sociology of Education, 6(1), pp.123–130.
- Atwood, Virginia A. (1986), Elementary School Social Studies: Research as a Guide to Practice, Washington D. C., NCSS, Bulletin No.79.
- Banks, J. A. (1990), Teaching Strategies for the Social Studies, 4th ed, NY: Longman.
- Banks, J. A. & Clegg, Jr. A. A. (1977), Teaching Strategies for the Social Studies: Inquiry, Valuing, and Decision-making, 2nd, 최병모 외 역, 교육과학사.
- Bruner J. S. (1960), The process of education, Cambridge, Mass: Harvard University Press.

• Cochran, Kathryn F. & DeRuiter, James A. & King, Richard A. (1993), Pedagogical Content Knowing: An Integrative model for Teacher Preparation, Journal of Teacher Education, vol. 44(4), pp.263–272.

• David w. Van Cleaf (1991), Action in Elementary Social Studies, Prentice Hall, Englewood Cliffs.

• Engle, S. H. & Ochoa, A.S. (1988), Education for democratic citizenship, 정세구 역, 교육과학사.

• Evans, R. W. (2004), The social studies wars, NY: Teachers College, Columbia University.

• Eysenck, M. W. & Keane, M. T. (1995), Cognitive psychology: A Student's handbook, Hillsdale, NJ: Lawrence Erlbaum.

• Fenton, E. (1966), Teaching the new social studies in secondary schools: an inductive approach, NY: Holt, Rinehart and Winston, Inc.

• Flavell, J. H. (1978), Comment, In R. S. Siegler (Ed.), Children's thinking: What develops?, Hillsdale, NJ: Eribaum.

• Freire P. (1972), Pedagogy of the oppressed, London: Penguin Books.

• Fueyo, Vivian & Koorland, Mark A. (1997), Teacher as Researcher: A synonym for Professionalism, Journal of Teacher Education, Vol. 48(1), pp.336–344.

• Gagne, R. M. (1970), The conditions of learning, 2nd ed, NY: Holt, Rinehart and Winston.

• Gagne, R. M. & Briggs, L. (1979), Principles of instructional design, NY: Holt, Rinehart and Winston.

• Giddens, A. (1998), The third way: The renewal of social democracy, 한상진 · 박찬욱 역, 생각의나무.

• Gilligan, C. (1982), In a different voice: Psychological theory and women's development, Cambridge: Harvard University Press.

• Gonzales, M. H., Riedel E. Williamson I., Avery, P. G. (2004), Sullivan, J. L. & Bos, A, "Variation of citizenship education: A content analysis of right, obligations and participation concept in high school civic textbooks", Theory and Research in Social Education, Vol.32, No.3.

• Grossman, P. L. (1990), The Making of a Teacher: Teacher Knowledge and Teacher Education, NY: Teachers College Press.

• Grossman, P. L. & Stodolsky, S. S. (1995), Content as Context: The Role of School Subjects in Secondary School Teaching, Educational Researcher, 24(8), pp.5–11.

• Hanvery, R. G. (1974), An attainable global perspective, NY: Center for Global Perspective.

• Harada, V. H. (1994), An analysis of stereotypes and biases in recent Asian American fiction for adolescents, Ethnic Forum, Vol.14, No.2.

• Hargreaves, A. (2000), Four ages of professionalism and professional learning, Teachers and Teaching: History and Practice, Vol.6, No.2, pp.151–182.

• Hasegawa, H. (2002), Teacher study group: A case study in an elementary school, Doctoral dissertation, University of Hawaii.

• Heater, D. (1990), Citizenship: The Civic Ideal in World History, Politics and Education, London: Longman.

• Herzberg H. W. (1981), Social studies reform: 1880–1980, A project SPAN report, Social Science Education Consortium.

• Hess, D. E. (2002), Discussing controversial public issue in secondary social studies class rooms: Learning from skilled teachers, Theory and Research in Social Education, Vol.30, No.1, pp.10–41.

• Hirsh, R. H., Miller, J. P., & Fielding, G. D. (1980), Model of Moral Education, 이석호 외 역, 교육과학사.

• Hollister, B. C. (1995), Social math in the history classroom, Social Education, Vol.59, No.1, pp.14–16.

• Hunt, M. P. & Metcalf, L. E., Teaching High School Social Studies, 2nd, NY: Harper and Row.

• Houser, N. O. & Kuzic, J. J. (2001), Ethical citizenship in a postmodern world: Toward a more connected approach to social education for the twenty-first century, Theory and Research in Social Education, Vol.29, No.3, pp.431–461.

• Houston, B. (1985), Gender Freedom and the Subtleties of Sexist Education, Educational Theory, 35(4), pp.359–369.

• Howard, R. W. (1987), Concepts and schemata, London: Cassell.

• Howey, Ken (1996), Designing Coherent and Effective Teacher Education Programs, Handbook of Research on Teacher Education (2nd), John Sikula (Senior Ed), NY: Simon & Schuster Macmillan, pp.143–170.

- Hunt, M. P. & Metcalf, L. E. (1968), Teaching high school social studies (2nd) NY: Harper and Row.

- Jacobs, H. H. (Ed.) (1989), Interdisciplinary curriculum: Design and implementation, Alexandria, VA: Association for Supervision and Curriculum Development.

- Jarrett, J. L. (1991), The teaching of values: Caring and appreciation, London: Routledge.

- Johnson, D. & Johnson, R. (1987), Learning together and alone: Cooperative, competitive and individual learning (2nd ed), Englewood Cliffs, NJ: Prentice Hall.

- Johnson, D. W. & Johnson, R. T. (1987), Creative conflict, MN: Interaction Book co.

- Kagan, S. (1994), Cooperative Learning, San Clemente, California: Kagan Publishing.

- Keith, S. (1991), The determinants of textbook content, In P. G. Altbach, G. P. Kelly, H. G. Petrie & L. Weis (Eds) Textbooks in American, society (pp.43–60), Albany, NY: State University of New York Press.

- Kelly, T. E. (1986), Discussing controversial issues: Four perspectives on the teachers role, Theory and Research in Social Education, Vol.14, No.2, pp.113–138.

- King, M. B. (1991), Leadership efforts that facilitate classroom thoughtfulness in social studies, Theory and Research in Social Education, Vol.19, No.1, pp.367–390.

- Kirschenbaum, H. (1995), 100 Ways to Enhance Values and Morality in Schools and Youth Settings, 추병완 외 역, 울력.

- Kirschenbaum, H. (2000), From Value Clarification to Character Education: A Personal Journey, Journal of Humanistic Counseling, Education & Development, Vol.39. (online edition)

- Kluckhohn,F. (1962), Some reflections on the nature of cultural integration and change, In Sociological theory, values and sociocultural change, London: Free Press of Glencoe.

- Knight, Stephanie L. & Wiseman, Donna & Smith, Charles W. (1992) The Reflectivity–Activity Dilemma in School–University Partnerships, Journal of Teacher Education, Vol.43 (3), pp.269–277.

- Kohlberg, L. (1976), The cognitive–developmental approach to moral education, In P. H. Martorella (Ed.),

- Social studies strategies: Theory into practice, NY: Harper & Row.

- Kohlberg, L. (1966), Moral education in the school: A development view, School Review, Vol.74, No.1, pp.1–30.

- Kohlberg, L. (1981), The Philosophy of Moral Development: Moral Stages and the Idea of Justice, 김민남 외 역, 교육과학사.

- Ladson–Billings, G. (1994), The Dreamkeepers: Successful teachers of African American children, San Francisco: Jossey–Bass.

- Ladwig, J. G. (1991), Organizational features and classroom thoughtfulness in secondary school social studies departments, Theory and Research In Social Education, Vol.19, No.1, pp.391–409.

- Ledlow, S. (1999), Cooperative learning in higher education.

- Liberrnan, A. & Grolinck, M. (1996), Networks and reform in American education, Teachers College Records, Vol.98, No.1, pp.7–45.

- Lickona, T. (1991), Educating for character, 박장호 외 역, 백의.

- Lipman, M. (1991), Thinking in education, Cambridge, England: Cambridge University Press.

- Martorella, P. H. (1991), Teaching social studies in middle and secondary schools, NY: Macmillan.

- Martorella, P. H. Beal, C. & Bolick, C. M. (2005), Teaching social studies in middle & secondary schools (4th edition), Upper Saddle River, NJ: Prentice Hall.

- Massialas, B. & Cox, C. B. (1966), Inquiry in the social studies, NY: McGraw–Hill Book Co.

- McNergney, Robert F. & Herbert, Joanne M. & Ford, Rudolph E. (1994), Cooperation and Competition in Case–based Teacher Education, Journal of Teacher Education, Vol.45(5), pp.339–345.

- Muiti–State Consortium on performance–based Teacher Education (1973), Social Studies Teacher Competencies— The Affective Area, The Cognitive Area, The Community, School, and Professional Relations Areas, Albany, NY: State Education Department.

- National Council for the Social Studies (1971), Standards for Social Studies Teachers, Washington D.C.

• Nelson, J. L. & Michaelis, J. U. (1980), Secondary social studies: Instruction, curriculum, evaluation, Englewood Cliff, NJ: Prentice-Hall.

• Newmann, F. M. & Oliver, D. W. (1970), Clarifying public controversy: An approach to teaching social studies. Boston: Little, Brown and Company.

• Newmann, F. M. (1992), The assessment of discourse in social studies. In H. Berlak et al., Toward a new science of educational testing and assessment (pp.53-70), Albany, NY: State University of New York Press.

• Newmann, F. M., Secada, W.O. & Wehlage, G. G. (1995), A guide to authentic instruction and assessment: Vision, standards and scoring, Madison, WI: Wisconsin Center for Education Research, University of Wisconsin.

• Nisbet Shuckmith (1984), The Seventh Sense, SCRE Publications.

• Noddings, N. (1984), Caring: A feminine approach to ethics & moral education, Berkeley: University of California Press.

• Novak, J. D. & Gowin, D. B. (1984), Learning how to learn, NY: Cambridge University Press.

• Oliver, D. W. & Shaver, J. P. (1966), Teaching Public Issues in the High School, Boston: Houghton Mifflin Company.

• Ormrod, Jeanne E. & Cole, David B. (1996), Teaching Content Knowledge and Pedagogical Content Knowledge: A Model from Geographic Education, Journal of Teacher Education, Vol. 47 (1), pp.37-42.

• Pang, V. O. (2005), Multicultural Education: A Caring Centered, Reflective Approach, 2nd ed, McGraw Hill.

• Parker & Jarolinek (1997), Social Studies in Elementary Education, Merrill.

• Raths, L. E., Harmin, M. & Simon, S. B. (1978), Values and Teaching: Working with Values in the Classroom, 2nd, 정선심 외 역, 철학과현실사.

• Ross, E. W. (1994), Teachers as Curriculum Theorizers, In E. Wayne Ross (Ed.), Reflective Practice in social studies, National Council for the Social Studies.

• Richardson, Virginia (1991), The Reflective Turn: Case Studies in and on Educational Practice, Journal of Teacher Education, Vol.42 (4), pp.309-313.

• Schön, D. A. (1983), The Reflective practitioner; How professionals think in action, NY: Basic Books.

• Schön, D. A. (1987), Educating the reflective practitioner: Toward a new design for teaching and learning in the professions, San Francisco: Jossey-Bass.

• Schön, D. A. (1990), The reflective turn: case studies in and on educational practice, NY: Teachers College Press.

• Shaver, J. P. & Strong, W. (1976), Facing value decisions: Rationale-building for teachers, Belmont, CA: Wadsworth.

• Scott, K. P. (1991), Achieving social studies affective aims: Values, empathy, and moral development, In J. P. Shaver (Ed.), Handbook of research on social studies teaching and learning, NY: Macmillan.

• Sieger (1993), Children's thinking (2nd edition), 박영신 역 (1995), 아동사고의 발달, 서울: 미리내.

• Sing, B. (1988), The Teaching of controversial issues: The problems of the neutral-chair approach.

• In B. Carrington & B . Troyna (Ed.), Children and controversial issues: Strategies for the early and middle years of Schooling, London: The Falmer Press.

• Slavin, R. E. (1989), School (In classroom organization Hillsdale, NJ: Lawrence Erlbaum As sociates, Publishers.

• Shulman, L. S. (1986), Paradigm and research programs in the study of teaching; a contemporary perspective. In M. C. Wittrock (Ed.), Handbook of research on teaching (3rd ed.) (pp.1-36), NY: Macmillan.

• Shulman, L. S. (1987), Knowledge and teaching: Foundations of the new reform. Harvard Educational Review, 57, pp.1-22.

• Sweeny, J. A. C. & Parsons, J. B. (1975), Teacher preparation and models for teaching controversial social issues.

• Taba, H. (1962), Curriculum development: Theory and practice. NY: Harcourt, Brace, Jovanovich.

• Wiggins (1998), Educative assessment; Designing assessments to inform and improve student performance, San Francisco: Jossey-Bass Publishers.

• William B. Stanley (2001), 21세기 사회과교육의 핵심 쟁점들, 사회과교육연구모임 역(2005), 교육과학사.

• Woolever, R. N. & Scott, K. P. (1988), Active Learning in Social Studies Promoting Cognitive and Social Growth, Glenview: Scott, Foresman and Co.

이율

- 사회과 교육 전공 교육학 박사
- 하제스트 교육연구소 소장
- 한국 법교학회 이사 및 사회과 학회 회원
- 연세대학교 특임교수
- 부산대학교 사회교육연구소 실장

[저서]
- 교육론: Jump-up 일반사회교육론(2017, 박문각), 사회과 예비교사를 위한 일반사회교육론(박문각, 2020), 다문화주의, 다문화교육, 이데올로기, 민주주의(2020, 공저, 동문사), 시민주권과 민주시민교육(2021, 공저, 부산대학교 출판부)
- 법 관련: 법교육학 입문(공저, GMW, 2013), Jump-up 법교육(2017, 박문각), 사회과 예비교사를 위한 법학(박문각, 2020), 법교육학 입문 개정판(2022, 공저, 박영사)
- 정치 관련: Jump-up 정치교육(2017, 박문각), 사회과 예비교사를 위한 정치학(박문각, 2020)
- 경제 관련: 악마의 맷돌이 돌고 있어요!(자음과모음, 2013)
- 사회 · 문화 관련: 비교문화(부산교육청, 2015; 세종교육청, 2020)

[논문]
- 사회과 대화교육의 한계와 대안에 관한 연구(2015)
- 사회과 법교육에서 인권교육 내용에 관한 연구(2011)
- 중등 사회과 민주주의 교육에 대한 비판적 고찰(2013)
- 다문화 사회의 헌법교육 모색(2011)
- 미국 법교육 교과서의 변천과정에 관한 연구(2011)
- 법교육이 청소년의 폭력에 관한 태도에 미치는 영향(2010)
- 교육현장에서의 저작권 가이드라인에 관한 연구(2011)
- 비행청소년 교정교육에서 상상력 교육의 필요성에 관한 연구 등(2012)
- 폭력의식의 형성과 유형에 대한 연구(2009)
- 교권의 범위와 한계에 관한 연구(2011)

예비사회교사를 위한
일반사회교육론

초판 1쇄 | 2020. 3. 25. **2판 1쇄** | 2023. 1. 25. **편저자** | 이 율

발행인 | 박 용 **발행처** | (주)박문각출판 **등록** | 2015년 4월 29일 제2015-000104호

주소 | 06654 서울특별시 서초구 효령로 283 서경 B/D **팩스** | (02)584-2927

전화 | 교재 문의 (02) 6466-7202, 동영상 문의 (02) 6466-7201

저자와의
협의하에
인지생략

ISBN 979-11-6987-102-0 | 979-11-6987-098-6(SET)

정가 28,000원